유목적 주체:
결혼이주여성의 이혼과 홀로서기

사회통합 총서 16
유목적 주체:
결혼이주여성의 이혼과 홀로서기

2023년 8월 25일 초판 인쇄
2023년 8월 26일 초판 발행

지은이 | 김영순·권요셉·최수안·김명희·황해영·김기화·김정희·이춘양
펴낸이 | 이찬규
펴낸곳 | 북코리아
등록번호 | 제03-01240호
주소 | 13209 경기도 성남시 중원구 사기막골로 45번길 14
      우림2차 A동 1007호
전화 | 02-704-7840
팩스 | 02-704-7848
이메일 | ibookorea@naver.com
홈페이지 | www.북코리아.kr
ISBN | 978-89-6324-807-3(94300)
      978-89-6324-636-9(세트)

값 25,000원

사회통합 총서 16

유목적 주체: 결혼이주여성의 이혼과 홀로서기

김영순 · 권요셉 · 최수안 · 김명희 · 황해영 · 김기화 · 김정희 · 이춘양

북코리아

서문:
노마디즘으로 보는
이혼 이주여성의 주체성

 이 책은 이혼을 경험한 이주여성의 주체성을 노마디즘(Nomadism, 유목주의) 관점에서 기술하고 해석하였다. 노마디즘이란 교통과 정보통신의 발달로 인해 초국적 이동성이 증가하게 된 사회와 그 사회의 문화적 양상을 이해하는 데 필요한 개념이다. 무엇보다 노마디즘은 유목사회에서 나타나는 장소와 환경 등의 물리적인 한계를 벗어나 다양한 고정관념에도 머무르지 않고 열린 세계로 나아가는 유목민의 삶의 철학을 제시한다.

 노마디즘 행태를 보이는 개별적 주체는 끊임없이 새로운 자아를 찾아 나서는 유목적 여정을 통해 개인의 의식과 정체성, 그리고 타자와의 관계에서 새로운 자유의 획득을 모색한다. 이러한 노마디즘의 기본 원리를 제안한 대표적 철학자로 질 들뢰즈(Gilles Deleuze)가 있다. 나아가 그의 유목주의 기조를 이어받아 이를 여성주의 실천 관점으로 확장시킨 로지 브라이도티(Rosi Braidotti)가 있다. 이 저술에서 해석의 관점은 노마디즘에 입각한 여성주의에 기대고 있다.

 들뢰즈와 브라이도티가 강조하는 유목적 주체의 이미지는 단순히 물리적인 장소의 이동을 행하는 유목민을 지칭하는 것이 아니다. 이들이 형상화하는 주체는 머무름 혹은 고정화에 반대하는 "이행, 연속적인 이동, 협력적인 변화들로 이루어진 정체성에 대한 욕망"을 표현하는 움직임의 양식으로 이해한다. 이는 다양한 타자와의 "다른 만남들, 경험, 지식이 상호 작용"하는 과정으로서 일종의 "창조적인 생성"이다.

우리는 이 저서에서 이혼을 경험한 이주여성을 '되기'를 실행하는 창조적인 생성의 주체자로 설정할 것이다. 여기서 되기란 들뢰즈가 저서 『천 개의 고원』에서 정립한 개념이다. '되기' 개념은 신체가 다른 신체와 결합하여 일어나는 강렬한 질적 변화를 의미한다. 각 신체는 되기의 관계 맺음을 통해 '차이'의 생성을 자아내는 운동을 실행한다. 그럼으로써 지속적인 변화를 거듭하게 된다. 들뢰즈는 신체를 고정된 것으로서 바라보는 것이 아닌, 흐르는 욕망과 주변의 배치에 따라 그 힘이 달라질 수 있는 가변적인 것으로 이해하였다. 나아가 되기의 새로운 관계 맺음 속에서 신체가 끊임없이 자신을 탈바꿈할 수 있음을 강조하였다.

이주여성이 되기를 실행한다는 것은 본국과 이주국에서의 경험 변화를 전제로, 다양한 문화적 맥락과 삶의 방식을 지닌 신체들이 만나 잠재된 차이를 지속적으로 생성하는 것을 의미한다. 따라서 이주여성의 '되기'란 하나의 통일된 체계로 조직되기를 거부하며 움직이는 욕망을 적극적으로 수용하는 '기관 없는 신체(body without organs)'의 탈주하는 운동으로 해석된다. 이 점에서, 이주여성은 신체의 '탈영토화'의 과정을 경험한다.

들뢰즈 철학의 관점에서 여성-되기를 수행하는 여성 존재는 '분자적 여성'으로 간주된다. 분자적 여성은 보편적 인간의 기준을 의미하는 다수성으로 정의될 수 없는 능동적인 힘을 지닌 여성이다. 뿐만 아니라 능력을 증진시킬 수 있는 잠재성을 지닌 채 생성적인 흐름으로서 재현되는 존재이다. 들뢰즈가 제안하는 여성-되기의 토대는 신체 개념과 소수자 사유이다. 여성-되기는 기존의 여성과 남성을 대립적인 항의 관계로 설정하는 이분법의 논리에서 벗어나 끊임없이 새로운 신체의 생성을 도모한다.

이 저서는 인하대 다문화융합연구소가 수행한 한국연구재단의 「인문사회토대연구지원사업(2017.08.~2020.08)」 연구과제 '글로벌시대 에스노그래피를 활용한 다문화가정 구성원의 디지털 아카이브 구축 및 지속 가능한 다문화 사회를 위한 사회통합에 관한 연구'에서 수집된 자료를 활용하였다. 특히 이혼을 경험한 이주여성 5명의 자료를 들뢰즈의 철학적 기획 '노마디즘'을 바탕으로 해석하였다.

이 책은 총 9장으로 구성되어 있다. 도입부에서는 이 책의 연구목적과 필요성, 그리고 연구개요와 연구패러다임에 관해 기술했다. 1장에서는 가정해체와 이주여성에 대해 살펴보았다. 결혼이주여성의 이주의 의미와 이들의 삶에서 가정해체가 갖는 의미를 다루었다. 2장에서는 여성의 주체성에 대한 관점을 소개하고, 이주여성의 주체성과 공존사회에 대해 논의했다. 3장부터 7장까지 이혼한 결혼이주여성의 경험을 이주여성의 주체성의 관점에서 재구성했다. 재구성을 위한 범주는 이주 전, 이주 후 결혼생활, 이혼 후의 삶으로 구분하여 제시했다. 그리고 스토리텔링의 영역에는 연구참여자들의 전사록을 요약하여 제시함으로써, 독자들에게 낯선 타자와 만나고, 스토리텔링을 해볼 수 있도록 구성하였다. 8장은 연구참여자들의 경험을 리좀사회적 관점에서 분석하고, 공존사회로 나아가기 위한 시사점을 제시하고자 하였다. 특히 연구참여자들의 문화적 배경이나 욕망은 무엇인지 분석하고, 이를 토대로 한국적 맥락에서 어떻게 이들의 경험이 종합되는지 살펴보았다. 연구참여자들의 경험은 공통점을 토대로 한국에 적응하기 위해 접속으로 종합되기도 하고, 차이가 있을 경우

이접으로서 문화적 배경이나 욕망을 포기하기도 했다. 혹은 출신국가의 문화와 한국 문화의 차이점을 융합하는 통접으로 종합되기도 하였다. 9장에서는 8장의 분석결과를 토대로 한국 사회가 공존사회로 나아가기 위해서는 모든 구성원들이 차이를 수용하고, 타자-되기를 실현해야 함을 제시하였다.

이 책을 통해 우리가 주목할 것은 초국적 이주를 감행하는 결혼이주여성들이 자신의 욕망을 생성하고, 새로운 연결을 도모하며 배치를 변화시키는 사회적인 존재라는 것이다. 또한 한국 사회에서 결혼이주여성은 '국민의 배우자'이자 '국민의 어머니'로만 간주되며, 전통적인 여성과 전통적인 어머니로만 형상화되고, 이주국의 가족 규범을 비롯한 사회규범은 결혼이주여성들을 수동적이고 의존적인 타자로 본질화한다. 이러한 인식이 당연시되는 사회에서 결혼이주여성들이 지닌 차이와 생성의 힘은 무시될 수 밖에 없다. 단지 이들이 지닌 욕망은 당연시되는 세계에 편입하고자 결핍을 채우기 위한 반사작용으로만 여겨질 뿐이다. 결혼이주여성을 차별적 시선으로 바라보는 것은 이들이 자신들의 욕망을 생성하며, 삶을 재배치시키고자 하는 유목적 주체라는 사실을 간과하고 있기 때문이다.

우리 집필진들이 강조하고자 한 것은 이혼한 이주여성에 대한 우리 사회의 시각 변화이다. 다시말해 결혼이주여성이 되기를 실천하는 유목적 주체임을 인정하는 것이다. 더불어 공존사회는 낯선 타자와 더불어 살아가는 사회라는 것을 인지하고, 실천해야 한다는 것이다.

서문을 쓰는 지금 지난 1년간 격주로 진행되었던 집필 세미나 시간이 주마등처럼 스쳐 지나간다. 우리가 첫 번째로 행한 것은 180여건의 결혼이주여성의 심층면담 자료에서 집필에 적합한 이혼한 결혼이주여성의 이야기를 선정하는 과정이며, 둘째로 들뢰즈의 노마디즘 철학의 이해 과정이었다. 그리고 가장 난해한 것은 노마디즘을 토대로 이혼을 경험한 결혼이주여성의 면담 자료를 기술하고 해석하는 작업이었다. 그럼에도 이 도전적인 작업에 집필자들은 열정적으로 참여하였다. 우리의 해석이 이주여성의 문제에 대한 해답이 될 수 없음을 솔직히 고백하지 않을 수 없다. 우리의 해석 역시 '되기'를 위한 생성의 한 과정일 뿐이기 때문이다. 그러므로 집필진들은 우리의 해석을 넘어서는 결혼이주여성의 노마디즘에 관한 새로운 해석을 기다릴 것이다.

2023년 8월의 끝자락에서
폭염이 기울어지는 때에
대표 집필자 김영순 씀

CONTENTS

서문: 노마디즘으로 보는 이혼 이주여성의 주체성   5

연구 개요   13

1부   이혼한 결혼이주여성과 공존사회   21

     1장.   가정해체와 이주여성   23
         1. 결혼이주여성의 이주의 의미   25
         2. 가정해체 이후 이주여성의 삶   38
         3. 결혼이주여성에게 가정해체가 갖는 의미   52

     2장.   이주여성의 주체성과 공존사회   63
         1. 여성의 주체성   65
         2. 이주여성의 주체성   86
         3. 공존사회   95

CONTENTS

2부   이혼한 결혼이주여성의 스토리텔링   117

  3장. 쓰레기 비닐봉투 여섯 개로 정리된 결혼생활   119

    1. 한국에서의 삶에 대한 기대감   121
    2. 나의 존재는 없었던 결혼생활   123
    3. 자립을 위한 소박한 꿈   128
    4. 전사록 요약   134

  4장. 참는 건 이제 그만하고 싶어   177

    1. 행복한 결혼에 대한 기대가 무너지다   179
    2. 참고 참는 건 이제 그만하고 싶다   182
    3. 자립과 현실 사이에서 고민 중   186
    4. 전사록 요약   189

  5장. 두 딸을 온전히 품는 그날까지   223

    1. 상상하지도 못했던 이혼   225
    2. 배신감으로 고통받다   227
    3. 이루고 싶은 꿈   232
    4. 전사록 요약   235

  6장. 한국과 인도네시아를 잇는 초국적 삶   259

    1. 외국인 근로자에서 결혼이민자로   261
    2. 무책임한 남편과 이혼을 결심하다   264
    3. 한국과 인도네시아를 잇는 초국적 삶   267
    4. 전사록 요약   270

7장. 국적은 한국, 민족은 우즈베키스탄   289
    1. 따뜻함이 가득했던 엄마 민족의 나라   291
    2. '나'로 인정받지 못한 결혼생활   294
    3. '맨 앞에 서 있는 사람'으로서의 책임감   298
    4. 전사록 요약   303

3부   리좀사회적 관점으로 보기   329
    8장. 공존사회로 접속하기   331
      1. 재영토화를 위한 종합 방법   333
      2. 이혼한 이주여성의 재영토화 과정   339

    9장. 타자와 더불어 만드는 숲   349
      1. 차이에 대한 수용   351
      2. 생성으로서의 타자-되기   356
      3. 리좀사회를 위한 탈코드화와 재코드화   360

맺음말: 리좀사회의 연결   365
참고문헌   369
찾아보기   380

연구 개요

1. 연구 필요성 및 목적
2. 연구 내용
3. 연구 방법

인하대학교 다문화융합연구소(소장 김영순)는 2017년부터 2020년까지 만 3년에 걸쳐서 200명의 연구참여자를 대상으로 다문화가정과 이주민들의 생활세계를 심층적으로 연구했다. 또한 '글로벌시대 에스노그래피를 활용한 다문화가정 구성원의 디지털아카이브 구축 및 지속가능한 다문화사회를 위한 사회통합 총서 1권부터 11권까지 연속 출간했다. 다문화융합연구소 사회통합 총서의 연구결과에 의하면, 생활세계는 주체로서의 자기와 동일 세계의 주체로서의 타자가 함께 구축한 세계이기 때문에, 다른 생활세계의 새로운 타자를 만나면 생활세계는 상호조정되고 새로 만들어진다(김영순 외, 2019). 고정된 두 세계가 두 주체를 통해서 만날 때, 서로 다른 생활세계에 속해 있던 두 주체의 상호조정이 없으면, 해당 주체에게 있어서 두 생활세계 중 한 생활세계는 사라지는 것이다. 생활세계는 주체로서의 자기에 의해 구축되는 것이므로, 생활세계가 사라진다는 것은 주체가 사라진다는 의미다.

지속가능한 다문화가정과 다문화사회를 위해서는 두 생활세계가 상호조정되고 새로 형성되는 실천이 필요하다. 다문화사회의 많은 현장에서 이러한 상호조정에 문제가 발생하곤 한다. 다문화가정의 이혼은 이러한 상호조정 실패 현상이 두드러지게 드러나는 현상이다. 통계청 「2021년 혼인·이혼통계」(2022. 3. 17)에 따르면, 다문화 이혼 가정의 평균 결혼생활 기간은 8.7년이다. 한국인 이혼 가정의 평균 결혼생활 기간이 17.4년인 것에 비교하면 다문화 가정의 결혼생활 지속성이 현저히 낮다. 더불어 2021년 외국인과의 이혼율은 6.2%이며, 아내가 외국인인 경우가 4.3%, 남편이 외국인인 경우가 1.9%다. 한국인 이혼 가정의 결혼생활 기간보다 다문화 이혼 가정의 평균 결혼생활 기간이 더 짧고, 아내가 외국인인 경우의 이혼이 2배가 넘는 이유는 무엇일까?

이 책에서는 두 생활세계의 상호조정을 통한 지속가능한 다문화가정과 다문화사회를 위해 들뢰즈의 리좀사회 개념의 실천이 필요하다고 보고, 이혼한 다문화가정 여성들의 삶을 탐구하고 들뢰즈의 차이와 반복의 철학을 중심으로 분석했다. 이러한 탐구와 분석 연구는 들뢰즈가 제시한 지속가능한 리좀사회 형성에 필요한 것이 무엇인지를 드러내고 현재 우리에게 직면한 과제를 찾아가도록 도울 것이다.

후설은 자연과학적으로 규정된 획일적 세계에 대한 이해는 오류를 낳는다고 보고 주체의 주관이 개입되어 형성된 의미로서 생활세계 개념을 도입했다. 사람은 누구나 자기가 생활하는 시간과 공간, 인간관계를 중심으로 생활세계를 구축하고 있으며, 자기 생활세계가 누구나 이해 가능한 고정된 세계라고 여긴다. 그러나 생활세계는 단순히 외적 관찰을 통해 이해 가능한, 고정된 세계가 아니라 개인의 의식틀과 타자와의 상호적 역동을 통해 해석되는 것이다. 그러므로 모든 생활세계는 차이가 존재한다. 보편적이고 객관적이기보다는 주관적이고 해석적이며, 객체적이 아니라 주체적이다(Husserl, 2018). 차이가 발생한 두 생활세계에 상호적 역동과 상호조정이 발생하면 새로운 생활세계가 만들어지는 것이며, 상호적 역동과 상호조정이 없으면 두 생활세계는 충돌하거나 둘 중 하나의 생활세계는 파괴된다. 생활세계의 파괴는 주체성의 상실을 초래하며, 주체성의 상실은 다양한 신경증의 원인이 된다(Deleuze, 2001: 59~84).

후설의 생활세계 개념은 획일된 세계에 대한 저항의 철학이었으며, 들뢰즈는 후설의 생활세계 개념을 '차이의 철학'으로 발전시켰다. 차이는 어떤 한 부분만의 차이로 존재하지 않는다. 차이는 유기적으로 연결되어 있으며 하나의 차이는 이미 세계적 차이를 갖고 있다(Deleuze, 2001: 98~167). 그렇기 때문에 두 생활세계가 충돌할 때 어떤 하나의 차이만을 바꾸도록 요구하는 것은 요구하는 입장에서는 작은 요구일지라도 요구받는 입장에서는 세계를 바꾸어야 하는 문제가 될 수 있다.

들뢰즈는 이러한 차이의 철학을 설명하기 위해 기계 개념을 만들었다. 들뢰즈의 기계는 무생물적 기계만을 의미하는 것이 아니라 존재하는 모든 것을 의미한다. 기계는 하나의 부품만으로 작동하는 것이 아니라 여러 부품이 함께 유기적으로 모여서 종합적으로 작동한다. 여러 종류의 부품이 있지만 유기적이고 종합적인 기계는 하나의 목적을 갖고 작동하며 그 목적을 위해 각 부품은 각자의 역할을 한다. 그리고 기계의 부품은 무엇과 맞닿아 있는가에 따라 역할이 달라진다. 입이 기계의 부품이라고 가정하면, 혀와 맞닿아 맛을 보는 역할을 하고, 기관지와 맞닿아 숨을 쉬는 역할을 하며, 타자의 입과 맞닿아 사랑을 표현하는 역할을 한다. 주체는 이처럼 무엇과 맞닿아 있는가에 따라 어떤 주체가 되는지가 결정된다. 그러나 동일성의 철학을 주장하는 사람들은 주체는 고유의 역할 혹은 고정된 역할이 있다고 본다. 입술은 본래적으로 먹는 역할이고 나머지는 보조적인 역할일 뿐이라고 보는 입장이다. 시계는 시간을 측정하기 위함이고, 펜은 글을 쓰기 위함이다. 그 외의 주체성은 인정할 수 없다는 의견이다. 들뢰즈는 이러한 주장을 보편적 기계주의라고 했다(Deleuze, 2001: 486). 보편적 기계주의는 주체를 상실시킨다. 들뢰즈가 말하는 기계는 욕망하는 기계이며 욕망하는 기계의 목적은 욕망하는 대상에 있다. 입술의 욕망을 중심으로 유기적 존재인 인간은 먹는 주체에서 사랑하는 주체로 바뀔 수 있다. 사랑을 욕망하는 입술에게 먹기만 하라고 한다면 그 주체는 죽은 주체다. 주체는 욕망에 따라 고정되지 않고 바뀐다. 시계는 벽을 아름답게 하는 미술 작품일 수도 있고, 펜은 무기가 될 수도 있다. 주체는 고정된 것이 아니라 운동하는 것이다(Deleuze, 1997: 34~73).

주체성은 이렇듯 주체가 무엇과 맞닿아 있는가에 따라 변화된다. 자녀와 맞닿아 있으면 아버지가 되고, 아내와 맞닿아 있으면 남편이 되며, 회사와 맞닿아 있으면 과장 혹은 사장 등이 된다. 무엇과 맞닿아 있는가에 따라 주체성이 변한다. 아버지로서의 주체성과 남편으로의 주체성 그리고 사장으로서의 주체성은 분명히 다르다. 회사에서 아버지로서의 주체성으로 존재하라고 한다면 주체 스스로도 괴리감을 느낄 뿐 아니라 회사도 본래적 욕망을 상실하고 어긋난 기계가 된다.

결혼이주여성들은 완전히 다른 기계로 이체된 주체다. 같은 생활세계에서 대학생의 역할을 하다가 아내의 역할로 전환된 개념이 아니라, 생활세계 자체가 바뀌었다. 들뢰즈는 후설의 생활세계와 비슷한 개념으로 '영토' 개념을 만들었다. 영토는 주체가 생산을 이루어가는 세계로서의 토지만을 의미하는 것이 아니라 관계가 있으며 보호하고 시간을 보내고 생활하는 모든 체계로서 기계보다 상위개념이다. 이 영토 내에서는 주체의 역할이 고정되어 있거나 코드화되어 있다. 들뢰즈는 영토 내에서 코드화된 것 만으로도 주체가 주체성을 상실한다고 보았다. 그래서 주체는 끊임없이 탈영토화와 재영토화를 시도하며 주체성을 확보해나간다(Deleuze, 2001: 573~584). 그렇다면 결혼이주여성은 어떠할까? 탈영토화를 위해서는 탈코드화가 진행되어야 하고 탈코드화를 위해서는 영토 내 기능들의 재조직과 힘들의 재결집을 주목해야 한다(Deleuze, 2001: 609). 그러나 결혼이주여성은 아예 새로운 영토에 진입했다. 코드에 대한 이해도 전혀 없으며 당연히 이전 영토의 코드에 익숙해져 있다. 결혼이주여성은 자동적 탈영토화가 되었으며 당위적 재영토화를 진행해야 한다. 그러나 결혼이주여성의 재영토화를 위해서는 '맞닿아' 있는 대상과의 맞물림, 즉 상호적 역동과 상호조정이 필요하다.

특히, 결혼이주여성은 상호조정을 위해 절대적 주체성이 보장되어야 한다. 들뢰즈는 다수와 소수를 구분하고 다수와 소수가 함께 재영토화를 하기 위해서는 소수에게 더 많은 주체성을 보장해야 한다고 보았다(Deleuze, 2001: 550~565). 본래적 영토에서는 해당 영토의 코드를 이해하고 있었기 때문에 동등한 입장에서 맞물려 있는 대상과의 상호적 역동이 가능했지만, 완전히 다른 영토로 진입한 결혼이주여성은 새 영토의 코드를 전혀 이해하지 못한다. 그렇기 때문에 새 기계 안에서 얻은 새 역할에 알아서 코드화하라고 요구할 수는 없다. 더 나아가 코드화하라는 요구 자체가 무리수다. 결혼이주여성은 여전히 이전 영토의 코드로 살아가고 있기 때문이다. 이 두 영토의 만남은 서로 간의 새로운 영토의 창작, 상호 간의 재영토화가 이루어져야 하며, 재영토화의 과정에서도 결혼이주여성은 절대적 소수성에 서 있기 때문에 절대적 주체성이 보장되어야 한다.

다문화가정의 이혼은 한국 가정의 이혼이다. 결혼이주여성의 이혼은 그대로 한국 남성의 이혼이며, 그로 인한 가정 혹은 자녀들의 상처는 다른 나라로 가는 것이 아니라 고스란히 한국에 남아있는 상처다. 결혼이주여성을 외국인으로 보는 것은 법적으로뿐 아니라 문화적으로도, 이념적으로도 문제를 발생시킨다. 결혼이주여성은 이미 타국인이 아니다. 한국인의 아내이며 어머니이고 한국인이다. 이 상처가 한국의 상처가 아니라 할지라도 모른척할 수는 없는 일이지만, 국내에서 발생하여 한국에 상처를 주는 현상이라면 더더욱 이를 해결하기 위한 연구를 피할 수는 없다.

이 책의 목적은 가정해체를 경험한 다섯 명의 이주여성을 심층 인터뷰하여, 차이와 주체성을 중심으로 다문화가정의 이혼 현상을 분석하고 다문화가정의 건강한 재영토화와 지속가능한 다문화 리좀사회 건설을 제안하는 데 있다. 이를 위해, 여성과 이주민의 주체성, 후설의 상호주체성과 하이데거의 공동존재에 대해 이론적으로 다루고, 들뢰즈의 리좀사회와 차이와 반복의 철학으로 연구참여자들의 내러티브를 분석하고자 한다.

1부

이혼한
결혼이주여성과
공존사회

1장. 가정해체와 이주여성

2장. 이주여성의 주체성과 공존사회

1장

가정해체와
이주여성

1.
결혼이주여성의 이주의 의미

    인간의 역사는 이주의 역사라고 할 수 있을 만큼, 국제이주는 전혀 새로운 현상이 아니다. 인류는 더 나은 삶의 기회를 찾기 위해서 실크로드를 개척하기도 하고, 또는 사할린 한인들처럼 모국의 전쟁이나 정치적인 상황에서 어쩔 수 없이 이주를 감행하게 된다. 어떠한 이유에서든 익숙한 곳을 떠나 낯선 땅을 밟는다는 사실에는 변함이 없을 것이다.

    20세기 들어 국제이주가 관심사로 떠오른 것은 국제이주가 전 세계적 이슈와 많은 관련을 맺고 있기 때문이다(Castles & Miller, 2014). 특히 자본주의가 확대되면서 저개발 국가의 남성들은 모국에서 일자리를 구하지 못하고, 일자리가 많은 선진국으로 유입되기 시작했다. 이들은 '제7의 인간'(Berger & Mohr, 2014)으로 자신의 삶의 한 부분을 노동이주에 내맡긴 채, 언젠가는 모국에서의 행복한 삶을 위해 살아갔다. 그러나 이주 유입국에서 노동이주자들은 경제발전을 위한 부속품이자 단순 관리의 대상일 뿐이었다.

    1960년대 이후부터 여성들은 노동이주를 시작으로 이주의 많은 비율을 차지하고 있다(김영순 외, 2019). 여성들의 노동이주는 선진국 여성들의 그림자 노동을 대체하기 위한 것으로, 가사일이나 아이돌봄 등의 영역에 투입되었다. 그러나 우리나라를 비롯한 일부 아시아 국가들은 여성들의 이주가 노동이주이면서 동시에 결혼이주의 성격을 띠고 있다는 점에서 매우 독특하다고 할 수 있다. 노동이주는 계약관계를 맺고 자신의 노동력을 제공한 뒤, 일정 기간이 지나면 귀환하지만, 결혼이주의 경우 계약관계는 '혼인증명서'로 대체된다. 이들의 가사노동 현장은 가정 내에 가려져 드러나지 않는다. 최근에는 국제결혼의 양상이 다양해지고 있기 때문에, 이러한 이주의 형태가 모든 국제결혼 가성을 설명한다고 볼 수는 없다. 다만 이 장에서는 그림자로 살아가야 하는 결혼이주여성들의 이주의 의미를 살펴보고자 한다.

살아왔고, 살아가고 있으며, 앞으로도 살아갈 '이주의 시대(age of migration)'에는 이러한 경향이 더욱 확대될 것으로 예상된다(Castles & Miller, 2014). 이주와 관련된 이론은 학자마다 다양하게 분류되어왔다. 쿠레코바(Kurekova, 2011: 14)는 이주의 결정요인에 관한 이론과 이주의 지속성 및 방향성에 관한 것으로 구분하여 제시했다. 한편 새머스(Samers, 2013)는 국제이주이론을 결정론적 이론과 통합 및 혼합적 접근으로 구분하고 유형화했다. 오렐리(O'Reilly, 2012)는 미시적 이론과 거시적 이론을 제시하고, 이러한 이분법을 극복하기 위한 접근법을 모색했다.

석현호(2000)는 국제이주에 대한 이론을 발생론적 관점, 영속화론적 관점, 적응론적 관점에서 구분하여 제시했다. 석현호가 제시한 국제이주에 대한 이론은 이주의 과정과 체계를 설명해준다는 점에서 의미가 있지만, 최근의 논의가 포함되지 않았기에 보완할 필요가 있다. 따라서 이 장에서는 석현호가 제시한 발생론적 관점, 영속화론적 관점, 적응론적 관점을 다루되, 적응론적 관점에서는 사회문화적 적응에 대한 논의를 보충한다. 이에 더해 최근 이주민에 대한 관계적 관점을 살펴본다. 이러한 논의를 바탕으로 결혼이주여성의 의미에 대해 고찰할 것이다.

1) 국제이주에 대한 이론적 논의

(1) 발생론적 관점

발생론적 관점은 국제이주가 어떻게 발생하는지를 설명하는 관점으로 주로 경제적 차원의 접근법이라 할 수 있다. 대표적으로 거시 이론인 신고전학파(Chiswick, 2000)의 배출-흡인 이론이나 미시 이론인 신경제학파 이론(Massey et al., 1987)이 있다.

먼저 신고전학파의 배출-흡인 이론은 균형 이론(equilibrium theory)으로도 불리며, 노동자들이 본국을 떠나도록 하는 경제적·사회적·정치적인 배출 요인과 노동자들을 유입하는 흡인 요인으로 이주를 설명한다. 이 이론에 따르면 국제이주는 자본이 부족하고 노동력이 풍부한 국가에서 자본이 풍부하고 노동력이 부족한 국가로 이동하는 흐름을 보여준다. 신경제학파의 이론은 개인 행위자에 의해서 이주가 일어나고 있는 부분에 초점을 맞춘다(석현호, 2000). 개인 행위자들은 가구의 소득을 최대한 확보하기 위해서 이주를 감행한다고 본다. 경제적 차원에서의 발생론적 관점은 이주를 합리적 선택으로 간주하고, 개인이나 가족의 의사결정 범위를 넘어서는 구조적 요인을 고려하지 못한다는 한계가 있다(Castles & Miller, 2014).

기존의 신고전학파 및 신경제학파 이론의 발생론적 관점을 보완하고자 대두된 것이 이중노동시장 이론과 세계체제 이론이다. 이중노동시장 이론은 노동시장분절론(Piore, 1979)으로도 불린다. 이 이론에 따르면, 경제가 발전하면서 전문-숙련 노동시장과 미숙련 노동시장의 분절이 발생하게 된다는 관점에서 출발한다. 전문-숙련 노동자들을 안정적으로 확보하기 위해 안정된 고용과 높은 임금을 제공하는 반면, 미숙련 노동자들은 불안정한 고용, 낮은 임금으로 대비된다. 본국인들은 전자의 고용을 희망하면서, 미숙련 노동시장에 노동자의 공백이 발생하고, 이것을 충원하기 위해 이주가 발생한다고 본다. 세계체제 이론(Portes & Walton, 1981; Petras, 1981; Sassen, 1988; 1991)은 자본주의 경제가 주변국 시장에 침투하여 국제이주가 일어난다고 설명한다. 사센(Sassen, 1988; 1991)의 이주의 여성화 현상도 이 관점에서 설명될 수 있다.

(2) 영속화론적 관점

발생론적 관점이 더 높은 소득에 대한 욕구, 저임금 노동자의 고용정책, 중심국에 의한 주변국의 시장 침투를 이주의 주된 발생조건으로 제시하고 있다면(석현호, 2000), 영속화론의 관점은 일정한 이주 흐름이 확립되면 후속 이주를 동인하는 조건들이 차이가 있을 것이라고 보는 것이다. 대표적으로 사회적 자본론과 누적인과론 등이 있다.

먼저 사회적 자본론은 국제이주의 과정에서 이주자 개인이나 이주자가 속한 집단이 보유한, 또는 형성하는 사회적 관계망을 이주에서 최대한 활용한다고 가정한다(최병두 외, 2017). 다시 말해 이주자의 비율이 일정한 수를 넘어서면, 사회적 자본으로서 이주민 네트워크가 형성되고, 그것이 이주의 비용과 위험을 감소시킴으로써 이주의 가능성을 높여준다고 보는 것이다. 여기서 의미하는 사회적 자본이란 특정 집단의 구성원이 됨으로써 획득할 수 있는 잠재적 자원의 총합(Bourdieu, 1986)을 의미하는 것으로, 이주 네트워크를 통해 이주민들 간 관계를 맺고 상호작용을 통해 사회적 자본은 확대된다(Putnam, 1993). 이때 이주 네트워크는 이주를 영속화시키는 구조적 요인으로 작용한다. 누적인과론에서의 국제이주는 이주 네트워크의 확대와 이주자들을 지원해주는 중위 구조의 조직이나 제도에 의한 것뿐만 아니라 이주에 의해서 변화하는 사회적 맥락도 이주의 원인이 되어 영속화되는 경향이 있다고 보는 것이다(Massey et al., 1993).

사회적 자본론이 이주 네트워크의 발전에 의해 이주가 영속화되는 관점을 설명했다면, 누적인과론은 이주에 의해서 변화된 사회적 맥락을 이주 영속화의 원인으로 보는 관점이다(석현호, 2000). 이주제도, 소득의 상대적 불평등, 송출국의 경제 변화, 유입국의 인적 자원 변화 등을 누적인과론에서 이주의 영속화를 설명하는 데 활용한다. 가령 노동력이 부족해진 농업의 노동수요를 충당하기 위해 자본집약적 농업으로 전환되고, 이는 또다시 농촌인구의 이출을 유도하는 것 등을 그 예로 들 수 있다.

(3) 적응론적 관점

적응론적 관점에서는 인적자본론과 경제사회적 접근 등으로 제시할 수 있다. 그러나 두 이론 모두 경제적 적응에 초점을 맞추고 있으며, 개인의 합리적 행위를 전제로 하고 있다는 점에서 발생론이 비판받았던 이주의 복합성을 간과하고 있다(석현호, 2000). 또한 적응론적 관점이 동화주의에 기초하여 적응의 '결과'에 초점을 두었던 것에서 문화적응의 '과정'에 중점을 두었다. 이로 인해 국제이주가 증가하고 새로운 환경에 적응하는 과정에서 드러나는 다양한 문화적응에 대한 개념 논의도 활발해졌다(최희, 2018). 최근에는 사회문화적 적응에 대한 논의도 확대되고 있다.

문화적응은 문화를 지니고 있는 서로 다른 사람들이 접촉하면서 일어나는 현상을 의미한다. 학자들마다 문화적응을 다양하게 정의하고 있는데, 세부 내용은 다음 〈표 1〉과 같다.

〈표 1〉 문화적응의 개념

학자명	개념 정의	현상구분
Thurnwald (1932)	새로운 삶의 조건에 적응하는	개인현상
Herskovits (1937)	문화적 집단의 상호작용에 관한 문화적응	집단현상
Gillin & Raimy (1940)	하나 이상의 다른 사회의 문화와의 접촉 결과로 사회 문화가 변화하는 과정	집단현상
Linton (1940)	다른 문화를 가진 사람들의 집단이 지속적으로 직접 접촉하게 될 때 발생하는 현상	집단현상
Devereux & Loeb (1943)	다른 사람들은 개인적인 요소를 인정하지만, 여전히 문화적 배경을 가진 구성 요소로서의 집단	집단현상
Bogardus (1949)	문화 다원주의 논의에서 문화 체계	집단현상
Spiro (1955)	집단과 개인 모두에서 문화적응이 발생할 수 있다고 인정, 그러나 개인적 차원에서의 문화적 적응과정은 집단 문화 적응 과정에 영향을 받는다고 주장	집단, 개인현상
Eaton (1952)	개인과 집단 모두에서 문화 다양성이 발생할 수 있다고 강조	집단, 개인현상
Dohrenwend & Smith (1962)	집단적 차원도 중요하지만, 문화적응에 영향을 미치는 것이 개인이므로 독창적인 개인의 현상임을 분명히 강조	개인현상
Graves (1967)	집단문화적응과 개인이 경험하는 심리적 차원의 문화적응	집단, 개인현상
Teske & Nelson (1974)	집단보다 개인의 동화현상이 더 두드러지게 나타난다고 보았음	개인현상
Berry (1997)	문화 간 접촉에 따른 문화적, 심리적 변화의 과정으로 개인의 현상	개인현상

출처: 최희(2018: 42)

〈표 1〉에 제시된 바와 같이 학자마다 문화적응을 다양하게 보고 있으며, 특히 집단현상인지 개인현상인지에 따라 논의점이 달라지고 있음을 알 수 있다. 문화적응에 관한 대표적인 학자인 베리(Berry, 1997)는 두 가지 차원의 네 가지 유형으로 범주화하여 문화적응을 설명했다. 주류사회와의 관계를 유지하는 것이 가치가 있다고 생각하는지 또는 자신의 정체성과 특성을 유지하는 것이 가치가 있다고 생각하는지를 큰 축으로 하여 통합, 동화, 분리, 주변화로 구분하여 문화적응을 논의했다. 그러나 현대의 이주가 복잡한 양상을 띠고 있기 때문에 베리의 문화적응 모형은 이러한 현상을 설명하기에는 한계가 따른다. 이러한 맥락에서 최희(2018)는 베리가 제안하는 문화적응이 이주민의 문화가 아닌, 정주민의 문화적 관점에서의 적응으로 설명되고 있음을 지적하면서 문화적응의 유형을 동화, 통합, 혼돈, 저항으로 분류할 것을 제안했다.

(4) 관계적 관점

관계적 관점은 초국적 이주의 행위적 차원과 구조적 차원을 결합시키고자 하는 이론으로 기든스의 구조화 이론 및 사회연결망 이론에 바탕을 두고 있다(최병두, 2017). 전형권(2008)은 기존의 발생론적 관점에서의 신경제학파의 행위자 중심 시각이나 이중노동시장 등의 논의와 같이 구조적이거나, 행위자의 관점에서만 국제이주를 설명할 수 없음을 지적했다. 이에 따라 이 구조와 행위의 관계를 통합한 시각의 필요성을 역설했다.

관계적 관점으로 국제이주를 설명하는 이론에는 사회적 연결망 이론, 사회적 자본론, 네트워크 이론, 이주체계 이론, 초국적 이주 이론 등을 들 수 있다(최병두, 2017). 이상의 이론들은 미시와 거시, 행위와 구조라는 이분법을 극복하고, 관계성에 주목한다. 이 이론들에서 정의되는 구조, 즉 연결망의 개념은 송출국과 유입국에서 이주민과 앞선 이주자 또는 선주민들이 어떤 매개를 통해서 연결되는 과정으로 정의되거나(Massey et al., 1998), 송출국 또는 유입국 사회의 구조와 이주민이라는 행위자로 구성되는 연결고리(설동훈, 1999: 47)로 이해되기도 한다. 이러한 연결망은 사회적 자본으로 작동할 수 있다는 점에서 영속화적 관점과도 관련성이 깊다. 결론적으로 이주체계를 통해 형성된 사회공간적 환경 속에서 이주 행위자와의 상호포괄적이고 통합적인 관계로 이해하고자 한다는 점에서 관계적 관점은 유의성을 가진다고 할 수 있다(최병두, 2017). 초국가주의도 이상의 논의와 유사하게 전개되는데, 송출국과 유입국이라는 물리적 공간보다도 이주 행위자들의 가족, 공동체라는 국가를 넘나드는 네트워크를 강조한다. 다만 이러한 관점이 특수한 맥락에서의 계층화나 인종화 등의 사실을 간과한다는 지적이 있다.

다음으로 행위자-네트워크 이론은 인간 중심적 사고에서 벗어나, 인간과 사물의 혼종적 네트워크로 바라보고자 하는 이론으로, 모든 사회적 현상은 인간 행위자와 사물 행위자와의 끊임없는 번역의 결과로 바라보는 것이다. 특징적인 것은 인간 행위자의 행위는 행위자의 완전한 통제하에서 이루어지는 것이 아니라, 항상 많은 실제적 및 잠재적 행위자들과의 상호작용의 결과, 즉 관계적 효과로 이해된다는 점이다. 다시 말해 행위자들 간의 관계는 선험적으로 주어진 것이 아니라 끊임없는 협상과 번역의 산물로 보며, 국제이주 또한 협상과 번역의 과정으로 역동적인 측면에서 이해될 수 있는 개념적 틀을 제공한다는 데 의미가 있다.

2) 국제이주와 여성

　국제이주에 있어서 여성의 이주는 '이주의 여성화(feminization of migrant)'라는 측면에서 살펴볼 수 있다. 이주의 여성화란 이주하는 여성의 수가 남성을 뛰어넘는 현상을 의미하며, 이주 여성들이 전형적으로 '여성의 일'로 취급되던 돌봄 노동, 즉 가사, 육아, 환자 봉양 및 여성적 친밀성 등과 관련된 노동을 하기 위해 국경을 넘는다는 점을 강조한다(김현미, 2008). 유입국의 관점에서 본다면, 전 지구적 차원의 자본주의의 확산은 선진국 여성들을 노동시장으로 이끌었다고 볼 수 있다. 이들이 담당하고 있던 그림자 노동은 저개발 국가의 여성들의 차지가 되었다. 그림자 노동은 상품을 수단으로 하여 자신이 필요로 하는 것을 충족시키려는 모든 행위를 의미한다(Ivan Illich, 1982). 이반 일리치(Ivan Illich, 1982)는 그림자 노동에 대해 다음과 같이 설명한다. 산업사회가 진행되면서, 세탁기나 진공청소기, 식기세척기 등은 우리의 삶을 편리하게 바꾸어놓았다. 이러한 제품들이 탄생함으로써 가사일이 수월해졌다는 인식을 가지게 되고, 가사일은 쉽고 편한 것, 가치 없는 것으로 여겨지게 된다. 다시 말해 자본주의의 확산은 가정 안에 그림자를 길게 드리웠다. 가령 여성들이 일자리를 갖는다고 해도 그림자 노동에서 벗어날 수 없다. 이에 따라 저개발 국가의 여성들이 선진국 여성들의 그림자 노동의 자리를 대체하기 위해 이주한다. 흥미로운 것은 이러한 이주의 과정을 통해 그림자 노동은 더 이상 그림자의 영역에 머물지 않고, 수면 위로 올라오게 된다.

　반면에 송출국의 입장에서 본다면, 사센(Sassen, 2002)은 이주국의 변화된 경제적 환경을 기준으로 이주여성을 설명한다. '생존의 여성화'라는 개념으로, 세계화로 인해 개발도상국의 산업과 소득 체제가 변화함에 따라 남성 가장들의 실업률이 증가했고, 여성들이 가족들의 생계를 책임지기 위해 선진국으로 이주하게 된다는 것이다. 즉 이제는 여성들이 '제7의 인간'의 자리를 대신하게 된다. 가족과 정부의 생계를 책임지기 위해 이주여성들은 돌봄노동 결핍을 해결하는 가사노동자로 이주하여 가족과 정부의 주요 수입원이 된다. 일례로 인도네시아는 전체 이주의 68%를 여성이 차지하고 있으며, 돌봄 노동, 간병인, 육아 및 가사도우미와 같은 서비스업 종사자가 많은 비중을 차지하고 있다(ILO, 2018). 결과적으로 세계화와 신자유주의적 경제적 폭력이 빈곤의 여성화를 가속화시키며 이를 탈피하기 위한 생존전략으로 이주의 여성화를 추동하며, 이주여성들에게 이주 유입국에서 낮은 경제적 지위와 열악한 삶의 조건을 결정짓게 만드는 동인이 된다.

한편, 여성들의 노동이주가 매우 제한적인 조건에서만 허락되는 경우, 여성들은 상대적으로 이주가 용이한 결혼이주의 방법을 선택하여 이주하는 경향이 높다. 우리나라와 같이 이주에 대한 규제가 심한 나라에서는 여성들이 이주를 위해 '결혼'을 선택하는 경우가 많다(김현미, 2006). 따라서 결혼을 매개로 하는 이주는 세계적 차원의 불균등한 신자유주의적 구조조정과 연관된 '이주의 여성화'라는 측면에서 글로벌 이주의 순환의 흐름을 생산한다(김현미, 2006; 최병두 외, 2017). 사실 결혼이주는 과거 '사진신부'* 제도와 같이 같은 민족이지만 다른 국적 간 결혼을 위해 이주하는 경우,

---

* 이민 역사에서 사진신부 제도는 단신 이주한 남성들이 정착지의 여성이 아닌, 자신의 출신국 여성들과 결혼하려는 시도의 결과였다. 그러나 사진신부를 통한 국제결혼은 이주 노동자들의 장기적인 이민과 동화를 막기 위한 수용국의 권력장치였다. 국적이 다른 동종족 간의 국제결혼은 이주 남성들이 취해온 '결혼 전략'이다. 현재에도 이민자 가족의 인종적 순수성을 지키기 위한 가족 전략의 하나로, 주류에 편입하지 못하는 이민자 남성들이 결혼 시장에서 갖는 불리한 위치 때문에 자신이 떠나온 출신국 여성을 데려오는 것이 국제결혼의 보편적인 형태로 자리 잡았다 (김현미, 2006: 3).

다른 민족, 다른 국적을 가지고 결혼이주 하는 경우를 모두 포함한다. 후자 형태의 결혼이 전형적인 '이주의 여성화' 현상을 대표하는 결혼이주의 형태이며, 우리나라의 결혼이주 또한 다른 민족, 다른 국적으로 결합하는 경우가 많은 편이다.

한국에서 주로 많이 다루고 있는 결혼이주는 노동 등을 목적으로 하는 일시적인 이주와 영구적인 거주를 바탕으로 하는 결혼을 매개로 하는 이주의 경계가 중첩되거나 혼용되어 있는 경우가 많다는 점(Piper & Roces, 2003; Freeman, 2011; Kreckel, 1999)에서 이분법적으로 설명하기 어렵다는 특징이 있다. 또한 결혼이주의 경우 일반적인 노동이주보다 사회맥락적 측면에서 더 많은 상호 영향관계에 놓이게 된다. 다시 말해, 개인의 이주는 '개인'만의 이주가 아니라, 그가 거주했던 나라의 경제 및 사회·역사적 맥락, 문화적 배경, 경험과 기억 등을 가지고 이주하게 된다. 그들은 새로운 공간인 '지금-여기(erehwon)'*(김은주, 2016)에서 유목적 주체로서 자신들의 정체성을 협상하고, 생성해나간다. 여성들은 종족집단의 생물학적 재생산을 담당할 뿐만 아니라 젊은 세대에게 언어와 문화적 상징을 전수하는 핵심적 역할을 담당하는 '문화 운반자(cultural carriesrs)'(Vasta & Castles, 1992)로 볼 수도 있다. 그러나 한국 사회에서 결혼이주여성은 '국민의 배우자'이자 '국민의 어머니'로만 간주되며(최연숙, 2021), 이주국의 가족 규범을 비롯한 사회규범은 결혼이주여성들을 수동적이고 의존적인 타자로 본질화한다(김순남, 2014; 김이선, 2010). 다시 말해, 결혼이주여성이라는 정체성을 블랙박스** 안에 가

---

* 'Erewhon'은 사무엘 버틀러가 'no where'의 음절 순서를 뒤바꾸어 만든 조어로, '어디에도 없음'이자 '지금-여기'를 의미한다. 들뢰즈가 의미하는 공간의 가장 큰 특징으로 "위치를 바꾸고 위장하며 언제나 새롭게 재창조되는 '지금-여기'"를 강조하는데, 'Erewhon'은 이러한 공간적 특징을 잘 설명해주는 표현이다(김은주, 2016: 18).
** 잡종적 네트워크가 하나의 행위자나 대상으로 단순화되어 좁혀진 상태를 지칭하는 것으로, 사

둔 채, 이들이 복합적으로 결합하고 연결하는 존재라는 사실을 망각하는 것이다(최병두 외, 2017). 이주의 여성화라는 거대한 글로벌 현상 속에서 유목적 주체로서 결혼이주여성들이 지니는 존재적 위치와 삶의 다양성, 정체성 협상, 인정투쟁과 같은 삶의 양식들은 가려지고 마는 것이다. 이러한 맥락 속에서 이혼을 경험한 결혼이주여성은 '국민의 배우자'로서의 자격을 상실하고, '가짜 결혼'으로 의심받는 위치에 놓이게 된다(문경연, 2011). 한국 국적의 자녀를 키우고 있는 경우에는 '국민의 어머니'로 그들의 지위를 인정받을 뿐이며, 여전히 이들의 삶은 아무런 의심 없이, 블랙박스 안에 담겨 있는 단순화된 삶으로 접근하고 있다.

이혼은 결혼이주여성과 같은 취약성을 가진 개인들에게는 다양한 문제를 야기한다(김선숙 · 왕경수, 2021). 결혼이주여성들은 가정 구성 초기부터 가정해체에 이르기까지 다양한 갈등 상황을 경험한다. 먼저 이들이 한국으로의 결혼을 택하게 된 경제적 이유와 더불어, 한국 생활에 대한 막연한 기대감, 중개업체의 정보만을 믿고 한국행을 택하지만 실제로 맞닥뜨린 결혼생활은 큰 차이가 있었다(최미경, 2014; 최호림, 2015). 이로 인해 결혼생활 중 경제적 갈등을 겪거나 가정 내에서 가족으로서의 일원이 아닌, 가사도우미와 같은 위치로 전락하거나 남편의 양육에 대한 무관심과 아내 측 가족 문화에 대한 일방적 무시를 경험한다. 또한 언어 문제와 양육의 어려움으로 높은 스트레스를 호소하기도 한다. 김오남(2006)은 국제결혼 부부의 주요 갈등의 원인으로 경제적 문제, 문화적응 스트레스, 보수적인 성역할 태도, 부부간 권력 불평등을 제시했다. 한국어가 능숙하지 않은 경우 갈등

람들은 블랙박스 속의 복합적 결합과 동맹의 행위자-네트워크는 보지 못하고 외부의 입/출력에만 의존하는 대상으로 취급하게 된다. 최근 '다문화사회' 혹은 '다문화정책' 등도 이런 관점에서 볼 수 있다(최병두 외, 2017: 219).

이 더 깊은 것으로 나타났으나, 오히려 결혼이주여성의 한국어 능숙도가 높고, 한국 사회에 잘 적응할수록 이혼에 대한 의향이 더 큰 것으로 나타났다(설동훈·이계승, 2011). 즉, 결혼이주여성의 이혼은 한국 사회 부적응의 증거가 아니라, 본인의 삶에서 경험한 어려움을 해소하기 위한 적극적인 방편이라고 할 수 있다.

2.
가정해체 이후 이주여성의 삶

결혼이주여성의 가정해체와 관련된 다양한 연구가 진행되었음에도 불구하고, 여전히 이들을 한국에 적응하지 못한 사람으로 치부하고, 이들의 어려움에 대한 포괄적인 이해와 정책적 방안들은 미흡한 상황이다(김희주, 2018). 가정해체 이후의 상실감과 새로운 삶에 대한 자립이라는 이중과제를 수행해나가야 한다는 부담감과 더불어, 한국 사회 내에서의 사회적 관계에 대한 한계가 더해져 그 어려움은 더 심각하다고 볼 수 있다(김희주, 2018: 이현주, 2013). 다문화가족지원법이나 한부모가족지원법과 같은 법제도가 존재하지만, 한부모 이주여성이라는 특수한 위치에 있는 이들을 명시하고 있지 않다. 가정해체를 경험한 한부모 이주여성은 여전히 법과 제도 및 경제적 배제를 경험하고, 심리적 어려움을 호소하고 있다. 따라서 이장에서는 가정해체를 경험한 결혼이주여성의 선행연구의 흐름을 종합적으로 살펴보고, 기존 연구의 방향성과 향후 나아가야 할 방향에 대해 점검해보고자 한다.

1) 논문 선정 과정

　가정해체 결혼이주여성에 관한 모든 경향과 흐름을 살펴보기 위해 가정해체 결혼이주여성에 관한 학술지 및 학위논문을 탐색했다. 연구물의 선정 과정은 다음과 같다. 첫째, 기본 검색조건은 2022년 2월 3일까지 대한민국에서 발행된 KCI등재(후보) 학술지 및 박사학위 논문으로 원문이 있는 것을 기준으로 한다. 둘째, 학술지와 학위 논문이 중복될 경우, 학술지 논문을 우선으로 한다. 셋째, 검색어는 1차 검색어로 '결혼이주여성'을 검색했으며, 결과 내 검색을 활용하여 '이혼', '가정해체', '가족해체'로 검색했다. 넷째, 2차 연구(연구동향 분석)는 분석 대상에서 제외했다. 다섯째, 양적연구의 경우, 연구참여자가 이혼을 경험하지 않았더라도, 이혼을 주제로 연구한 것을 포함했다. 이상의 선정 과정에 따라 학술지 28건, 박사학위논문 12건으로 총 40건의 문헌이 도출되었으며, 상세 목록은 다음 〈표 2〉와 같다.

〈표 2〉 결혼이주여성의 가정해체에 관한 선행연구

대주제	소주제	저자	발행 연도	연구주제	연구 방법	형태
법적 고찰 (2)	국내법	이창규	2013	혼인이주여성의 이혼에 대한 법적 고찰	문헌 연구	학술지
	국제법	석광현	2013	이혼 기타 혼인관계사건의 국제재판 관할에 관한 입법론	문헌 연구	학술지
의사 결정 요인 (8)	문화 간 감수성	이영설 이원식	2021	결혼이주여성의 문화간 감수성이 이 혼 의사에 미치는 영향: 부부의사소통 의 매개효과	양적 연구	학술지

대주제	소주제	저자	발행 연도	연구주제	연구 방법	형태
의사 결정 요인 (8)	문화적, 경제적, 관계적 요인	김순연	2013	다문화가족의 문화적, 경제적, 관계적 요인 그리고 사회적지지가 결혼만족 도와 이혼의사에 미치는 영향에 관한 연구	양적 연구	박사
	문화적응 스트레스	진위롄	2014	결혼이주여성의 문화변용 스트레스와 이혼위기에 관한 연구: 부부갈등의 매 개효과와 사회적 지지의 조절효과를 중심으로	양적 연구	박사
		박정하	2015	결혼이주여성의 문화적응스트레스가 이혼의도에 미치는 영향: 가족관계스 트레스 및 심리적안녕감의 매개효과 를 중심으로	양적 연구	박사
	부부갈등 요인	고미숙	2019	이혼한 베트남이주여성의 결혼경험 및 부부관계에 관한 연구	현상학	학술지
	부부관계 및 사회적 지지	주미연	2010	국제결혼 이주여성의 이혼의사 결정 요인 분석	양적 연구	박사
	사회경제적 요인	홍성효 하현주 김종수	2012	결혼이주여성의 사회경제적 이혼결정 요인	양적 연구	학술지
	지역 및 네트워크	김정순	2012	결혼이주여성의 이혼의사결정에 영향 을 미치는 요인	양적 연구	박사
이혼 경험 (21)	사회적 맥락	문경연	2011	"국민의 배우자"를 벗어난 여성들: 한 족 결혼 이주 여성들의 결혼과 이혼 사례를 중심으로	문화 기술지	학술지
		김현미	2012	결혼이주여성들의 귀환결정과 귀환 경험	질적 연구	학술지
		김순남	2014	이주여성들의 결혼, 이혼의 과정을 통 해서 본 삶의 불확실성과 생애지도의 재구성	질적 연구	학술지
		김현미	2014	유보된 삶: 몽골 결혼이주여성의 귀한 이후의 삶	문화 기술지	학술지

대주제	소주제	저자	발행연도	연구주제	연구방법	형태
이혼경험(21)	사회적 맥락	김태량	2019	결혼이주여성의 이혼 경험에 관한 질적 사례연구	사례연구	학술지
		김희순	2019	생애사를 통해 본 베트남 결혼이주여성의 이혼 연구	생애사연구	박사
	내부자적관점	윤동화	2013	결혼이주여성의 가족 해체 경험에 관한 질적 연구	질적연구	학술지
		이해경	2014	결혼이주여성의 이혼 후 삶의 경험	현상학	박사
		박미정 엄명용	2015	결혼이주여성 이혼경험 연구	근거이론	학술지
	부모자녀관계	정예리	2011	해체가족 여성결혼이민자와 그 자녀의 삶	내러티브탐구	박사
		이현주	2013	한부모 이주여성의 자녀양육과 삶에 대한 연구	근거이론	학술지
		이해경	2015	결혼이주여성의 이혼 후 삶의 경험에 관한 연구	양적연구	학술지
		어경준	2021	한부모 모자가정 결혼이주여성의 자녀양육 경험에 관한 연구	사례연구	학술지
	성장 경험	민기연 이영선	2020	결혼이주여성의 가정해체 경험	사례연구	학술지
		이춘양	2021	한부모이주여성 삶의 성장 경험에 관한 생애사적 내러티브 연구	내러티브연구	박사
	자립	박미정	2015	이혼으로 한부모 가장이 된 결혼이주여성의 생애사 연구: 행위의 주체에서 권리의 주체로 거듭나기	생애사연구	학술지
		김강남	2016	한부모 결혼이주여성의 자립경험에 관한 현상학적 접근	현상학	학술지
		황해영 김영순 이춘양	2018	가정폭력을 경험한 결혼이주여성의 이혼에 관한 내러티브 탐구	내러티브탐구	학술지

대주제	소주제	저자	발행연도	연구주제	연구방법	형태
이혼 경험 (21)	자립	김기화	2021	한부모 이주여성의 가족해체와 자립 과정에 관한 연구: 자립지원시설에서의 경험을 중심으로	사례 연구	학술지
		김선숙 왕경수	2021	결혼이주여성들의 이혼 후 자립에 대한 사례연구	사례 연구	학술지
	파트너십	임춘희	2014	한부모 이주여성의 이혼 후 적응과 새로운 파트너십 형성에 대한 연구	사례 연구	학술지
정신 건강 (2)	심리 치유	김지선	2021	CFT(감정지유기법)를 활용한 한국민속춤프로그램 참여경험에 대한 질적 사례연구	혼합 연구	박사
	우울과 불안	조윤희	2020	사회적 지지가 이혼을 한 결혼이주여성의 우울과 불안에 미치는 영향	양적 연구	학술지
정책 개발 (7)	예방적 접근	윤향희	2014	결혼이주여성에 대한 다문화교육의 방향과 내용: 이혼의 원인 분석을 기초로 하여	문헌 연구	학술지
		안윤지	2016	결혼이주여성의 이혼에 관한 탐색적 연구	문헌 연구	박사
	정책분석	김혜순	2014	결혼이민여성의 이혼과 '다문화정책'	문헌 연구	학술지
	정책지원	이영진	2016	다문화가족의 해체의 특성에 기초한 정책적 지원 방향	사례 연구	박사
		박송이 강혜린 문영민	2020	베트남 한부모 이주여성에 대한 사회복지 제도 및 서비스에 대한 탐색적 연구	질적 연구	학술지
		장명선	2015	다문화한부모가족의 사회통합을 위한 지원방안 연구	문헌 연구	학술지
		이진석	2018	해체 다문화가족의 안정적 정착을 위한 정책방안에 관한 연구	질적 연구	학술지

〈표 2〉에 제시된 바와 같이 40건의 문헌은 5개의 주제로 귀납적으로 분석되었다. 법적 고찰이 2건, 의사결정요인이 8건, 이혼 경험이 21건, 정신건강 2건, 정책개발 7건이다. 연구방법은 문헌연구 6건, 양적연구 9건, 질적연구 25건(사례연구 7건, 질적연구 5건, 현상학적 연구 3건, 생애사 연구 2건, 문화기술지 2건, 근거이론 2건, 내러티브 탐구/연구 3건), 혼합연구 1건이다.

2) 연구동향

(1) 연도별 발행동향

연도별 발행동향을 살펴보면 다음 [그림 1]과 같다.

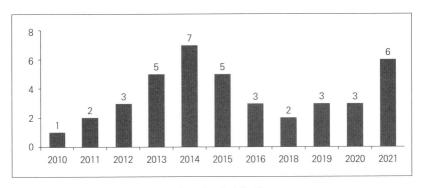

[그림 1] 연도별 발행동향

2010년 1편, 2011년 2편, 2012년 3편, 2013년 5편, 2014년 7편, 2015년 5편, 2016년 3편, 2018년 2편, 2019년 3편, 2020년 3편, 2021년

6편으로, 2010~2014년 증가세, 2014~2018년 감소세, 2018~2021년 다시 증가세를 보이고 있다.

다문화가정의 이혼은 2008년부터 집계가 시작되었다. 전체 이혼 대비 다문화가정의 이혼은 2008년 10.7%의 비중을 차지했고, 2009년 11%, 2010년 12.3%로 증가했다(통계청, 2020). 이에 따라 관련 연구도 2010~2014년까지 증가한 것으로 유추할 수 있다. 반면 결혼이주여성의 이혼은 2011년 12.6%까지 이혼이 증가했으나, 이후 꾸준히 감소하여 2020년 8.2%의 비중을 나타냈다(통계청, 2021).

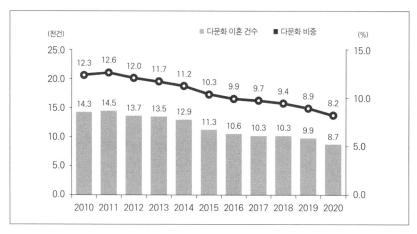

[그림 2] 결혼이주여성 이혼 추이(2010~2020)

출처: 통계청(2021), 「2020 다문화 인구 동태 통계」

감소원인은 2010년 이후 시행된 일련의 국제결혼 건전화 조치로 인해서 출입국 제도 변화 자체가 다문화 혼인 건수 감소에 영향을 준 것으로 보인다(통계청, 2017). 이후 이혼 비중이 감소하면서 연구도 감소했으나, 2018년 이후 다시 증가세를 보이고 있다. 비록 이혼이 감소했지만, 다문화가정에 대한 한국의 차별적 인식과 이주여성들의 삶 속에서의 경험은 크게 개선되지 않았기 때문이라 볼 수 있다. 실제로 다누리콜센터 상담을 이용한 결혼이주여성의 수는 2015년 11만 6,039명에서, 2017년 12만 8,779명으로 증가했다(다누리콜센터, 2015~2017). 또한 이혼 후 삶에서 마주하는 어려움, 사회적 차별에 대한 논의의 필요성이 더해졌다. 이는 2018년을 기점으로 다시 관련 연구가 증가세로 전환된 점을 설명할 수 있는 부분이다.

(2) 주제별 연구동향

주제적 측면에서 연구동향을 살펴보면, 크게 법적 고찰, 의사결정요인, 이혼경험, 정신건강, 정책개발로 구분할 수 있다. 주제별 발행연구 동향은 [그림 3]과 같다.

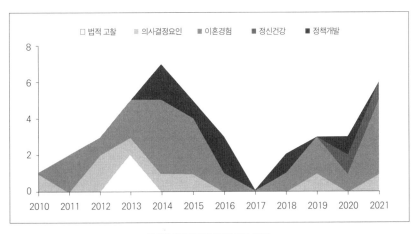

[그림 3] 주제별 발행연구 동향

먼저 법적 고찰 관련 주제에 관한 문헌은 2편으로, 국내법을 중심으로 한 이창규(2013)와 국제법을 중심으로 한 석광현(2013)의 논문이 있다. 이창규는 결혼이주여성의 법적 쟁점을 검토하고자, 결혼이주여성의 법적 지위와 혼인 및 이혼에 대한 내용을 분석했다. 그리고 결혼이주여성의 이혼 후 국적취득 여부에 따라 행사할 수 있는 권리에 대해 논의했다. 석광현은 결혼이주여성의 증가에 따른 국제가사사건이 증가함에 따라 명확한 기준을 마련할 필요가 있다고 했다. 이러한 배경에서 이혼, 혼인의 무효 기타 혼인과 관련된 사건의 국제재판관할에 관한 입법론을 다루었다.

둘째, 의사결정요인에 관한 문헌은 8편으로, 문화 간 감수성(이영설 · 이원식, 2021), 문화적 · 경제적 · 관계적 요인(김순연, 2013), 문화적응 스트레스(진위롄, 2014; 박정하, 2015), 부부갈등요인(고미숙, 2019), 부부관계 및 사회적 지지(주미연, 2010), 사회경제적 요인(홍성효 · 하현주 · 김종수, 2012), 지역 및 네트워크(김정순, 2012)를 주요 의사결정요인으로 다루었다. 이영설 · 이원식(2021)은 문화 간 감수성은 이혼의사에 직접적으로 영향을 미치기보다 부부 의사소통을 매개로 간접적으로 영향을 미치고 있음이 확인했다. 즉, 부부 의사소통은 결혼이주여성의 문화 간 감수성은 이혼의사를 완전 매개하는 것으로 나타났다. 김순연(2013)은 이혼의사는 문화적 요인, 사회적 지지 요인, 관계적 요인이 높을수록 이혼의사가 낮아지고, 경제적 수준이 높아지면 이혼의사 수준이 높아지는 경향을 나타냈다. 그리고 국적별로 통제한 다중회귀분석모형에서 이주여성의 모국적에 따라 결혼만족도와 이혼의사 요인을 결정하는 변인들이 달라진다는 중요한 결과를 얻었다. 진위롄(2014)은 문화적응 스트레스가 이혼 위기에 영향을 미치며, 남편, 남편의 가족, 원주민, 한국인의 지지가 결혼생활의 갈등을 줄이고 이혼 위기를 완화하는 데 절대적으로 영향을 미치는 요인임을 보여주었다. 박정아(2015)는 문화적응 스트레스는 가족관계 스트레스와 높은 상관을 보였고, 심리적 안녕감과 높은 유의미한 상관관계를 보였다. 이혼의도는 문화적응 스트레스와 가족관계 스트레스와는 심리적 안녕감과 낮은 정도의 상관을 보였으며 유의미했다. 부부갈등 요인을 현상학적으로 살펴본 고미숙(2019)은 결혼생활에서 성관계를 주요 갈등요인으로 제시했다. 주미연(2010)은 부부관계, 사회적 지지는 이혼에 영향을 주는 변수라고 했다. 홍성효 외(2012)는 자녀의 수가 이혼에 미치는 영향이 크다고 제시하면서, 다문화가정의 자녀에 대한 지원의 근거가 단순히 이들이 사회적 약자에 해당한다는 점이나 저출산 문제의 해결에만 있지 않고 이들의 이혼 가능성을 낮춤으로써 사회적 비용을 줄일 수 있음을 강조했다. 김정순(2012)은 결혼이주여성의 이혼 의사결정에 가장 높은 영향 요인은 주거지역이며, 결혼 전 국적, 주변 의논집단의 유무 순으로 이혼 의사결정에 영향을 미치는 것으로 나타났다.

셋째, 이혼 경험에 관한 문헌은 21건으로 사회적 맥락(김순남, 2014; 김태량, 2019; 김현미, 2012; 김현미, 2014; 김희순, 2019; 문경연; 2011), 내부자적 관점(윤동화, 2013; 이해경, 2014; 박미정·엄명용, 2015), 부모자녀관계(어경준, 2021; 이현주, 2013; 이해경, 2015; 정예리, 2011), 성장 경험(민기연·이영선, 2020; 이춘양, 2021), 자립(김강남, 2016; 김선숙·왕경수, 2021; 김기화, 2021; 박미정, 2015; 황해영·김영순·이춘양, 2018), 파트너십(임춘희, 2014)에 대한 주제를 다루었다. 사회적 맥락에 관한 문헌은 크게 귀환 경험과 이혼 경험으로 구분할 수 있다. 이혼 이주여성의 귀환 경험에 대해 다룬 김현미(2012; 2014)는 이주자의 적응과 통합적 관점에서만 연구되는 이주연구에서 벗어나 이주를 하나의 시스템으로 바라보고, 결혼이주여성의 귀환을 다루었다. 또한 한국인 배우자의 권력의 불균형을 초래하는 기존의 제도를 비판적 관점으로 살펴보았다. 이혼 후 삶을 사회적 맥락에서 살펴본 문경연(2011)은 국민의 배우자라는 전제가 무너졌을 때 국가가 어떻게 관리하고 대응하는지, 그리고 이주여성들이 어떻게 대처해나가는지 살펴보았다. 역시 사회적 맥락으로 살펴본 김순남(2014) 또한 결혼이주여성을 불확실한 주체로 규정하는 권력관계에 주목하고 이들이 결혼관계와 이혼 후 삶에서 '내부적 이방인'으로 타자화되는 과정을 살펴보았다. 김태량(2019)은 결혼이주여성의 이혼 경험에 대해, 이혼 후 사회적 관계망이 단절되고 빈곤으로 인해 고단한 삶을 살고 있다고 제시했다. 김희순(2019)은 베트남 결혼이주여성의 결혼과 이혼을 베트남과 한국의 사회구조 측면에서 살펴보았으며, 결혼이주여성의 일방적인 동화의 관점에서 벗어나 양방향의 변화를 꾀해야 한다고 밝혔다. 내부자적 관점으로 살펴본 윤동화(2013)는 쉽게 결정한 결혼이지만 해체에 관한 잘못은 남편에게 있었고, 자녀로 인해 고국으로 돌아갈 수 없는 결혼이주여성의 이혼 후 경험을 기술했다. 한편, 가정해체 경험은 국제결혼 여성에게 매우 어려운 상황을 발생시킬 수도 있고, 앞으로의 삶을 새롭게 그려갈 수 있다는 면에서 긍정적인 측면도 엿보인다. 이해경(2014)은 이혼은 상처에 대한 원망이자 힘든 삶과 맞닥뜨려야 하며, 낯선 땅에서 외롭고 힘든 시기를 경험함과 동시에 자신과 자녀를 위해 희망을 찾는 과정으로, 이혼 경험은 어디에도 속하지 않고 맴도는 소외로 정의했다. 박미정과 엄명용(2015)은 근거이론을 통해 이혼 경험을 밝히고자 했다. 연구자들은 이혼에 대한 중심현상은 '어긋난 현실에 대한 저항'이고, 이혼은 기대와 현실의 격차를 실감한 뒤의 생존을 위한 선택이었다. 결과적으로 이혼은 해체를 통한 안전한 정착지를 찾아가는 것으로, 대처성장형, 해방안주형, 생활눌림형, 유랑지속형으로 이혼 후 유형을 분류했다. 부모자녀관계에서 이현주(2013)는 자녀양육에서의 중심현상은 '무력감'으로 나타났다. 두 문화가 공존하는 양육환경과 이혼 후 어려움을 아이를 위해 견뎌내고 있었다. 이해경(2015)은 이혼 후 자녀의 정서적 적응에 영향을 미치는 변수는 자존감인 것으로 나타났다. 어경준(2021)은 정서적 측면과 경제적 측면을 세분화하여 분석하면서, 이혼 이주 여성과 자녀의 정서적 문제와 홀로 양육함에 있어서의 경제적 어려움을 확인했다. 성장 경험에 대해서는 민기연·이영선(2020)은 이혼이 결혼이주 여성들에게 다른 삶의 기회와 가능성을 줄 수 있는 방안 중 하나로 다문화 가정 해체와 다문화 이혼을 다루었다. 이춘양(2021)은 듀이의 경험이론에 근거하여 한부모 이주여성들의 생애 경험 속 긍정적인 변화 및 성장 모습을 탐색했다. 자립에 대해서 박미정(2015)은 한국 아이를 키우는 외국인 엄마이자 신(新)근로빈곤층·주거빈곤층으로서 초국적 네트워크 조직 및 운영을 통해 행위 주체에서 권리주체로 거듭나고 있었다. 김강남(2016)은 한부모 이주여성의 자립을 경제적 자립, 심리·정서적 자립, 사회·문화적 자립으로 구분하여 그 경험의 본질을 살펴보았다. 황해영·김영순·이춘양(2018)은 가정폭력을 경험한 이혼 이주여성을 살펴보면서, 이혼을 이주 과정에서 절망의 경험이 아니라, 사회적 생존과 적응을 위해 노력하는 자립 시기로 규정했다. 김기화(2021)는 자립지원시설에 거주하는 이혼 이주 여성의 가정해체 경험과 자립의 시기에 대해 다루었다. 김선숙·왕경수(2021)는 이혼 이주여성의 자립에 대해, 이주민 공동체와의 연대를 통한 인적 자본의 강화, 모국 가족의 지지, 도움을 주는 행위 등에 대해 기술했다. 파트너십에 대해 살펴본 임춘희(2014)는 이혼을 계기로 본국에서의 독립적이고 능동적인 면을 회복하고, 새로운 이성관계를 맺는 과정에 대해 탐색했다.

넷째, 정신건강에 관한 문헌은 2건으로, 우울과 불안(조윤희, 2020), 심리 치유(김지선, 2021)에 대해 다루었다. 우울과 불안에 대해 다룬 조윤희(2020)

는 사회적 지지가 이혼 이주여성의 우울과 불안에 미치는 영향에 대해 양적연구로 살펴보았으며, 연구대상 중 약 30%가 치료적 개입이 필요한 수준으로 나타났음을 밝혔다. 또한 사회적 지지는 우울과 불안을 낮추는 데 긍정적인 영향을 주는 것으로 나타났다. 배우자의 가정폭력으로 쉼터에 거주하고 있는 이주여성들을 대상으로 감정자유기법을 활용한 심리 치유 프로그램을 운영한 김지선(2021)은 해당 프로그램을 통해 함께 의지하며 희망과 용기를 가지며, 자신을 수양하며 힘차게 나아가는 경험을 확인했다.

마지막으로 정책개발에 관한 문헌은 7건으로 예방적 접근(안윤지, 2016; 윤향희, 2014), 정책 분석(김혜순, 2014), 정책 지원(박송이·강혜린·문영민, 2020; 이영진, 2016; 이진석, 2018; 장명선, 2015)이다. 예방적 접근은 이혼을 예방하고자 하는 것으로 윤향희(2014)는 결혼이주여성의 이혼을 야기하는 요인을 기초로 다문화교육의 방향을 제시했다. 안윤지(2016)는 국제결혼의 가정해체를 유발하는 부정적 요인을 최소화하기 위해 성혼과정에서의 강력한 제도적 보완이 필요하며, 이들에 대한 정책적 배려의 필요성을 제시했다. 정책 분석에 대해 연구한 김혜순(2014)은 이혼은 이주 과정의 일환이며 정책과도 밀접한 관련이 있다고 밝히면서, 다문화정책은 '가족'정책이라 볼 수 없으며, 관료적 확장주의에 매몰되어 몰이민성과 몰성성의 결합으로 분석된다고 밝혔다. 정책 지원에 있어서는 장명선(2015)은 다문화 한부모 가족의 사회통합을 위해 맞춤형 정책수립이 필요함을 제안했다. 이영진(2016) 또한 장명선과 유사한 맥락에서 다문화가족의 해체의 특성에 기초한 정책적 지원이 필요함을 밝히면서, 국제결혼에 대한 경제적 논리 개입의 최소화, 가족정책으로서의 다문화가족지원정책의 위상 강화 및 다문화가족의 경제적 역량을 강화하고, 이들에 대한 사회적 인식 제고가 필요함을 제언

했다. 이진석(2018)은 가정해체 다문화가족의 안정적 정착 지원방안을 도출하기 위해 가정해체를 경험한 이주여성들을 집단 면담한 내용을 바탕으로 안정적 주거지 확보와 일자리 제공, 이혼 이주여성 네트워크 형성이 필요하다고 밝혔다. 박송이 · 강혜린 · 문영민(2020)은 베트남 한부모 이주여성의 사회복지서비스 이용 경험을 탐색하고, 이혼 후 불안정한 체류자격이 이들의 사회복지서비스 이용 경험을 제한한다고 했다.

3.
결혼이주여성에게 가정해체가 갖는 의미[*]

결혼이주여성에게 가정해체가 갖는 의미를 도출하고자, 최수안 · 김
영순(2021)이 실시한 가정해체 이주여성에 대한 질적 메타분석 결과를 요
약하여 제시하고자 한다. 질적 메타분석은 연구주제가 유사하며, 질적연
구를 주요 연구방법으로 채택한 연구물들을 개별적으로 분석하고, 연구
물 간 비교와 분석을 통해 새로운 해석 가능성을 도출하기 위해 시도하는
연구방법이다(나장함, 2008). 질적연구는 연구의 결과를 통해 특정 주제나 이
슈에 대한 세상의 인식을 환기하거나 변화시키는 데 기여하는 것이며, 다
양한 영역에 관심을 갖고 다양한 사람들의 목소리를 전하는 역할을 한다.
즉, 질적연구는 사회 참여적이며, 대안적 지향점을 추구한다(김영순 외, 2018:
71). 따라서 질적연구를 종합적으로 다루는 질적 메타분석은 각 연구의 연
구참여자들의 경험을 종합하고, 양적연구에서 확인하기 어려운 결혼이주
여성의 가정해체 과정에서의 어려움과 심리적 혼란, 가족 간의 문제, 이혼

---

[*] 최수안 · 김영순(2021). 「한부모 이주여성의 자립경험에 관한 질적 메타분석」, 『여성학연구』
31(1), 7-39.

후 홀로서기에 대한 구체적인 양상을 파악할 수 있다.

1) 분석대상

　한부모 이주여성의 자립경험은 어떠한가를 연구질문으로 설정하고, 이에 대해 질적연구를 수행한 문헌 검색을 실시했다. 학술정보연구원(RISS)을 통해 2020년 10월 9일 문헌 검색을 실시했다. 1차 검색에서는 연구물의 발표 연도 설정 없이 이혼, 한부모, 가정해체와 관련된 키워드로 각각 검색했고, 그 결과 국내 학술지 대상 검색결과로는 이혼 3,449건, 한부모 540건, 가정해체 772건이 도출되었다. 1차 검색 결과를 대상으로 '결혼이주여성' 또는 '이주여성' 논문명 검색을 했으며 KCI 등재(후보)지로만 국한했다. 검색결과 이혼 48건, 한부모 8건, 가정해체 7건이 각각 도출되었으며, 검토 결과 중복문헌 15건을 제외하고, 추가 검색을 통해 관련 문헌 5건을 추가하여 53건의 문헌을 1차 선정했다. 분석대상의 최종 선정을 위해 포함 및 배제 기준을 적용하여 각각의 문헌을 살펴보았으며, 총 14건이 선정되었다. 분석대상의 기본정보는 〈표 3〉과 같다.

<표 3> 분석대상 기본정보

연구자	기본정보	
윤동화 (2013)	목적	가정해체 국제결혼 여성이 처한 정서적 어려움의 맥락과 경험적 인식 확인
	대상	총 6명(국적: 베트남 1/중국 1/필리핀 4, 연령: 30대 3/40대 3)
	방법	현상학(Colaizzi), 심층면담
	결과	가족 해체의 원인 제공자는 남편, '이혼', '별거'를 선택하게 함
임춘희 (2014)	목적	한부모 이주여성의 가정해체가 새로운 가족을 형성하는 연속적인 과정임을 환기
	대상	총 4명(국적: 베트남, 연령: 20대 2/30대 2)
	방법	사례연구, 심층면담
	결과	한부모 이주여성의 새로운 파트너십에 대한 행복과 고민 확인
최미경 (2014)	목적	홀로서기에 영향을 준 직·간접적인 다양한 경험들의 연관성과 구조 확인
	대상	총 6명(국적: 베트남, 연령: 20대 3/30대 2/40대 1)
	방법	현상학(Giorgi), 심층면담
	결과	홀로서기는 생존을 위한 유일한 대안이며, 주체적으로 삶을 재구성하는 경험
박미정 (2015)	목적	한부모 여성가장으로서 삶의 지속조건과 원동력, 그 이면의 사회적 기저 해석
	대상	총 6명(국적: 베트남 1/중국 1/필리핀 4, 연령: 20대 1/30대 2/40대 3)
	방법	생애사, 심층면담
	결과	적응전략에 대한 4가지 범주 제시
박신규 이성희 (2015)	목적	여성 결혼이민자의 가족해체 과정 특성과 해체 이후 삶에 대한 지원방안 모색
	대상	총 14명(국적: 베트남 4/중국 1/필리핀 4/캄보디아 4/네팔 1, 연령: 20대 6/30대 7/50대 1)
	방법	사례연구, 심층면담
	결과	주거/경제/자녀양육 어려움, 자녀와 한국에서의 삶 희망

연구자	기본정보	
이해경 (2015)	목적	한국사회에 잘 적응할 수 있는 사회복지적인 실천적 · 정책적 개입의 근거 마련
	대상	총 6명(국적: 베트남 2/필리핀 4, 연령: 30대 5/40대 1)
	방법	현상학(Giorgi), 심층면담
	결과	경험의 본질은 그 어디에도 소속되지 못한 경계인으로 서성대는 삶
김강남 (2016)	목적	한부모 결혼이주여성이 당면한 자립경험에 관심을 두고 그 본질을 이해
	대상	총 8명(국적: 베트남, 20대 3/30대 5)
	방법	현상학(Husserl), 심층면담
	결과	경제적 자립, 심리 · 정서적 자립, 사회 · 문화적 자립 경험 제시
오혜정 (2017)	목적	한부모 이주여성의 삶의 의미와 본질을 자녀양육 경험 중심으로 살펴봄
	대상	총 7명(국적: 베트남 1/중국 3/필리핀 3, 연령: 30대 1/40대 6)
	방법	현상학(Giorgi), 심층면담
	결과	원동력인 자녀가 있기에 견디고 이겨내며 가장이 되어감
황해영 외 (2018)	목적	가정폭력 경험 결혼이주여성들의 이야기를 통해 삶의 실상을 살펴보고자 함
	대상	총 3명(국적: 중국 2/필리핀 1, 연령: 40대)
	방법	내러티브, 심층면담
	결과	이혼은 사회적 생존과 적응을 위해 노력하는 자립시기로 규정됨
이진석 (2018)	목적	해체 다문화가족의 안정적 정착을 위한 정책방안 제시
	대상	총 4명(국적: 베트남, 연령: 20대 2/30대 2)
	방법	사례연구, 심층면담
	결과	한부모가정과 다문화가정이라는 이중적 특수성으로 어려움 경험
김희주 (2018)	목적	거시적인 관점에서 한부모 결혼이민자 여성의 사회적 배제 개념과 문제 파악
	대상	총 9명(국적: 베트남 7/중국 1/필리핀 1, 연령: 20대 3/30대 5/40대 1)
	방법	사례연구, 심층면담
	결과	사회적 배제 경험, 이 속에서도 긍정적인 생각과 자신감 가짐

연구자		기본정보
김태량 (2018)	목적	이혼 과정과 이후 삶의 경험 탐색 및 안정적인 정착과 적응 위한 자료 제공
	대상	총 6명(국적: 베트남 4/중국 2, 연령: 20대 1/30대 2/40대 3)
	방법	사례연구, 심층면담
	결과	준비 없는 이혼으로 사회적 관계망 단절, 가난하고 고단한 삶
고미숙 (2019)	목적	베트남 결혼이주여성의 결혼과 이혼에 따른 경험의 의미와 본질을 밝힘
	대상	총 6명(국적: 베트남, 연령: 20대 3/30대 3)
	방법	현상학(Colaizzi), 심층면담
	결과	결혼생활에서 성관계가 주요 갈등요인으로 제시
민기연 이영선 (2020)	목적	가정해체 결혼이주여성을 진정한 구성원으로 인정, 삶의 기회와 가능성 논의
	대상	총 4명(국적: 베트남 1/필리핀 2/인도네시아 1, 연령: 30대 1/40대 2/50대 1)
	방법	사례연구, 심층면담
	결과	가정해체 과정, 결혼생활의 현실 자각, 이혼 이후의 삶 3가지 범주화

연구물들은 2013년부터 2020년까지 출간된 논문들로, 연구방법은 현상학 6건, 사례연구 6건, 생애사 1건, 내러티브 1건을 사용했다. 자료수집 방법으로는 심층면담을 사용했다. 연구목적에 따른 유형별 특성을 살펴보면 크게 두 가지로 구분된다. 먼저 한부모 이주여성의 결혼 및 이혼 과정, 이혼 후 삶에 대해 생애사적으로 살펴보고자 하는 문헌으로, 윤동화(2013), 오혜정(2017), 김태량(2018) 등의 연구가 있다. 두 번째는 이혼 이후의 경험의 본질을 살펴보고자 한 문헌으로 임춘희(2014), 박미정(2015), 김강남(2016) 등의 연구가 있다.

연구에 참여한 가정해체 이주여성은 총 89명이다. 국가별로 살펴보면 베트남이 49명으로 가장 많았고, 필리핀 23명, 중국 11명, 캄보디아

4명, 네팔 1명, 인도네시아 1명이다. 연령별로 살펴보면 20대 24명, 30대 40명, 40대 23명, 50대 2명으로 20-30대가 전체 참여자의 약 72%를 차지하고 있었다. 연령은 연구참여 당시의 나이를 기준으로 했다.

2) 연구결과

본 연구결과는 〈표 3〉에서 제시한 14건의 문헌의 결과를 분석하고 종합함으로써, 결혼이주여성의 이혼이라는 이슈에 대한 세상의 인식을 환기시키고, 다양한 사람들의 목소리를 전하고자 했다. 이혼 이주여성들을 국민의 배우자라는 틀에서 벗어나, 비정상의 삶을 살아가고 있다고 단정짓는 것은 이들의 삶에 대한 이해가 부족했기 때문이다. 유목적 주체로서 홀로서기를 위해 고군분투하고 있는 여성들의 목소리를 통해, 다문화 생활세계의 공존을 이루어나가고자 한다.

(1) 예상치 못했던 가정해체

결혼이주여성들은 모국에서의 가난과 경제적으로 윤택한 한국에서의 꿈을 안고 국제결혼을 선택했다. 결혼 전 남편이 어떤 사람인지 몰랐지만, 힘든 모국에서의 삶에서 벗어날 수 있는 유일한 방법은 한국인과의 결혼이었기에 한국행을 결심했다. 국제결혼이라는 모호한 환상 속에는 긍정적인 기대뿐만 아니라, 결혼생활에서의 불행이나 폭력은 나에게 일어나지 않을 것이라는 막연한 믿음도 내포하고 있다(김현미, 2006). 삶에 대한 이러한 불확실성과 위험이 존재하고 있음에도 국제결혼은 생존을 위한 선택지 중 가장 매력적인 대안이었다.

한국에서의 삶은 기대와는 달랐다. 서툰 한국어와 나이 차이가 많이 나는 남편과의 소통의 어려움, 낯선 한국문화에 대한 적응의 강요, 경제적 갈등, 유무형의 가정폭력을 경험한다. 국제결혼은 그들에게 곧 생존이었기에, 강요받는 희생의 과정 속에서도 이혼을 섣불리 선택할 수 없었다. 또한 자녀의 출산은 이들에게 모국의 생계를 챙겨야 하는 '딸'에서 자녀를 지켜야 하는 '어머니'로 역할을 강화시킨다. 따라서 이주여성들은 어머니로서 자녀를 위해 결혼생활에서 희생을 감수하는 선택을 하는 동시에 어머니로서 자녀를 지켜내기 위해 이혼을 선택하게 한다.

한편 아내는 초혼이면서 남편은 재혼인 가정의 갈등은 조금 다른 양상으로 나타난다. 전처 소생의 자녀의 양육 부담으로 남편이나 남편의 가족들은 재혼 이후 출산을 꺼려한다(윤동화, 2013; 민기연·이영선, 2020). 또한 이주여성들을 모성으로 대하기 보다는 며느리나 아내로서의 역할을 강요하며, 전처 소생의 자녀를 만날 것을 강요받기도 한다(최미경, 2014). 이는 한국인 남편이 첫 번째 이혼으로 자녀 돌봄에 대한 공백이 생기자 국제결혼 여성을 선택하는 것으로 해석할 수 있다.

(2) 타자로 취급되는 현실

낯선 땅에서 한부모로 살아가는 외로움은 이별에 대한 아쉬움과 결혼이주에 대한 후회로 이어지기도 한다. 한국인이 아닌 외국인이라서 쉽게 버려졌다는 배신감(이해경, 2015)과 이혼 사실을 친정에도 알릴 수 없는 상황 속에서(김태랑, 2018) 직장에서의 차별이나 주변의 부정적 시선과 같은 심리적 어려움을 온전히 혼자서 감당해야만 한다. 국적취득이나 이혼 과정에서 한국 국적의 배우자가 행사하는 권력은 막강하다(김강남, 2016; 민기연·이영선, 2020; 최미경, 2014). 이혼증명서를 발급받아 여성에게 전달하는 것조차 남편의 '의지'나 '배려'의 영역으로 남아 있다(김현미, 2012). 따라서 이혼을 원함에도 불구하고 이혼을 하면 비자 문제와 양육권 문제가 있어 이혼하지 못하고 별거로만 머물기도 한다(윤동화, 2013; 이혜경, 2015).

외국인 어머니는 홀로 자녀의 모든 것을 돌봐야 하지만, 한국의 학부모로서의 역할을 감내하는 것은 쉬운 일이 아니다. 때로는 자녀들이 엄마가 외국인이라는 것에 거부감을 나타내며, 이름을 한국어로 바꾸길 요구하거나 엄마 나라의 언어 사용을 꺼리기도 한다(김강남, 2016). 홀로 짊어져야 하는 양육에 대한 어려움에 무능력한 엄마라고 스스로 자책하며 이별에 대해 아쉬워하고 남편과의 결혼생활을 그리워하기도 한다(고미숙, 2019; 오혜정, 2017; 황해영 외, 2018). 이혼 후 새로운 파트너십을 통해 정서적 안정을 찾은 경우에도 자녀에 대한 재혼 남편의 차별이나 학교에서의 부정적 시선을 받을까 염려한다(임춘희, 2014).

국적을 취득하지 못한 여성들은 이혼 이후 비자를 연장할 때마다 국가로부터 결혼의 진정성을 의심받기도 한다(임춘희, 2014). 이는 우리 사회에서 결혼이주여성에 대해 도구적 결혼을 한 여성으로 언제든 쉽게 떠날 수 있는 여성으로 규율화하고 있기 때문이다(김순남, 2014: 189). 따라서 한부모 이주여성은 시민권 없는 한부모 역할에 한계(김희주, 2018)를 느끼는데, 이것을 극복할 수 있는 유일한 방법은 한국 국적을 취득하여 한국인이 되는 것뿐이라고 생각하게 된다.

(3) 새로운 환경에 던져진 유목적 주체

브라이도티(Braidotti, 2004)는 주체에 대해 '하나의 존재로서 고정되어 있지 않으면서 지속적으로 서로가 영향을 주고받으며 상호작용하는 것'으로 정의했다. 여기에 더해 유목적 주체란 자신이 살던 익숙한 공간을 떠나 낯선 타지로 이동하는 과정을 통해 새로운 나를 만들어나가려고 노력하고 기꺼이 뛰어넘고자 하는 횡단적 주체라고 볼 수 있다. 유목적 주체인 '나'는 익숙한 것과 새로운 것 사이에서 새로운 정체성을 형성해야 할 당위에 처한 주체이며, 혼돈과 갈등 속에 자기를 위치시킨다(변경원·최승은, 2015: 48).

가정해체 이후 이들은 국민의 배우자에서 벗어나 자신의 삶을 어떻게 만들어나갈 것인지 탐색한다. 이혼은 이들에게 있어 '어머니' 역할에 대한 큰 변화를 가져온다(어경준, 2021). 따라서 이들은 한국에서 자녀를 홀로 키우기 위한 기반을 마련하기 위해 자녀를 잠시 베트남으로 보내고 한국에 남아 경제활동에 전념한다(임춘희, 2014; 김강남, 2016; 이진석, 2018). 일과 양육을 양립하고자 하는 고군분투 속에는 가부장제에 예속된 객체가 아니라, 자신의 힘으로 새로운 환경에 뿌리내리고자 하는 주체성의 발현이라고 할 수 있다. 그러나 여전히 한국에서 한부모 이주여성은 정책지원의 대상으로 인정받지 못하며, '어머니'로서만이 그들의 정책적 지위를 인정받을 수 있다. 한부모 이주여성을 지원하는 법적 근거는 한부모가족지원법과 다문화가족지원법이 있지만, 이러한 정책 안에서 여전히 한부모 이주여성을 기존의 울타리 안에 집어넣는다. 변화된 이들의 현실을 반영하지 못하는 정책으로 이들은 혼란스러움을 경험한다. 즉, 사적 영역에서는 자신들의 유목적 주체성을 발현시켜나가고자 하지만, 국가의 시선은 그것을 방해한다. 혼돈과 갈등 속에서 자신들의 주체성을 발현해나갈 수 있는 방법을 찾기 위해서 다양한 영역과의 상호작용을 시도한다.

(4) 홀로서기의 주체성

한부모 이주여성들은 이혼이라는 예상치 못한 경험 속에서 생각보다 높은 현실의 벽을 경험하며, 가족과 주변, 그리고 공적 지지체계와의 끊임 없는 상호작용 속에 좌절하기도 하고 희망을 발견하기도 한다. 이러한 불 안정성은 단순히 돌아갈 곳 없는 가부장제 결혼관계에 의존하는, 피해자 화된, 수동적 존재가 아니라 권력, 위계, 불평등성 속에서 자신의 위치를 지속적으로 질문하고, 만들어가야 하는 사회적 위치, 소수자로서의 생존 적 방식과 연결된다(김순남, 2014: 211). 즉, 한부모 이주여성이 한국인이 되어 야 하는 이유는 '어머니'라는 한정된 지위에서 벗어나 새로운 환경 속에서 그들의 유목적 주체성을 발휘하고자 하는 가장 중요한 생존수단으로 작 용하기 때문이다.

가정해체 이후 시간이 지남에 따라 과거의 힘들었던 기억에서 벗어 나, 생활이 다소 불편하지만 평안함을 찾아가고 자신의 삶을 책임지는 한 사람으로 스스로 나아가고자 의지를 다진다. 자신들 스스로를 '지원'을 받 아야만 하는 대상이 아니라, 당당한 한국 사회의 성원으로서 세금을 내고 국민의 권리를 누리고자 하지만, 여전히 이들을 '타자'로 취급하는 현실 에 직면한다. 하지만 이제는 자신의 목소리를 내는 것을 주저하지 않는다 (박미정, 2015). 이혼은 새로운 삶의 시작이자 성장의 계기도 되었다. 오혜정 (2017)에서는 한부모로서의 부담이 오히려 성장의 동력이 되어, 모든 것을 해내야 하는 유일한 부모이자 가장이 되면서 보다 용감해지고 강해졌다고 밝히고 있다. 이를 통해 한부모 이주여성들은 중심과 주변의 경계를 재구성하고 삶의 환경을 자신만의 방식으로 살아내는 동력으로 만들어가는 적극적이고 실천적인 행위성을 드러낸다(김순남, 2014). 이러한 어려움 속에서도 한부모 이주여성들은 자신의 정체성에 대해 긍정적으로 평가한다. '자유로운 처지, 열심히 일하면 부자가 될 수 있는 사람, 다문화전문가, 가족의 성공을 위해 발판을 마련해가는 사람' 등으로 스스로 위로하고 다독이며(박미정, 2015), 자신들만의 사회정체성을 재구성해나가고 있다.

2장

이주여성의
주체성과
공존사회

1.
여성의 주체성

1) 여성의 주체성에 대한 견해들

주체성(subjectivity)의 사전적 의미는 '개인으로서의 인간이 어떤 실천에 있어 나타내는 자유롭고 자주적인 능동성(能動性)'이며, 주체성은 오랫동안 근대 인문사회과학의 핵심 개념으로 자리 잡고 있다. 특히 포스트모더니즘 이후 사회이론적 논의와 함께 여성의 주체성에 대한 담론이 대두되고 있다.

그러나 여성의 주체성을 논하는 데 있어, '여성'과 '주체성'이라는 단어는 일반적으로 서로 이질적인 단어로 받아들여지며, 새로운 개념으로 생각된다. 그도 그럴 것이 대부분 설화나 민화 등 옛이야기부터 등장하는 전통적인 여성의 모습만 보아도 역경 속에서 스스로 현실을 극복하지 못하는 존재이거나 주변의 도움을 받아 행복하게 사는 존재로 그려져왔었다. 우리는 어린 시절부터 아주 익숙하게 여성을 주체적이지 못한 존재, 현실에 저항하지 않는 존재, 실천적인 삶을 살지 못하는 존재로 인식해왔기 때문에 여성의 주체성이 어색하게 느껴질 수밖에 없다. 여기서 경각심을 느껴야 할 것은 암묵적으로 주체성을 남성의 것으로만 받아들이고 있다는 점이다. 남성 주체, 남성 우위의 질서 속에서 여성은 오랫동안 사회적 약자에 위치에 있었다(숙명여자대학교 아시아여성연구원, 2021: 16). 이러한 질서 속에서 여성은 가정과 사회의 교육에 의해 자신을 부정하고, 자신을 돌보는 대신 타자를 돌보고, 달래고, 즐겁게 하는 것이 여성의 역할이라 교육받아왔다(Domar, 2001: 25). 특히, 한국 사회의 유교문화에서는 삼종지도(三從之道)란 말이 있는데, 이는 여성이 출가 전에는 아버지를 따라야 하고, 출가해서는 남편을 따라야 하며, 남편이 죽은 후에는 아들을 따라야 함을 뜻한다(임인숙 · 윤조원, 2007: 196).

그러나 문화심리학이나 인류학적 접근으로 바라볼 때, 가족구성원 사이에서 절대적인 영향력을 행사한 사람은 '어머니' 곧 여성이었다는 점을 주목하고 있다(임인숙 · 윤조원, 2007: 197). 이처럼 최근 들어 기존의 여성에 관한 역사와 철학적 맥락에서의 이론과 개념을 재정립해야 할 필요성이 점차 커지고 있다. 이에 이 책에서는 여성은 주체적이지 않다는 시선과 여성을 수동적인 존재로만 격하시켜왔던 기존의 연구를 비판하고 여성들의 삶을 새롭게 형상화할 필요성을 언급했다. 전통적인 여성상의 비판에서 더 나아가 여성의 주체성에 대해 논함으로써 차별이 아닌 차이에 대해 말하고자 한다.

지그문트 프로이드(Sigmund Freud, 1856-1939)는 '여성은 대체 무엇을 원하는가'에 대한 질문을 던졌다. 현재에도 끊임없이 여성과 남성의 차이에 대한 논쟁이 지속되고 있으며, 여성들은 남성과 같아지기 위해 투쟁해야 하는지, 남성들과 차이가 있다고 인정하고 주장해야 하는지에 대한 평등과 차이 속에 서 있다(숙명여자대학교 아시아여성연구원, 2021: 22). 이러한 평등과 차이 속에서 여성과 남성의 차이에 대한 규정을 근대 이성주의 이론은 크게 1, 2, 3차로 나누어 페미니즘 물결로 구분 짓는다. 페미니즘의 사전적 의미로는 라틴어 '페미나(여성의 특질을 갖추고 있는 것)'에서 유래되어 성차별적, 남성 중심적 시각에서 억압받는 여성들의 해방을 주장하는 것을 뜻한다. 다시 말해, 페미니즘은 가부장제도로 인한 성 불평등에 대한 이론을 토대로 여성의 억압과 해방에 대한 사회현상의 문제점을 해결하기 위해 실천하는 것을 의미한다. 이러한 실천은 다양성의 연대를 실현하고자 하는 것으로 여성의 주체성에 관한 연구는 페미니즘의 역사와 함께 발전했다고 볼 수 있다.

　페미니즘 1, 2, 3차 이론의 개요는 다음과 같다. 페미니즘 1차 물결은 19세기부터 20세기 중반(1950)까지의 페미니즘 운동으로 자유주의 페미니즘이다. 자유주의 페미니즘은 근대 계종주의, 자유주의 정치학이라 볼 수 있다. 이는 타고난 성별이 아닌 개인의 능력에 따른 대우가 이루어지는 사회를 평등하다고 여기며, 여성 또한 남성과 마찬가지로 자유와 평등을 누릴 자격이 있음을 주장하는 이론이다. 즉 여성에게도 남성과 동일하고 동등한 권리와 기회를 줄 것을 요구하는 것이다(이나미, 2017: 155). 여성 교육 기회의 평등을 보장하고, 정치 · 사회 · 경제 제반 영역에서 여성의 참여에 대한 제약을 제거하라는 요구와 함께 여성참정권 운동이 자유주의 페미니즘 운동의 대표사례로 볼 수 있다(숙명여자대학교 아시아여성연구원, 2021: 24). 이러한 여성참정권 운동으로 인해 여성을 위한 학교가 생겨나기 시작했으며, 남성들만 종사했던 직군의 여성 진출이 가능하게 되었다. 또한 참정권 및 재산권 등의 권리도 가질 수 있게 되었다(이나미, 2017). 제2차 물결은 1960년부터 1980년대까지로 볼 수 있는 마르크스주의-사회주의 페미니즘과 급진주의 페미니즘이다. 먼저, 마르크스주의-사회주의 페미니즘은 이성애 제도와 남성 중심의 지배적 문화규범이 여성들에게 불평등과 차별을 조장한다고 여김으로써 성차별을 해체하고자 했다(김선주, 2014: 7). 이러한 관점은 역사유물론적 인식에 기초하여 성불평등의 원인을 가부장제와 자본주의 사회에서 찾으려는 시도에서 비롯되었다. 마르크스주의 페미니즘은 재생산 영역에서 이루어지는 가사노동이 생산 영역에 기여하는 바를 분석하면서 가사노동에 대한 임금지불을 주장했다(숙명여자대학교 아시아여성연구원, 2021: 25). 그러나 사회주의 페미니즘은 경제적 문제에 의한 여성의 억압을 주장하고 있는 마르크스주의적 접근방법을 수용했지만 한편으로는 자본주의의 해체로 인해 계급의 소명만이 해결책이라고 주장했던 마르크스주의 페미니즘을 비판했다(김선주, 2014: 7). 이에 사회주의 페미니즘은 급진주의 페미니즘의 문제인식을 받아들임으로 젠더를 계급에 완전히 통합되지 않는 범주로 인식했다. 또한 자본주의와 가부장제가 어떻게 교차되고 작동하는지를 살펴보면서 어떻게 여성 억압을 양산하고 성불평등을 지속시키는지에 대해 분석했다(숙명여자대학교 아시아여성연구원, 2021: 25). 다음으로 급진주의 페미니즘은 여성의 억압을 가장 근원적인 모순이라 여기며 여성들이 역사상 최초의 피지배집단이라 보는 것으로, 여성 억압이 역사적으로 가장 널리 퍼져있고 지금까지 우리가 알고 있는 모든 사회에 존재한다는 견해를 가지고 있다. 다시 말해 여성 억압은 무엇보다 뿌리 깊은 것으로 가장 근절되기 어렵고, 계급사회의 폐지와 같은 다른 사회적 변동에 의해 제거될 수 없다는 관점이다. 이러한 여성 억압은 그 피해자에게 극심한 고통을 야기하지만 성차별적 편견 때문에 인식되지 못한 채로 진행될 수 있으며, 다른 모든 억압의 형태를 이해할 수 있는 개념적 모형을 제시한다고 보았다(Jagger, Rothenberg, 1993: 159). 또한 '개인적인 것이 정치적인 것이다'라는 선언처럼, 남성 중심적 시각에서 설정된 기존의 문제 틀 자체에 급진적으로 도전했다고 볼 수 있다(숙명여자대학교 아시아여성연구원, 2021: 26). 마지막으로 제3차 물결은 포스트 페미니즘으로 1990년대 이후로 볼 수 있으며, 이론적 차원에서 제2차 페미니즘 물결에서 실패한 부분을 비판적으로 바라보고 보완하고자 하는 성격을 띤다. 제2차 페미니즘 물결은 여성을 공통 집단으로 보고 정치, 경제, 사회, 문화 등 전반적으로 나타나는 성차별에 반하고자 했던 이론적, 실천적 운동으로 이해할 수 있으나 기존의 여성운동이 인종, 계급, 민족, 지역 등에 따른 여성들의 차이는 고려되지 않았고, 서구 중심 및 백인 중산층 여성 중심적인 부분을 비판하고 있는 것을 보완하려는 페미니즘 견해다(숙명여자대학교 아시아여성연구원, 2021: 108). 즉 제3차 페미니즘은 이론적, 실천적 차원에서의 페미니즘 변혁에 대한 고민이라 볼 수 있다(김수아·김세은, 2017: 137). 특히 포스트 페미니즘은 주체적인 여성의 선택과 자기계발, 자기표현을 강조했다. 이는 기존의 페미니즘의 사회의 변화와 변혁을 위한 운동이 아닌, 현재 여성들에게 요구되는 개인의 변화로 볼 수 있고 이러한 것은 개인이 얼마나 노력하는가에 달렸다고 보았다(Anderson, 2015; 김수아·김세은, 2017: 140). 이러한 시각은 평등을 다양성과 차이로 이동시켰다(김현경, 2017: 10). 대표적인 근대 여성주의 이론을 요약해서 볼 때, 제1차 자유주의 페미니즘, 제2차 마르크스주의-사회주의 페미니즘과 급진주의 페미니즘에서는 주로 성불평등, 여성 억압에 대한 주장이 언급되고 있는데 이는 남성과 여성을 동등한 시각으로 바라보고 권리를 행사하고자 하는 여성의 주체와 행위의 갈망으로 볼 수 있을 것이다. 그러나 1990년대 이후 제3차 포스트 페미니즘은 평등에서 다양성의 차이를 통한 연대의 시각으로 여성을 바라보고자 했다. 이러한 페미니즘 운동의 변화와 차이는 단순히 남성과 여성이라는 성차별적 의미와 생물학적인 의미 외에도 여성의 사회적 위치의 의미, 차이를 뜻하는 것으로 볼 수 있다(장문정, 2012: 248).

포스트 페미니즘의 다양성 속에서의 차이를 인정하고 연대하고자 하는 견해는 여성이 주체가 되어 자신을 대면하는 것에서 출발하는 것, 즉 자신 혹은 자신의 삶 전체에 대한 길의 방향성을 선택하고, 실천적 삶을 사는 노마드와 깊은 연관이 있다고 볼 수 있다. 이러한 포스트 페미니즘의 견해를 바탕으로 포스트모던 주체성 및 여성의 주체성을 살펴보고자 한다. 포스트모더니즘은 데카르트적인 주체가 가정하고 있는 합리성, 단일성, 성합성, 지배력이라 볼 수 있는데, 이것은 하나의 이상적인 주체가 아닌 다중적인 주체들을 위한 것이라 볼 수 있다. 주체는 항상 이해되거나 통제할 수 있는 것이 아니며, 도덕적이나 인식론적 행위자로서 합리적 통제를 넘어서는 사회적인 차원들에 의해 부분적으로 구성된다. 이는 독립적인 행위성에 한계들이 있다는 것을 수용하는 것이고, '나는 누구인가?' 라는 질문에 제도적, 지역적, 국가적, 국제적인 권력의 네트워크에서 정치적 위치에 따라 결정되는 것을 인정하는 것과도 같다. 고립되어있는 자아들의 관념으로부터 멀어지면서 포스트모더니즘은 자아와 타자 사이, 의식과 의식 사이, 또 이미 사회적인 상황 속에 위치하고 있는 자아와 우리의 형성을 돕는 사회 사이에서 복합적인 상호작용에 의해 개인들이 형성된다는 사실을 인정하고자 한다. 이러한 이유로 주체는 더 이상 본질적으로 세계를 인식할 수 있는 의식이 아니며, 자율적 행위자 혹은 합리적 결정을 산출할 수 있는 능력에 의해 정의될 수 없다는 것이다. 오히려 주체들 사이의 불공평, 권력의 불균형 속에서 개인적인 행위자들에게 환원될 수 없는 힘, 비인격적인 흐름들은 본질적으로 데카르트적인 의식을 가진 주체의 그림을 허용하는 것보다 더 유동적이고 가동성 있는 것으로 가정할 수 있다. 즉 주체들은 새로운 관계를 만들 수도 있으며, 새로운 공동체와 협상할 수도 있다. 이러한 포스터모던 주체성 개념을 바탕으로 일부 여성주의자들은 '성'은 가부장적인 세계의 잘못된 모든 것에 대한 상징이자 남성으로부터 여성의 차별이 드러나는 개념이며, 여성들의 열등성을 드러내고 남성과 같이 될 수 없다는 무능력의 지표라 보았다. 그러나 여성의 범주가 여성주의의 주체로 상정된 것은 단지 여성주의 자체에 의해서가 아니라 여성주의 해방을 위한 투쟁에서 싸우는 재현의 정치학이라는 체계에 의해서 이루어졌듯이, 성은 정치적이거나 문화적으로 억제되지 않는 하나의 사회와도 같은 것이다. 여성의 차이를 받아들인다고 해서 근본적으로 여성적이며, 보살피고, 양육하는 자로서 받아들이는 것이 아니다. 여성의 차이를 받아들이는 것은 기존의 사회에서 여성이 직면하고 있는 사회적으로 특수한 사정들을 고려하는 것이다. 여성과 남성의 경험들 간의 차이들은 무시간적이거나 보편적일 필요가 없으며, 잠정적일 수 있고, 사회적으로 정의되거나 바뀔 수 있는 것이다. 이미 법학 영역에서의 여성주의자들은 여성의 욕구가 남성의 욕구와 다르다는 점에서 중요한 측면이 있다는 것과 여성들은 결국 다른 대우를 요구한다는 것을 인식할 필요가 있다고 인정해왔다. 여성들이 자녀들을 일차적으로 돌보는 사람으로 있는 한, 그들의 자녀 양육, 모성 휴가, 혹은 임신기간 등의 책임을 다르게 대우받아야 한다는 것이다. 이러한 차이들이 사람들을 평등하게 대우하는 방식을 결정하는 데 고려되어야 하는 것이다. 주체들은 특별한 응축과 집합점에서 한데 모이고 중첩되는 힘의 다양한 노선들의 연결체다. 성적 차이의 차원에서 주체성을 통해 사고하는 것은 여성주의의 목표가 사회의 탈성별화를 주장하는 것이 아닌, 단지 차이를 사고하고자 하는 시도인 것이다(Jaggar & Young, 1998, 한국여성철학회 역, , 2005: 367-378). 그러므로 여성의 주체성은 결국 가부장적 제도에서의 여성의 차별이라는 현상에서 문제의식을 느끼고, 여성의 차이를 인정받고 사회와 연대하기 위한 시도로 볼 수 있다.

여성주의 철학은 제3차 포스트 페미니즘과 같이 1990년대 이후 여성주의 관점에서 남성 철학자들을 비판하기 시작하면서 여성주의적으로 재해석하는 연구가 활발히 이루어졌다. 여성주의 철학과 해석은 여성에 대한 편견이나 비하가 없었는지, 여성들이 하는 일에 대해서 어떻게 평가하는지, 가부장적 질서에 대한 비판적 인식이 있었는지 등에 대한 평가를 강조한다. 보다 적극적인 개념에서 여성수의 철학은 단순한 강조를 넘어 여성주의에 대한 새로운 관점 제공의 윤리적 역할을 담당하기도 한다(임인숙, ·윤조원, 2007: 81-83). 이러한 여성주의 철학은 주로 젠더와 가부정적 갈등 속에서 나타나는 여성의 차별과 열등함과 함께 여성혐오(misogyny)의 개념과 연관성이 있는데, 이는 여성이 남성과 차별적인 존재이고 열등한 존재라는 인식 자체가 여성에 대한 멸시와 혐오로 볼 수 있기 때문이다. 그러므로 여성철학은 여성이 소수자로 배척되어 남성과 차별성을 띤 존재가 아닌 주체적인 존재이며, 실천하고 행위하는 존재임을 강조하고 있다. 이러한 여성주의 철학을 바탕으로, 관련 학자 중심으로 세부적으로 살펴보고자 한다. 특히 이 책에서 언급되는 주된 학자 및 연구는 먼저 키르케고르(Søren Aabye Kierkegaard, 1813-1855)의 실존철학과 여성, 시몬 드 보부아르(Simone de Beauvoir, 1908-1986)의『제2의 성』을 중심으로 살펴본 여성 주체, 질들뢰즈(Gilles Deleuze, 1925-1995)와 펠릭스 가타리(Felix Guattari, 1930-1992)의 철학에서의 여성의 주체에 관해서 심도 있게 살펴보고자 한다.

먼저, 키르케고르는 실존철학의 선구자라고 불리는데, 이는 20세기 이후 '실존', '주체성', '개별성' 등과 같은 개념을 정립했기 때문이다. 특히 실존 영역에서 세 가지 요소로 심미적인 것(das Ästhetische), 윤리적인 것(das

Ethische), 종교적인 것(das Religös)을 언급했다. 키르케고르는 진리가 인간 개개인의 개별자로서 혹은 단독자로서 자신에게 주어진 특수한 삶 안에서 '자기'를 주체적으로 찾는 것으로 보았다(김은영, 2022: 9). 즉 키르케고르가 전달하고자 하는 실존적 진리는 바로 주체성이다. 키르케고르는 "주체성이 진리다"라고 표현하여 진리를 역동적 관계 속에서 파악했고, 이는 행위를 통해서 산출된다고 보았다. 결국 주체와 진리 관계에 있어서 관건은 실존의 변형이다. 만일 주체가 관계하는 진리가 참된 것이라면 그것은 주체 안에서 변형을 일으킬 것이다. 진리란 최고도로 열정적인 내면의 자기화 과정 속에서 단단히 붙잡고 있는 객관적인 불확실성이며, 그것은 실존하는 개인이 달성할 수 있는 최고의 진리라고 보았다. 그러므로 주체적으로 실존함은 선택 앞에 선 주체의 끊임없는 결단이라는 것이다(유영소, 2013: 10-11). 다시 말해, 키르케고르는 주체의 진리를 행위로 산출하기 위해서 개별자는 끊임없는 '중간존재(inter-esse)'로 실존한다고 보았고, 실존은 끊임없이 이중운동 속에서 성취되는 것이라 보았다. 즉, 실존함이란 한 인간의 분열적 투쟁, 이중운동 속에서 제3자로서 자기 자신과 관계 맺음을 통해 종합적으로 성취해냄으로써 자기 자신이 되는 과정, 즉 자기됨의 생성 과정이라 볼 수 있다(노성숙, 2018: 98-100). 그러나 인간(여성)은 오히려 약함을 깨닫고 다시 절망하게 되는데, 이러한 실존과 주체에서의 절망과 고통을 키르케고르는 아래와 같이 말하고 있다.

절망은 단순히 자기의 취약함이나 선천적인 결함이라는 '범주적인 존재적' 차원이 아니라 이와는 다른 '실존론적이고 존재론적' 차원의 질적인 의식을 담고 있다. (…) 여성 개인이 겪는 고통의 실존적 깊이에 맞닿으면서도, 그 고통이 놓여있는 사회적 맥락, 즉 사회적 가치 및 제도들과의 연관성 속에서 그 고통을 이해하고 함께 극복할 수 있는 개방적 소통의 창구를 마련할 수 있어야 할 것이다(표재명, 1995: 102-103).

키르케고르는 실존과 주체에서 더 나아가, 인간(여성) 개인이 겪는 고통의 실존을 이야기하면서 이러한 고통은 사회적 가치와 제도의 연관성 속에서 고통을 이해할 수 있는 창구를 마련해야 한다고 했다. 다시 말해 여성의 주체성은 타자와의 상호관계, 상호연관성을 통해 자신의 존재를 확인하고, 자신의 주체성을 확립할 뿐만 아니라 자신의 가치와 힘을 되찾을 수 있는 것이다(노성숙, 2005: 15).

키르케고르가 실존철학의 선구자라고 불린다면, 시몬 드 보부아르는 페미니즘의 대모라고 불리며 젠더에 대한 모든 논의가 보부아르에 뿌리를 두고 있다. 보부아르는 인간은 이 세상에 우연히 내던져진 존재이며, 자신의 삶을 스스로 창조해야 한다고 보았다. 따라서 인간은 존재의 부재 상태를 초월하여 어떤 식으로든 구체적인 존재가 되어야 한다는 것이다. 그러나 이것이 인간이 어떤 특징을 갖고 고정된 존재가 된다는 것을 의미하지 않는다. 인간에게는 본질이 없기 때문에 인간이 현실적으로 존재하기 위해서는 무언가 적극적으로 기획하고 실행하는 것이 필요하다. 그러나 동시에 인간은 본질을 갖고 있지 않기 때문에 자신의 현재 상태를 지속적으로 넘어서야 하는 초월의 존재로 볼 수 있다. 초월의 존재는 인간이 설정한 가치에 따라 달라진다. 즉 인간은 가치와 가치추구를 스스로 결정한다는 점에서 자기 초월의 방향과 목적을 설정한다는 것이다. 인간이 자신의 존재에 가치를 부여한다는 것은 인간이 스스로 자신의 존재에 정당성을 부여하려는 시도이기도 하다. 그러나 이런 자기 정당화가 인간이 오직 자신만을 중심으로 이 세상 모든 것에 가치를 부여하는 유아론적 존재라는 것을 의미하지 않는다. 보부아르는 타자가 나로부터, 그리고 내가 타자로부터 빼앗거나 뺏기는 존재가 아닌, 반대로 세계를 선사해준다는 것으로 보았다. 다시 말해 나는 타인이 이 세계를 탈취해갈 때 비로소 이 세계의 존재를 의식하며, 타자가 이 세계를 자신의 세계로 창조함을 의식할 때 나 역시 이 세계의 의미를 깨닫게 되기 때문이다. 또한 내가 이 세계에 의미를 부여한다는 것은 항상 이에 선행하는 타인의 의미부여에 토대를 두고 있음을 알아야 한다. 만약 세계에 대한 주체의 의미부여를 이렇게 타인의 의미부여 행위와 연결시킨다면, 주체가 자신이 처한 상황에 의미를 부여함으로써 스스로의 세계를 창조한다는 것은 다른 주체의 의미 부여에 기초한 상호작용을 통해 이루어진다는 것이다. 즉 주체는 스스로 창조하고 이 세계를 창조함으로써 다른 주체와 소통하는 것으로 볼 수 있다. 그러나 이런 소통이 반드시 나와 타인과의 화해를 말해주는 것은 아니다. 나는 타자의 세계의 의미부여 주체가 됨을 의식할 때 비로소 나 역시 주체임을 의식하지만, 이 주체성의 발현은 다시 타주체의 세계를 나에게로 흡수하려는 적대적 시도일 수도 있기 때문이다. 즉 나의 존재를 정당화해주는 또 다른 주체가 될 수 있다. 이는 타자가 나를 인정하지 않으면 나는 주체로서 나의 세계를 창조할 수 없기 때문이다(문성훈, 2015: 191-194). 나를 타자가 인정해주지 않으면 나의 주체성을 발현할 수 없다는 맥락에서 보부아르의『제2의 성』을 중심으로 여성의 주체성에 대해 설명하고자 한다.

여성은 태어나는 것이 아니라, 만들어지는 것이다(시몬 드 보부아르, 조홍

식 역, 1993: 392).

이는 여성의 고유한 특성으로 간주되어온 여성다움과 여성성 등과 같은 본성이 아니라 여자가 태어나서 가부장제도 사회의 문화적 기제에 의해 구성된 것이라는 주장이었다. 보부아르는 여성 연구에서 여자들은 가부장제 사회의 억압 기제들 속에서 불평등한 성차별적 상황에 갇혀, 남성보다 열등한 타자로서 자기 이해와 존재 방식을 체현하게 되었다. 그 결과, 여성들은 실제로 남성보다 열등하게 되고, 남성들보다 적은 가능성을 지니는 현재 상황까지 이르게 되었다고 주장했다. 더 나아가 여성 또한 남성과 대능한 주체로서 독립적이고 평등한 삶을 실현할 수 있어야 한다고 주장했다.

> 자신을 규정하려면 우선 '나는 여자다'라고 선언하지 않으면 안 된다
>
> (시몬 드 보부아르, 조홍식 역, 1993: 12).

보부아르는 이 책에서 여성은 스스로의 주체성을 알아가기 전, 먼저 남성중심의 현 질서 속에서 자신의 타자성을 인정해야 한다고 주장하며, 가부장제 사회 안에서 여자는(남성의) '타자'로 규정되고 있다고 보았다. 여자는 남자와의 '다른' 존재로, 남자에 대한 '타자'로 규정된다고 하는 것이며, 남자는 주체이고 여자는 타자다. 이것은 매우 불편한 진실로 여성은 단지 가부장제 사회에서의 불평등한 타자인 것이다. 여성이라는 존재가 불평등한 타자임을 인정하는 것으로부터 여성의 주체성을 정의했다.

> 우리는 여자를 가치의 세계에다 놓고 그 행위에 자유의 차원을 주려
> 고 한다. 여자는 자기 초월의 확립과 객체에서의 자기 소외 사이에서 어
> 느 쪽을 선택하지 않으면 안 된다고 우리는 생각한다. 여자는 모순되는

충동의 장난감이 아니라, 윤리적 단계가 있는 해결을 스스로 만들어가고 있다(시몬 드 보부아르, 조홍식 역, 1993: 85).

이러한 보부아르의 주장은 여성과 남성이 동등한 권리와 자격을 가졌다고 주장하는 것이 아닌 여성이 독립적인 인격적 존재라는 것, 즉 주체성을 띤 존재라는 것이다. 다시 말해, 보부아르는 여성의 자유가 자신의 힘으로 쟁취되어야 하는 것이고, 문화의 세계 속에서 가치를 창조하는 인간이라는 주장으로 여성의 주체성을 언급했다. 이것은 사회 전반의 변화뿐만 아니라 여성이 스스로 노력하여 쟁취해야 한다는 것으로 페미니즘에 큰 영향을 미쳤다.

2) 여성에 대한 들뢰즈의 견해

다음으로는 들뢰즈의 철학을 바탕으로 여성의 주체성을 바라보고자한다. 들뢰즈는 기존의 동일성에 기반한 전통 철학을 비판하며, 존재론과 인식론에서의 차이와 반복의 개념을 정립했다. 들뢰즈는 차이와 반복 외에도 기계, 노마디즘(유목주의)과 리좀사회, 욕망, 기계의 여러 이론을 정립하여 인간의 주체성에 관한 이론들을 제시했으며, 이러한 주체에 관한 이론은 여성-되기에서 여성의 주체성으로 접목되어 해석되고 있다. 이에 이책에서는 들뢰즈의 이론을 각각 간략하게 기술하고, 들뢰즈의 이론이 여성의 주체성과 어떻게 관련되어 있는지 살펴보고자 한다.

(1) 차이와 반복

먼저 들뢰즈는 사유한다는 것은 무언가를 재현하는 것이 아니라 차이를 반복시킴으로써 새로움을 창조하는 것으로 보았으며, 이러한 창조적 사유를 배움이라고 정의했다. 배움은 차이와 새로움을 발생시키는 활동으로 '기호와 우연한 마주침'과 '이념의 탐험'으로 볼 수 있다. 이는 이념의 세계를 탐험하여 기호와의 만남을 통해 발생 가능한 모든 사건들과 의미들을 통해 자신 스스로 새로운 존재로 변화하게 된다는 것이다. 따라서 '기호와 우연한 마주침'과 '이념에의 탐험'은 기호와의 만남을 통해 기존의 인식틀이 와해되는 단계이며, 탐험을 통해 새로운 인식틀을 창조하게 되는 단계로 볼 수 있다. 이같이 들뢰즈의 배움이란 차이의 반복을 통해 학습자의 신체와 정신에 새로움이 창조되는 것이다. 이는 재현과 동일성 그리고 매개와 상징 등을 이차적인 힘으로 전락시키고 주체라는 형식으로 보는 차이의 존재론이 구체적으로 그리고 실존적으로 우리에게 어떤 의미가 있는지를 묻기 위해 그에게 개체의 존재가 무엇인지를 해명하는 데 그 목적이 있다(탁양현, 2018: 12-13).

(2) 노마디즘(유목주의)과 리좀사회

들뢰즈의 이론은 더 나아가 노마디즘으로 이해할 수 있는데, 노마디즘은 고정됨에서 해방되는 것을 의미하며, 철학적 접근과 사회학적 접근 간의 소통을 목적으로 한다. 즉 고정된 자아에 머물러있지 않고 끊임없이 새로운 자아를 찾아 나서는 것이다. 그 방법으로 들뢰즈는 자아에 대한 진지한 성찰을 통해 타인과의 관계를 강조했다. 이는 중심이 사라졌으나 서로 끈끈하게 얽혀 있으며, 새로운 생명력을 잉태할 수 있는 구조를 말한다(탁양현, 2018: 29). 여기서 노마디즘(유목주의)이란, 이동이나 유량을 뜻하는 것이 아니다. 세계 곳곳을 방랑한다 해도 여전히 향수에서 벗어나지 못한다면 그건 유목으로 볼 수 없다. 혹은 낯선 곳에 정착하여 그곳을 고향으로 만들어버리는 것 역시 유목은 아니다. 아무리 낯선 곳에 있더라도 자기가 선 자리에서 고향을 소유하지 않는 마음, 더 나아가 고향이라는 표상성 자체를 제거해버리는 것이 바로 노마디즘이다(임인숙 · 윤조원, 2007: 219). 이는 존재가 아니라 존재 사이에서 벌어지는, 하나의 존재에서 다른 존재로 '되는' 변화를 주목하고, 그러한 변화의 내재성을 주목하며, 그것을 통해 끊임없이 탈영토화되고 변이하는 삶이 진정한 '되기'의 개념이라 볼 수 있다(임인숙 · 윤조원, 2007: 226).

이러한 맥락에서 들뢰즈는 리좀 개념을 제시했다. 노마디즘에서 발견되는 인식론적 분모는 무엇보다 근대성이 생성한 진화담론에 대한 거부와 그동안 소소한 것으로 여겨져왔던 영역들에 대한 재조명이다(탁양현, 2018: 29).

이에 브라이도티는 리좀적인 양식이 비남근 이성주의적인 사유 방식, 즉 서구의 지식 나무가 가시적이고 수직적으로 뻗어나가는 것과 대립되는 것으로 비밀스럽고 옆으로 뻗으며 펼쳐나가는 사유 방식을 표현하는 것과 같다고 하면서 들뢰즈와 가타리에서 보이는 유목주의적 사유를 여성주의적 사유와 접맥시킨다. 탈중심적 리좀으로 들뢰즈와 가타리는 유목주의적 구도 속에서 유목민이 되는 것은 경계들을 가로지르는 것에 대한 것이고, 목적지와 상관없이 가는 행위를 말하는 것이다. 또한 유목민은 고착성에 대한 모든 관념과 욕망, 향수를 폐기한다. 들뢰즈와 가타리는 이제껏 서구 사회를 지배해왔던 사유가 데카르트적인 수목형 사유임을 드러내고, 이러한 수목형 사유가 위계적이고 수직적인 질서를 전제하고 있다고 했다. 즉 수목체계는 의미 생성과 주체화의 중심을 포함하고 있다. 그것은 조직화된 기억 같은 중앙 자동장치를 가지고 있으며, 이런 까닭에 수목체계 모델 안에 있는 하나의 요소는 상위의 통일성으로부터만 정보를 받아들이며, 미리 설정된 연결들을 통해서만 주체의 직무를 받아들인다고 보았다. 유목주의란 정착민이 아닌 유목민들이 그려가는 원본 없는, 새로운 지도를 그리고자 하는 존재론이다. 이러한 유목주의적 존재론은 리좀학과 고른 판 그리고 기관 없는 신체의 구도에서 인간의 실천적 삶에 새로운 정치적 전략을 제시한다. 일(一)과 다(多)의 존재론적 구도 속의 공리계와 몰적 차원에서 통일체를 이루는 거시 정치의 체계 밑을 흐르고 있는 분자적 흐름을 측정할 수 있는 미세한 지도, 미시 정치가 우리에게는 필요하다. 들뢰즈와 가타리의 유목주의는 궁극적으로는 미시 정치의 장치다. 이러한 미시 정치가 구현되기 위해서는 새로운 인간론이 필요하다. 인간론이란 각 존재의 주체, 다양체가 어떤 속성을 지닌 속성을 지닌 모습으로 나타나는지를 살피는 것이 필요하다. 이에 따라 기관 없는 신체라는 실체가 펼쳐내는 욕망하는 생산을 속성으로 하는 욕망의 기계, 그리고 독신 기계가 등장한다(연효숙, 2006: 81-85). 다시 말해, 브라이도티(2004)는 들뢰즈와 가타리의 이론을 근거로 주체에 대해 '하나의 존재로서 고정되어 있지 않으면서 지속적으로 서로가 영향을 주고받으며 상호작용하는 것'으로 정의했다. 여기에 유목적 주체란 자신이 살던 익숙한 공간을 떠나 낯선 타지로 이동하는 과정을 통해 새로운 나를 만들어나가려고 노력하고 기꺼이 뛰어넘고자 하는 횡단적 주체라고 볼 수 있다. 유목적 주체인 나는 익숙한 것과 새로운 것 사이에서 새로운 정체성을 형성해야 할 주체이며, 혼돈과 갈등 속에 자기를 위치시키는 것이다(변경원 · 최승은, 2015: 48).

(3) 욕망

들뢰즈와 가타리는 욕망에 대해 다음과 같이 정의하고 있는데, 욕망이란 주체의 욕망도 타자의 욕망도 아닌 그 자체가 주체이며, 직접적으로 사회에 투여됨으로써 사회적 질서와 그로부터의 탈주를 동시에 만들어낸다고 보았다(서울사회과학연구소, 1997: 58-60). 이는 사회 속에서 존재하는 개인이나 집단을 선분화된 선들의 배치로 정의하고, 개인의 주체성이나 집단의 정체성은 연속적으로 변화하는 선 위에서 발생하는 일시적인 구획 또는 선분들의 집합이라고 했다. 이러한 선들의 성격, 교차, 섞임, 변환 등을 대상으로 분열분석을 통해 경직된 선, 유연한 선, 탈주의 선을 이야기하고 있다. 탈주 이론은 탈주의 선을 가지는 무한하게 분열하고 증식하며 새로운 흐름과 대상을 창출하는 욕망의 순수한 능동적인 힘 그 자체를 말한다(탁양현, 2018: 41). 특히 무의식은 정신적, 심리적으로 국한되지 않고 끊임없이 무언가를 만들어낸다고 보았다. 무의식을 구성하는 현실적 요소들이 연결되고, 결합하고, 끊어지고, 흩어지면서 수많은 새로운 신체적 생성을 이루어낸다. 이것을 욕망하는 생산이라고 보았다(서울사회과학연구소, 1997: 62-63).

(4) 기계

들뢰즈의 철학에서 기계란 미리부터 완전하게 설계된 구조가 아닌, 반복적인 경험 과정을 거치면서 형성된 가변적이고 유동적인 체계로 볼 수 있다. 기계는 언제든지 다른 배치에 의해서 변형될 수 있는 가능성을 포함한다. 이는 그 자체 일탈적인 체계인 것으로 기계적 체계를 형성하는 반복성 또한 동일한 것으로 반복이라는 근대적 개념이 아닌, 차이를 형성하는 것으로 해석된다(탁양현, 2018: 32). 들뢰즈는 주체화를 '우선 보게 하는 기계와 말하는 기계'이며, 지식과 결합한 권력 장치로 보았다. 이 세 차원은 서로 얽히고 뒤섞이면서 주체화에 관여하여, 어떻게 움직이고 어떻게 기능하는지에 대한 주체성을 생산한다고 정의했다. 또한 들뢰즈에 따르면, 인본주의적 양식과 다른 주체화의 장치는 하나의 정체성을 지닌 개인이 아니라 다양한 위치들이자, 힘들의 결합과 해체에 따라 변이하는 잠정적인 좌표를 보여주는 십합체를 발생시킨다고 보았다. 이러한 장치는 자유 의지를 지닌 존재가 아니라, 기능에 따라 작동하는 행위자인 비인칭적·집합적 주체성을 생성한다. 비인칭적 주체성은 미리 전제될 수 없으며, 어떤 행위의 효과에 동반되는 후험적 효과다. 주체에 대해서 들뢰즈는 자율적인 인간으로서 원자적 개인들 간의 합의와 계약으로부터 공동체를 논의하고 사회계약의 동기를 결핍에서 찾는 자유주의 정치의 이념에 반대하는 것으로 보았다. 후험적인 주체성은 배치되고 재배치되는 과정으로 만들어진다. 그래서 정체성은 자기를 동일한 것으로 확증되는 것이 아닌, 행위를 통해 구성되는 집단적인 과정에서 사후적으로 동반되는 것으로 기능하는 것이다. 이러한 주체성은 더 이상 선험적인 것으로서 규정된 개인의 본질이 아니다. 정체성은 통일적이지 않은 복수성이며, 다원적인 관점이 교차하며 구성되는 실재로서 이해되어야 하는 것이다(김은주, 2016: 115-116).

(5) 들뢰즈와 가타리의 주체와 여성의 주체성의 연관성

들뢰즈와 가타리의 주체성이 여성의 주체성과 어떠한 연관성이 있는지를 살펴보고자 한다. 들뢰즈와 가타리가 말하는 독신 기계란 유목적 주체로 비유된다. 이러한 유목적 주체를 브라이도티는 여성의 주체성에 접목시켜 바라보았다. 이러한 유목적 주체는 들뢰즈와 가타리의 저서인 『천 개의 고원』에서 여성-되기를 말하며 여성의 주체성과 직접적인 연관이 있다고 보았다. 들뢰즈와 가타리가 말하는 여성-되기에 대한 여성주의적 해석으로 엘리자베스 그로스(Elizabeth A. Grosz, 1952~)는 여성-되기는 주체성을 넘어서는 것이고, 탈주선을 분해하여 자유 및 육체적 다수성의 해방으로 보았으며, 여성-되기가 주체성의 고착과 안정된 통일성의 구조를 넘어서는 일련의 과정이자 운동이라 보았다. 그래서 여성의 여성-되기가 모든 주체에게서 일련의 모든 주체의 운동이자 모든 주체를 위한 운동이며, 남근 중심주의를 놀랄 만큼 역전시키는 방식으로 작동시키는 것으로 볼 수 있다. 즉 여성의 주체성은 유목적 주체의 모습을 가지면서도 그 유목적 주체의 정체성에 갇히지 않는 흐르는 여성의 주체성이어야 한다. 이러한 흐르는 여성의 주체성을 브라이도티는 성차의 범주를 들뢰즈식의 여성-되기 식으로 흐르는 것으로 한다면, 우리가 추구해야 할 여성의 주체성은 여성적 주체이면서 동시에 여성적 주체를 가로지르는 것이라 보았다. 그런 면에서 새로운 여성적 주체와 여성주의 운동의 고민은 브라이도티가 언급한 '차이에 대한 인식'이 새로운 종류의 연대를 포용하는 방식으로 창출하게 해주는 상호 주체성 감각을 어떻게 복원할 것인가 하는 점에 근접한다. 더 나아가 가타리가 일전에 제기했던 횡단성의 문제를 여성적 주체의 규정에 적극적으로 적용시켜서 볼 수 있다. 여성적 주체는 여성-되기, 유목적 주체와 적절히 거리를 유지하면서 끊임없이 스스로를 변화시켜나가는 모습을 지녀야 하지 않을까 생각한다. 즉 남성과 여성 간에 위계적이고 수직적으로 작동했던 성차를 재제시키면서 동시에 여성적 주체를 폐쇄적으로 고집하고 고정화시킴으로써 여성들 간에 존재했던 수평적 칸막이를 여는 방식을 모색할 수 있다. 이는 성차를 무화시키지 않되 수직적 위계나 수평적 칸막이로서도 아닌, 남성과 여성 간에 다양한 차이를 펼쳐보는 방식이면서 이항 대립을 낳는 현실 공리계를 끊임없이 해체시키는 방법이 될 것이다. 새로운 여성주의는 여성적 주체의 횡단성 자체를 역동적으로 작동시키는 방향으로 나아가야 한다. 결국 이러한 횡단성의 운동 방식을 담지한 새로운 여성이 스스로 어떻게 여성적 주체의 자율성을 생산할 것인가 하는 것이 문제의 최종 관건이 될 것이다(연효숙, 2006: 91-99).

들뢰즈와 가타리의 주체에서의 여성-되기란 유목적 주체로서 흐르는 여성의 주체다. 그렇기 때문에 여성은 변화를 거듭하는 존재이며, 보부아르가 말했듯이 본래적인 여성이란 결코 존재하지 않고, 이것은 여성성 또한 마찬가지다. 남성성에 맞서 정의되건 남성과 여성을 뛰어넘는 것으로 정의되건, 정의가 되는 순간 그것은 근대적 기호체제로 회수되는 것이다. 가타리에 따르면, 남성과 여성의 대립은 계급이나 카스트 등의 대립에 앞서 사회적 질서에 대한 근거를 기여하고, 이 규범을 침해하는 것, 기존 질서와 단절하는 것은 모두 일정한 방식으로 '~되기'와 관련이 있다고 했다. 이러한 맥락에서 여성성은 여성-되기라 말할 수 없다. 왜냐하면, '되기'란 무엇보다 이전과는 다른 존재로의 변이와 생성을 의미하는 것으로 일단 반-기억을 수반해야 하는 것이기 때문이다. 물론 기억 자체가 모조리 지배적인 가치를 반복하는 것은 아니다. 중요한 건 기억과 망각이 아닌, 어떻게 기억된 것을 새로운 배치로 탈영토화시키고 변형시키는가 하는 데 있다(임인숙 · 윤조원, 2007: 226-230).

거다 러너(Gerda Hedwig Lerner, 1920-2013)는 여성의 실질적인 역사적 경험에 대한 해석으로부터 배제와 긴장을 '여성역사의 변증법'이라고 부른다.

여성들은 역사를 만들었지만 자신의 대문자 역사를 알지 못하도록 방해받았으며, 이에 더해 자신 또는 남성의 소문자 역사에 대한 해석을 방해받았다는 것으로 해석하고 있다. 사회를 만드는 데 여성들이 보인 중심적이고도 적극적인 역할과 달리 역사의 해석과 의미화 과정으로부터 여성 소외라는 모순은 여성들이 자신의 상황에 맞서 투쟁하도록 하는 역동적인 힘이었다(숙명여자대학교 아시아여성연구원, 2021: 16). 이러한 맥락에서 탈근대적 흐름이 혁명으로 나아가기 위해서는 '가장 소외되지 않은 사람들'과 '가장 억압받은 사람들'의 연대가 필요하다. 여성, 그리고 여성주의가 나아가야 할 방향 또한 여기에 있다. 여성은 어느 시대건 가장 억압받는 존재다. 하지만 그것이 삶에 대한 소외로 이어지는 한, 혁명의 주체가 되기는 어렵다. 소외는 결핍을 낳고, 결핍은 항상 더 강력한 것으로 이어지기 때문이다. 억압받는 존재이되, 삶과 존재 자체를 자율적으로 구성할 수 있는 힘과 속도를 지녀야 한다. 그렇기 때문에 고향이라는 장소성 자체를 제거해버리는 노마드가 될 때, 비로소 여성은 존재 자체로 혁명이 될 수 있다(임인숙·윤조원, 2007: 243).

2.
이주여성의 주체성

1) 이주여성의 주체성 의미

이주여성은 '이주의 여성화'라고도 불린다. 사람들이 일을 하기 위해 국경을 넘는 것은 역사적으로 볼 때 종종 일어난 행위지만, 21세기 지구화와 더불어 특히 여성 이주에 주목하는 것은 개인뿐 아니라 사회 전체, 더 나아가 지구적 체계에 큰 변화를 불러올 만큼 그 규모가 점차 커지고 있다(하라금, 2011: 12). 이는 양적인 측면에서 국가 간 노동 이동의 50% 이상이 여성 이주자에 의해 이루어지고 있으며, 질적인 측면에서는 여성이 국가 간 이주에 있어서 남편을 따라 이동하는 자로서가 아니라 여성 스스로가 주체적인 노동자의 신분으로 이주하는 취업이주자가 많아졌다는 것을 의미한다. 금희의 소설 『옥화』나 『노마드』에서는 빈곤한 삶을 벗어나기 위해, 인간다운 삶을 살기 위해, 혹은 조금 더 나은 삶을 위해 중국, 일본, 한국으로 이곳저곳 떠돌아다니며 이주한 여성들의 삶을 그리고 있다. 더 나은 미래를 꿈꾸며 이주한 여성들은 결국 넘을 수 없는 문화의 차이나 혼들리는 정체성으로 끼인 존재임을 확인하게 되고, 계속해서 노마드 형태의 삶을 살게 되는 것을 볼 수 있다(소영현, 2017: 101). 이 소설 속에서도 이주여성은 동화주의적 관점에서의 차별과 소외를 경험하여 끊임없이 정체성이 흔들리나, 흐르는 여성의 주체로 계속해서 살아가는 것을 볼 수 있다.

그러나 이주여성으로서 정체성을 형성한 주체적인 존재로 살아가는 것은 매우 어려운 것이 현실이다. 이주여성은 해외 취업 중임에도 집안일과 자녀양육, 교육으로부터 자유롭지 못한 현실에 처했으며, 더 나아가 이주자인 동시에 여성이라는 이중부담을 안고 있다(최수안·김영순, 2021: 343). 여기서 이주자인 동시에 여성이라는 부담은 한국 내에서도 대표적 타자인 여성의 직업적, 지역적, 인종적 위계가 점차 심화되고 있는 것을 예로 볼 수 있다. 하물며 이주여성은 사회적 소외와 결핍, 억압, 차별, 동화의 대상이 된다. 이처럼 한국사회에서 이주여성은 비가시적 존재로 볼 수 있다. 차별적 동화의 대상인 이주여성은 착하고 약하고 가엾은 여성의 존재로 그려지고, 대개 희미한 존재로 그려진다. 동화되지 않은 존재는 위험요소로 치부되기도 하고, 결국 공동체에서 쫓겨나게 될 것이다. 이러한 비가시적 존재의 삶을 들여다보면, 삶에서의 온전한 가치와 위상을 획득하지 못한다. 그렇기 때문에 이주여성들은 보이지 않는 존재가 되며, 그녀들은 역설적으로 이방인으로 남겨질 수밖에 없다(소영현, 2017: 96-97). 특히 한국사회에서 늘어나는 이주여성에 대해 노동의 조건과 문제의 변화뿐만 아니라 그녀들과 함께 유입된 이질적인 문화와 관습, 종교, 가치, 언어 등과 같은 차이와 다름의 문제, 다양성의 연대에 대해서 우리는 어떠한 태도를 가져야 할 것인지에 대한 문제를 제기하고 있다(이상화, 2005: 23). 이러한 맥락에서 이주여성을 단순히 노동자로 치부하는 것이 아닌 돌봄의 영역에서 바라볼 필요가 있으며, 한국사회에서도 이주여성에 대한 정책적 관심과 학문적 담론 또한 넓고 깊어지고 있는 현실이다.

2) 이주여성의 주체성을 위한 노력

이에 이 책에서는 한국사회에서 이주여성의 정책적 관심과 학문적 담론을 더욱 넓히고자 이주여성의 주체성을 논하며, 이를 위해 두 가지의 질문거리를 던지고 답하고자 한다. 이와 관련된 질문으로 첫째, '이주여성을 위해 한국사회가 가져야 할 성찰과 실천, 즉 프락시스는 무엇인가?', 둘째, '이주여성의 주체성은 어떻게 형성되는가?'이다.

첫째, '이주여성을 위해 한국사회가 가져야 할 프락시스는 무엇인가?'에 대한 질문은 이주여성의 주체성을 논하기 전, 선행되어야 할 내용이다. 프락시스는 성찰과 실천, 즉 말과 행동이 일치하는 사고와 행동의 총합으로 정의된다. 파울로 프레이리(Paulo Freire, 1821-1997)는 성찰이 없이 행동만 앞설 때 행동주의로, 실천이 없이 말만 있을 때는 탁상공론이 될 우려가 있다고 지적했다. 이러한 프락시스는 자신을 둘러싼 구조현실에 대한 성찰과 행동을 촉구하면서 인간을 역사적 존재로 만든다. 그리스어 'praxis'는 한국어로 '행위' 혹은 '실천'이라고 번역되었다. 이는 자유인의 윤리적이고 정치적인 삶의 행동으로목적을 가지는 행위를 의미한다(김영순, 2021: 43). 또한 프레이리는 사회는 단순히 존재하기만 하지 않고, 하나의 가능성으로 역사 속에서 우리가 그것을 형성해가는 과정 안에 존재한다고 보았으며, 그렇기 때문에 우리에게는 윤리적 책무가 있다고 보았다(Freire, 2003: 51). 그렇기 때문에 우리는 이주여성에서 더 나아가 다문화사회에서의 이질적인 국가, 민족, 집단들이 어떤 방식으로 서로 이해하고 연대할 것인지에 대해 끊임없이 고민하고, 실천해야 하는 윤리적 책무를 지닌 자다.

앞서 여성의 주체성에 대한 철학에 기술되어 있듯이, 타자에 대한 나의 인정은 나라는 주체의 시선으로 세상을 바라보는 것을 넘어서서 타자의 입장과 관점을 고려할 수 있을 때에만 가능하며, 또 그것이 가능할 때에만 단지 각기 다른 개인들이 서로 개별의 존재로 남지 않고, 연대할 수 있는 가능성을 발견하게 된다. 즉 타자가 존재함을 인정하기 위해서는 주체의 시선을 넘어서 타자의 관점이 필요하다. 이는 항상 타자가 배제되거나 혹은 부차적인 지위를 차지하게 되는 심각한 문제가 존재하기 때문이다. 그렇기에 주체는 항상 타자와 관계 맺기 전에 이미 근원으로서 존재하는 것이며, 타자는 독립적이고 권능적 성격을 지닌 주체의 표상 행위 속은 대상화 작용을 통해 나타나는 것으로 규정된다. 이러한 이론적 설정은 현실적 사회관계 속에서는 특정한 부류의 인간을 주체의 위치에 세우고 그 부류에 속하지 않는 타자를 배제하는 방식으로 나타난다(이상화, 2005: 34-25, 38). 성, 인종, 계급 등으로 이미 타자화되어 있는 이주여성들은 하위주체로 많은 어려움에 처해있다. 타자화되어 있고 하위주체에 있는 이주여성은 사회적 보호를 받지 못하고 있으며 때로는 한국 여성들보다도 더욱 착취를 당하거나 억압을 당하는 사례가 빈번히 보고되고 있다(최수안·김영순, 2021: 259). 이들은 여전히 지금 이 순간에도 한국사회에서의 가시적·비가시적 억압, 착취, 소외를 경험하고 있을 것이다. 그렇기 때문에 우리는 이미 타자화되어 있는 이주여성과 함께 연대하기 위해 나라는 주체의 시선을 넘어서 타자의 입장과 관점을 고려하기 위해 노력해야 한다. 이는 이주여성의 주체성과도 관련이 있으며, 이주여성의 주체란 결국 타자에 의해 만들어지는 것이다. 보부아르는 타자가 나로부터 내가 타자로부터 빼앗거나 뺏긴 존재가 아닌, 세계를 선사해주는 대상으로 보았다. 이는 타자가 이 세계를 자신의 세계로 창조함을 의식할 때 나 역시 이 세계의 의미를 깨닫게 된다는 것이다. 그러나 이러한 소통은 늘 나와 타자의 화해가 아닌, 타 주체의 적대적 시도로 나의 존재를 인정해주지 않는 것이다. 이렇게 나의 세계를 창조하지 못하는 것이라 볼 때, 이주여성은 주체성을 형성하기 어려운 상황에 직면하게 된다. 이와 같은 맥락으로 에마뉘엘 레비나스(Emmanuel Levinas, 1906-1995)는 근대적인 자아중심적 주체관을 비판하면서 주체성을 타자, 타자를 받아들임, 타자를 대신하는 삶으로 정의했다. 레비나스는 환대 개념을 제시하면서 환대란 타자를 내 집으로 초대해 환대함으로써 구체적 윤리성이 시작된다고 보았다. 이로써 전체의 틀을 깨고 참된 무한의 이념이 자리할 수 있는 공간이 열릴 수 있다고 주장하며 인간 존재의 의미를 타자를 통해 새롭게 규정했다. 그는 타자성이 자아를 우선하는 독립적이고 자유로운 인간이 타자에 대한 책임을 우선하는 관계적이고 윤리적인 인간으로 탈바꿈할 수 있게 한다고 보았다. 이러한 변화를 통해 사회 정의를 실현할 수 있게 하는 철학적 근거로 정의했다. 브라이도티는 타자와 상호작용의 중요성을 강조하며 긍정의 윤리학을 제시했다. 긍정의 윤리학은 타자들과의 관계에서 어떠한 윤리적 상호작용을 하는지 보았다. 만약 기쁨이라는 정서를 타자와의 상호작용과 자유에 대한 주체의 능력을 성취하고자 하는 힘으로 정의한다면 구체적으로 윤리적 행동과 관련해서 어떻게 해석되고, 초국가적 차원에서의 페미니즘의 주체라는 비전이 가지는 정치적 함의는 무엇인지, 여성주의의 주요 질문을 중심으로 긍정의 윤리학을 개념화했다. 긍정의 윤리학은 타자와 맺는 상호관계에서 주체성을 구성하는 것이다. 이는 노출, 능력, 취약성뿐만 아니라 서로를 임파워먼트하는 관계의 형태이기도 하다. 긍정의 윤리학은 탈구조주의로부터 상호의존성을 주체성으로 확장 해석하면서 이에 대한 필요성을 강조했다. 또한 앨리슨 재거(Alison Mary Jaggar, 1942~)는 하위주체 여성의 침묵을 극복하기 위해 공동체 프로젝트가 인식론적으로 필수적인 것이라 주장했다. 재거는 하위주체 여성들과 협력하고, 집단 자체뿐만 아니라 집단을 위한 계급으로 그것을 구성하는 일부가 되어야 한다고 했다(허라금, 2011: 15, 61, 87-88).

우리는 그간 이주여성을 철저히 타자화했고, 사회에서 희미한 존재로 그렸고, 하위주체로 폄훼했던 모습들에 대한 성찰적 태도를 지녀야 한다. 성찰적 태도란 사회문화 현상에서 보다 적극적이고 능동적으로 대처하고, 이 현상이 자신의 삶에 어떤 의미를 구성하는지 끊임없이 탐구하는 태도다. 연구 대상에 대해서 항상 문제의식을 느끼는 성찰적 태도가 필요하다. 이러한 태도를 보이게 된다면 남들이 당연시하는 현상도 새롭게 바라볼 수 있는 안목을 갖게 하기 때문이다(김영순, 2021: 76). 이처럼 성찰적 태도를 바탕으로 윤리적 책무를 가지고 상호작용하며, 다양성의 연대를 실천함으로써 이주여성이 보다 한국사회에서 환대받는 존재, 흐르는 주체성을 띤 존재로 살아갈 수 있는 근간을 마련해주어야 할 것이다.

둘째, '이주여성의 주체성은 어떻게 형성되는가?'이다. 현대사회에서는 사회가 개방화, 다원화, 세계화됨에 따라 사회적 차별 현상이 더욱 다양화되고 있다. 특히 최근에는 사회적 소수자에 대한 차별이 많은 관심을 받고 있다. 특정 사회에서 소수자를 규정하는 요인으로 국적, 민족, 인종, 어린이, 여성, 장애인뿐만 아니라 외국인 노동자, 결혼이주여성, 성소수자, 소수종교를 받는 사람들, 특정 지역에 사는 사람들도 함께 포함된다(김영순, 2021: 150). 들뢰즈와 가타리는 타자들을 소수라는 용어로 설명하며 다수와 소수를 구분한다. 다수는 평가의 기준이 되며, 권력과 지배를 갖는 데 반해, 소수는 다수의 기준 밖에서 잠재적인 역량을 갖고 생성과 변화 중인 창조적인 존재로 설명했다(탁양현, 2018: 158). 즉 소수자는 사회에서 다수의 평가 기준이 아닌, 소외받고 억압받는 자라고 볼 수 있겠다. 이에, 소수자란 누구인가라는 고정된 정체성에 대한 물음보다 소수자 주체성은 어떻게 형성되는가에 대한 주체에 관심을 둘 필요가 있다. 여성들이 이주하는 데에는 빈곤과 기타 걱정거리들을 극복할 있는 유일한 전략으로 보기 때문이다. 그녀의 행위성은 빈곤으로부터 가족을 지킬 필요성에 기인한다. 다시 말해 여성들은 일하러 나가도록 강요낭하고, 다른 한편으로 현존할 것을, 가족들을 돌보기 위해 어떻게든 물리적으로 존재할 것을 강요받는다(허라금, 2011: 201). 특히 2000년대 이후 아시아 지역 내 국제결혼이 급증하고 있는데, 이는 특히 동아시아 국가에서 흔히 보이는 현상이다. 국제결혼의 특징적인 양상은 중국이나 동남아시아의 여성들이 한국, 대만, 일본, 싱가포르 남성들과 결혼해서 남편의 나라로 이주하는 것이다. 남성들은 낮은 경제적 지위와 열악한 문화자본으로 인해 자국의 여성들과 결혼하기 어려운 상황에서 외국인 여성과 결혼하고자 하며, 외국 여성들에게서 자국 여성들이 갖고 있지 않은 전통적인 여성성을 열망한다. 흔히들 국제결혼 중개업체의 광고에서는 이주여성에게 근면, 성실, 가족가치 존중, 소박, 순종적 등의 전통적인 여성의 미덕을 강조하는 것을 볼 수 있다. 한편 외국 남성과 결혼하고자 하는 여성들은 모국의 경제적 열악함과 자국 남성들의 경제적 무능함에 좌절해서 보다 잘사는 나라로 이주하고자 한다. 즉 가난한 나라의 여성들에게는 보다 잘사는 나라의 하층계급의 남성이 계층이동과 낭만적 사랑을 실현할 수 있는 상대로 여겨진 것이다(Jones & Shenb, 2008: 20). 여기서 중요한 점은 기존의 선행연구들(김민정 외, 2006; Piper & Roces, 2003)에서 나타났듯이 여성들의 결혼이주와 노동이주의 중첩된 욕망이다. 이주여성은 결혼 동기가 가난을 벗어나고 싶은 욕구, 직업을 갖추고 싶은 욕망, 학업을 지속하고 싶은 기대 등 무엇이든지 이면에는 자신의 삶을 기획하고자 하는 행위성을 볼 수 있는 것이다(허라금, 2011: 246). 여기서 중요한 것은 여성의 행위성이다. 그러므로 이주여성의 가장 큰 변화는 무엇보다 자기 자신의 변화이며, 이주여성은 주체성을 확립하기 위해서 실존적 삶의 양태를 스스로 구축하고 이를 변형하는 끊임없는 훈련을 지속해야 하는 것으로 볼 수 있다(김분선, 2018: 26).

여성 자기 자신의 변화 외에도 여성의 장거리 이주는 필연적으로 가족 내 다양한 변화를 만들어낸다. 중요한 것은 이러한 변화 속에서 정상적이지 않은 가족의 모습에서 도덕적 책무에 관해 죄책감을 느끼고 어려움을 느끼고 있다. 흔히들 말하는 정상 가족이란 '아버지-어머니-나'로 구성된 성가족과 같은 모범적 가족 모델이라 볼 수 있다. 현대사회에는 다양한 가족 구조가 존재하지만 자본주의 사회가 가족에 '정상적'인 가족이라는 이름표를 주고, 이러한 가족 모델을 중심으로 가족 제도를 실행하고 있다는 데 문제가 있다. 이에 가족에 대한 분석은 가족이 특정 계급의 소유물로서 규정되는 것을 벗어나, 사회 체제와 긴밀하게 연결된 구조라는 사실 그 자체에 집중해야 한다. 들뢰즈는 가족의 표상화된 이미지를 만드는 데 일조한 것이 정신분석학이라고 비판했다. 들뢰즈의 사회에 대한 분석은 가족주의 비판을 통해 이루어지고 있다. 들뢰즈의 가족주의 비판을 통한 사회체 분석에 주목하는 이유도 궁극적으로 가족주의 비판을 넘어, 가족 그 자체의 새로운 가능성을 발견할 수 있다는 것을 확인하기 위해서다(탁양현, 2018: 34-35). 또한 존엄한 삶의 가능성은 가족의 유지가 아니라 가족을 둘러싼 불평등과 차이의 해소여야 한다는 것이다. 개인의 삶에서 경험하는 위기를 위기가족 혹은 취약가족에 국한되어 보는 것이 아닌, 사회의 시민 모두 보편적인 권리의 문제로 접근해야 한다. 다문화가족 등 다양한 방식으로 서로의 삶에 의지처와 사회적인 삶을 가능하게 한다. 다양한 관계들의 출현은 사회의 위험군이나 결핍의 대상이 아니라 고립되고, 폐쇄된 가족, 사회를 넘어 사회를 다시 만드는 새로운 유대와 공동체의 토대로 인식되어야만 한다(숙명여자대학교 아시아여성연구원, 2021: 184). 이렇듯 정상 가족의 인식을 새롭게 정립하기 위해서는 다문화가족 등의 다양한 방식 또한 새로운 유대와 공동체의 토대로 인식되어야 할 것이다. 또한 이주여성의 가족 형태에서는 훨씬 더 많은 수의 이주여성들이 대부분 자녀양육, 가사, 노동 등 가정에서의 책임을 떠안게 되는데도 이주여성들은 낯선 땅에서 잘하지 못한다는 죄책감과 고립감으로 멍들어있다. 이는 가부장제 사회의 억압 기제들 속에서 불평한 성차별적 상황에 갇혀, 여성으로서 남성보다 열등한 존재로 여겨질 뿐만 아니라 이주민이라는 것에 이중부담을 느끼고 있는 것이다. 이주여성은 남성과 대등한 주체, 한국사회의 정주민과 대등한 주체로 독립적이고 평등한 삶을 살 수 있어야 한다.

보부아르가 말하는 여성 스스로 주체성을 알아가기 전, 먼저 남성중심의 현 질서 속에서 자신의 타자성을 인정하는 것에서 더 나아가, 한국사회에서 비가시적 존재로 사회적 소외, 결핍, 억압, 차별, 동화의 대상이라는 것을 인정하는 것이 중요하다. 즉 자신의 타자성을 인정하고 이것이 매우 불편한 진실이며, 불평등하다는 것을 인정하는 것에서부터 이주여성의 주체성이 출발해야 한다. 이것은 남성과 주류사회의 사람들과 동등한 권리와 자격을 가졌다고 주장하는 것이 아닌 이주여성도 독립적인 인격적 존재, 주체적 존재라는 것이다. 이러한 자기 인식이 선행되어야 들뢰즈와 가타리의 주제에서의 여성-되기 유목적 주체, 흐르는 주체가 실현될수 있을 것이다.

3.
공존사회

1) 공동존재

　　공동존재란 단어에는 이미 둘 이상의 존재를 포함하고 있다. '공존'은 이 둘 이상의 존재가 각자 존재하거나 어떤 한 존재의 심리적 표상에 다른 존재가 어떤 방식으로든 자리 잡고 있음을 의미한다. 특히 최근의 다문화 담론에서 거론되는 타자성의 의미로 보자면 철저하게 타자의 존재를 인정하는 것이 공존의 진정한 개념이라고 볼 수 있다. 공존에 대한 고민이 가족부터 국가에 이르기까지 가장 주요한 담론이 되는 현대사회는 '공존사회'라 부를 만하다. '공존이 어떤 현상으로 나타나는지? 공존을 어떻게 바람직하게 이해할지? 공존의 삶을 위해 우리는 어떤 준비를 할지?' 이런 일련의 질문은 모두 공존사회에서 필연적이다.

　　공존사회를 살아가는 현대인은 다양한 문화가 혼재하는 사회에서 타자와의 소통에 관심을 둔다. 이런 측면에서 공존사회의 구성원은 다문화의 개념과 다문화사회의 사회문화 현상에 관한 이해, 그리고 다문화사회에서 문화를 향유하고 창조해내는 인간의 관념과 행동에 관해 숙고한다. 공동존재 개념에 대해 더 깊이 살펴보기 위해 존재 개념을 먼저 살펴볼 필요가 있다.

하이데거는 존재 개념을 '존재자-현존재-존재'로 구분한다. 존재자는 사회적 기표에 의해 규정된 존재다. 즉, 존재자는 타자 혹은 세상에 의해 이미 드러나서 규정되거나 구분된다. 식물과 동물, 남자와 여자, 노인과 아이처럼 모든 사람들에게 '그렇다' 혹은 '어떠하다'라고 이미 드러나 있다. 하이데거는 존재자의 특징을 전재적(前在的)이라고 했다. 이미 존재하고 있다는 의미다. 한 아기가 아직 태어나지 않았는데 그 아기에 대한 어떤 부분들은 이미 규정되어 존재하고 있다. 그 아기가 태어난 환경이 '한국인'이자, '남성'이며, '중산층'이라고 가정해보자. 이러한 전재적 구분들은 독자적이지 않고 소속이 있다. 전재적 구분들에 이미 부여된 속성이 있다. 그 소속의 모든 사람들에게 공통적으로 학습되어있는 속성이기 때문에 이해가 쉽다. 그런데 이러한 전재적 구분들이 과연 그 아기의 모든 것을 표현할 수 있을까? 전재적 개념으로 설명 불가능한 그 아기의 '무엇'이 있지 않을까? 아직 세상에 없는 단어의 '무엇'이 그 아기에게 있지 않을까? 혹은 전재적 구분의 속성과 완전히 다른 '무엇'이 있을 수도 있지 않을까? 이렇게 전재적 구분에서 벗어나면 타자들은 그 사람에 대해서 낯선 느낌을 갖는다. 이러한 타자들의 낯선 시선으로부터 벗어나기 위해 인간은 전재적 구분 안에서 안주하며 존재자로 살아가려고 한다.

존재자의 개념으로 해명할 수 없는 그의 '있음' 전부를 '존재'라고 한다. 존재는 존재자를 포함하지만 존재자로 규정할 수 없는 모든 것이다. 존재는 그의 '있음'의 모든 것이다. 그냥 '있음'이다. 전재적으로 드러나지 않은 것들은 대체로 금지되거나 드러난 적이 없는 것들이다. 그 '있음'은 단어가 갖고 있는 대로 분명히 '있다'. 본래적으로 보자면, 존재 없이는 존재자도 없다. 존재는 존재자를 '있게' 만드는 근원이다. 그러나 존재는 드러나지 않았기 때문에 이해 불가의 영역이다. 존재자로 있으면 타자들과 공통적 이해가 가능하지만 전재적이지 않은 '존재'를 드러내면 타자에게 자신을 특별히 이해시켜야 한다. 즉, 전재적 구분이 되지 않는 존재는 소속이 없고 타자로부터 이해받지 못할 수 있다.

전재적 구분이 되지 않는 '자기'도 부정할 수 없는 '자기'이기 때문에 전재적 구분 안에서만 살아갈 수는 없다. '자기'는 끊임없이 전재적 구분을 넘어서고 싶은 충동을 일으킨다. 어떤 측면에서는 전재적 구분이 되지 않는 자기가 본래적 자기일 수 있다. 왜냐하면 전재적 구분 안에서 살아가는 존재자는 본래적 자기가 아님에도 불구하고 타자의 시선으로 인해 살아가고 있는 모습일 수도 있기 때문이다. 그래서 본래적 자기, 즉 존재를 향해 움직이는 존재자가 나타나는데, 이런 움직임을 보이는 존재자를 현존재라고 부른다. 현존재는 전재적 구분에 의문을 품고 자기 존재를 추구한다. 하이데거는 이것을 존재물음이라고 표현했다.

그렇다면 전재적 구분은 누구에게나, 어떤 사회에서나 동일할까? 그럴 수 없다. 같은 국가 내의 가정 사이에도 다른 문화가 존재한다. 어떤 가정은 저녁 9시까지 들어와야 하지만, 어떤 가정은 외박도 가능하다. 어떤 가정은 부모의 종교를 따라야 하지만 어떤 가정은 종교가 자유롭다. 누군가는 기독교인으로 누군가는 불교인으로 전재적으로 구분된다. 그래서 현존재는 존재자에서 존재로의 이행뿐 아니라 상호 전재적으로의 이행 과정도 거친다. 그렇기 때문에 현존재의 세계는 기본적으로 공동세계이며 모든 현존재는 공동존재다. 현존재가 공동존재라는 것은 전재적 구분이 다르기 때문에 불가피하게 공동존재가 된다는 의미가 아니라 본래적으로 현존재는 공동존재적 속성을 갖고 있다는 것을 의미한다. 현존재는 존재자에서 존재로 이행하기 때문에 타자성이 배제될 수 없다. 전재적 구분은 타자에 의해서 정해진 바이고, 현존재는 이러한 전재적 구분에서 탈피하는 여정에 있기 때문에 홀로 있음을 필요로 하지만, 홀로 있음을 필요로 한다는 건 이미 타자와 함께 있음, 공동존재임을 의미한다. 무엇보다도 타자의 출현이 없으면 홀로 있음, 혹은 단독자라는 개념도 성립될 수 없기 때문에, 모든 인간은 홀로 있음을 추구하든 아니든 공동존재다. 심지어 홀로 있음조차도 타자가 있기 때문에 확인 가능하다. 현존재가 존재자에서 존재로 이행하기 위해서는 타자가 무엇인지, 전재적 구분이 무엇인지, 자기는 타자로부터 어떤 부분에서 홀로 있는지를 이해해야 한다. 즉, 존재자에서 존재로 이행하기 위해서는 공동세계에 대한 이해, 공동존재에서 출발해야 한다.

인간과 인간의 공존은 '지속가능한 사회' 개념과 관련되어 있다. 지속가능한 사회는 지속가능한 발전(sustainable development) 개념에 연결된다. 지속가능한 사회를 위해 무엇보다 사회 구성원들의 인간성 회복이 중요하다는 것이다. 인간성 회복은 공존의 역량을 이미 갖춘 인간 존재가 그 역량을 알아나가는 과정이다. 이를 위한 추상적인 목표로 더불어 함께 살아가는 '공존의 삶'이라는 측면을 강조한다. 지속가능발전의 핵심적인 가치는 미래세대를 위해 현재 가용할 수 있는 자원을 꼭 필요한 만큼만 개발하고, 자연을 훼손하지 않는 범위에서 발전시키는 것이다. 현재를 사는 우리 세대의 필요를 최소한만 충족시키고 미래를 위해 보존하는 '발전'의 개념을 '지속가능한 발전'이라고 한다.

그렇다면 우리가 살아가고 있는 다문화사회에 지속가능한 발전 교육 개념은 어떻게 접목될 수 있을까? 다문화사회에서도 우리는 우리가 가지고 있는 욕심들, 그것이 개인적 욕심이든 사회집단적 욕심이든 필요한 만큼만 취하는 것이 필요하다. 이는 우리가 가지고 있는 개인적인 욕망, 사회적인 욕망, 국가적인 욕망을 절제하는 것이 결국 타인과 사회를 위하는 행동이라는 약간의 부등식이 성립한다. 개인의 자기 절제가 어떻게 사회적 이익, 미래세대의 이익에 공헌하는가? 또 당대를 함께 살아가는 타자를 위해서 산다는 것 자체는 무슨 의미일까?

우리는 위와 같이 이어지는 질문에 봉착하게 된다. 이는 결국 공존의 논리와 연결된다. 즉 100이라는 에너지를 가지고 살아가는 사람들이 구태여 200~1,000 정도의 에너지를 가질 필요가 없다는 말과 같다. 100만 사용해도 충분하기 때문에 나머지 에너지를 아끼거나 나눌 수 있는 것, 이는 공존을 위해 반드시 필요한 윤리인 것이다. 이렇게 보면 공존이라는 개념은 존재의 개념을 넘어 실천의 개념 차원인 셈이다.

그래서 이 지속가능한 발전 교육 개념과 공존의 개념은 개인이 지닌 인간다움의 '인간성 회복'에 귀결된다고 봐도 과언이 아니다. 인간다움이란 인간이 본유적으로 지닌 '사회적 동물'로서의 관계 지향적 본성을 의미한다. 원래 인간은 여타 동물과 비교하면 신체적 조건 등이 불리해서 집단을 이루어 살아왔고, 다양한 사회적 상호작용을 통해 성장해왔다. 인간다움은 배려와 나눔으로 함께 살아가는 데 필요한 기본적인 인성으로 동물들과 경계 짓는 중요한 척도가 되었다.

2) 상호주체성

후설이 주장하는 상호주체성은 개인적 의식 혹은 자아가 아닌, 공동체적 의식 혹은 공동체적 자아를 의미한다. 공동체적 자아는 타자를 이해함으로 형성된다. 타자를 이해하는 것은 다르게 생각하고 느끼고 행동하는 사람들을 인식하고 인정하는 정신적이고 정서적인 태도를 말한다. 이러한 타자에 대한 이해는 각각의 인식 주체가 타자에 대해 갖고 있는 선입관에 의해 각인될 뿐만 아니라, 또한 자기 자신의 이해와 연관해 존재하는 선입관에 의해서도 영향을 받는다(김완균, 2005).

예를 들어, 베트남의 문화를 이해하지 못하는 한국 남성들은 베트남 결혼이주여성이 모국으로 재정적인 도움을 주는 것에 대해 이해하지 못한다. 베트남 문화에서는 여성이 결혼하여 출가하더라도 친정에게 재정적인 도움을 주는 것이 보편적이기 때문이다. 그러한 문화적 배경을 이해하지 못하고 서로 소통하고 상호 간에 온전히 이해하기란 거의 불가능할 것이다. 따라서 의사소통 참여자들은 선입견을 갖고 타자를 예단하지 말고 서로의 관점으로부터 배워야 할 것이다. 공동체 구성원들은 실제 의사소통에서 서로 능동적으로 참여하고, 타자의 말을 듣고 소통하는 과정을 통해 최소한 부분적으로 공감에 도달할 수 있다(현남숙·김영진, 2015).

그렇다면 대화 참여자들이 타자와의 소통 과정에서 상호 간에 이해하지 않고, 갈등이 발생하는 이유는 무엇일까? 타자를 이해하는 것이 어려운 이유를 김영진(2016)은 다음 세 가지로 구분했다.

첫째, 우리는 의식적으로든 무의식적으로든 또는 표층적으로든 심층적으로든, 이미 어떤 특정한 문화적 가정과 편견을 가지고 타자를 바라보기 때문이다.

둘째, 인간의 자기 보존적 본능 또는 자기중심적 성향은 타인에 대한 관심을 방해하기 때문이다.

셋째, 진정한 타자 이해는 그 심층적인 차원에서 타자의 내적 배경과 외적 배경 모두를 알아야 가능해지기 때문이다. 여기서 배경은 대화자의 배경 믿음과 심리적 역사뿐만 아니라, 그 대화자가 속해 있는 자연적·사회적·문화적 환경을 포함한다.

결과적으로 타자에 대한 이해를 가능하도록 하는 요인을 '자기 이입의 실행'과 '상호주체성의 추구' 두 가지로 설명할 수 있다.

첫째, 자기 이입은 자아가 타자가 되어보는 체험을 나타낸다. 물론 어떤 한 자아가 글자 그대로 다른 타자가 될 수는 없다. 하지만 그것은 특수한 형태의 자기 이입을 통해, 즉 한 자아가 어떤 타자가 되어보는 모방이나 상상이나 가정을 통해 이루어질 수 있다. 이것이 바로 타자 이해를 위한 자기 이입이다.

둘째, 상호주체성(intersubjectivity)을 추구하는 것이다. 상호주체란 자아와 타자의 존재를 동격으로 놓고 그들 사이의 관계에서 존립하는 공통적 주체에 초점을 맞추어 사고를 구성하는 것이다. 따라서 '나의 마음'이 아니라 '우리의 마음', '나의 세계'가 아니라 '우리의 세계'를 추구한다.

비록 자아와 타자 간에 동일성이나 환원가능성의 관계가 존재하지 않는다 할지라도, 그 둘이 서로 공유할 수 있는 유사한 점이 있다는 것이다. 이렇게 타자에 대한 이해는 상호주체성을 통한, 개별 주체들 사이의 공동마음(common mind)에서 사고를 시작함으로 가능하다는 것이다.

후설은 타자에 대해 "본래 접근 불가능한 것은 확증 가능한 접근성 속에서 규정된다"라고 주장한다. 이 말은 후설의 타자에 대한 본인의 입장을 압축적으로 표현한 것이다. 후설은 타자는 원칙적으로 "원초적으로 충족되지 않는 경험, 원본적으로 자기 부여를 하지 않는 경험" 속에서만 주어질 수 있다고 보았다. 후설은 타자를 본래 원초적으로는 인식이 불가능하지만 여러 간접적 정황과 방법을 통해 하나의 인간으로서, 곧 타자로 인식할 수 있다고 주장했다. 후설이 타자에 이르는 대표적인 방법으로 제시하는 것이 바로 감정이입의 방법이다. 감정이입은 '내가 만약 거기에 있다면'이라는 식으로 나를 타자의 위치로 전이시켜 그의 내면을 체험하는 일종의 상상 작용이다. 다시 말하면, 나와의 유사성을 근거로 타자에 대한 감정이입이 이루어진다.

　후설은 이렇게 함으로써 동질성을 근거로 양자 간의 간격을 가능한 한 줄이려고 노력했다. 후설은 나와 타자 간의 분리보다는 결합을 강조했다. 이를 바탕으로 한 공동체성이 타자 이론의 핵심이다. 후설은 "다른 사람과 사랑하면서 융합하는 것"이 "가장 긴밀하게 서로 하나가 되는 것"이라고 말하면서 서로 다른 사람을 하나로 묶는 '사랑의 결합성'에 대해 강조하고 있는 것이다. 또한 후설은 나와 타자가 서로에 대해 남남이고 이질적인 상태에서 하나의 친밀한 관계로 전이해가는 과정을 설명하기 위해 그 매개체를 상호작용이 결여된 감정이입을 넘어 '의사소통'과 '사랑' 속에서 찾는다. 이렇게 함으로써 나와 타자는 분리의 관계에서 결합의 관계로 변화시킬 수 있다는 것이다. 후설은 이러한 관계의 변화를 단순히 정적이고 추상적으로 기술하지 않고, 하나의 '역사적인 과정'으로 이해하고 있다. 이처럼 타자의 문제를 역사성의 차원으로 논의함으로써 타자의 문제를 역동적이고 현실적으로 이해하려고 하고 있다(박인철, 2005).

　후설이 타자의 경험을 역사적으로 해명하기 위해서 끌어들인 개념은 바로 '습성'이다. 후설은 이러한 '습성'을 토대로 나와 타자 간의 관계를 이해하고 있다. 박인철(2005)은 후설의 타자 이론을 타자가 낯선 존재에서 친숙한 존재로 변함으로써 나와의 관계도 질적인 전환을 맞는다고 하면서, '타자 경험의 습성화'에 대한 이론으로 간주하고 있다. 후설이 말하는 습성의 배경을 이루는 것이 바로 나의 고향 세계인 '공동체'다. 각각의 개인은 자기 의지대로 습성을 만들고 없애려 해도 자신이 살고 있는 역사적 공동체의 틀을 넘어서서 전혀 다른 습성을 만들 수는 없다. 그렇기 때문에 후설은 기본적으로 습성은 상호주체적이고 공동체적이라는 의미에서 '공동체적 습성'이라고 했다.

또한 "한 개인의 모든 습성은 타자의 습성과 연결되어 있음으로 해서 다수가 하나의 결합된 습성을 지니고 있다"라고 주장했다. 예를 들어 우리가 문화적 차이로 인해 타자의 문화를 낯설게 보게 되며, 그 문화를 비정상적이라고 생각한다. 그러나 아무리 낯설고 비정상적이라고 간주되는 타자도 접촉을 통해 서로간의 공통성을 발견하며, 양자 간의 질적인 융합 또는 공감이 이루어질 수 있다.

여기에서 중요한 것은 '타자를 정상적인 것으로 수용하는 것'이다. 역사성 속에서 타자는 내게 절대적 타자가 아닌 상대적 타자, 바로 나에게 친숙한 타자로 전이해가는 것이다. 인간 개개인은 홀로 존재하는 것이 아니나 공동체적 사회에서 언제나 타자와 더불어 존재한다. "인간의 다른 이름은 관계"이며(Buber, 1962), 인간은 서로가 연결되어 있다.

Buber(1964)는 나와 타자와의 관계를 대화적 관계를 통해서 '나'와 '너'가 만나는 것이라고 했다. 대화적 관계는 대화의 순수성 속에서 드러나지만, 대화에서 대화적 관계가 형성되는 것은 아니다. 두 사람이 서로 침묵하는 것도 대화이며, 공간적으로 서로 멀리 떨어져 있다 하더라도 대화의 논의는 지속될 수 있다. 다시 말하면, 타자와의 모든 대화는 포용적 요소들을 포함할 때에만 그 진정성을 획득할 수 있다는 것이다. 그것이 추상적이든, 대화 상대의 '인정(Anerkennung)'이든, 이것은 타자의 경험에서 발생할 때만 실제적이고 효과가 있게 된다는 것이다(Buber, 1964).

부버(Buber, 1974)는 인간의 자기 상실과 원자화를 인간과 인간 간의 관계가 깨진 데서 기인한 것으로 본다. 인간은 객체화될 수 없는 주체이며, 인격으로서 공존하는 '나'와 '너'가 되어야 한다고 주장했다. 부버에 따르면, '참된 공동체'는 사람들이 서로를 위하는 감정을 가지는 것으로만 이루어지는 것이 아니라, 모든 사람이 살아 있는 상호관계에 들어서는 일에서 시삭된다는 것이다(Buber, 1974). 다시 말하면, 우리가 발견 또는 재발견하게 되는 것은 바로 관계의 영역이라는 것이다.

짐멜(Simmel)은 이주 흐름의 필연성을 제기하며 지속적으로 함께 살아가야 하는 존재로서의 타자에 대한 인식과 다양성의 인정을 주장했다. 짐멜 이전에 '타자'와 '인정' 개념은 서구철학에서 오랫동안 논의되어오다가 헤겔(Hegel)에 와서 그 기초적 틀이 완성되었다. 헤겔은 인간이 추구하는 인정을 투쟁과 결합하여 인정투쟁을 제기했으며, 이는 막스(Marx)의 계급투쟁에 모티브를 제공했고, 하버마스(Habermas)와 호네트(Honneth)에 이르러서 더욱 체계화되었다(이용일, 2009).

상호주체성의 관점에서 개인의 주체성을 바라보는 호네트(Honneth, 1996)에 의하면, 인간이 서로를 인정하는 상호인정은 사랑, 권리, 연대의 세 층위 혹은 세 단계에서 발생한다. 이 세 인정단계 모두에서 인정투쟁은 '주격 나'와 '목적격 나'의 갈등으로 진행된다.

다시 말하면, 상호주관적 정체성은 나에 대한 타인의 관점을 내면화하는 한편, 그에 대해 지속적으로 "나'의 요구를 주장함'으로써 이루어진다. 주체들은 이러한 인정투쟁을 통해 그들에게 주어진 권리를 확대하고 새로운 규범을 창조해나가는 것이다.

서로 다름에도 함께 공존할 수 있는 열린 사회는 자신의 개별성과 정체성을 유지함과 더불어 타자와 낯섦에 대해 개방성을 지닐 때 나타나는 결과다. 인간의 정체성이란 타자와의 관계 속에서만 유지되는 것이기 때문이다(Ricoeur, 2006).

　　타자와의 관계에서 각기 다름의 존재는 교류를 통해 존재한다는 미하일 미하일로비치 바흐친(Михаил Михайлович Бахтин, 1895~1975)의 논의에 귀기울일 필요가 있다. "존재한다는 것은 교류한다는 뜻이다. 존재한다는 것은 다른 사람을 위해, 다른 사람을 통해, 자신을 위해 있다는 것이다. 어느 누구에게도 내면의 주권을 주장할 수 있는 영역은 없다. 그는 전적으로 항상 주변 속에 있으면서, 자신을 들여다보고 다른 사람의 눈을 보고, 다른 사람의 눈으로 본다."

　　그는 '존재'란 교류를 전제함으로 성립하는 것으로 피력한다. 그런 의미에서 모든 인간은 서로를 알아야 하고, 서로에 관해 알아야 하고, 서로 접촉해야 하고, 얼굴을 맞대야 하고, 함께 이야기해야 한다. 모든 것은 서로를 대화적으로 비춰주어야 하고 다른 모든 것 속에서 다시 비쳐야 한다.

　　진정한 사회통합은 소수문화 또는 비주류문화로 간주되는 타자들에 대한 배려와 존중, 타자에 대한 책임 의식과 그들의 부족함에 응답할 줄 아는 인간의 윤리성에 근거해야 한다. 다문화사회에서 소수문화에 속한 사람들은 분명 타자적 존재다. 자신과 타인 혹은 타 문화와의 역동적 관계를 중시하는 상호문화 환경에서 타자의 문제는 더욱 중요한 의미를 가진다(이화도, 2011).

　　최근에는 미국이나 캐나다, 호주 등에서는 다문화주의 정책들의 부정적인 측면을 반성하는 기조가 나타났다. 이와 동시에 이질적 문화와 정체성의 조화로운 공존을 시도하는 유럽의 정책들을 수용하려는 경향이 나타나고 있다. 문화 다양성을 중심으로 생각해보면, 궁극적인 출발점은 정체성의 구성에 관한 인식이다. 정체성은 '상호(inter)'의 구조를 지닌다는 것, 다시 말하면, 상호주체성(inter-subjectivity)에 대한 인식이야말로 모든 관계 맺기(최승은, 2015)의 기초를 이루고 있다.

자아의 구성적 성격이 특별히 강조되어야 하는 것은 유아독존의 불가능성과 허구성에 직면하여, 타자를 향한 윤리적 실천이 자아의 자랑거리가 아니라 실존적 필연성임을 깨달을 수 있기 때문이다. 자아와 타자가 서로에게 거울이 됨으로써, 즉 상호 교류와 교감, 그리고 인정을 통해 주체가 된다는 상호주체성에 대한 이해는 세계화 시대의 민주시민에게 필요한 기본 인식이다. 타자와의 만남은 주체와 주체가 만나는 것이며, 그 만남의 관계는 윤리적 실천이 바탕이 되어야 한다는 것이다(최승은, 2015).

타자에 대한 인간 존중, 즉 윤리적 차원의 논의는 현대철학의 쟁점 중 하나다. 레비나스는 타자 철학을 통해 데카르트 이후 서양철학을 지배한 주체성의 이념이 타자의 존재를 자아 안으로 동화시킴으로써 타자의 존재 의미를 훼손했음을 비판하고(김연숙, 2000), 타자와 더불어 세계 안에 살아가는 인간존재의 의미를 새롭게 규정하고자 했다. 타자를 내 집으로 받아들이는 것, 즉 그를 환대하는 가운데 구체적인 윤리성이 시작되며, 이로써 전체성의 틀은 깨지고, 참된 무한의 이념이 자리할 공간이 열릴 수 있음을 강조했다(Levinas, 1979).

레비나스는 나의 존재를 내세우면서 타자를 거부하고 말살하는 것을 악으로 규정하고, 타자가 누구이든 조건 없이 받아들이고 환대하고 존중하는 것이 초월적 존재로 나아가는 길이라 했다. 또한 진정한 의미에서의 타자와의 내적 연대는 타자와의 윤리적 관계를 통해서만 이루어질 수 있으며, 이는 우리 모두 쾌락의 자아에서 벗어나 윤리적 자아로 나아갈 수 있도록 하는 길이자 신을 만날 수 있는 유일한 길임을 보여주고자 했다(강영안, 1999).

레비나스는 법을 타인의 얼굴로 이해해야만 가능하다고 말한다. 타자는 인식과 실천적 측면에서 나로 통합될 수 없는 나와는 전적으로 다른 존재이자, 내 안에 존재이기 때문에 타자가 볼 때 주체인 '나'도 타자인 것이다.

3) 상호문화성

인간은 타자 없이 존재할 수 없는 상호주관적 존재이기에 당연히 상호문화성을 공유하게 된다. 상호문화성의 실제적이고 행동적인 발화의 표면에는 주체와 타자 간의 이해, 공감, 소통, 협력, 연대가 등장한다.

우리가 살고 있는 21세기에 타 문화와의 만남에서 상호문화소통은 불가피하다. 우리가 해외에 가지 않더라도 타 문화권의 사람과 쉽게 접촉할 수 있고, 문화와 문화 간의 만남이 이루어질 수 있기 때문이다. 따라서 상호문화소통 역량이 다문화를 살아가는 현대의 필수적인 역량이자, 타 문화와 공존할 수 있는 열쇠라고 할 수 있다.

언어와 같은 전달 수단이 없어도 인간은 주위 환경을 인지하고 그 환경 속에서 타자를 인식한다. 하지만 언어를 매개로 인간이 소통할 때, 또는 언어를 통해 의사소통이 이루어질 때, 우리는 타자를 더 잘 이해한다(김영진, 2016). 상호문화적 이해는 감정이입(empathy)이나 치환(transposition)이 아닌, 실제 의사소통을 통해 이루어진다. 감정이입이나 치환은 타자에 관한 그 자신의 이전 믿음, 환상, 편견을 상상적으로 투사할 위험이 있기 때문이다. 소수자도 스스로 행복할 수 있다고 생각하는데, 내 판단으로는 불행하다고 느끼듯이, 아무리 호의로 이루어졌다 하더라도 타자에 대한 편견은 항상 가능한 것이다.

다문화사회의 문제는 문화적 차이뿐만 아니라, 외국인에 대한 오해, 편견, 차별 등으로 인해 이주자와 내국인이 서로 불신하면서 이질감을 느끼기 때문에 발생한다. 자기 문화와 타 문화가 접촉하고 관계를 맺으면서 상호 간의 소통이 발생하는데, 이러한 과정에서 해당 구성원에게는 때로는 위협적으로 때로는 호의적으로 작동될 수 있다.

어떤 한 사람이 타 문화를 접할 때 그 문화에 대해서 지식이 없으면 그 문화는 물론 그 문화에 속한 타인의 특성에 대해서 제대로 이해하기가 어렵다. 그러므로 상호문화소통을 위해서는 타 문화뿐만 아니라, 자국문화에 대해서도 충분한 지식이 있어야 하며, 두 문화가 접촉하면서 이루어지는 상호문화 행위도 인지하거나 이해할 수 있어야 한다. 다시 말하면, 상호문화는 상대방과 직접 소통하면서 형성해가는 역동적이고 새로운 문화라고 볼 수 있다(김영순, 2020).

상호문화라는 용어는 문화들 서로 간의 관계성을 나타내는 것이며, 동시에 문화 간의 차이와 유사성을 인정함으로써 모든 민족과 문화가 동등한 위치와 가치를 부여받는다는 것을 의미한다. 따라서 우리가 당면하고 있는 다문화사회라는 현실에서 '인간과 인간'과 '문화와 문화'라는 슬로건은 상호문화소통을 통해 강조될 필요가 있다. 이와 관련하여 정영근(2007)은 우리의 현실 문제가 '인간과 문화의 사이'이며, 사이의 관계적 계기가 중시되는 이 시대에는 "사이 잇기 교육과 상호문화교육"이 중요함을 강조했다.

외국인 근로자들의 유입으로 인한 다문화사회로의 변화에 대처하기 위해 외국인정책과 교육학적인 방안은 서구 사회에서 이미 오래전부터 논의되었지만, 결혼이주여성과 외국인 근로자들의 유입으로 인해 다문화사회로 진입한 한국 사회에서는 이러한 논의가 이제 시작 단계다. 이러한 상호문화교육의 바탕에는 상호문화성이 자리 잡고 있다. 그렇다면 '상호문화성'은 무엇을 의미할까? 어떤 사람은 문화의 다양성에 초점을 두어 다양한 문화의 공존이라고 주장하기도 하고, 어떤 사람은 목표문화에 대한 통찰로 이해하기도 한다.

정영근(2007)은 상호문화성을 "우리 각자의 주관이 다르지만 사람들 사이에 공통된 주관성이 존재하듯이 독특한 개성을 지닌 각각의 문화들 사이에도 공통된 보편성이 존재하는 것"이라고 정의했다. 그렇기 때문에 상호문화성은 "단순히 문화들 사이의 접촉이나 교류의 차원을 넘어 문화 속에 내재한 보편적 성격과 문화 사이에 존재하는 깊은 유대감 및 내적 연관성"을 드러내는 개념이라는 것이다.

따라서 상호문화는 사람들이 개인 차원에서뿐만 아니라, 사회 차원에서 타인과 맺는 관계 속에서, 그리고 세계라는 개념 속에서 참조하는 상징적 표상, 생활방식, 가치 등이 내포되어 있다(조영철, 2018). 상호문화성은 이렇게 서로 다른 문화들이 동등하게 접촉하고 교류할 수 있다는 전제하에 종교적인 측면에서는 '종교적 관용'을, 정치적인 측면에서는 '다원적 · 민주적 사유 방식'을 필요로 한다.

'상호문화성'은 문화 안에 존재하는 각 개인들의 '만남'과 '관계'가 역동적으로 이루어지는 것이다. 이러한 역동성은 '나의 것'과 '낯선 것'을 동시에 표현하며, '낯선 것'과의 접촉은 언제나 나 자신에 대한 지각모델에 따라 성찰이 이루어진다는 것을 보여준다(Holzbrecher, 2004).

상호문화성은 상호성의 의미를 더 강조하는 것으로서, 자문화와 타 문화 사이에 놓여있는 갭이나 공간, 그 사이에서 작용하는 관점과 전망을 다루는 소통으로서의 방법이자 수단으로서의 상호문화적 만남을 강조한다. 따라서 상호문화성은 단지 타자와 타 문화를 인정하는 것으로 이루어지는 것이 아니라, 그것을 뛰어넘어 개인이나 문화 및 정체성들 간의 관계 설정 및 상호작용을 강조하면서 서술의 차원이 아닌 행동, 실행의 차원에 더 비중을 두는 실천적 의미를 지닌다고 볼 수 있다(이화도, 2011).

하수권(2007)은 문화를 '고유문화'와 '타 문화' 그리고 '중간문화'로 구분했다. 고유문화와 타 문화는 집단적 습관이나 행위양식으로 정의되는 반면, 중간문화는 서로 다른 정체성을 가진 두 개 이상의 문화를 전제로 하는 둘 이상의 의사소통 행위자들이 서로 협의하여 결정하는 것으로 개별적이고 유동적이라고 했다. 하수권이 주장하는 중간문화에 해당하는 것이 바로 '상호문화성'으로 해석할 수 있다.

이것은 서로 다른 문화적 관점이나 가치들이 지속적으로 상호작용하면서 진행 또는 수행되는 '역동적 과정'이기 때문에 확고 불변하지 않다. 예를 들어, 서구에서는 두 화자가 서로 대화하는 동안에 상대방의 눈을 지속적으로 쳐다보면서 대화하는 것을 매우 중요시한다. 상대방의 눈을 쳐다보지 않고 대화하는 것은 무관심하거나 무엇인가를 속이고 있다고 생각할 수 있기 때문이다.

이와 반대로 한국 사회에서는 특히 어른들과 대화할 때 지속적으로 눈을 쳐다보는 것은 상대방을 무시한다거나 무례하다고 보기 때문에 계속해서 시선을 접촉하지 말 것을 권하고 있다. 여기에서 상호문화성은 이러한 문화적 차이를 이해하고 존중하는 것, 서로 다른 문화를 배우려는 '개방적 자세', 문화적 차이로 인한 갈등이 있을 경우 서로 협의하는 행위들이 상호문화성의 구체적인 사례가 될 수 있다(조용길, 2015).

이러한 점에서 상호문화성은 고유문화 또는 타 문화 어느 한쪽으로 치우치지 않고, 고유문화와 타 문화를 상대화시켜서, 이 두 문화를 매개할 수 있는 능력이라고 할 수 있다. 이를 위해 서로 문화가 다른 사람들이 의사소통할 때, 자신이 지니고 있는 기존의 선입관이나 틀에서 벗어나 상대방 문화를 바라볼 수 있는 능력을 지녀야 할 것이다. 그렇다고 해서 자신의 입장을 절대 포기하라는 것이 아니며, 자신의 관점이 객관적이고 절대적이지 않다는 인식을 하는 것이 중요하다. 예를 들어, 외국인 유학생과 국제결혼가정 및 외국인 근로자의 수가 증가하고 있기 때문에 한국은 다문화적 가치가 지배하고 있어서 어떤 특정 문화가 한국문화 전체를 대표할 수 없을 것이다.

다시 말하면, 타 문화 및 고유문화에서도 문화적 다양성이 존재하기 때문에 타 문화의 이해는 상호문화성의 핵심내용 중 하나다. 이를 위해 무엇보다도 자기 개방성과 타자에 대한 관용이 요구된다. 따라서 상호문화성은 고유문화와 타 문화 사이에 나타날 뿐만 아니라, 개별문화 내부의 다양한 의견들 사이에 나타나는 소통능력으로, 자신과 다른 문화적 관점이나 가치에 대해 이해하고 포용하며, 원활한 소통을 위해서 서로 협의하여 조정안을 마련하는 능력이라고 말할 수 있다.

상호문화성을 단순하게 말하자면, 서로 만나서 상대방을 인식하고, 또 상대방을 통해 나를 인식하고, 이 과정에서 서로 영향을 주고받기도 하고, 갈등을 겪기도 하며 서로를 변화시키는 것을 말한다. 아울러 이러한 과정을 통해 서로가 함께 참여하는 보편성을 모색하는 것이다.

킴멀레(Kimmerle)는 상호문화적 대화에 있어서 다음 사항들을 염두에 둘 것을 강조한다. 첫째, 대화 참가자들이 각기 다른 의견들을 갖고 있고,

그들이 하는 말의 내용이 다르다 하더라도, 지위에 있어서 동등성을 인정받아야 한다. 둘째, 대화의 결과가 어떻게 나올지는 열려 있어야 한다. 이는, 대화의 과정에서 서로가 자신을 변화시킬 가능성을 열어두어야지, 자신의 견해로 상대방을 설득하려는 식의 태도, 대화의 결과를 선취하려는 태도로 진행되는 이야기는 결코 대화라 불릴 수 없다는 것을 뜻한다. 셋째, 서로가 서로를 이해하게 되는 데는 언어 내지 토론만이 유일한 수단이 아니라는 것을 고려한다. 넷째, 자신이 혼자서는 결코 알지 못했을 것을 상대방으로부터 들을 수 있을 것이라는 기대를 하고 대화에 임한다(최현덕, 2009).

하지만 현실에서는 대화 상대자가 서로 평등하지 않은 경우가 훨씬 더 많다. 특히, 생산 현장에서 고용주와 외국인 근로자와의 대화에서는 위계질서에 따라 대화가 이루어지기 때문에 갈등상황이 벌어질 수도 있다. 이러한 경우 '상호문화성'은 어떤 역할을 할 수 있을까?

대화 상대자들이 소위 권력관계에 있어서 불평등하고, 상대방에게 불이익을 주거나, 상대방을 억압 혹은 착취하는 상황일 경우, 이와 같은 상호문화성을 바탕으로 대화하라고 하는 것은 어불성설일 것이다. 하지만 서로가 갈등상황을 극복하고자 할 의지만 있다면, 대화는 필요할 것이다.

그럼에도 불구하고 상호문화성은 대화 상대자가 스스로 부당하다고 느끼지만 힘이 약하다고 판단할 경우, 힘을 강하게 하는 방안을 모색할 것이다. 예를 들어, 공공성에 호소하거나 한국 상황에 능통한 동료 및 지역사회의 다문화지원센터 또는 인권단체 등과 함께 사회적 연대운동을 조직하여 대화에 나설 수 있다.

에콰도르와 볼리비아가 탈식민지적 관점에서 사회통합모델로서 인종주의와 관련하여 상호문화적인 전환을 시도했다. 이 전환의 중심에는 '상호문화성'이 자리한다. 상호문화성은 문화와 문화 간의 접촉과 만남을 통해 이루어지는 개개 문화의 변화, 이에 수반되는 상호융합의 현상과 가능성을 의미한다(김달관, 2019).

상호문화성의 핵심은 다른 문화와 다른 문화의 관계 맺음이다. 다시 말하면, 상호문화성은 한 문화권의 인간과 다른 문화권의 인간 사이의 만남, 이해, 상호결합이다.

이런 맥락에서 보자면 상호문화성은 다음과 같은 세 가지를 필수 전제로 한다.

첫째, 각 문화 간의 차이와 다양성을 인정한다. 초국적 이주로 인한 외국인과 한국인이 공존하는 다문화 환경이 조성되고 있으며, 이 과정에서 문화 간 상호작용이 발생할 것이다.

이와 같은 상황에서 한국인들이 외국인들의 문화적 환경과 관습을 이해하지 못했을 경우, 역으로 외국인들이 한국인들의 문화를 이해하지 못했을 경우, 이 두 문화 간에 다양한 갈등 상황이 연출될 것이다.

둘째, 문화적 차이를 목적론적으로 위계질서화 된 서열로 이해하지 않고 모든 문화에 대해 동등한 가치를 부여한다.

셋째, 서로 다른 문화 간의 상호공감대와 융합의 가능성을 모색한다. 따라서 상호문화성은 이 주관적 체험과 태도의 문제를 어떻게 이해할 것인가와 관련이 있다. 그렇기 때문에 상호문화성이 문화적 다양성에 기초하면서도 횡단의 정치('대화의 과정')를 넘어서는 어떤 문화적 보편성을 향한 인간 자유의 추구를 전제로 해야 된다.

상호문화성의 연결고리로서 '횡단의 정치'는 다양성 사이의 상호작용을 통해 나에게 결여된 것을 발견하고 부족한 것을 메꿈으로써 새로운 자아를 재발견하는 것이다(이동수·정화열, 2012).

다시 말하면, 대화 과정으로서 횡단의 정치는 자신의 개별성을 보호하면서도 그 개인성 간의 교차, 횡단, 소통을 통해 일련의 연대적·집합적 공동성을 이루는 것이다. 따라서 개인들의 개체성을 유지하면서도 그 개체들 간의 소통가능성을 높여 상호문화에 대한 이해와 공감대를 형성하여 다양성과 공동성을 동시에 획득하는 것이다.

상호문화성은 초국적 이주가 보편화된 세계화 시대에 특정 문화가 다른 문화를 지배하거나 혹은 동화시키는 것을 비판하고 모든 문화가 상호 균등한 위치에서 교류를 가능케 한다. 그렇기 때문에 상호문화성은 자신이 속한 문화에서 경험할 수 없는 다른 세계관과 문화를 배울 수 있게 한다. 이와 같이 상호문화성을 기본으로 하는 상호문화소통은 다른 문화, 다른 관습, 역할 규칙에서 살아가는 것을 배우며, 새로운 사고방식이나 행동 방법을 이해하고 즐기고 도와주는 것을 목적으로 한다(구현정·전영옥, 2017).

앞에서 언급했듯이 '상호문화' 개념에는 다른 문화에 대한 이해의 결여 또는 부족뿐만 아니라, 자문화를 타 문화에 대한 척도로 간주하거나 자문화만을 옳은 것으로, 타 문화는 잘못된 것으로 간주하는 것이 오해와 갈등을 불러일으킬 수 있다는 전제가 내재해 있다. 어떤 경우에서도 오해와 갈등 문제의 책임은 의사소통능력의 부족에 놓여있다.

그렇기 때문에 상호문화역량은 행위자로 하여금 각각의 상황에 적합한 상호문화소통의 형식으로 문제해결에 적극적으로 참여하게 해야 한다. 이와 같이 상호문화역량은 자신으로부터 다른 문화적 배경을 지닌 사람들과 성공적으로 상호문화소통을 할 수 있는 역량을 의미한다. 특히, 다문화사회에서 원활한 상호문화소통을 위해서는 사회적인 기술뿐만 아니라, 다른 가치관, 견해, 삶과 사고방식에 대한 민감성과 이해력이 요구된다.

이것은 타인을 이해하고 존중하게 하는 상호문화 역량의 개발을 통해 가능할 것이다. 최치원(2013)은 문화 간의 의사소통의 특징들을 고찰하고 문화에 대한 근본인식과 문제 해결의 능력을 체득하는 것을 지향한다는 점에서 '상호문화역량'과 '상호문화소통' 간에는 본질적인 차이가 없다고 주장했다.

유수연(2012)은 상호문화 의사소통능력을 인지적 지식, 언어학적 지식, 상호문화성, 상호작용 내 행위능력 등 네 가지로 구분하고, 이런 능력을 함양하기 위해 실제로 강의를 개발했다. 이를 통해 참여한 학생들이 타 문화와 접촉하면서 어떠한 경험을 했고, 어떤 소통능력을 개발했는지를 주시했다.

상호문화소통은 자문화와 타 문화가 접촉하면서 관계 맺기를 통해 발생한다. 자문화가 타 문화와 접촉하면서 상호문화소통이 이루어지는데, 이때 해당 사회의 구성원들에게 때로는 위협적으로, 때로는 호기심으로 작동될 수 있다. 예를 들어, 어떤 사람이 타 문화와 접촉하게 될 때, 그 문화에 대한 지식이 없으면 그 문화는 물론 그 문화에 속한 타인의 성격 및 특성에 대해서 제대로 이해하기란 쉽지가 않다.

그러므로 상호문화소통을 위해서는 상대방의 문화뿐만 아니라, 자문화에 대한 지식을 알고 있어야 하며, 이 두 문화들이 접촉하면서 발생하는 상호문화 행위도 이해할 수 있어야 한다. 다시 말하면, 상호문화역량은 저절로 형성되는 것이 아니라, 학습행위나 경험을 통해서 상대방과 직접 소통하면서 생성되는 역동적이고 새로운 문화라고 할 수 있다.

이와 관련하여 이병준과 한현우(2016) 역시 상호문화 역량을 상호문화소통에 대해 예측이 어려운 다문화적 현상인 문화적 혼종을 통해 구성되는 새로운 사회 환경에서 모든 사람이 평화롭게 삶을 영위할 수 있도록 새로운 문화를 만들어가는 과정에서 필요한 역량이라고 정의했다.

이병준과 한현우(2016)는 다양한 학자들의 이론을 통해 상호문화역량 구성요소 43개를 추출했으며, 비슷한 항목들을 통합하여 최종적으로 8개의 상호문화역량군인 성찰, 의사소통, 갈등관리, 유연성, 민감성, 문화적 지식, 공감, 존중 등으로 도출했다.

2부

이혼한
결혼이주여성의
스토리텔링

3장. 쓰레기 비닐봉투 여섯 개로 정리된 결혼생활

4장. 참는 건 이제 그만하고 싶어

5장. 두 딸을 온전히 품는 그날까지

6장. 한국과 인도네시아를 잇는 초국적 삶

7장. 국적은 한국, 민족은 우즈베키스탄

3장

쓰레기 비닐봉투
여섯 개로 정리된
결혼생활*

연구참여자는 캄보디아 출신으로 현재 이주여성자립지원시설에서 7살 아들과 함께 살고 있다. 2012년 한국으로 이주했다. 그녀는 모국에서의 가난한 삶과 불평등한 결혼관계에서 벗어나고자 고등학교를 중퇴하고 한국행을 선택했다. 사촌 언니의 소개로 만난 13살 연상 남편은 재혼이었지만 처음에는 연구참여자에게 다정했기에 남편의 조건에 개의치 않았다. 그러나 행복한 결혼생활은 3개월 만에 끝이 났다. 학구열이 높은 연구참여자는 한국어를 배우고 싶었지만 남편과 시어머니의 반대로 공부할 수 없었다. 남편은 수시로 그녀에게 욕을 하며 폭행을 했고 자기 말을 안 들으면 본국으로 돌려보낸다며 협박했다. 시어머니는 출산 전과 같이 집안일이나 정육점 일을 거들기를 원했다.

이러한 상황에서도 그녀는 아이와 자신의 선택을 지키고 싶은 마음에 참고 견뎠다. 남편의 폭력으로 쉼터로 가게 되었을 때도 화해하고 잘 살 수 있기를 바랐다. 그러나 남편은 연구참여자가 가출했다는 거짓 사유로 이혼 신청을 해버렸고, 결국 쉼터의 도움을 받아 소송을 통해 이를 바로잡고 2016년에 이혼하게 되었다. 현재 거주하는 이주여성자립지원시설에서는 아이가 교육을 받을 수 있도록 도와주었으며 그녀가 외국인 상담센터에서 통·번역 일을 할 수 있도록 해주었다. 이제 직장도 구했으니 삶의 기반을 마련하여 독립을 준비하고 있다. 그녀의 삶은 이전보다 많이 밝아지고 좋아졌다.

[주제어] 캄보디아, 결혼이주여성, 가정해체, 이주여성자립지원시설, 자립, 디딤터

---

* 인터뷰는 2018년 12월 27일에 진행되었다. 스토리텔링 시점은 인터뷰 일시를 기준으로 한다.

1.
한국에서의 삶에 대한 기대감

한국에 가면 괜찮아질 것이라 생각하다

나는 고등학교 2학년 때, 학교를 중퇴하고 13살 연상의 한국인과 결혼했다. 한국인과 결혼한 사촌 언니가 캄보디아* 친정 가족에게 경제적으로 지원하는 모습이 내심 부러웠다. 또한 캄보디아에서는 남편이 아내를 괴롭히거나, 아내가 있음에도 다른 여자를 만나는 경우가 많았다.

캄보디아 남자와의 결혼생활은 힘들 것 같았다. 여자는 집에서만 일해야 하고 여자를 하찮은 존재로 바라보는 이곳보다는 나를 위해서 한국으로 가고 싶은 마음이 들었다. 사촌 형부가 언니에게 잘해주었고, 한국으로 시집간 친구들도 잘사는 모습을 보며 나의 남편도 그렇게 해줄 것이라 생각했다. 13살 연상인데도 젊고 잘생겨 보이는 다정한 남편과의 결혼을 결심했다.** 남편이 재혼이라는 것을 결혼 하루 전에 듣게 되었지

---

* 결혼이주여성의 출신국적은 베트남 23.5%, 중국 21.7%, 태국 10.7%, 일본 4.7% 순이며, 캄보디아 출신은 2.4%이다. 그러나 출신국적별 이혼을 보면, 중국 34.9%, 베트남 28.6%, 필리핀 4.2%, 캄보디아 3.1%로 결혼에 비해 이혼 비율이 높은 편이다(통계청, 2021).

** 국제결혼에서 남편은 재혼이면서 아내는 초혼인 비율은 10.7%로 출생 기준 한국인 간의 혼인의

만, 거절할 수도 없었고 그래도 잘살 거라고 생각했기에 대수롭지 않게
여겼다.

경우 3.2%인 것에 비해 높은 비중을 차지하고 있다(통계청, 2021).

2.
나의 존재는 없었던 결혼생활

남편은 그저 집안일만 하라고 했다

처음에는 너무 행복했지만, 아이를 낳고 나서 남편은 완전히 바뀌었다. 출산으로 망가진 나의 몸매가 싫어서였을까. 남편은 밖에 나가서 집에 잘 들어오지 않았다. 시어머니도 아이로 인해 일을 예전처럼 하지 못하니 태도가 바뀌었다. 나는 밤새 아들을 돌보느라 새벽에야 겨우 잘 수 있었다. 그러나 시어머니는 출산 전처럼 6시에 일어나 아침도 차리고, 가족들이 운영하는 정육점 일도 완벽하게 하는 것을 원했다.

나는 고등학교를 중퇴하고 한국에 오면서, 공부를 제대로 마치지 못한 것에 대한 후회가 있었다. 다문화센터 방문학습으로 한국어를 배우면서, 센터 선생님은 나에게 학습이 빠르다며 칭찬을 해주셨다.* 내가 한국어를 잘한다면 가족들과의 관계가 더 좋아지지 않을까. 나중에 태어날 아이에게도 한국어를 잘하는 엄마가 있다면 차별받지 않고 잘 자라지 않을

---

* 각 지역별 건강가정·다문화가족지원센터에서는 수요에 따라 방문교육서비스가 이루어진다. 방문교육은 한국어, 산후지원, 자녀교육 등이다(여성가족부, 2021).

까. 그리고 나와 처지가 비슷한 결혼이주여성들도 만날 수 있는 기회가 되지 않을까. 이런저런 생각 끝에 남편에게 센터에 가서 공부하고 싶다고 했지만 보내주지 않았다. 센터에 가면 나쁜 것을 배워서 도망갈까 봐 집안에만 있으라고 강요했다.

한국말을 조금씩 이해하게 되면서, 남편의 말에 대꾸하면 남편은 욕을 했고, 캄보디아 친정을 위해 금전적 지원을 해주고 싶다고 말을 꺼내면 화를 냈다. 심지어 남편은 나를 때리기까지 했다. 그러나 나는 저항할 수 없었다. 그저 집안일을 열심히 하고 정육점 일을 잘 도와주는 것 말고는 내가 할 수 있는 건 없었다. 가족 중 유일한 내 편이었던 시아버지는 친정어머니를 초청할 수 있도록 금전적 지원을 해주셨다. 그러나 이러한 사실은 가정 내 갈등의 씨앗이 되어, 시어머니와 남편으로부터 폭언을 들어야만 했다. 어쨌든 시아버지의 도움으로 친정어머니가 한국으로 올 수 있었고, 내가 하는 일을 도와주셨지만, 여전히 공부하러 갈 수는 없었다.

아빠 없는 아이로 만들고 싶지 않았다

아들을 임신했을 때 남편이 나를 때렸던 것은 아니지만, 자고 있을 때 팔로 나를 밀치거나, 옆에 있지 말라고 다른 방으로 가라고 하곤 했다. 그때는 그게 폭력이라고 생각하지 못했다. 남편의 본격적인 폭력은 출산 이후부터 시작되었다. 처음에는 너무 놀랐고 원망스러웠다. 남편의 폭언과 폭력은 그때부터 일상이 되었다. 폭력이 비록 피가 날 정도의 것은 아니었다 하더라도, 나에게는 큰 충격으로 다가왔다. 나는 아이에게 다정한 아빠가 있는 가정을 만들어주고 싶었다. 친정 부모님이 모두 계셨지만, 아버지는 자녀들에게 무관심했다. 내가 경험했던 결핍으로 가득했던 그런 가족을 아이에게는 물려 주기 싫었다. 그래서 남편이 나와 싸우더라도 아이에게만 잘해준다면 참을 수 있었다. 그리고 이러한 폭력은 그냥 남편의 성격이겠거니 하는 마음으로 받아들이게 되었다. 그러나 남편은 아이에게 다정하지도 않았고, 심지어 아이를 업고 있을 때도 나를 때렸다. 당시 아들은 어린 아기였지만, 지금도 그 트라우마가 남아 있는 것만 같아 마음이 아프다. 요즘 아들은 나를 안고 울 때가 있다. 마음이 약한 것도 생각이 유난히 어른스러운 것도 다 그 때문인 것만 같다.

시댁은 정육점을 운영하고 있었기 때문에 경제적으로 어렵지 않았다. 그러나 남편의 월급이 정확히 얼마인지 전혀 알지 못했고, 시아버지가 조금씩 용돈을 주시는 것이 전부였다. 친정에 도움을 주고 싶었지만 돈에 대해 이야기하지 않았다. 육아에 도움을 받고자 친정어머니를 초청할 때도 시아버지가 돈을 보태주셨지만 가족들에 그런 사실을 알리지 않았다. 그러나 시어머니가 그 사실을 뒤늦게 알고 무척 화를 내셨다. 남편은 화도 내지 않고 그저 모른 척할 뿐이었다. 충분히 친정어머니를 초청할 비용을 대줄 수 있는 능력이 있는 남편임에도 경제적인 것에 있어서 본인이 입고 먹는 것에만 돈을 쓸 뿐, 아내에게는 인색한 사람이었다.

친정어머니가 앞에 있음에도 불구하고 남편과 시어머니의 폭언은 변함이 없었다. 그럴 때마다 남편은 본국으로 보내겠다고 협박했다. 남편에게 이 말을 들을 때마다 두려웠다. 혼자서 아이를 어떻게 키울 수 있을까. 아이를 아빠 없이 살게 하는 것이 싫어서 계속 노력하고 기다릴 뿐이었다. 한편으로는 남편과 친정어머니, 사촌 언니에 대한 원망의 마음이 들기도 했다. 내가 이렇게 살 줄은 상상도 못했다. 결혼 초에 남편은 다정했기에, 이렇게 변해버린 모습이 원망스러웠다. 그러나 내가 할 수 있는 건 없었다. 남편의 계속된 폭언과 폭력은 그저 견뎌야 할 뿐이었다. 옆에서 나의 이런 모습을 지켜본 친정어머니는 그저 눈물만 흘릴 뿐이었다. 나는 엄마가 나의 이런 모습을 보는 것도, 나를 붙잡고 울기만 하는 모습도 참을 수가 없었다. 마침 한국에 이모님에 와계셔서 친정어머니는 그쪽으로 거처를 옮기셨다.

쓰레기 비닐봉투 여섯 개로 나의 결혼생활이 정리되다

어느 날 남편은 평소보다 더 세게 나를 때렸다. 사실 그날은 다른 날과 크게 다르지 않았다. 똑같이 가게를 정리하고 있었는데 그날따라 남편은 시어머니를 도우라며 괜한 트집을 삽았다. 나는 가게 정리를 마치고 가겠다고 대답했다. 남편은 내가 그런 여자인 줄 알았다면 결혼하지 않았을 거라고 비아냥거렸다. 하지만 그것은 나도 마찬가지였기에, 똑같이 그 말투를 흉내 냈다. 그런데 남편은 내 말에 화를 냈고 내 목을 잡아당겨 벽에다가 밀쳤다. 그 바람에 무릎이 깨지고 온몸이 다 아팠다. 나를 한국에 데리고 온 이유가 가정부처럼 일을 시키려고 했던 것이라는 남편의 폭언은 계속되었다. 그러나 내가 녹음하고 있다는 것을 알아챈 남편은 내 전화기를 빼앗았고, 내 엉덩이를 팔로 쳤다. 병원에 갈 생각은 하지 못했다. 그저 서러운 마음에 이모님 댁에 계신 친정어머니에게 이야기했고, 다문화가족지원센터 담당자와 연락이 닿았다. 담당자는 남편과 나의 갈등에 대한 중재를 시도했으나, 효과는 없었다. 시어머니도 나의 잘못만을 언급하며, 남편에게 용서를 구하라고 다그쳤다. 하지만 나는 그렇게 할 순 없었다. 그 당시에는 내가 캄보디아로 보내지든, 아이도 같이 가든 상관없을 정도로 화가 났다. 더 이상 참을 수가 없었다.

다음 날 다문화가족지원센터 담당자의 걱정스러운 전화에 나는 그동안 참아온 눈물을 쏟아냈다. 지금까지 나에게 있었던 일을 울면서 이야기했고, 일단 쉼터*로 옮기게 되었다. 그런데 집에 남은 아들 생각에 내 마음은 안절부절 편히 있을 수 없었다. 아이는 내 목숨보다 더 소중한 존재였다. 내가 설령 죽더라도 아이와 함께 있을 수만 있다면 다시 남편이 있는 집으로 돌아갈 수 있었다. 그러나 센터 담당자는 조금만 기다리면 아이와 행복하게 살 수 있다고 위로의 말을 건넸다. 아들을 만나겠다는 마음 하나로 남편 집으로 가서 크게 다치기라도 한다면 아들과의 행복한 삶은 이룰 수 없겠다는 생각이 들었다. 곧 아이와 전화도 하고 만날 수 있을 것이기에, 차분하게 생각하기로 마음을 다잡았다.

아이를 주지 못하겠다던 시어머니는 시동생의 설득으로 마음이 바뀌었는지, 아이를 데려가라고 했다. 그들은 쓰레기 비닐봉투 여섯 개에 나와 아이의 옷을 담아 보냈다. 그러나 그건 아무래도 상관없었다. 아들이 나를 부르는 그 목소리에 온 세상을 다 얻은 것처럼 행복했다. 이제 쉼터에서 남편과 상담을 잘 받고, 다시 잘 살아가는 일만 남았다고 생각했다.

그런데 남편이 내가 가출했다고 거짓으로 신고한 뒤 이혼해버린 것을 알게 되었다. 나는 이혼하고 싶은 이유가 100개라도 아이 때문에 절대 이혼만은 할 수 없었다. 그런데 나의 잘못으로 이혼이 되어버렸다는 것은 인정할 수 없었다. 쉼터의 도움으로 이혼 소송을 진행했고, 다행히 쉽게 승소할 수 있었다. 위자료 300만 원과 양육비를 매달 주기로 남편이 약속했지만 지금까지 양육비를 받지 못하고 있다.

---

* 가정폭력 피해자를 일시보호(숙식제공)하고 가정폭력 피해자의 신체적·정신적 안정 및 가정복귀, 자활을 지원한다. 2021년 1월 기준 전국에 65개소가 운영되고 있다(여성가족부, 2021).

3.
자립을 위한 소박한 꿈

그래도 나에겐 아이, 그리고 나를 응원해주는 사람들이 있다

시댁이 위치한 ○○의 다문화가족지원센터의 소개로 쉼터로 오게 되었다. 그동안의 폭언과 폭력에도 경찰에 신고하거나 쉼터에 도움을 요청한 적은 없었다. 이번이 처음이었다. 쉼터에 있는 동안 계속 남편을 기다렸다. 아이를 생각해서라도 1년이 걸리든 2년이 걸리든 남편과 화해하고 다시 잘해보고 싶은 마음이 있었다. 기다려도 기다려도 남편의 연락은 오지 않았다. 도저히 안 되겠다는 생각에 시아버지께 전화했더니, 이미 남편과 나는 6개월 전에 이혼이 된 상태라는 이야기를 들었다. 법원에 확인해보니 정말로 나는 이혼녀가 되어 있었다. 게다가 나는 바람이 나서 아이를 데리고 도망간 여자가 되어 있었다. 쉼터 담당자는 내가 잘못한 것도 없는 상황에서 이걸 받아들이면 본국에 돌아가야 할 수도 있다고 했다. 소송하는 것만이 아이와 한국에서 살 수 있는 유일한 방법이었다. 그뿐만 아니라 이런 말도 안 되는 사유로 이혼이 되었다는 것은 정말이지 받아들일 수 없는 일이었다. 다행히 쉼터에 들어온 날 사진 찍어둔 것들, 녹음해둔 것들

이 증거가 되어 쉼터의 도움으로 이혼 소송을 진행했다. 사실 이혼 소송을 하는 과정에도 남편과 다시 잘 살 수 있지 않을까 하는 기대감이 있었다. 그러나 남편은 재판장에 단 한 번도 모습을 비추지 않았다. 이혼 소송에서 승소하긴 했지만, 결국 나는 이혼했다.

친정어머니는 쉼터에서 나를 보며 울기만 했다. 나 또한 이혼했다는 사실을 받아들이기 힘들었다. 말이 나오지 않을 만큼 우울했지만, 나에게는 아이가 있었다. 그리고 나중에 캄보디아로 돌아갈 때 멋진 모습으로 돌아가고 싶었다. 나와 아들을 위해, 그리고 캄보디아 가족들을 위해 나는 앞으로 잘 살아가야 했다. 그런데 친정어머니는 계속 울기만 하시니 당시에는 이해가 되지 않아 늘 싸우기만 했다.

이제 친정어머니는 나의 자립을 응원해주고 매일 영상통화를 하며 나를 지지해주는 사람이다. 쉼터에서 본격적으로 원래 나의 꿈이었던 통·번역사가 되기 위해서 초등학교, 중학교, 고등학교 검정고시에 응시했다. 운이 좋게도 검정고시를 한 번에 합격했다. 현재는 이주여성자립지원시설*로 거처를 옮겨서, 사이버대학의 사회복지학과에 재학 중이다. 이주여성자립지원시설 원장님은 나에게 외국인들에게 도움을 주는 사회복지 시스템에서 일하는 것도 좋을 것 같다며 사회복지 전공을 추천해주셨다.

이주여성자립지원시설에서의 생활은 규칙도 까다롭고, 화장실과 주방을 2가구가 공유해야 하기 때문에 불편한 점도 있었다. 사실 예민한 사

---

* 폭력피해 한부모 이주여성의 자립과 자활을 도모하며, 최대 2년간 거주할 수 있다. 직업훈련사업, 생활지원사업, 동반자녀 지원사업, 사후관리사업 등이 운영된다. 입소자 교육은 6단계 교육 매뉴얼을 통해 운영되는데, 1단계 적응과정(1개월), 2단계 기본교육과정(6~11개월), 3단계 전문취창업교육(6개월), 4단계 인턴교육(3개월), 5단계 취창업(3개월), 6단계 사후관리(1년)다 (서울특별시, 2020).

람과 함께 살면 형제라도 불편한 법인데 남이니 오죽할까. 화장실 청소나 샤워 문제로 갈등을 일으키는 사람들도 있었지만 나는 운이 좋게도 마음이 잘 맞는 베트남 언니와 만나서 행복하게 살고 있다. 서로 일하다 늦으면 아이도 돌봐주고 시간이 될 때면 맛있는 음식을 해 먹기도 한다. 다들 바빠서 정기적인 모임을 하지는 못하지만 옆집 베트남 언니와 회사에서 만난 캄보디아 선배는 큰 힘이 된다. 곧 이주여성자립지원시설을 퇴소하면 집을 구해야 하는데 캄보디아 선배 집 근처로 갈 생각이다. 선배와 내가 주말 근무를 번갈아 하면서 아이를 함께 돌보며 도움을 주고받을 생각이다.

사실 처음에 이혼하고 나서 힘들었다. 혼자서 웃다가 울고 웃다가 다시 울기도 했다. 그런데 그럴 때마다 쉼터나 이주여성자립지원시설 관계자들, 그리고 나와 상황이 비슷한 이주여성들이 큰 의지가 되었다. 특히 이주여성자립지원시설은 한국에 가족이 없는 나에게 시댁 같은 존재랄까. 나를 응원해주는 많은 사람들 덕분에 이제는 자신감이 넘치고 혼자서할 수 있다는 생각이 강해지는 것 같다.

한국 부모들처럼 따뜻한 사랑만 주고 싶다

남편이 나를 대했던 태도는 아들의 기억 속에도 남아 있다. 아들은 이따금 그런 이야기를 꺼내면서 자신이 엄마를 지켜주겠다며 나를 꼭 안아준다. 저런 말을 할 때마다 속상한 마음에 눈물이 나온다. 남편은 내가 아이를 업고 있을 때도 욕설과 폭력을 행사했다. 그로 인해 내가 이혼했지만, 내 스스로가 안쓰럽고 속상하다는 생각은 거의 하지 않았다. 그저 아직은 어린 아들이 엄마에게 저런 위로를 해야만 하는 이 상황이 너무나 속상하고 안타까울 뿐이다. 그래서 아들이 누나들을 더 따르는 것이, 아빠의 폭력적인 모습에 대한 기억에서 기인하는 것은 아닌지 걱정된다.

나는 최대한 아이에게만은 나의 불안한 마음을 보이지 않고, 따뜻한 사랑만 주고 싶다. 어린 시절 나는 친정어머니로부터 가정적이지 않고 무능력한 아버지에 대한 원망을 자주 들었다. 험난했던 현실은 어머니를 부정적이고 불만 가득한 사람으로 만들었다. 7살 무렵에는 밥이며 빨래를 손수 해야 했다. 나에게 행복한 미래를 꿈꿀 수 있는 여유는 없었다. 그렇기 때문에 보통의 한국 부모들처럼 아이에게 따뜻한 사랑을 가득 주고 싶다. 다행히도 아이는 어린이집에서 따돌림을 당하거나 괴롭히거나 하지 않고 친구들과 잘 어울리는 것 같다. 그리고 엄마가 외국인 맞냐는 이야기를 들을 정도로 말을 너무 잘해 사람들이 놀라곤 한다. 나는 외국인 엄마로서 아이를 주눅 들게 하는 엄마가 아니라, 어디서나 자신 있는 엄마가 되고 싶다.

시어머니는 이혼 직후, 가까운 곳에 살면서 서로 자주 만나면서 지내고 싶다는 의사를 내비쳤다. 사실 나만 생각한다면 연락을 끊고 싶지만, 아이를 생각해서 봐주고 있는 것뿐이다. 안타까운 것은 남편은 아이를 만나려 하지 않는다는 것이다. 아들은 주위에서 아빠가 있는 아이들이 내심 부러웠는지 아빠를 보고 싶어 한다. 그러나 남편은 이혼 후 아들을 만나겠다는 연락을 한 번도 하지 않았다. 나는 남편과 이혼했고, 다시 합치고 싶은 마음은 없다. 그러나 아들에게는 아버지이기에, 아들이 아버지로부터 관심과 지지를 받으며 성장하길 원한다. 아버지가 없기 때문인지 아들은 유독 마음이 여린 편이다. 또한 남자들과 어울리기보다는 누나들과 어울리는 것을 더 좋아한다. 별거 아닌 것 같아 보여도 나에게는 저런 모습들이 아버지의 부재로 인한 것은 아닐지 마음이 아프다. 내년에 초등학교에 입학하는 마음 약한 아들이 아버지와 교류하며 조금이나마 단단해지길 희망한다.

작은 보금자리에서 나는 일하고 아이는 학교 가는 그런 삶을 꿈꾸다

나에게 자립이란 무엇일까. 그저 아이랑 함께 임대주택이든 월세 원룸이든 둘이서 살면서 나는 일하고 아이는 학교 가는, 다른 이혼한 이주여성들처럼 그렇게 살아가는 것이라 생각한다. 그것이 내가 생각하는 자립이다. 나는 사실 자신감이 없는 사람이었다. 이혼을 하고 나니 어디를 가도 혼자서 가는 것이 두려워졌다. 누군가 내 옆에 없으면 불안한 마음에 길을 헤매곤 했다. 아마도 남편과 함께 살면서 받은 충격이 남아 있던 것이리라. 그래서 사실 ○○쉼터에서 서울 이주여성자립지원시설로 떠나오는 것도 힘들었다. 그런데 내가 여기로 올 수 있었던 것은 나를 믿고 응원해주는 사람들 덕분이었던 것 같다. 고등학교 검정고시를 2개월 반 만에 합격할 수 있었던 것도 이 때문이었다.

특히 일을 시작하게 되면서 더 자신감이 생기는 것을 느꼈다. 먼저 취업한 이주여성자립지원시설 선배들로부터 한국말이 서툴러서 전화벨이 울리는 것도 무서웠다거나, 그 모습에 사장님들이 욕하고 화를 냈다는 등의 이야기를 들으면 내 자신도 위축되었다. 그런데 다행히도 나에게 그런 일은 없었다. 고객들도 나를 많이 칭찬해줬고, 나 같은 직원을 둔 사장님이 운이 좋다는 이야기도 들었다. 그동안 캄보디아인 통역사가 몇 명 있었는데 나는 처음인데도 초보들이 자주 하는 흔한 실수도 한 적 없었다.

그러나 F6 비자*로 한국 국적을 취득하지 못해 알게 모르게 차별에

---

* 결혼이민비자(F6)로 이주여성의 체류자격을 나눠서 부부가 동거 중일 때(F6-1), 아이를 양육할 때(F6-2), 이혼이 자기 책임이 아닐 때(F6-3)로 나누어 관리되고 있다. 연구참여자는 이혼이 자기 책임이 아니므로, 정확한 비자의 명칭은 F6-3이다. 명칭에서부터 비자의 주체가 어떠한 상황인지 알 수 있는 것은 차별의 소지가 된다(출처: 서울신문, "이주여성은 불쌍하다는 생

맞닥뜨리곤 했다. 캄보디아 통·번역 담당자들이 6~7명 정도 있는데, 그들은 모두 한국 국적이고, 한국 이름이 있다. 나만 캄보디아 국적이고 캄보디아 이름을 사용한다. 누가 내 국적을 물어보면 약간 위축되곤 해서 어서 한국 국적을 따고 싶다는 마음이 간절하다.

그럼에도 불구하고 일터에서 나의 능력에 대한 인정을 받으면서, 나는 이제 혼자서 잘할 수 있겠다는 자신감이 생겨났다. 오히려 남편과 이혼한 것이 더 잘된 일이라는 생각도 든다. 만약 아직도 남편과 살았다면 나는 내 꿈을 이루지 못했을 것이다. 그렇다고 해서 재혼하지 않겠다는 것은 아니다. 주위에서는 다 똑같다고 부정적으로 이야기하곤 하지만, 나는 젊어서인지 아니면 너무 긍정적인 건지 아직도 사랑을 꿈꾸고 있다. 물론 내가 아이를 잘 키울 수 있을 때, 내가 내 분야에서 일할 수 있는 그런 자립을 이루고 나면 그런 사랑이 또다시 찾아오지 않을까.

각, 차별은 그렇게 시작된다", 2021. 11. 4).

4.
전사록 요약

〈연구참여자 정보 및 특성〉

출생연도	1990년생	이주연도	2012년
국적(이주 전/현재)	캄보디아/캄보디아	학력	대학 재학
가족	아들	직업	통번역사

▶ **고등학교를 중퇴하고 한국인과 결혼하다**

고등학교 2학년 때까지. 중퇴요. 그때 공부하다가 이렇게 한국에 오게 되었는데 언니 소개로 남편이 만나게 되고 그 이후에 공부 그만하고 한국에 왔어요. 사촌 언니 한국분이랑 결혼했어요. (사촌 언니가) 남편을 소개해 줬어요. 1학년만 더하면 고등학교 졸업하는데, 대학까지 안 가도 고등으로 졸업하면 충분히 다른 일을 구할 수 있는데 (친정) 엄마한테는 좀 원망하죠. 그때 엄마 때문에 큰 선택으로 왔어요.

▶   외국인상담센터 통·번역 일을 하다

지금 외국인상담센터에서 통·번역 일 하고 있어요. 한 달 넘었어요. [조사자: 통·번역 일 하고 한 달 해서 소득이 얼마나 되어요?] 월급 130 정도. 4대보험 이런 거 빼서, 4대보험 빼고 하면, 원래는 140일마인데, 4대보험 빼고 또는 수습기간이라 3개월 90%밖에 안 받아서 130 정도…. [조사자: 하루에 몇 시간 일해요?] 여덟 시간.

▶   뒤늦게 남편의 신상정보를 알게 되다

그때는 몰랐죠. 언니가 사촌 언니가 그때 결혼하기 직전에 하루 만에 그때 얘기해서 그게 거절할 수도 없고 그때 그대로 받아들였는데 문제 없었어요. 그 재혼에 대한 거는. 근데 오고 나서 남편이 성격도 안 맞고 시부모랑 모시고 사니깐 좀 힘들었었어요. [조사자: 남편은 두 번째 재혼이고요. 남편 나이는 어떻게 되어요?] 지금 40대 되었어요. 41 정도. 그때 고등학교 졸업했다고 했는데. 그때 저는 한국말을 잘 모르겠어서. 아마 고등학교까지는 졸업했어요. [조사자: 남편은 무슨 일 해요? 직업은?] 정육점이요. 시아버지가 함께 했었어요. 식당이랑. [조사자: 그럼, 남편 월급은 가져다줬어요? 어떻게 했어요?] 남편 월급도 저는 전혀 모르고 돈 같은 거는 시부모랑 같이 있기 때문에 그 아버지가 용돈 조금씩 주고 남편은 전혀 돈 주지 않았어요.

▶   이혼 소송을 할 수밖에 없었다

이혼 소송 했죠. 처음에는 남편이 먼저 이혼을 해. 제가 기다리다가 상담 잘하고 집에 들어가려 생각했어요. 그때 아이 때문에. 남편이 저 모르게 먼저 가서 이혼하더라고요. 법원에서. 6개월. 저는 기다리다가 도저히 못 기다려서 시아버지한테 전화했더니 남편이 먼저 이혼했대요. 법원에 가서 확인해보라고. 근데 확인해봤더니 6개월 전에 이혼 된 상태예요. 남편이, 그때 제가 쉼터에 있는 곳에 살고 있거든요. 나오고 나서 한 달 정도 상담했어요. 남편이랑 만나서 얘기했는데, 남편이 할 말이 없다고 이혼하자 했어요. 합의 이혼하는데 원장님이

"우리가 잘못한 거 없다. 소송해야 한국에 아이를 키우면서 법에 대해 편하게 살 수 있지 합의하면은 본국에 갈 수도 있다"

해서 기다리다가 남편이 모르게 이혼해버리더라고요. 그래서 법원을 하게 된 이유가 한 개밖에 없어요. 저는 100개 이유 있어도 이혼을 못하거든요, 아이 때문에. 근데 남편이 한 이유로 제가 남자랑 도망가서 아이를 데리고 가서 가출했다, 그런 이유로 이혼 되니깐 제 거 증거하고, 남편 폭력하고 그런 것 여기 판사한테 보여주니 제가 다 맞는 거예요. 남편이 거짓말해버리니깐. 다시 소송하고 위자료도 받고 아이를 다 키우게 되었어요. 만약에 제가 그때 쉼터 안 들어가고 아이랑 데리고 잠깐 있었다가 돈 벌면서 하면 진짜 그런 것 걸리거든요. 그럴 수도 있어요. 쉼터 들어가고 남편이랑 전화한 이력도 있고 그리고 폭력 피해서 여기 와서 지내는 것도 증거 있기 때문에 쉽게 승소했어요. [조사자: 잘했다. 안 그랬으면 이혼과정에서 불리했을 텐데….] 너무 힘들어요. 본국 갈 수도 있었어요. 다행히 쉼터 있고 도움 지원 많이 받기 때문에 힘들지 않았어요. [조사자: 그럼 쉼터에는 2015년도에 집 나와서 바로 간 거였어요?] 네, 한 번만 쉼터에 있고. 그때 1년 10개월 있었어요. 계속. 남편이 기다리는 거예요. 저는 남편을 만약에 1년, 2년 이상 걸려도 마음이 좀 어떻게 해가지고 아이를 생각해서 같이 살려고 하면 그때 제가 마음먹고 살거든요. 그런데 저도 마음이 그때 말이 안 나왔어요. 이혼 되었다는 것을 마음이 조금 그랬어요. 약

간 우울해하고 힘들었어요. 힘들었었는데 다행히 여기 와서 자립도 하고 좀 아이를 키울 수 있게 해주니깐 너무 감사했어요. [조사자: 지금 표정이 너무 밝아요.] 원래는, 성격이 밝은 성격인데…. [조사자: 가정폭력 신고한 경험이 있었어요?] 없었어요. 쉼터로 바로 와서 사진 찍고 그 증거만. 몇 번 성격 때문에 남성이 급하고 말하는 것도 못하니 기다려주고 이해를 안 해 줬어요. 그때 당시는 말을 잘 못해서. 아이를 낳고 공부도 안 했어요. 맨날 집에만 있다가. 그래도 저도 말을 조금 하는 편이거든요. 좀 옆에 있는 동 네는 말을 전혀 못요. 그래서 그 사람은 남편이 착하고 저의 남편은 성 격이 좀 그래요. 급해요. [조사자: 그럼 남편이 처음 가정폭력 있었던 게 언제 예요?] 그때 아이를 임신했을 때, 그때는 그렇게 크게 때리거나 그러지는 않았는데. 막 자고 있는데 팔로 가라고 하고 자기 옆에 있지 말라고 하고 다른 방에 가서 자라고 하고 그런 게 있는데 아이를 낳고 나서부터 크게 머리를 잡고 당기고 밀고 그랬었어요. 이혼하고 남편은 전혀 연락 안 하고 시부모님이랑 아이 때문에 계속 연락 와요. [조사자: 그럼 남편이랑 아이랑 안 만나요?] 네, 안 만났어요. 이혼한 이후에는.

▶ **통번·역 일에서의 차별, 한국 국적 취득을 원하다**

아직 한국 국적 취득 못 했어요. [조사자: 지금 어떻게 되어있어요? 비 자가?] F6, 이민 이주여성으로요. [조사자: 그럼 국적 취득할 생각이에요?] 도움을 주신다면야. 저 진짜 너무 하고 싶어요. 그거 없기 때문에 직장 다 니려 해도 조금 차별받더라고요. 이주여성이라고 그래서 국적이…. 왜냐 하면 캄보디아 사람들끼리 통·번역 선생님들이 6, 7명 있어요. 그런데 그런 사람들이 다 국적 있어요. 이름도 바꾸고. 그런데 저만 국적 없고 이 름도 그대로 캄보디아니깐. 옆에 선생님이 물어보면 국적이 없다. 그러면 약간 그런 게 있어요.

▶ 국제결혼한 사촌 언니처럼 잘 살고 싶었는데…

처음에는. 저 학교 다닐 때는 좀 부러워했어요. 언니 보면 사촌 언니가 한 번씩 남편이랑 가서 부모도 돈 드리고 하니깐. 나도 저랬으면 좋겠다. 부모님도 돈 드리고, 집 이런 거 다 해드리고, 또 부모님 모시고 한국에 오잖아요. 그런 부분에 우리 엄마도 하고 싶을 거야. 그런 마음이 있어서. [조사자: 친정 가족은 어떻게 돼요?] 전 5명 중에 저 막내예요. 엄마 아빠 다 계시고. 오빠 셋 언니 한 명, 저는 막내. [조사자: 그럼 한국 남자랑 결혼해서 한국에 와서 산 이유가?] 그 가족들이 돈 대주는 것도 있지만 나는 캄보디아에서 저랑 오빠랑 아빠가 있는데 좀 교육을 잘 안 받아서 그런지 별로 안 좋아요. 가족들한테 도움이 안 되어요. 많이 괴롭혀요, 여자들을. 그리고 캄보디아 법이 안 좋아요. 만약에 여자가 많아요. 아무 여자 만나고 본인은 와이프는 와이프대로 살고 또 다른 여자 만나고 그렇게 하니깐 저는 캄보디아 남자랑 살면 힘들겠다, 한국에 가면 괜찮아지겠지, 그런 마음도 있었어요. 나를 위해서 좀 캄보디아보다 잘 살려고. [조사자: 잘 사는 게 어떤 게 잘 사는 거예요?] 그 남편은 캄보디아는 그렇지 않아요. 여자는 집에서만 일해야 한다. 좀 무식하게 여자를 바닥처럼 봐요. 한국도 그런 것 있잖아요.

"남자는 하늘, 여자는 땅"

이라고 하는데. 그래도 드라마 이런 것 보면 또 저희 사촌 형부가 언니한테 너무 잘해주는 거예요. 대부분 캄보디아에 저의 친구들도 한국분들이랑 결혼했는데 잘해주더라구요. 그런 점 보고 우리 남편도 그렇게 해주겠지. 저 남편 특히 그때는 젊고 잘생겼었어요. 또 처음에는 잘해줬어

요. 너무너무 사랑했고 잘해줬는데 아이를 낳고 한국 시어머니랑 갈등이
되고 그러면서. 그때….

▶ **출산 후 폭언과 폭력이 시작되다**

　처음에는 너무 행복했지만 아이를 낳고 나서는 좀 그런 마음이 있더
라고요. 아, 정말 그렇구나! 처음에는 똑같이 어디 가도 데리고 가고 남편
이 외출 잘 안 해요. 저 처음 올 때는 집에만 있고 뭐 먹고 싶으면 다 해주
고 그러는데. 이제 아이를 낳고 나서는 전혀 완전 바뀌는 거예요. 아, 내가
외모가 아이를 낳아서 몸이랑 다 안 예뻐서 그러나? 남편이 자꾸 밖에 나
가고 집 잘 안 들어오고 그 시어머니도 예전처럼 안 예쁘고. 아이가 있
으면 좀 일을 제대로 할 수가 없잖아요. 다 아이들도 봐야 하니깐. 근데 시
어머니는 저 똑같이 혼자 있는 것처럼 하는 걸 원해요. 그런데 저는 힘들
어서 막 잠자다가 아침을 6시에 밥해야 하는데 늦게 일어날 때도 있고 하
니깐 좀 그런 부분이 갈등이 되었고. 또 처음에는 집에서 방문했어요. 공
부하는 것을. 저 공부하는 것 되게 좋아해요. 한국말도 빨리 배우고 싶어
서 밖에 가서 공부 요청했어요. 시부모님한테. 근데 절대 못 가게 하는 거
예요. 남편하고 어머니. [조사자: 왜요?] 모르겠어요. 거기 가면 나쁜 거 배
울까 봐, 제가 도망갈까 봐, 그런 이유로 말하는 거예요. 그래서 한 번씩 캄
보디아 친구들끼리 만나는 것도 그래. 괜찮아, 못 만나게 해도. 그래, 난 집
에 당신들도 있고 하니깐 난 괜찮다, 아이들 보면. 근데 공부 1주일에 한
번씩만 보내줘라. 그렇게 말했는데. 절대 못 하게 하는 거예요. 그래서 4년
동안 집안일만 했어요. [조사자: 아까 출산하고 나서 남편이랑 시부모님들이
랑 태도가 바뀌었다고 했잖아요. 혹시 왜 그런 것 같아요? 한번 물어보죠?] 제
가 물어보지 않는데, 첫 번째, 시어머니는 일 때문에. 제가 일을 제대로 못

하고 이것저것 혼나고 그 일 때문에 집안일을 제대로 안 한다고. 그런 점 있고. 그다음 남편에는 제가 아이를 낳고 도망갈까 봐. 밖에 공부 못 하게 하는 거예요. 그리고 밖에 나가는 것은 모르겠어. 바람 피우는지 여자가 있는지. 모르겠는데 자주 나가더라고요 집에. 그런 부분 때문에 가더라도 좀 자유 있게 친구도 만날 수 있게 하고 공부 같은 것도 시켰으면 하는데, 그 것도 못 하게 하고 집에서 막 폭. 마지막에 저 때리고 그랬거든요.

▶ 이혼은 하고 싶지 않았어요

그래서 나오는 것은 이혼하려고 나오는 것 아니었어요. 그냥 그 사람도 내가 힘드는 거 알고 내가 잠깐만 쉬는 것을 인정하면서 그 후 다시 생각해서 살길 원하는데 그렇게 하지 않고 좀 억지로 이혼하게 되었어요. 저는 아직 원했어요. 이혼이 아닌, 같이 사는 게. 그때 판사님이 도저히 전화도 안 하고 그러니깐. 남편 전화도 안 받고 계속 거절하는 거예요. [조사자: 법원 전화도 안 받고?] 네네, 그래서 판사님이 남편이 자기만 손해. 그런 식으로 하면 그러면 만약에 남편 위자료 주고 그런 아이에 대한 친권 이런 거 다 저한테 키우기로 하면 어떠냐. 그럼 그러면 그때 마음도 너무 상하잖아요. 몰래 이혼하고 그러니깐. 그때 마지막으로 오케이 하는 거죠. 위자료 받고 그런 거 다 해서. [조사자: 위자료 얼마 받았어요?] 300만 원밖에 안 받았어요. 그때 300만 원 받고 양육권 이런 것도 다 준다고 했는데. 그때 서로 만비(모면)하기 위해서 그냥 주겠다고 했는데 그냥 한 달밖에 안 주고 그 후에는 한 번도 안 줬어요. [조사자: 시부모님들은요?] 시부모님은 아이를 생일 때 10만 원씩 보내주고 1년에 한 20만 원. 그렇게 보내줘요. [조사자: 많이 힘들었겠다.] 저는 이렇게 지원 많이 받고 하니깐 저 나라 사는 것보다 편하다고 생각해요.

▶ 예전의 관계를 회복하기 위해서 노력했지만

그때는 어머니가 만약에 일을 잘 안 하면 혼내고 소리 지르고 그래요. 그럼 제가 알았다고. 그때는 4년 몇 년 동안 찬 맛을 저 오자마자 1년 후에 애기 낳았거든요. 그래서 3년 동안은 어머니가 잔소리하면서 계속 노력했어요. 청소 잘 안 되면 열심히 하고 친정엄마도 같이 했거든요, 그때. 남편은 외모 얘기 안 해요. 근데 보면 알잖아요. 자기가 그 행동을 보면 제가 처음에는 말 못하지만 예쁘다, 귀엽다, 네가 젤 예쁘다 하는데. 말을 점점 이해하고 자기 뭔 말을 잘못하면 대꾸하고 그러면 열을 받아요. 그래서 막 욕해버려요. 말이 돈은 월급은 나오면 그 생활비 안 주더라도 월급 나오면 조금씩 줘요. 제가 모으고 또 본국도 보내고 나중에 또 방문할 때 있잖아요. 그런 부분을 얘기해도 얘기하면 화를 내고 그래요. 저 노력하는 것은 정수집(정육점)에 집안일 같은 거 그대로 예전처럼 노력하는 거죠. 집 안일 열심히 하는 거고 외모는 그냥 그대로였어요. 너무 예쁘게 하고 나가지 않고 그냥 집에 있는 대로.

'예전처럼 했으면 좋겠다.'

그러기만 바랐어요. [조사자: 남편이 처음에는 사랑했는데 이제 나중에는 사랑하지 않는 것처럼 느낀 거예요?] 네, 왜냐하면 뭔 말 하면 소리 지르고 뭔 말 하면 나가라고 하고 뭔 말 하면 좀 아이한테 아이에게 예쁘게 해주지 않았어요. 제 아들한테도 그렇게 따뜻하게 대해주지 않았어요. 그래서 저는…. 제일 큰 문제는 공부, 공부 못 하게 하는 게 제일 큰 문제일 것 같아요. [조사자: 근데 한국에 와서 왜 이렇게 공부가 하고 싶었어요?] 제가 아까 말씀드렸다시피 한국말을 빨리 배우고 싶고 그리고 집안일하는 게 좀 힘들잖아요. 될 수 있으면 캄보디아 이주여성을 위해 한국말을 도움을 대주는 게 나아서. 뭐 가르쳐주거나 통역해주거나 그거 꿈이었어요. 그 집에, 왜냐하면 처음 왔을 때 답답했잖아요. 말을 못하니까. 그래서 나는 열심히 해서 우리 친구들이 처음 오는 친구들이 알려주고 그런 일을 하고 싶었어요. 남편이 절대 그렇게 못 하게 하는 걸로는

"집안에서만 일하라. 내가 너를 데리고 오면 그 일을 하라고 하니? 우리 부모님들이 돌봐주라고 데리고 오는 거야!"

그렇게 말하는 거예요. 속상하게. 제가 말해도 내가 말해도

"내가 공부하면 우리 아이한테도 내가 집안일을 하더라도 아이들한테 가르쳐줄 때 도움이 되잖아"

그렇게 설명해줘도 안 들어요. 학교 다니면 알려줘야 하잖아요. 그래서 이런 거 하고 싶어했는데 남편이 자기보다 선생님 말씀한 거처럼 말도 좀 잘하는 편이고.

"넌 이 정도면 돼! 이보다 잘하면 안 돼!"

그런 자기보다 더 잘나가봐. 그런 마음이 있는 거 보여요. 저의 엄마랑 봤어도 그래요. 엄마랑 그때 친정엄마랑 같이 살았었어요. [조사자: 언제부터 언제까지요?] 아이를 낳고나서 3개월 후부터. 아이를 6살 되기 전에는 침대에 같이 살다가 엄마가 기간이 돼서 집에 갔는데. 시댁에서 3년 동안 같이 살다가. 밖에 나갈 때 1년 반 살다가. 엄마는 출국하게 되고. [조사자: 근데 친정엄마 있는데 시어머니가 소리를 지르고?] 그럼요. 남편도 그래요. 제 친정엄마 앞에서 막 소리 지르고 막 그래요, 욕하고. 엄마는 딸을 보면서 할 말이 없잖아요. 막 울고 그랬었어요. 지금도 좀 얘기하고 그러면 인제 말이 위로가 되어요. 왜냐하면 이제 제가 지금 잘하고 자립적으로 잘 사니깐 많이 위로가 되는데 그때 많이 속상하죠. 좀 죄송했어요.

▶ 결혼 생활에 있어 친정엄마와의 갈등, 그리고 이해

그래도 다행히 엄마가 직접 보셔야 그거 알아요. 왜냐하면 엄마, 캄
보디아 부모들이 대부분 그래요. 안 보면 자기 딸이 잘못한 줄 알고 또는
돈. 한국에 오면 돈을 잘 벌 거야, 남편이 돈을 줄 거야, 그럴 줄 아는 부모
들이 많아요. 제 엄마도 그런 생각을 전혀 없는 건 아니에요. 근데 직접 보
셨고 와서 진짜 제가 힘드는 거 보시니깐 제 마음도 많이 알아주고, 다행
이었었어요. [조사자: 그럼 친정엄마가 딸을 한국에 시집보내면 '경제적으로
도움을 받을 수 있겠다' 이런 생각을 하셨던 거예요?] 있겠죠. 여기 사촌 옆
에 보니깐 그 형부가 잘해주거든요. 집에 한 번씩 보내주고 또 가면은 용
돈 드리고 집까지 해주고 그러니깐. 엄마가 그런 거 보면 많이 부러워하
죠. [조사자: 그럼 엄마가 시집가라 그래서 결혼했다 그랬잖아요. 엄마 뭐라 그
러셨어요? 나중에 남편하고 싸우고 이혼하고 이럴 때.] 많이 싸웠죠. 그때 제
엄마랑 진짜. 그래서 저는 그때 엄마랑 쉼터에서 살면서 많이 싸웠어요.
남편 문제도 있지만 전 엄마랑도 갈등 많이 있었어요. 엄마는 저는 힘들
어도 잘 안 울어요. 엄마 앞에서는 잘 안 울어요. 엄마 앞에서는 엄마 속상
할까 봐. 안 울어요, 절대. 그런 마음인데 근데 엄마는 무조건 우는 거예요,
제 앞에서. 저는 그 당시에 엄마의 그 마음이 이해 안 되었어요. 그래서 싸
우고. 근데 인제는 이해가 되니깐 미안한 마음이 이제 와서 얘기해요. 전
화하면서 우리 엄마 그때 속상하다고. 엄마도

"우리 딸이 자립해서 잘하구나"

하고 많이 위로해줘요. 근데 쉼터에서는 그때 진짜 많이 싸웠어요. 왜
냐하면 저는 강력한 마음,

'엄마 앞에서 난 절대 안 울어'

난 힘든 거를 엄마 안 보여주고 싶은데 엄마는 계속 우는 거예요. 왜

엄마 본인이 아닌데 왜 우냐. 엄마를 죄송하다는 마음이 전달할 수 없는 게 표현이 호환마(호환 안)되어 있고, 엄마도 그 표현은 이해 못 하고 둘이 계속 싸웠어요. [조사자: 근데 이제 한국에 와서 남편이랑 그런 갈등 있을 때 한국에 와서 경제적인 것도 물론 있지만 캄보디아 남자들이 여자들을 너무 이렇게 존중해주지 않고 사랑해주지 않은 것도 있다 그랬잖아요. 그것 때문에도 한국에 왔는데 남편한테서도 그거를 잘 못 받은 거네요.] 그럼요. 잘… 처음만 3개월 전만. 아이를… 신혼 딱 그때만. 그땐 진짜 너무 행복했었거든요. 엄마한테 전화해서

"엄마, 나는 진짜 시집 잘 왔다. 엄마 덕분에 너무 행복하다"

근데 그런 말씀하는데 엄마 오고 나서 가더니 계속 생기는 거예요.

▶ 이혼에 대한 원망보다는 감사함으로

[조사자: 시댁에서 정육점 운영하셨다고 그랬잖아요. 그럼 나가서 같이 일도 했어요?] 네, 함께 했어요. 그러고… 저도 같이 했어요. [조사자: 집안에서 집안일도 했어야 되었다면서요.] 그니깐 같이 집에 있는데, 바로 나가는 거 아니라 가게 운영했어요. 바로 걸어가면 가게, 집. 바로 옆에는 제 집. 저는 다 했어요. 가게 일도 하고 정육점 일도 하고 또 식당. 아침에 시부모님 밥 해드리고 다 해요. 근데 아이를 없을 때는 임신하는 것도 다 할 수 있지만 아이를 낳으면 못 해요. 밤도 제대로 못 자고 시어머니는 그런 부분이 이해가 잘 안 되었어요. 왜냐하면 자기가 그때, 자기 옛날에도 너보다 더 힘들었다. 그런 비교 하는 거예요. 그래서 그런 비교 하고 저는 그거 받아들였었는데. 마지막에 제가 말씀한 것처럼 이혼할려고 나온 거 아니에요. 남편이 몰래 하니깐. 저는 지금 왜 후회하지 않냐면요. 내가 최선을 다했다고 생각하기 때문에. 너무 원망하지는 않았어요. 그때 내가 또 못

참고 건들고 그러니깐. 만약에 저도 나쁘게 하고 그러면 시어머님한테도 미안하고 가족한테 원망하게 되는데. 내가 최선 다하고 그러고 나는 인제

'완전히 하느님이 나를 구해줬구나. 여기까지 오게'

그래서 너무 원망하지는 않았어요. [조사자: 어떻게든 시어머니 시댁 가족들한테 조금 예쁨받고 인정받으려고 최대한 노력을 한 거네?] 그때는 많이많이 했죠. 뭐라고 하면 그냥 엄마도 계시기 때문에 좀 많이 참았어요. 지금 시어머님도 전화 오면 내가 그 당시에 잘 너한테 못 해준 것도 미안하다고 그렇게 말씀해요, 지금은. 저도 이제 과거는 과거이고 어머니는 건강하게 잘 살면 되고 저는 ○○이랑 함께 열심히 산다고 그렇게 말씀드렸어요.

▶ 자녀, 그리고 내 선택을 지키기 위해 이혼할 수 없었어요

저는 첫 번째 아이가 제일 우선이었어요. 왜냐하면 저 캄보디아에 있을 때, 아빠는 계시기는 하지만 제가 아까 말씀드렸다시피 잘 안 해줘요. 여자한테 엄마한테는 여자도 많고 하니깐. 전 아빠 없이 사는 것처럼 쭈욱 살다 보니깐 저는 아들한테는 그런 아빠 없이 사는 것은 원하지 않아서요. 그래서 최대한 노력하고 기다렸는데, 남편이 도저히 같이 말이 있잖아요. 부모님 같이 사는 것은 사랑해야 아이한테 영향을 줬잖아요. 근데 함께 살지만 맨날 싸우고 아이를 그렇게. 차라리 나는 둘이 행복하게 살고 우리 아들이 그런 가정폭력을 받지 않고 욕 같은 것 듣지 않아도 내가 마음이 좀 상하더라도 아이한테 잘해주면 된다. 그런 마음을 먹고 나왔어요. 나는 그때 저는 아이들 때문이었었는데 몇 년 동안 살다가 그냥 저도 혼자 두려워요. 그리고 남편이 무조건 협박해요. 본국 보낸다고. 그러면 본국 보낸다고 하면 저는 싫어요. 그냥 돌아가는 게. 저는 최대한 여기서 성공하고

가는 걸 원했어요. 남편은 무조건 본국 보낸다고. 완전히 가면 못 해요. 아이를 어떻게 키워요. 그런 점이 두려워서 기다리고 아이를 아빠 없이 사는 게 원하지 않아서 계속 노력하고 기다리는 거예요.

▶   **나와는 이혼했어도 아들과 남편은 교류하길 희망하지만**

여기 지원받는 동안은 전혀 부담스럽지 않고요. 나갈 때는 제 선배, 여기 있는 선배들이 똑같이 돈 벌고 또는 뭐 잘 조절하면 된다고 생각해요. 돈이라는 게 저도 교회를 다니잖아요. 저 그 마음이 돈보다는 뭐 마음이 잘하면 하느님이 우리한테 죽게 놔두지 않겠죠. 뭔가 어디선가를 지원받고 잘 살 수 있겠죠. [조사자: 아이가 아빠를 찾지는 않아요? 이제 말도 잘할 나이인데] 찾죠. 그럴 때마다 마음이 아파 죽겠어요.

"아빠가 열심히 돈 벌고 있고 나중에 너가 크면 아빠가 너 찾으러 오겠지."

그렇게 위로.

"아빠 지금 돈 벌고 있다. 열심히 해서 너 나중에 찾으러 올 거야."

말하는 거죠. [조사자: 그럼 언제든지 아빠가 아이를 보고 싶다 그러면?] 볼 수 있어요. 그 서류에 있어요. 있어요. 전 마음이 남편한테 그렇게 탁 정해지지 않았기 때문에 지금은 아이를 생각하면 아빠 만나기를 원해요. 왜냐하면 아이는 만약에 아버지 사랑받고 그러면 더 잘할 수 있는 아이예요. 제 아들이. 근데 아빠도 계속 아빠 찾고, 아빠 없고 하니깐. 어쩔 때는 그렇게

"아빠, 나는 왜 아빠 없냐?"

그런 말 하고 친구 옆에 있으면 그 친구는 아빠 손 잡고 다니는데 나도 아빠 보고 싶다, 그런 것 보고 저는 아이를 더 잘 자라려면 그런 부분을

만나기를 원하는데. 근데 저하고 남편은 전혀 관계 없어요. 아이를 위해서 만나기를 원해요. 될 수 있으면. [조사자: 그러게, 이혼했어도 아빠 역할을 좀 해주면 좋은데.] 아이한테는 영향이 되잖아요. 나중에 학교 가면 또

"너는 아빠 없는 아이라고"

하더라도

"아니야, 나는 아빠 계속 만난다"

그렇게 말할 수 있잖아요. 근데 만약에 아빠 없는 아이라고 하면 받아들일 수밖에 없잖아요. [조사자: 내년에 학교 가지 않아요?] 내년 3월 달에 가요. 많이 걱정되어요. 더구나 제 아들은 말은 잘하는데 마음이 약해요.

▶ 자녀 양육에 많은 도움이 되는 이주여성자립지원시설

말을 잘해요. 너무 잘해요. 사람들이 놀라요. 너 엄마 이주여성 맞냐? 한국 애들 엄마보다 왜케 말을 잘하냐. [조사자: 아이가 이런 시설에 와서는 잘 지내요?] 잘 지내요. 교육을, 공부 많이 시키는 게 좋아요, 여기는. 여러 교육 받고 또 사회에 대한 잘 돌아갈 수 있게 그런 교육을 많이 해요. 공부 시키는 게 제일 좋아요. 아이한테. 왜냐하면 저는 아이들 책 읽는 게 좋아요. 공부 가르치는 것 좋아하는데. 바쁘고 이것저것 생각하면 그런 점은 못 도와줘요. 아이한테 어쩌다 보면. 근데 여기는 많이 도와줘요. 여기 아이 아팠을 때도 여기 다 직원하고 고마워요. 남편 대신이에요, 여기. 여기 시댁 대신에 하는 거예요. 여기 의지가 되는 거예요. 어디 가도 나는 디딤터 사람이라고 하면 사람들이 왠지 혼자 사는 거 아니잖아요. 지원받고. 아, 큰 뭔가를 받고 있는 거구나. 저는 한국에서 남편밖에 없잖아요. 근데 그 남편이 이렇게 하면 나가면 완전히 헤매고 있을 거예요, 혼자 살면. 근데 이거 남편이 대신에 이렇게 다 하니깐 저는 여기 남편이라고 생각해요,

나는 시댁. 여긴 직원 너무 감사하게 잘 도와줘서, 정말.

▶ **따뜻한 사랑을 주는 엄마 되기**

[조사자: 아이한테 어떤 엄마가 되고 싶어요?] 전 사랑, 따뜻한 엄마, 사랑 많이 주고. 아무리 문제 있어도 아이한테는 엄마의 그런 사랑을 보여주고 싶어요. 왜냐하면 저의 엄마도 힘든데 그런 사랑을 못 보여줬어요. 우리한테 엄마가. 표현을 못 해줘서. 아이를 사랑하긴 하는데 아버지 때문에 많이 힘들고 그러는데 아이한테 그 영향을 주는 거예요. 너의 아버지가 나에게 그렇게 힘들게 했다 하면서. 우리는 그때도 사실 모르고 엄마를 엄청 미워했었거든요. 그때 캄보디아 좀 어려웠잖아요. 한국처럼 발전하지 않아요. 밥도 그렇게 불로 그렇게 해서 먹는데 그때 7살, 8살. 한국은 20살 되도 라면 못 끓여먹는 애들 있잖아요. 근데 저 7살인데 알아서 다 했어요. 밥, 빨래, 이런 거 했는데. 저 아들만큼은 한국 부모처럼, 한국 좋은 부모들처럼 아이한테 그렇게 잘해주고 싶어요. [조사자: 아기 보고 싶다. 예쁠 것 같아. 선생님 닮았어요?] 사진 있는데, 사진은 있는데. ○○인데요, 이름이. 영화배우 ○○. [조사자: 이름도 ○○이에요? 오, 어머~! 다 아기 사진이네요.] 이건 돌 사진. 이거 작년이요. 사진. 작년 가을? 봄인가? [조사자: 근데 아기였을 때보다 크면서 엄마 얼굴이 더 나온다.] 네, 눈이랑 완전히. [조사자: 크면서 완전 엄마랑 붕어빵이 되어가고 있는데? 아이고, 여자친구들한테 인기 많겠다.] 말도 잘하고, 마음이 약해가지고, 여자아이들이 좋아해요. [조사자: 여기 또래 친구들하고 잘 지내요?] 네, 잘 지내요. 같이 놀고, 특히 여자 친구들만. 여자 누나만 좋아해요. 마음이 약해서 그런지 누나들이 옹야옹야 해주는 것을 좋아해요. 그래서 무조건 누나누나들만 따라요. 제가 그래서 좀 안타까워요. 사랑을 많이 못 받아서 그러는 건지. 사랑하는 그

런 거…. 남자들한테도 잘 노는데, 싸우는 것이 많아요. 놀다가 자기도 이
길려고 하는데 싸우는 것이 많기 때문에 여자들이 더 좋아요. 누나들. [조
사자: 그럼 인제 아기는 어린이집 갔다 오고 선생님은 교육받고 밖에 일이 있
으면 어떡해요?] 저는 지금 밖에 일하고 있잖아요. 그러면, 아침에는 7시,
6시 일어나서 7시 20분까지 같이 어린이집 가요. 아침 일찍. 그럼 5시 30
분에 퇴근도 여기 데려다줘요. 여기서 학원차로. 여기 오고. 5시 30분 이
후에는 기다리죠, 저 올 때까지. 방에서 텔레비전 보면서 기다리고 제가
오면 밥 먹고 또 재우고 또 내일 아침에 똑같이 이렇게 [조사자: 이렇게 한
가구가 혼자 살아요? 아님 다른?] 집이 하나 있는데, 가운데 딱 잘라요. 그
럼 이곳은 저의 집, 이쪽은 새로운 사람 집. 그럼 한 집이 있는데 화장실…
두 집씩. 화장실하고 또는 밥하는 데 저기 식당 똑같이 같이 해요. [조사
자: 같이 사용하고. 그러면 식사를 그 집에서 각자 해 먹어요?] 다 각자 해 먹
어요. 뭐도 다 각자 하는데 다만 요리할 때만 똑같은 후라이팬 가스레인지
쓰고 또는 제가 늦게 오거나 전화하면

　　"언니, 우리 ○○이 좀 전달해주세요. 저 좀 늦게 올 거예요."

　　그럼 봐주고.

▶　　베트남 언니와 서로 마음을 나누다

　　[조사자: 서로 돌봐주고. 언니라 그래요?] 언니라 그래요. 베트남 언니
가 있어요. 착한 언니가 있어요. [조사자: 같이 한 집에서 지내는 건 어때요?
힘들거나 불편하거나 좋거나?] 사람마다 달라요. 좀 약간 까탈스러운 사람
하고 같이 살면 힘들어요. 좀 왜냐하면 도와주지도 않고 알다시피 형제들
도 여자형제들도

　　"청소 뭐 많이 했어"

"나는 못했어"

그런 거 있잖아요. 뭐 우리도 똑같이 힘든 상황에서

"왜 여기 청소 안 하냐?"

"저런 거 청소 안 하냐?"

그런 부분에서 싸우게 되고 불편해요. 여기서는 그런 갈등이 많고 한데 다행히 저 이번에 방을 옮겼어요. 베트남 언니 한 분 있는데 언니가 너무 착하고 너무 잘해줘서 감사하고 언니가 너무 좋아요. 언니가 도움 많이 줘요. [조사자: 그런 일로 싸우기도 하는구나. 그럼 어떻게 풀어요? 싸웠다 풀었다 그래요?] 싸웠다 풀었다 하는 거죠. 함께 살기 때문에 그래, 한 사람은 ○○ 가고 한 사람은 고집대로 고집하고 한 사람은 ○○ 가고 그럴 수밖에 답이 없어요. [조사자: 혼자 살 공간이 있었으면 좀 더 편하겠어요?] 자서 딱 화장실 한 사람 쓰고, 왜냐하면 그런 화장실 때문에 또 싸우는 사람이 있어요. 들어가서 오래 샤워하는 사람 있잖아요. 너는 시간 되는데 왜 늦게 샤워하냐. 막 그런 부분 때문에. [조사자: 공동생활 하는데 그런 게 좀 불편하겠다.] 네, 불편해요. 그런데 좋아하는 사람은 제가 말한 언니, 착한 언니랑 이해하는 언니랑 같이 살면 엄청 행복하게 살아요. 아이도 돌봐주고 시간 있을 때 이것저것 해 먹고 [조사자: 그럼 만약에 언니가 또 밖에 있고 그러면 아이는 여기 잠깐 직원들이 돌봐주고 그래요, 엄마 올 때까지?] 여기서는 선생님들이 봐줘요. 여기 사무실 선생님들이 많이 도와줘요.

▶ 이주여성자립지원시설의 규칙은 엄하지만 필요하다 생각해

여기는 8시 이내 집에 들어와야 해요. 7, 8시 안에 들어와야 해요. [조사자: 그 시간 넘으면 안 돼요?] 혼나요. 원장님한테. 왜냐하면 좀 공동이기 때문에 늦게 들어오고 그러면 안전에 대한 절대 안 되어요. 만약에 늦으면

미리 전화해드려야 해요.

"저 오늘 버스 밀려서 늦게 온다"

"누구랑 좀 만나다가 온다"

하면 얘기해야 해요. 규칙은 누가 만나거나 그러면 그 친구들 만나고 그러면 안 되는 있잖아요. 자유가 좀 별로 없어요. [조사자: 어떤 거요? 친구들을 밖에 나가서 만나면 안 돼요? 아님 여기서?] 아니, 좀 만약에 우리가 친구 만나도 되어요. 근데 그 시간 이내 와야 해요. 이 근처 친구들만 혹시나 다른 이 친구랑 어디 잠깐 여행을 가거나 뭐 쉬는 날 갔다 놀러 하루만 자고 오는 거 절대 안 되어요. 그런 자유가…. (친정) 엄마랑 만나거나 그러면 잘 수 있는데, 혹시 이 친구가 파티있는데 그 친구 지역에 부산 지역에 가서 하루 자고 오면 안 돼요. 뭐 놀러 가고 싶은 사람은 불편하죠. 근데 여기 입장 생각하면 그럴 수밖에 없어요. 이해는 되고 그거는 좀 불편한데, 그거 가고 싶잖아요. 친구들이 가는데 나도 가고 싶은데 못 가게 하고 그러면 좀 속상할 때가 있는데 여기 입장도 생각할 때 있어요.

▶ 이주여성자립지원시설로부터 지원받는 생활비, 이 이상 바라는 것은 없어

[조사자: 그럼 생활비는 어때요? 지금 일하는 걸로 하는 거예요?] 아니, 여기 지원해줘요. 밥 이런 거는 반찬은 다 해줘요. 간장 이런 거 조미료 양념 다 해주고. 그리고 야채, 과일 먹고 싶으면 한 달에 20만 원씩 줘요. 통장에다 넣어줘요. 25만 원씩 한 사람이. 그건 한 마트만 사용해요. 다른 마트 화장품 이런 거 사가면 안 되어요. 먹을 거만. 딱 먹을 것만 한 마트 사용해요. [조사자: 근데 또 다른 것 아이 것도 필요한 것 많잖아요. 선생님 것도 그렇고. 그런 건 어떻게 해요?] 그거는 옷 같은 거 사고 싶으면 알아서 사고

요. 또는 여기 우리 여자들 쓰는 거 겨울 잠잘 때 입는 것, 속옷, 생리대, 이런 거 다 지원해줘요. 근데 아이 장난감, 아이들 멋진 옷 사고 싶다, 예쁜 치마하고 싶다, 그러면 개인 알아서. [조사자: 그런 것들 지원해주는 게 도움이 돼요?] 도움이 많이 되죠. 도움이 많이 돼요. 한 달 25만 원은 먹을 것만 한 마트만 사용하고. 한 달 20만 원은 따로 개인 사고 싶은 것 사요. 근데 어떤 사람은 그 돈을 모아요. 왜냐하면 여기서 퇴소하면. [조사자: 모아도 돼요?] 모아도 돼요. 그 25만 원은 사용해야 해요. 또 20만 원 따로 주는 거는 통장에 넣어주니 그건 모을 수 있어요. 그 2년 동안 살다가 몇 천만 원 모으고 가는 사람도 있어요. 근데 아예 못 모으는 사람도 있어요. 20만 원 받아도 쓰고 하니깐 [조사자: 그럼 여기서 산 지 얼마나 된 거였어요?] 저는 1년 넘었어요. 1년. 2016년 4월 달에 왔거든요. [조사자: 그럼 아직 여기서 2년 다 살 생각이세요?] 저 지금 일을 하면 3개월 후에 퇴소해야 해요. 보통은 여기 규칙이, 여기 살다가 2년 안 되더라도 3개월을 근무하게 되면 그건 그 월급 받고 나라에서 보호해줘야 해요. 이 사람은 3개월 일하게 돼서 직장 구할 수 있다, 그러면 바로 퇴소해야 해요. 저는 기간도 많이 남고 내년 4월 되어야 2년이거든요. 그래서 공부하는 것도 있으니깐 원장님은 아마 5월, 4월 5월 정도 있을 수 있게 해주신다고 말씀했어요. 일자리 구했을지라도 3개월은 아니라 한 4월 5월 정도 돈 조금만 더 모으다가 퇴소하라. 이렇게 말씀하셨어요. 기간도 내년 4월 좀 기니깐 한 내년 1, 2월 쯤 퇴소하게 될… [조사자: 여기서 더 살았으면 좋겠어요?] 그럼요. 지금은 만약에 여기 더 있을 수 있다면 더 좋죠. 월급도 받으면서 지원도. 생활비 안 냈잖아요. 이게 돈 많이 모이는 거예요. 한 달 딱 130만 원을 적금통장에 넣는 거예요. 근데 여기는 아니에요. 규칙이 되는 대로 가는 거예요. 돈이 모으지 않고 별로 없어서 원장님한테 사정을 얘기했어요.

"원장님, 저 좀 더 모으고 나중에 계약할 때 집 계약할 때 돈을 좀 보증금 많이 줘야 집도 월세 내리잖아요. 저 좀 봐달라"

고 얘기했어요. [조사자: 여기 시설에 바라는 거 있어요?] 이 시설, 여기 다 잘해줘요. 저는 뭐 큰 바라는 게 없어요. 여기 다 편해요. 편하고 감사하면서 잘 열심히 하고 있거든요. 바라는 점은 당장 생각하면 생각을 못 하네요. [조사자: 여기 지금 다른 같이 사는 다른 층 사람들이랑은 어떻게 지내요?] 잘 지내고 있어요. 다들 성격 안 맞는 사람도 있겠지만 서로 죽도록 밀고 그런 사람이 없어요.

▶ 이주여성자립지원시설 프로그램 있지만 나에겐 통·번역 꿈 있어요

함께 프로그램 있어요. 네, 엄마 여기 한국어교육 이런 것 있고 그리고 오후에는 직업교육이 있어요. 그럼 처음 오는 입소자들이 함께 해요. 처음에는 함께 재밌게 놀아요. 아침에는 따로따로 한국어 교육하는데 급수별로 하는데, 오후에는 같은 선배 후배가 있어요. 선배는 선배대로 배우고 후배는 후배대로 배우는데 잘하는 사람 있어요. 함께 잘 지내는 사람. 근데 저는 혼자서 일해야 하잖아요. 혼자 아침 늦게 오고 이렇게 후배들이 자주 못 봐요. 곧 또 퇴소하게 되니깐 좀 혼자서 알아서 해요. 쉬는 날도 혼자서 방에 있고. [조사자: 그럼 여기요. 자립 프로그램 뭐 뭐가 준비되어있어요?] 지금 요리, 한식 요리 이런 거. 요리 자격증도 딴 사람 많아요. 여기서 프로그램 운영하고 또 실습하고 공부해서 학원에 요리 쪽으로 배우고 싶다 그러면 학원에 보내고 나중에 시험보고 자격증을 따는 거예요. 또 재봉 또는 제과제빵, 컴퓨터 프로그램, 또 바리스타 많이 있어요. 또 외부 나가서 가방 만드는 거 그런 것도 보고 꽃다발 하는 것도 그렇고 많이 배워요. [조사자: 선생님이 해본 프로그램은 뭐 있어요?] 제과제빵, 요리 또 제봉

또는 다 해요. 컴퓨터. 바리스타 자격증도 하나 땄어요. [조사자: 그런 프로그램 하고 자립 프로그램 하면서 어떤 변화가 있어요, 본인 스스로?] 저는 원래 통·번역 꿈이 있기 때문에 다른 거는 별로 관심이 없었어요. 그냥 프로그램 되는 대로 열심히 하는데 막 관심 갖고 그러려고 하지는 않았어요. 그냥 한 가지 내게는 통·번역 꿈이 있기 때문에 그쪽으로 고등학교 졸업했고 또 여기 지금.

▶ **이혼 후 시작한 공부, 검정고시도 한 번에 합격했어요**

[조사자: 고등학교를 여기 와서 졸업한 거예요?] 네, 한국 와서 졸업한 거예요. 작년 4월 달에. [조사자: 검정고시 힘들지 않았어요?] 괜찮아요. 저는 2개월 반 동안 공부하다가 고등학교 시험 봤어요. [조사자: 어떻게 2개월 반 공부하고 붙었어요?] 그러니깐요. 너무 신기했어요. 진짜 너무. 저는 여기 들어와서 저는 ○○에 있을 때 ○○쉼터에 있을 때 초등학교 졸업을 하고 또 여기 오자마자 중학교랑 고등학교랑. 지금 대학 공부하고 있는데, 대학 사이버 사회복지사. [조사자: 그래요? 어디 사이버대학교에서?] H사이버대학교. [조사자: 지금 첫 학기예요?] 아니, 지금. 6과목 아니, 24과목인데 저는 지금 6과목은 끝났어요. 이제 2학기. 자세히는 모르는데 일단 6과목은 시험 끝나고 이제 18과목은 남았는데 2년 동안. 이제 18과목 하나씩 하나씩 하고 있어요. [조사자: 통·번역사 한다며, 왜 사회복지사?] 여기 선생님들이 제가 고등학교 졸업하고 나서 기간이 많이 남았어요. 3월 달까지. 그때도 제 회사에 사람들 구하지 않았어요. 그래서 그 기간 동안 사회복지사 자격증이 있었으면 좋을 것 같다고 팀장님하고 원장님은 상의해가지고 한번 해보라고 하는데. 그래서 말씀한 것 가지고 외국인들이 도움을 주고 이러한 사회복지 그런 시스템이 있을 거예요. 회사나 그런 자

리 있다고 원장님이. 하면 좋을 것 같다 해서. 근데 어려워요. 지금 공부하기가 잘 안 돼요. 시험도 있고 중간. 일이 한 달밖에 안 되니 거기 회사도 스트레스도 받고 하니깐. 중간을 좀 시킬까…. [조사자: 잠깐 쉬었다 해도 되고 너무 힘들면은…. 그 검정고시 계속 패스하면서 되게 자신감 생겼겠다.] 그러니까 제가 처음에는 도전해볼까 하는데. 한 번씩 한 번씩 다 패스더라고요. 사람들이

"아, 진짜 대단하다 너는"

저는 그냥 운이 좋아서 합격이 되는 것 같아요.

▶ **퇴소 후 친정엄마와 웃으며 만나고 싶어**

[조사자: 이제 친정엄마는 한국에 또 안 나오세요?] 못 오세요. 법이 안 돼요. 아이를 그때 돌봐주는 것으로 오셨기 때문에. 애기 7살 때. [조사자: 여행으로 잠깐 안 돼요?] 여행으로는 올 수 있는데, 지금 자립이 안 되어서. 제가 퇴소한 후에 오실 거예요. 3개월 후라도 오실 거예요. 지금 오고 싶어하셔요. 계속 통화 영상통화를 하는데. 계속 오고 싶다고. 너 언제 너 퇴소하냐고.

"엄마 좀만 기다려!"

▶ **자녀 어린이집 걱정 없어요**

[조사자: 아이 어린이집에는 가끔 가세요?] 상담 있을 때만 가요. 가서 아이를. 근데 많이는 안 가요. 거기 선생님들이 제가 바쁜 거 알고 많이는 안 불러요. 더군다나 제 아들도 착하고 잘하고 있으니깐 큰 문제 없어서 자주는 안 불러요. [조사자: 어린이집 한국 엄마들하고 조금은 어울리세요?] 보니깐 괜찮은 것 같아요. 친구들하고. 함께 자리 좋아하는 친구들이 있

고. 이 친구가 괴롭히거나 따돌리거나 그런 얘기는 잘 안 해요. 잘 어울리는 것 같아요.

▶ **양육의 어려움을 이주여성들과 나누다**

없어요. 다들 바빠서. 여기서나 만나고. 또 만약에 퇴소자들이 밖에 만나면 잠깐 말하는 거죠. 저희가 모임은 없어요. [조사자: 여기 퇴소한 분들하고 만나세요?] 우연히 만난 사람도 있고 또는 좋아하는 사람들끼리 연락해서 만나는 사람도 있어요. 저는 선배가 캄보디아 선배, 같은 회사를 근무하고 있고 이 근처를 살아요. 그래서 맨날 만나요. 같은 회사 사는데 주말에 근무를 해야 해요, 저희 회사는. 그래서 선배는 토요일 주말근무하고 저는 일요일 주말근무 해요. 그래서 아들을 한 개 교대받는 거예요. 저랑 선배랑. 선배가 토요일 하면 저는 일찍 가서 아이를 봐주고. 제가 일요일 근무하면 아이를 데려가서 선배가 봐주고. [조사자: 여기 와서 알게 된 선배예요? 아니면?] 네, 여기 와서. 같이 살았어요. 그래서 잘 지내요, 선배하고. [조사자: 언니가 먼저 퇴소를 했고 근데 집이 근처예요?] 근처예요. 가까워요. [조사자: 퇴소하면 어디에서 살 생각이세요?] 저는 여기 근처. 회사는 한국에 다니고 그 선배랑 아기 봐야 해요. 그래서 아마 그 회사를 그만둘 때까지 그런 식으로 아이를 봐야 해요.

▶ **아이를 위해서 시어머니와의 연락을 유지하지만**

[조사자: 아까 시댁이 ○○였다 그랬어요. 굉장히 멀죠?] 오라고 했어요. 시댁들이 시부모님이.

"너 나랑 가깝게 살아."

가깝게 살면 뭐해요. 이제 남남인데. 계속 가지 말라고. 저하고 맺히고 싶대요.

"너랑 나랑 딸 엄마로서 딸로 지내자."

근데 딸로 지내면 딸은 이렇게 안 하잖아요. 딸은 딸처럼 사랑해주고 그런 양육이 되어야. 필요 없다 하지만 진짜 필요하거든요. 나중에 집 구할 때. 그런데 그런 거 전혀 신경 안 쓰시고 말로만 하니깐. 저는 아이를 생각해서 계속 봐주는 거예요. 진짜 제 마음 같아서는 진짜 아예 연락을 끊고 싶은데. 아이를 위해서, 그냥 계속. [조사자: 시댁도 별로 보고 싶지 않은데.] 시어머님만. 시아버지가 잘해주셔서. 시아버지는 제 친정아빠보다 더 사랑해줘요, 저를. 시아버지 계시는 것도 그러지만 시아버지랑 살면서 시아버지 이해 그런 마음을 보고 견디는 것 같아요, 보니깐. 시아버지가 저를 진짜 잘해주고. 근데 시아버지가 그런 부분을 보고 심하게 갈등되는 거예요. 시아버님이 계속 잘챙겨주니깐.

"너는 그렇게 힘들지만 시아버지 네 편 들어주잖아. 나는 내가 그렇게 힘드는데, 너 우리 시아버지 맨날 나한테 욕하고 너네 시아버지도 지금 맨날 혼냈다"

하고

"너는 그렇게 힘들지 마. 시아버지가 맨날 네 편 들어주잖아"

그렇게 말씀해요. 근데 안 똑같잖아요. 비교할 수 없고 한 사람만 한 개 삶을 살 수 있는 게 아니에요.

▶ 연구참여자가 생각하는 가족이란

어려운 질문인데 제가 생각하는 가족. 아이를 낳고 행복하게 살고 부모로서 아이를 많이 사랑해주고 그리고 우리는 부부로서 인간으로서 존중하면서 함께 아이를 사랑해주고 그런 행복한 가족을 이루고 싶어요. 저는 좀 그런 거 서로 나이를 좀 떠나서 부부잖아요. 그럼 서로 정조하면서 솔직한 마음을 드러냈고 다 얘기하고 아이를 더욱 더욱 많이 사랑해주고 싶어요. [조사자: 남편이 있는 데에서도 가정 폭력이 있었어요?] 그럼요. 제가 아기 업고 있는 때에도 가정폭력이 있었어요. 아이를 업고 있는데도 머리를 잡아당기고 그랬었어요. 생각하면 제 아기도 기억나요. 지금 가끔 아들 안으면서 많이 울을 때가 많아요. 지금도 왜냐하면 제 아들은 좀 말을 잘하고 마음을 약한데 생각이 가끔 어른 같아요. 그럼 제가 속상하거나 막 혼나고 이야기하면

"엄마는 진짜 힘들다. 너가 그러면 진짜 속상해"

막 그러면 제가 생각이 나면 얘기해요.

"엄마, 옛날에 아빠 엄마 많이 괴롭혔지"

이러면서 기억해요.

"엄마엄마, 아빠가 엄마 때렸지? 내가 잘못했어. 내가 잘해."

그럼 저는 눈물이 어디 나는지 몰라요. 제 아들이 진짜 어른 같아요, 어쩌다 보면. 기억해요.

"내가 엄마 지켜줄게. 엄마 너무 속상하지 마."

지 때문에 속상한데 그런 얘기 꺼내기가

"야, 너 지금 옛날 얘기 하는 거 아냐. 지금 너 때문에 속상한 거라고."

친구같이 지내요, 제 아들이랑. 7살인데. 할머니 할아버지도 많이 보고 싶고 사랑해요. 너무 똑똑하기 때문에. 자랑은 아니고 진짜 그래요, 제 아들. 원장님 선생님들도.

▶ **남편과의 갈등과 폭력으로 결국 쉼터로**

그때 얘기하면 좀 긴데 괜찮아요? 그 남편하고 좀 사이 안 좋은 건 오

래됐어요. 그전에 계속 제가 참았어요. 아버지도 잘해주는 마음을 감사하고 아이도 생각하고 계속 기다리다가 그날이 남편 한 달 계속 그러잖아요. 마음이 상할 거예요. 제가 마지막에 떠나서 공부하고 싶다. 다문화센터에서 1주에 한 번 금요일만 차로 데려다주고 하는데. 공부하는 것이 한 번만 갔는데 너무 좋은 거예요, 제가. 선생님이 또 칭찬 많이 하고.

"○○, 공부 정말 잘하구나."

공부하는 기회 있으면 진짜 하면 좋겠다는 더 열등감이 생기고 남편한테 계속 저 한 번만 보내줘라. 절대 안 보내주는 거예요. [조사자: 그럼 그날 그것 때문에 싸운 거예요?] 네, 그런 것 때문에. 그래서 그날은 그런 것 때문이 아니라 공부하는 것 때문에 마음이. 아무리 저한테 물으며는 저는 이야기 안 해요. 그냥 이렇게 남편이 미운 거죠. 나를 이렇게 하니깐 미워서 얘기를 잘 안 해요. 얘기 기분 상해서 말을 잘 안 하고 오래 걸려요. 얘기 안 하는 것은…. 서로 말을 잘 안 해요. [조사자: 그게 얼마나 걸려요? 화해할 때까지?] 한 달 정도? 한 달 정도 그때. [조사자: 친정엄마도 있고 시부모님도 있는데 그때까지 말을 계속 안 해요?] 네, 둘이는 저희는 계속 말을 안 해요. [조사자: 그럼 시부모님은 그때 어떻게 나오세요?] 남편이 편들어주는 것에 대해서 저하고도 죽도록 말을 안 하는 것이 아니라 저는 화가 나면 말을 못 하잖아요. 그래서 말을 아예 안 해요. 평소처럼 밝은 표정 내지 않고 그냥 시간 될 때

"식사하세요"

또 그러고 방에 들어가고 딱 이렇게 그렇게 말하는데 한 한 달 정도 되어요. 근데 마지막에는 남편이 저희 시어머니가 서울에 놀러 가다가 일주 후에 집에 왔는데 집에 오면서 아침에 식사 끝나고 밭에 가서 일하고 계세요. 근데 식당도 해야 하고 밥도 설거지도 해야 하고 정육점 청소해야

해요. 그날 제가 정육점 청소하고 있는데 남편이 컴퓨터 보고 있었어요. 미안해서 그랬는지. 밖에 나가는 거예요. 제가 청소하는데 밖에 나가야 어머니 일 밭에 일하는 거 보는 거예요, 자기가. 그래서 제가 청소하는데 밭에서 도와주라고 어머니한테. 설거지도 아직 안 끝난 상태고 또 정육점은 닦고 있는 상태예요. 고기 자르면 피 많이 묻잖아요. 장갑 끼고 있는데.

"너 엄마한테 가서 일 도와주라."

그럼 제가

"나 어떻게 가냐. 여기 청소하고 갈게."

"아니야 내가 할게 너가…."

"아니, 청소하고 가야지 방도 있고. 엄마는 거기서 하시니깐 내가 이따가 갈 거야."

계속

"아니야"

가라고. 그럼 제가 기분이 나쁘죠. 저 마음대로 하지도 못하고 자기 마음대로 시키니깐 저는 약간 아, 진짜 이렇게 하고 가는데. 머리를 묶으러 방으로 가는데. 머리를 묶지도 말래요. 그냥 가라고. 뭐 그렇게 급하게 가는 거야. 자기 엄마 일 힘들까 봐.

"아, 머리도 못 묶게 하냐."

"이렇게 너 왜 계속 반말하고 말대꾸하냐."

저는 아무 말 없이 밖에 나갔어요. 그러더니 자기가 내는 거예요.

"너 내가 그런 여자인 줄 알면 너랑 결혼 안 해."

저는 그런 말 듣고 화가 나는 거예요. 뭐 자기가 나한테 얼마나 잘해줬다고. 저도 똑같이 말을 냈죠, 따라서.

"나도 당신 그런 사람인 줄 알면 나도 결혼 안 해."

혼자서 나가면서 말하거든요. 근데 들리는 거예요, 자기가. 다시 오라고. 저는 분명히 가면 큰일이 되고 남편이 저를 때리면 저는 이번에는 진짜 못 참거든요. 왜냐하면 마음이 계속 상했으니깐.

"나는 안 가. 할 일 있으면."

그냥 이렇게 1m 정도 거리거든요.

"아니야, 들어와."

"안 가."

"얘기 다 들리잖아. 나 귀 잘 들려."

목을 잡으면서 당기는 거예요. 방으로 들어갈 때까지, 그때 폭력해가지고. 막 그때 나오다가 무릎도 다치고 여기도 남편이 목 잡아가지고 벽에다가 막 그랬었어요, 그때. 그래가지고 좀 힘들고 몸이 아프더라고요. 남편이 좀 못되게 얘기했었어요. 좀 충격받았어요.

"내가 너 한국에 들여오는 이유 뭔 줄 알아? 너 가정부로 데리고 오는 거야. 알아야 돼."

그렇게 말하는 거예요. 저 그때 가정부라는 말을 몰랐거든요. 근데 제가 그때 핸드폰에 녹음했어요. 그 녹음해가지고 들어보니깐 가정부라는 말이 안 좋은 말이구나. 그리고 그때 진짜 충격이거든요. 그래서

"국적 같은 것도 죽을 때까지 못 할 줄 알아. 국적은 절대 안 해줄 거야."

그 말은 제가 3년 아이를 낳고 국적은 따고 싶을 때 말했고요. 근데 그때도 같이 합치게 말했어요. 그러고 그때 다투고 나서 핸드폰은 뺏겼어요. 남편이 저 핸드폰 녹음하는 거 알고 뺏는데 저는 안 줬어요. 잡아당기다가 팔로 손으로 당기잖아요. 자기가 저 때리는 거 모르고 제가 손 잡는 거 자기한테 공격하는 거 때렸다고 말했는데 제가 숙이고 있는데 엉덩이

에다가 팔로 확 치는 거예요. 넘어지고 그랬었어요.

"너 아까 나한테 팔로 쳤지?"

좀 아프게 팔로 쳤고. 그때 많이 다쳤어요. 무릎도 다 닿고 몸도 이틀 동안 아팠었어요. 근데 병원까지는 안 갔어요. [조사자: 그럼 어떻게 그때?] 제가 그 당시 엄마랑 같이 있잖아요. 엄마가 얘기해서. 엄마는 못 보셨어요. 그때 엄마 잠깐 이모네 집에 계셨어요. 다행히 제가 계셨는데 속상해서 엄마한테 말했어요.

"엄마, 오늘 ○○ 아빠가 나한테 진짜 크게 상처 줬어, 진짜."

울면서 얘기했더니 엄마가 이모네 집에 있기 때문에 이모가 들은 거예요. 이모가 들으니깐 막 저 옆에 있는 동네가 아는 언니가 있어요. 언니는 다문화센터에서 일하고 있거든요. 그래서 언니한테 전화했어요.

"나 지금 ○○가 지금 남편이 이렇게 이렇게 했다. 지금 얘는 도저히 못 참을 것 같다. 어떡하냐"

하더니 선생님이 담당하는 선생님께 말했어요. 그 지원센터에다가 그 지원센터 선생님한테 전화 왔어요. 저도 그날 자고. 그날 바로 나왔어요. 그날 너무 속상해서 시어머니가 와서 얘기하는데 저보고 남편한테 미안하래요!

"네가 잘못한 거 있다. 남편한테 가서 미안하라!"

저는 끝까지

"잘못한 거 없어요. 남편이 저보고 때렸어요."

그래도

"네가 잘못한 거 있어. 먼저 가서 아들한테 미안하고 그러면 될 거야, 괜찮아."

어떻게 할 수 있겠어요? 그러면 제가 이혼하더라도 미안한 말을 안 나오고요. 제가 캄보디아 보내든 뭐든 제가 그냥 아이를 캄보디아 가도 괜찮아요. 그렇게 말해서 그때 화가 나서

"그럼, 네가 알아서 해라"

하고 제가 그날을 잤어요. 방법은 어디 요청한지 몰라요. 시골이었고. 그냥 계속 아무것도 못 하고 막 몸도 아프고 하니깐. 그날 때렸대, 선생님, 아까 그 사촌 언니 아는 언니한테 얘기했잖아요. 그 때리는 날은 근데 그날 선생님한테 연락 안 왔어요. 바로. 아침에 일찍 그다음 날 연락 와서 물어보는 거예요.

"○○, 괜찮아?"

저는 그냥 단순하게 물어보는 건 줄 알고

"저 괜찮아요, 선생님. 저 잘 살고 있어요. 괜찮아요."

그랬더니 선생님이 막 울컥하면서

"무슨 일 있으면 말해라."

저는 그 말을 듣고 눈물 쏟아지는 거야. 숨길라고 했는데 선생님이 이미 알고 돼버리니깐. 무슨 일 있으면 말해도 돼. 덮지 않아도 돼. 선생님이 다 알고 있어. 그때 막 울면서 얘기하는데. 선생님이 바로 차로 데리고 왔어요. 거기 산에 멀리 가다가 이야기하고.

"그러면 집 들어가는 것도 힘들 것 같다. 가족들이 시부모하고 지금 남편도 그렇고 너 들어가면 좀 별로 안 좋으니깐 잠깐 쉼터에 가서 상담하고. 남편한테 전화해서 잘 얘기하자."

▶   집에 두고 온 아이에 대한 미안함과 걱정

남편이 전화 안 받은 거예요. 제가 그날 아침에 갔거든요. 쉼터에요. 엄마는 잠깐 이모네 집에 있고. 전 선생님한테 쉼터 가는데 남편이 계속

연락 안 받고 문자 보냈는데 가출신고 하니깐 놔두라고. 경찰신고 하고 오라고. 그 문자만 남겼어요. 선생님 그 문자 보고 저는 아이를 두고 왔거든요. 아침에 어린이집 가니깐. 시어머니도 이상하게 아이를 매일매일 어린이집 보내요. 근데 그날 저 아들이 저를 보는데

"너 엄마 오늘부터 엄마 없다"

그런 충격 주는 거예요, 애들한테. 그래서 애가 계속 기억나는 거예요.

"너는 오늘부터 엄마 없어. 애는 네 엄마 아니야."

아이는 어린이집 가면 엄마를 안으면서 가야 하잖아요, 매일매일. [조사자: 근데 어떻게 했어요?] 울죠, 막 드라마처럼. [조사자: 아니, 선생님 어떻게 했어?] 저요? 근데 제가 어머니가 계속 아이를 빨개니깐 저는 앞에서 그냥 우는 거죠. 밖에 가면 아이 앞에서 보면 선생님도 보고 창피하니깐. 아이를 보면서 눈물 흘릴 수밖에 없는 거죠. 아이도, 엄마도 드라마 같아요. 그래가지고 하루 보내고 다행히 진짜 여기 다문화센터에서 상담하는데 그날 선생님이

"○○, 집에 가면 안 돼. 지금 가면 위험해."

"저는 아이를 떠날 수 없어요, 선생님. 저 한 번 들어가 죽더라도 함께 아이랑 있을 거예요."

선생님이 말을 해줬어요.

"○○, 생각해봐. 아이들 앞에서 죽는 게 나아, 아니면 좀 기다렸다가 나중에 아이랑 행복하게 사는 거 어떤 거 생각해?"

저는 깨닫게 되는 거예요. 나는 아이랑 당장 죽는 거보다 죽지도 않더라도 아이들 앞에서 싸우게 되잖아요. 잠깐 마음은 좀 가라앉히고

"그때 아이 전화하고 만나면 돼. 쉼터 오게 되면. ○○쉼터에."

[조사자: 근데 아이는 언제 엄마랑 언제부터?] 바로 선생님 진짜 웃긴

게. 시어머니가 저한테 아이를 절대 못 준다고 말씀했어요. 엄마가 그날 싸울 때는 알아서 아이를 키우라고 협박하는 거예요. 저는 오케이. 저 캄보디아 가도 아이를 두고 갈 수 없어요. 그러면 내일 아침 또 바꾸는 거예요. 시어머니가 또 제가 아이를 두고 갈 수 없게 되면 그러면.

"아이는 이제 내가 키울 거야. 너 알아서 가."

저 못 가는 줄 아나 봐요. 그래서 가는데 그날 제가 쉼터에 가서 아이는 어린이집 가고 저는 그날 쉼터 ○○에 들어가는데 그날 엄마가 이모네 집에 계셨어요. 어디 못 가 이모네 집에 계시다가 또 그날 저의 시동생이 ○○에서 내려오나 봐요, ○○에서. 상담하고 이제 엄마도 나갔으니깐 아이를 시부모님을 맡길 수 없는 하면 안 된다. 엄마 걱정해서 시동생이 엄마 어른이잖아요. 그럼 그 애기를 갖다주라고. 바로 이모네 집에 갖다주더라고요. 그 비닐봉투, 쓰레기 버리는 거 큰 거 제 옷 아기 옷 다 담아서 거기에 갖다놨어요, 여섯 봉투를. 갖다 놨는데. 제 옷이랑 아기 옷이랑 갖다놨어요. 완전 끝나는 것처럼. 다 갖다버렸어요. 거기서 저는 당황하죠. 아, 완전히 끝났구나. 한 마음으로는 감사하죠. 내가 어떻게 또 굳이 안 사도 되고 그래서. [조사자: 근데 어머님 진짜 의도는 뭐예요? 아이를 안 준다 그랬다가….] 그러니깐요. 시어머니 의도는 저를 협박하는 거예요. 저를 나가지 말라고 계속 있기를 원하는 거죠. 아이를 가지고 협박하는 거죠. 계속 갔다 왔다. 그래서 바로 3일 만에 몇 번이나 세 번이나 바꿨잖아요. 그 이틀 만에 제가 나간 후에야 바로 자고 내일 엄마한테 전화하는 걸 쉰다고 전화했더니 아이 목소리가 나는 거예요.

"엄마~."

얼마나 행복한데요. 바로 차 안에서. 그리고 저는 쉼터에 같이 그때부터 기다렸어요. 힘들지만 마지막에 조금 편했어요. 저는, 처음에는 힘들지만 마지막에 잘돼왔잖아요. 아이들도 한 게 있고 제가 열심히 하면 행복하게 살 수 있어요.

▶ 이혼 후의 심리적 어려움을 겪다

[조사자: 본인이 원한 이혼이 아니었어서 그거 적응하기가 좀 마음 내려놓기가 힘들었죠?] 힘들었죠. 혼자서 웃다가 눈물 나고 웃다가 눈물 나고. 이혼 받고 저는 인제 아까 말했잖아요. 저는 최선을 다했어, 나는. 그 원장님도 많이 설명했고 많이 이야기해줬어요. ○○는 진짜 최선을 다했어. 나는 ○○ 같은 입소자 처음 본다고. 너무나 남편을 사랑하는 거 나는 처음 봤다.

"○○는 최선 다하고 너무나 견뎌왔어. 너무나 잘하고 왔으니 이제는 딱 끝나고 아들이랑 함께 살면 된다."

처음에는 ○○에서 떠나 오기가 힘들었어요. 1년 동안 살아왔고 이곳저곳 여기도 많이 응원해주고. 나는 인제 혼자서도 잘 살 수 있구나. 인제는 많이많이 뭐라 할까? 좀 많이 자신감이 넘치고 이제 혼자서 남편 생각이 전혀 없어요. 의지하는 사람이 있지 않아요. 나도 혼자 내가 스스로 할 수 있다, 그런 의지 강해졌어요.

▶ 일을 하면서 자립에 대한 자신감이 생기다

[조사자: 처음에는 선생님이 나한테 자립이라는 얘기를 계속 했어요. 근데 그 자립이 어떤 의미예요?] 자립이요? 아이랑 함께 일을 하면서 재혼 같은 거 할 수도 있겠지만 우선은 여기서 지금 재혼 받는 거 말고 나중에 임대주택이거나 아니면 월세 원룸을 받고 원룸은 이렇게 살고 둘이 일하면서 아이는 학교 가고 다른 선배들처럼 그렇게 잘 자립하는 거죠. 그런 자

립이에요. [조사자: 자신감이 어느 순간 생겼다는 거죠, 할 수 있겠다라는. 근데 그 자신감이 생긴 이유가 뭘까요?] 인제 일을 했잖아요. 저는 처음에는 일을 못 할 때는 이렇게 고등학교까지 졸업해도 자신감이 없었어요. 어디가도 혼자 가기가 두려웠어요. 여기 사람들이 다 알고 있을 거예요. 저는 어디 갈 때 진짜 혼자 못 가요. 무조건 누군가와 함께 가야 해요. 어디 가도 혼자는 절대 못 가는데 불안해서. 길도 제대로 못하고 말을 잘하는데 길 때문에 막 불안감이, 불안전이 있는 거예요. 남편이랑 같이 사는 거하고 충격이 컸나 봐요. 불안감이 컸었어요. 근데 지금은 일하게 되고 이제 혼자서도 근무하고 또 전화 오면 나도 어느 정도 차장님이랑 대화할 수 있고 통역해주는 자격이 있다. 인제 그때부터 자신감이. [조사자: 오히려 그런 자신감은 사회적으로 본인이 일을 하기 시작하면서 생긴 거네요.] 네, 일을 하면서. 여기 살 때도 자신감이 높지 않았어요. 그때도 졸업하는 것은 기쁘고 내가 진짜 어느 정도 남보다 잘하는구나. 그런 마음만 있는데 근데 일하게 되니깐 처음에는 막 더 무섭죠. 처음에는 막 울라고 했어요. 왜냐하면 사장님이 전화 오면 욕해요. 어떤 사장님은

"너는 왜 이렇게 한국말 못하냐. 네가 왜 여기 와서 일하냐?"

그런 선배들이 많이 들어서. 저는 그렇게 하지 않았는데. 근데 그런 말을 많이 듣고 그럴까 봐 막 두려웠어요. 불안하고 그랬는데. 한 번도 그런 사장님 본 적이 없어요. 손님은 많이 칭찬해줘서 저는 진짜 말이 어느 정도 되고 그런 손님, 사장님을 만나지 않네, 운이 좋네, 그런 말씀 들었어요. 그래서 보니깐 다른 누구보다 캄보디아 통역 몇 명 있거든요. 근데 저는 처음 들어가는데도 그런 실수를 한 적이 없고. 하니깐 그런 자신감이 높은 거예요. 나는 이제 혼자서 잘할 수 있어요.

▶   **모자관계에서 자신감을 갖게 되다**

[조사자: 아이가 엄마 보면서 바뀐 거 알아요? 엄마 대하는 게 엄마가 너무 편해져가지고.] 그런 것보다는 아이가 지금 제가 그렇게 말할 때 좋아할 때도 있어요.

"우리 엄마 예쁘다. 우리 엄마."

말 진짜 막 그렇게 좋아 되고 있지만 저는 자주 가끔 소리를 지르고 막 아이한테 혼낼 때가 많아요. 속상해가지고. 성격이 밝긴 한데 마음이 약해서 스트레스 쌓이면 아이한테 낼 때가 있어요. 오늘 같은 경우도 혼나고 어린이집 갔거든요. 전화하고 있는데 계속 옆에서 징징대고 있는 거예요. 내가 대화하는데,

"엄마는 귀 없어. 엄마는 나빠. 내 말 안 들어. 엄마 귀가 없어. 엄마는 귀 없는 엄마야? 왜 내 말 안 들어. 내 말 안 들어주네. 엄마는…."

"너 엄마한테 그런 말 하는 게 어딨어?"

화가 나죠. 제가 혼내고 아침에 소리 지르면서 혼냈어요. 그래서 이런 부분은 있는데 아이는 잘 모르겠어요. 엄마가 자신감이 있다는 것은. [조사자: 이제 아이도 잘 키울 자신이 있는 거예요?] 네, 저는 저 왜 아이를 그렇게 표현을 못 배우게 하는 이유가 제가 제 자신을 아는 것을. 제가 처음부터 지금까지 아이를 그대로인 거 같아요. 내가 불안해도 아이한테는 그런 불안 마음이 보여지지 않았어요. 그래서 아이는 쭉 리액션처럼 제가 남편이랑 이혼하더라도 그런 엄마 이상하거나 엄마를 더 좋아하진다 이야기 하지 않아요. 다만 뭐 제가 예쁘게 말해주면

"엄마, 너무 사랑해. 우리 엄마 예뻐. 우리 엄마 따뜻해."

그렇게 말하는데 엄마는 요즘 그렇다 쳐도 내 아들은 그렇지 않아. [조사자: 같이 살면서도 아이한테 좀 짜증 내거나 이런 적이 없구나.] 짜증을

낼 땐 아이가 잘못할 때. 훈육 말고는 뭐 남편 때문에 스트레스 받고 그렇지는 않아요. 다만 아이가 친구랑 놀았다. 싸웠다 하면 그런 부분은 혼내는데 좀 심하게 혼낼 때 있죠. 스트레스로 인해. 근데 가만 있는 아이를 남편 때문에 스트레스 받게 하고 그런 적이 없어요.

▶ 이혼을 통해 나의 삶을 발견하다

[조사자: 처음에 남편이 처음 가정폭력 썼을 때 그때 좀 어떤 생각이 들었어요?] 놀랐어요. 그때 그리고 막 원망했어요. 남편하고 또 엄마랑 사촌 언니랑 많이 원망했어요. 그때 당시에 나는 진짜 내가 그렇게 살 줄 몰랐다. 나는 진짜. 처음에 많이 사랑해주다가 더 원망이 큰 거예요. 근데 계속 반복하다 보니 남편이 성격이 착하지 않는구나. 원래 그런 성격이 있구나. 처음에는 그냥 연기였던구나. 알기 시작했죠. 처음에는 놀랐고 원망했어요, 남편한테. 근데 계속 반말하고 소리 지르고 욕하고 또 폭력은 가끔 막 심하게 그런 것보다는 머리 잡거나 피 날 정도로 때리는 건 아니예요. 그냥 약간. 그래도 저한테는 큰 충격이에요. 계속 하다 보니 남편이 그런 성격이기 때문에 그냥 조절하게 받아들이는 거예요. [조사자: 그럼, 지금요. 이혼한 게 잘한 거 같아요? 아니면?] 잘한 거예요. 지금 보니깐. 지금 제가 만약에 같이 살면 아이한테는 아빠 사랑을 받고 잘할 수 있지만 저는 완전 개구리에 그냥. 한 그것만 있는 거 같아요. 어디도 못 가요. 완전히 시골 집안일만 할 수 있는 아줌마 같아요. 근데 이제 와서 이것저것 일하고 보니깐 완전히 발전되고 이혼하길 잘한 것 같아요. [조사자: 오히려 이혼하고 이런 이제 이런 과정이 있음으로써 본인에게 능력이 있는 걸 발견한 거네요.] 네네, 저는 그 자신감은 제가 할 수 있다는 것은 제가 집에 있을 때부터 있다고 봤어요. 누구나 봐도 말이 진짜 되게 완전히 그렇다고 하는데. 나는 그

정도는 할 수 있는데 남편이 그 정도도 못 해주니까 더 속상한 거고 인제 여기 왔으니깐 자신감이 높고 남편한테 이혼한 게 감사하다는 마음이 더 있어요. 이혼해주셔서 감사합니다. 내 꿈을 이루는 거야. 만약에 내가 너랑 살면 그 꿈이 이뤄지지 못할 거야. [조사자: 되게 멋있어요. 이혼하고 실의에 빠진 것보다 되게 당당하고 자기 일을 찾고 아이를 잘 키우고 있고. 뭔가 한국 여성들이 이혼하고 적응 잘 못 하는 여성도 많아요. 근데 너무 멋있게 잘 하고 있네요.] 감사합니다. 여기 도움 덕분이에요. 자신감 키울 수 있게. 여기요. 옛날에는 그러지도 못하고. ○○에서 원장님이 혼자 여기 오는 것도 막 불안하고 울고 그랬어요. 여기 혼자 안 오고 싶다고. 여기서 선생님들이 연습 많이 시켰어요.

▶ **이주여성자립지원시설 담당자 덕분에 삶의 자신감을 키워**

어디 나갈 때는 혼자 나가라 하고. 특히 우리 팀장님께서 나를 많이 연습시켰어요. 예를 들어서 외국인등록증 만들러 갈 때 출입국관리사무소에서 가야 하잖아요. 저희 쪽으로. 그때 신도림 있는 쪽에. 저는 항상 누군가랑 같이 가야 되는데 팀장님은

"내가 주소를 잘 적어줄 테니깐. 혼자 갔다 와. ○○는 잘할 수 있다. ○○면 모든지 잘할 수 있다."

그런 식으로 연습을 많이 시켰어요. 그래서 지금 혼자 가도 모르면 물어보고 그러면 어딜 가도 잘할 수 있는 자신감이. 그런 연습 시키고. 여기는 진짜 좋은 분들이 많이 있어요. 만약에 여기 엄마들이 오며는 저는 저 잘해서 좀 억울한 마음을 잘 견뎌내서 밝게 공부 잘하는데 어떤 엄마는 안 그래요. 그런 충격들이 커서 막 우울증 걸린 사람도 있고 그래서 교육을 많이 해요. 미술치료, 그런 마음을 어떻게 잘하기 위해서 하는 그런

교육들도 많이 있어요. 그래야 나중에 직업할 때 잘하잖아요. 안 그러며는 우울증에 빠져가지고 문제 생기게 되며는 이런 부분도 많이 도와줘요.

▶ **남편의 가정폭력과 이혼, 자녀 그리고 내 자신을 위해 버틸 수 있었어**

　　첫 번째는 아이들 혼자로서 해야 할 권리이고요. 두 번째는 책임감, 아이에 대한 책임감이고 또는 나를 위해서 내가 그렇게 열심히 해야 내가 캄보디아 갈 때, 그런 소문을 띄우고 누구한테 멋지게 보여주기 위해서 하는 것 같아요. 첫 번째는 아이고, 두 번째는 저를 생각을 하면 내가 만약에 빠져들고 내가 못하며는 그 사람들도 나를 그 사람들이 그렇게 받아들일 거 아니에요. 그래서 저를 위한 우리 아들을 위한 또는 우리 가족들을 위한 캄보디아에 있는 우리 가족들 그 사람들 생각하며는 내가 잘해야겠다, 그런 마음이 있어요. 그 사람들 보면. [조사자: 캄보디아는 언제쯤 갈 계획이에요?] 지금 7~8월(년) 동안 한 번도 못 갔어요. 이제 가야 해요. 일을 한 지 얼마 안 되어서 거기는 못 가요. 1년 이상 일을 해야 연차 이런 걸 쓸 수 있는데, 그때 봐야 해요. 1년 후에, 내년에. 근데 계속 캄보디아 사람들이 오라고 해요.

　　"너, 너무 오랜만이야. 한번 와라."

　　저는 만약에 실패하거나 제가 자립을 못 하고 약간 두려운 게 이혼하고 본국 보내는 게 두려워가지고 계속 기다리고 참은 거잖아요. [조사자: 그게 가장 두려웠어요?] 저는 두려웠어요. 저는 본국 가는 게 제일 두려웠어요.

▶ **한국의 문화가 좋아요**

　　[조사자: 왜요? 본국인데? 자기 자라온 곳인데 왜?] 말하면 제가 만약에

캄보디아 땅에서 떠나면 만약에 성공하고 싶어요. 멋지게. 혼자 가면 저는 충분히 가서 어디 다른 지역을 가서 숨어서 살 수 있는데. 저 아들이 있잖아요. 그래서 절대 못 가요. 여기서는 아이를 행복하게 멋지게 살고 거기 가서 남편 없더라도 성공하는 거를 보여줘야 사람들이. 지금도 안 가도 사람들이 알고 있어요. 제가 페이스북이 있잖아요. 저랑 아들이랑 함께 사진을 찍거나 아님 일할 때 페이스북 올리면서 글을 쓰잖아요.

"야, 너 멋있다. 너 진짜 당당하구나. 남편 없어도."

아는 분이 그렇게 말해요. 모르는 분은

"진짜 행복하게 살고 있네, 남편은 어떠냐. 남편 잘하고 있어?"

페이스북은 자주 하는데 사람들이 알고 이제 그래서 페이스북을 통해 가고 싶은 마음이 줄었어요, 예전보다. [조사자: 근데 본국인데 그렇게 가는 게 두려워요?] 두려워요. 저는 무서워요. 캄보디아는 첫 번째는 제가 아까 말해야. 마지막은 그거 아까 빠졌어요. 캄보디아 살기 처음에는 캄보디아 익숙할 때는 병원 이런 거는 무섭지 않고. 저는 다만 귀신을 무서워해요. [조사자: 캄보디아에 귀신이 있어요?] 그런 문화가 많아요. 불교이기 때문에. 그런 소리 많이 있어요. 사람들이 얘기하면 웃긴 얘기지만. 캄보디아 사람들 죽으면 막 무섭게 소리를 내요. 그 음악 하는 게 있어요. 다른 사람 알기 위해서.

"이 사람 들어갔어요. 와서 도와주세요."

그런 게 알기 위해서 무섭게 내요. 근데 한국은 안 그러잖아요. 조용하게 장례식 하잖아요. 이런 거 보니 나는 한국이 좋아요. 저는 캄보디아 그거 너무 무서워요. 여기 한국은 그런 것도 없고. 그거는 작은 거 포함에 들어가는 거예요. 그리고 두 번째는 병원, 교통비, 교육 한국이 훨씬 좋아요, 캄보디아에 비하면. 그래서 지금 여기서 저만 아니라 엄마도 그래요.

엄마는 여기서 익숙한데 캄보디아에 가서 아프실 때 병원 가잖아요. 완전 지금 너무 불편해해요. 그래서 엄마도 한국이 좋아요, 살기는. [조사자: 여러 가지로 살기 불편해서 가기 싫은 것도 있구나!] 불편해서 또 불편한 점도 그렇고. 또 큰 문제는 사람들이 실망하는 거 보여주기 싫어서.

▶   마음이 없는 돈은 받고 싶지 않아
[조사자: 아까 시댁에서 경제권을 하나도 안 줬어요?] 안 줬어요. 시부모님 아니, 시아버지만. 제가 일할 때 10만 원, 20만 원 이렇게. 저는 집에 나올 때는 전혀 돈이 막 큰돈을 갖고 오지 않았어요. 100만 원도 안 되어요. 남편 돈 주는 것도 300 위자료 주는 것은 그것도 아이들 이곳저곳 다 쓰고 지금 남은 돈은 있지는 않아요. [조사자: 남편이 일을 할 거 아니에요. 양육비를 받을 수 있는 방법이 있을 텐데.] 받을 수 있어요. 지금 제가 다시 소송을 내면 받을 수 있어요. 근데 하고 싶지 않아요. 시어머니도
    "야, 너 그런 소송은 다시 하지 마라. 나를 생각해도 하지 마라."
[조사자: 그럼 양육비를 아들을 통해서 주게 하셔야지. 손주를 키우고 있는데 양육비를 몰라라 하시면 어떡해.] 안 줘요. 안 주고 그래서 원장님하고 옛날에 소송해주는 원장님 계시는데 그분은
    "걱정하지 마. 이거 한 번만 소송하면 다 돌려받을 수 있기 때문에."
    만약에 제가 돈이 필요하면 소송할 수 있다고 그렇게 얘기하는데. 저는 진짜 자기 마음이 안 좋으면 저도 받고 싶지 않아요. 자기 아빠로서 그런 마음이 있어야 제가 그 돈을 받으면 아이들한테 키우면 행복한 그런 거 키울 수 있지. 저는 진짜 그런 거에 대해 물어보지 않고. 시어머니 시아버지 돈 보내주는 것도. 제가 보내지 말라고 말을 해서. 제가 저는 인제 ○○이 잘 키울 수 있다고. 시어머니한테

"내 마음이야. 생일 때 사줘라."

보내주는 거죠. 제가 달라고 해서는 그렇지 않아요. 돈이 없는 것도 불구하고 저는 남의 돈 이렇게 원하게 주지 않는 자기 마음은 받고 싶지 않아요. 저는 내가 진짜 그런 지금 이혼하면 선배들 후배들 보면 그런 사람 있어요. 가끔 만나고 장난감 사주고 아빠로서 보내주는 돈이 너무 부러워요. 그러나 내가 그 사람한테 억지로 그 사람한테 받아야 되는 그런 마음이 없어요. 근데 그 사람은 스스로 내가 그동안 너를 못 주는 돈은 내가 줄게. 그런 마음은 받을 수 있어요. 아이들한테 학교 공부시키고 그러면 하는데. 지금 뭐 따로 쓰고 싶어서 그렇게 받는 건 전혀 생각 없어요.

▶ **친정에 대한 경제적 도움은 아직**

[조사자: 아직까지는 경제적으로 어려워서 친정에 도움을 못 주고 있겠어요.] 못 줘요. 한 번도 못 줘요. 제 친정도 다행히 이해를 하고 돈에 대한 이야기 안 해요. [조사자: 결혼 초에는 좀 하셨어요?] 그때는 엄마도 그렇게 하지 않았어요. 한국에 오고 싶어서 그 비자를 받을 때만 비자는 서류 준비해야 하잖아요. 그때 한 1,000불, 한 200만 원 정도 보내줬는데. 그때도 남편이 자기 돈으로 안 보냈어요. 시아버지 돈을 가지고 보냈다가는 시어머니한테 걸리고 막 그것 때문에 처음에 진짜 큰일이 막 터지거든요. 그때 저 아이를. [조사자: 그래서 그때 돈을 어떻게 보냈어요?] 돈은 제가 캄보디아 은행을 통해. [조사자: 선생님 돈 보냈어요? 비자 비용?] 남편이 보냈죠. 저는 그때 와서 돈이 없고 남편은 자기가 스스로 엄마통장 캄보디아에서 통장을 보여주면 자기 스스로 자기 돈 보낸 줄 알거든요. 시어머니도 모르고. 근데 알고 보니 시아버지꺼 돈 보내고. 또 시어머니에게 걸린 거예요. 그리고 그거 알고 막 화를 내는 거야. 시어머니도 이상했어요.

'어머니 오늘 나한테 꼴 보기 싫은 거지? 왜 그랬지?'

네, 화를 내고 저한테. 얘기해보니깐

'아, 남편이 진짜 못돼먹었구나.'

저희 시댁은 잘사는 시댁이거든요. 근데 어머니는 마음이 좀 여유롭지 않아요. 자기 개인이 그런 내 돈은 내가 죽어도 내가 받는다. 절대 남을 줄 생각이 없다. 남편도 마찬가지야. 자기만 멋진 거 쓰고 메이커 브랜드 이런 거 쓰지만 남한테는 그렇게 잘 신경 안 써요. 그런가.

▶ 그래도 국제결혼은 해볼 만해

그래도 저는 아직까지는 오라고 해요. [조사자: 왜? 어떤 거 때문에?] 남편은 왜냐하면 사람은 다 똑같지 않아요, 선생님. 제가 아직 사랑을 더 받고 싶어서 그런지. 사람은 똑같지 않고. 내가 만약에 상대방을 잘해주면 그만큼 받을 수도 있고. 그리고 그 말을 해서 제가 남편한테 못 하는 거 아니라. 남편 원래 성격이 그렇기 때문에. 그 내가 그 사랑을 그 진심 어린 마음을 가지면 어디 가도 그 복을 받을 수 있어요. 그래서 힘들더라도 캄보디아에 사는 것보다 한국에 사는 게 나아요. 아직까지는 누가 오고 싶어하면 오라고 해요, 저는. 그래서 오고 내가 저를 보라고 해요. 나를 봐라. 네가 만약 남편이 있어도 나한테 나를 보라고 그렇게 얘기를 해요. 사람은 똑같지 않아. 잘 사는 사람 얼마나 많은데요, 한국에. 제 친구들 중에도 남편이랑 잘 살고 그런 사람들 많아요. [조사자: 만약에 재혼을 하면 한국 남자랑도 가능성이 있는 거예요?] 이… 있겠죠. 한국 남자랑 있는데 아직은 그런 생각이 없어요. 아이를 잘 키우고 잘 자립이 되고 나서 그런 마음이 있는데 아직은 사랑을 더 원하나 봐요. 제가 젊어서 그런지. 근데 너무 긍정적인가 봐요. 남편이 어떤 사람은 제 친구들 선배도 있어요. 막 욕해요. 한국사람들이 다 나쁜 사람이라고. 근데 저하고 싸운 선배도 있어요. 싸운 것보다 말을 따졌어요.

"그러지 않다고. 사람 어떻게 다 똑같냐고."

"아니야, 그 나물 그 밥이야"

그러데.

"아니야, 안 그런 사람도 있다. 나는 아직 그런 사람을 꿈을 꾸고 있어."

내가 원하는 사람은 있다. 사람마다 안 똑같다고. [조사자: 혹시 아이가 외국인 엄마라고 그런 인식이 있어요?] 아니요, 전혀 없어요. 제 아들은. 제가 이렇게 아들한테는 힘들거나 그렇게 외국인 엄마로서 아이를 실망시키는 거는 없어요. 어디 가도 자신 있게 잘하는데. 그렇게 너무 실망시킨 적이 없어요. 괜찮아요.

4장

참는 건
이제 그만하고 싶어*

연구참여자는 베트남 출신으로 현재 이주여성자립지원시설에서 5살 아들, 3살 딸과 함께 살고 있다. 2015년에 한국으로 이주했다. 연구참여자는 모국 남성들이 폭력적이고 가정을 소홀하게 대하는 것과는 대조적으로 아내와 처가에 자상한 한국인 남성과의 결혼을 희망했다. 결혼중개업체를 통해 여러 남성들을 소개 받았고, 심사숙고 끝에 키가 크고 자상해보이는 남성을 선택했다. 이혼 경력이 있고, 전혼 자녀도 있었지만 대수롭지 않게 여겼다.

남편 하나만 믿고 한국에 온 연구참여자는 한국에서의 생활방식을 전혀 알지 못해 당황스러웠다. 남편은 이에 대해 알려줄 수 있는 유일한 사람이었지만 도움을 주지 않았다. 청소기를 돌리는 방법과 같은 일들을 눈치껏 알아서 터득해야만 했다. 이러한 노력에도 불구하고 그녀는 게으른 사람으로 취급받았고, 남편은 결혼한 지 얼마 되지 않아 이혼을 요구했다. 급기야 남편은 폭력을 일삼았고, 그녀가 임신 중인 상황에서 외도까지 했다. 그녀는 베트남에 가는 것이 두려워 계속 참고 참았다. 그러나 결국 둘째 출산 6개월 무렵 결국 경찰에 신고하고 집을 나왔다. 현재 이주여성자립지원시설에서 네일아트를 배우며 자립을 준비하고 있다. 시댁과는 여전히 왕래를 하며 지내고, 아이들도 아빠를 유독 따르는 편이다. 그럴 때마다 자립에 대한 굳은 의지가 사라지고, 재결합을 생각하게 된다. 힘들어도 엄마니까 어쨌든 마음을 다잡아보고자 한다.

[주제어] 베트남, 결혼이주여성, 가정폭력, 이혼, 이주여성자립지원시설, 디딤터

---

* 인터뷰는 2018년 12월 28일에 진행되었다. 스토리텔링 시점은 인터뷰 일시를 기준으로 한다.

1.
행복한 결혼에 대한 기대가 무너지다

드디어 마음에 드는 남자를 소개받다

결혼 적령기가 되었지만 베트남 남자들은 가정에 성실하지 않고 폭력적인 면도 있어서 선뜻 결혼할 마음이 생기지 않았다. 물론 좋은 사람도 일부 있기는 하지만, 그동안 보아온 베트남 남자들은 나의 행복한 결혼생활의 기준에 맞지 않았다. 우리 부모님만 보더라도, 베트남 남자와의 결혼생활이 좋아 보이지는 않았다. 당시 많은 친구들이 한국 남자와의 결혼을 선택했다. 베트남 친구들과 결혼한 한국 남자들은 자상하고, 가정에 충실했다. 베트남 친정도 잘 챙기며 살아가는 친구들의 모습은 내가 생각해왔던 결혼생활이었다.

친구들의 결혼생활을 보며 키운 기대감으로 결혼중개업체에 등록하고 한국 남자들을 소개받았다. 한 달이 넘도록 많은 사람들을 소개받았지만 내 마음에 드는 사람은 없었다. 그러다가 키도 크고 젊어 보이는 남자를 만났다. 이전에 결혼한 적이 있고, 아이도 있는 사람이었지만 한국에 가면 아이는 시어머니가 키워준다고 했다. 친정 부모님도 마음에 들어하는 눈치셨다. 내 앞에 펼쳐질 행복한 미래를 상상만 해도 설레었다.

게으른 사람으로 취급받다

아침이 되면 남편의 식사를 챙겨주고, 집안을 정리한 후 남편이 운영하는 식당으로 향했다. 가자마자 식당을 청소하고 점심 장사를 준비했다. 그런데 이 모든 과정을 나에게 알려주는 사람이 없었다. 낯선 한국에서 무엇을 어떻게 해야 하는지 아무도 알려주지 않았다. 청소기를 돌리는 방법, 가스 벨브를 켜고 잠그는 방법, 쓰레기를 버리는 방법조차 베트남에서와는 모두 달랐다. 눈치껏 남편이나 시어머니가 하는 행동을 보며 익혀나가려고 노력했다. 그러나 남편과 시어머니는 나의 행동이 그다지 맘에 들지 않아하는 눈치였다.

시어머니가 남편의 전혼 자녀를 맡을 것이라는 통역의 말과는 달리, 그 아이는 결국 나의 손에 맡겨졌다. 식당에서 점심 장사가 어느 정도 마무리가 되면 나는 시어머니 집으로 향했다. 남편의 전혼 자녀를 어린이집에서 하원을 시켜야 했기 때문이다. 아이의 저녁 식사를 챙기고, 목욕을 시키고, 재우는 일은 내 몫이었다. 식당을 운영하는 남편은 일을 마치고 시어머니 집으로 나를 데리러 왔다. 그리고 다시 식당으로 돌아가 식당 뒷정리를 했다.

한국에 온 지 얼마 되지 않은 상황에서 남편은 이혼 의사를 내비쳤다. 도무지 이 상황을 이해할 수 없어, 다문화가족지원센터의 통역을 통해서 정확한 상황을 전해 듣고 하염없이 눈물을 흘렸다. 남편은 내가 게으르고 지저분한 사람이라 이혼하고 싶다고 했다. 남편 하나만을 믿고 온 한국에서 이런 취급을 받는 것이 속상했다. 남편과는 다시 잘 이야기하여 결혼생활을 이어나가게 되었지만, 그때 이후로 남편은 친구들을 만나 술을 마시고 자주 외박을 했다.

시어머니는 남편과의 관계를 회복하려면 빨리 아기가 생겨야 한다고 조언해주었다. 그 무렵에 마침 임신을 하게 되었으니 참 다행이라는 마음이 먼저 들었다. 이제 아이가 생겼으니, 남편도 나의 베트남 친구들의 남편이 그러했던 것처럼 자상한 사람으로 변하지 않을까 하는 기대가 있었다. 내가 꿈꾸어왔던 행복한 결혼생활을 할 수 있을 것이라 믿었다. 하지만 나의 이런 기대와는 달리 남편은 자신의 아이가 아니라며 나의 임신을 부정했다. 내 외도를 의심했다. 게다가 그 무렵 시아버지가 돌아가시면서 나는 시어머니와 남편의 전혼 자녀가 살고 있는 아파트로 거처를 옮기게 되면서, 남편과는 점점 멀어지게 되었다.

2.
참고 참는 건 이제 그만하고 싶다

남편의 외도와 폭력을 참아내다

남편은 결혼 초기부터 나의 게으름을 탓하며 이혼을 요구했었다. 그럼에도 불구하고 나는 참고 또 참았다. 이혼해서 베트남으로 돌아갈 자신이 없었다. 베트남에서의 시선도 받아들일 용기가 없었으며, 친정 부모님도 볼 면목이 없었다. 또 아이를 두고 한국을 떠난다는 생각을 할 수가 없었다. 한국어를 배워서 의사소통이 잘되면 좀 나아질까 싶어 다문화가족지원센터에 열심히 다녔지만, 남편은 다문화가족지원센터 직원들이 자신을 감시하는 것 같다면서 다니지 못하게 했다. 나도 일단 남편이 싫어하니까 다니지 않는 것이 더 낫겠다는 생각이 들었다.

둘째를 임신했을 무렵, 남편은 집에 거의 들어오지 않았다. 시아버지가 돌아가신 후 거의 시어머니 아파트에서 지내다가 오랜만에 원래 살던 집에 가보니 못 보던 여자 옷이 있었다. 식당에서 일하는 여자들 옷이라고 이야기했지만, 느낌이 좋지 않았다. 그 옷에 대해 추궁하는 나에게 남편은 손을 올렸다. 남편은 또다시 이혼하자고 말했다. 남편의 계속된 폭력에 시어머니는 남편에게 좀 더 싹싹하게 대하라 조언할 뿐이었다. 내가 애교도 부리지 않고 가꾸지 않아서 남편이 겉도는 것이니 나만 노력하면 되는 것이라 했다.

아무도 가족으로 인정해주지 않다

○○에 사는 시누이는 내가 사는 ○○○을 왔다 갔다 하며 식당 일을 도왔다. 시누이는 그럴 때마다 자신의 딸 둘을 함께 데리고 오곤 했다. 그런데 늘 아이들을 돌보는 것은 내 몫이 되었다. 남편의 전혼 자녀와 시누이의 딸들, 그리고 내가 낳은 아이들까지 5명을 오롯이 혼자 돌봐야만 했다. 둘째를 출산한 지 얼마 되지 않은 상태에서 아이들을 모두 돌보는 것은 쉬운 일이 아니었다. 참고 참다가 쓰레기를 버리러 나간 김에 식당 쪽을 봤는데 시어머니와 남편, 시누이 셋이서 가게를 마치고 술을 먹고 있었다. 몸이 굳은 듯 움직일 수 없었다. 그 자리에서 무슨 말이라도 해야 했지만 용기가 나지 않아 집으로 다시 되돌아갔다.

시누이 딸들은 엄마가 보고 싶다고 울며 보챘다. 시누이에게 전화하여 빨리 오라고 재촉해도, 금방 가겠다는 말만 할 뿐 오지 않았다. 다음 날도 마찬가지였다. 나는 어디에도 마음 둘 곳이 없었다. 남편이 식당을 어떻게 운영하고 있는지, 식당에서 무슨 일이 있었는지, 돈은 얼마나 버는지 알 수가 없었다. 그저 한 달에 50만 원 정도의 생활비를 받아서 어디에 썼는지 수첩에 하나하나 기록하는 것이 나의 경제 활동의 전부였다. 수첩을 어떻게 기록하는지 나에게 알려주지도 않은 채, 제대로 적지 못했다고 남편은 화만 냈다.

내가 노력한 것, 참아온 것은 아무도 알아주지 않아

남편은 갑작스럽게 또 이혼을 요구했다. 자신의 전혼 자녀를 잘 챙겨주지 않는 것이 이유였다. 아이의 몸이 유독 마른 것도 전부 내 탓이었다. 전혼 자녀와 내가 낳은 3살 난 아들과 갓 태어난 딸을 돌보느라 밥도 제대로 먹지 못하고 노력하는 내 모습은 남편에게 보이지 않았다. 오히려 남편은 내가 낳은 두 명의 아이에 대해서는 무관심했다. 장난감을 사더라도 전혼 자녀가 우선이었다. 그럼에도 불구하고 나는 잘하고 싶은 마음에 전혼 자녀에게 많은 신경을 쏟았다. 처음에는 나를 밀쳐내던 아이도, 결국에는 나에게 마음을 열어주었다. 하지만 남편은 나의 이런 노력을 알지 못했다.

그러다가 갑자기 나를 때리기 시작했다. 누구를 키울 건지 결정하라고 강요했다. 내가 그동안 노력하고 참아온 것은 생각지 않은 채, 모든 것을 내 잘못인 것처럼 몰아가는 상황 속에서 울컥 화가 났다. 아무도 키우고 싶지 않았다. 그러다 다시 아이들을 생각하니 마음이 약해져 첫째 아들을 키우겠노라 이야기했다. 남편은 그렇다면 막내는 고아원에 보내겠다고 했다. 그 말을 들으니 하염없이 아이들에 대한 미안한 마음이 올라왔다. 남편은 계속해서 나를 때렸고, 시어머니도 그 소리를 듣고 방에서 나왔다. 남편의 폭력을 말리기는커녕, 누구를 키울 것인지 선택하라고 했다. 시어머니는 내가 시누이도 잘 챙기지 않는다며 이혼을 오히려 부추겼다. 그 누구도 내가 출산한 지 6개월밖에 되지 않았다는 사실은 알아주지 않았다. 모든 것은 내 잘못이었다. 남편이 나를 때린 것도, 남편이 외도를 한 것도 내 잘못이었다.

경찰에 신고하고 집을 나오다

남편의 계속된 폭력과 이혼 요구에 나는 점점 지쳐갔다. 하지만 이혼을 당한 채 베트남으로 쫓겨나는 것이 너무나 두려웠다. 한국 국적도 없는 지금 상황에서 이혼을 하면 사랑하는 나의 아이들을 만나지 못한다고 생각했기 때문이다. 그래서 참고 참아왔지만 이제는 견디기가 힘들었다.

　문득 다문화가족지원센터 담당자가 남편의 폭력을 견딜 수 없어서 집을 나오고 싶으면 꼭 경찰에 신고하라고 했던 말이 떠올랐다. 그냥 집을 나가버리면 모든 것이 내 잘못이 되어 체류자격을 박탈당하고 베트남으로 쫓겨날 수 있기 때문이었다. 남편이 이혼을 요구하면서 베트남으로 가라고 할 때마다 사실 너무나 두려웠다. 나는 한국으로의 결혼에 모든 것을 걸었기 때문이었다. 이제는 경찰에 신고를 해야 할 때가 되었다. 참고 참으며 견디는 건 이제 그만하고 싶어졌다. 내가 잘못한 것은 하나도 없었다.

3.
자립과 현실 사이에서 고민 중

친정 같은 이주여성자립지원시설*에서 자립을 꿈꾸다

이혼을 결심하고 아이들을 모두 데리고 쉼터로 갔다. 쉼터에서는 이주여성자립지원시설에 가면 공부를 너무 많이 시켜서 힘드니 가지 말라고 했지만, 변호사가 이주여성자립지원시설은 앞으로의 자립에 도움이 될 것이라며 입소할 것을 당부했다. 사실 이곳은 공부를 정말 많이 시켰다. 수업도 많고 아침부터 3시간 공부하고 쉬었다가 또 공부해야 했다. 한국어능력시험 3급 이상을 받지 못하면 직업교육을 받을 수 없기 때문에 공부하면서 스트레스를 받기도 했다.

하지만 노력한 끝에 한국어능력시험 3급을 받았고, 직업교육을 받을 수 있는 자격이 생겼다. 제빵사, 애견미용, 네일아트 등 여러 직업교육이 있는데 네일아트를 선택했다. 사실 베트남에 있을 때부터 네일아트를 너

---

* 일시보호를 제공하는 쉼터와 달리 이주여성자립지원시설은 총 2년 거주 가 가능하다. 기본 거주기간은 1년이며, 입소 후 한국어능력시험 3급 이상을 획득해야 1년을 더 거주할 수 있다. 또한 진로교육 및 취업연계 교육에 참여하기 위한 최소 자격 요건은 한국어능력시험 3급이다(서울특별시, 2020).

무 배우고 싶었는데, 이곳에서 배울 수 있으니 기쁘다. 처음 이혼에 대해 우려하셨던 친정 부모님도 나의 결정과 삶을 응원해주신다.

이제는 나보다 늦게 들어온 사람들에게 격려도 할 수 있는 자신감도 생겼다. 이곳은 공동생활을 하기 때문에 규칙들이 많았다. 일정 시간 이상 외출은 시설 담당자에게 허락을 받아야 하는데 그런 것은 전혀 불편하지 않았다. 오히려 친정 부모님에게 외출을 허락받듯이, 이주여성자립지원 시설은 나에게 친정 같은 곳이었다. 직업교육을 받느라 늦게 들어올 때면 아이들을 대신 돌봐주기도 하고, 생활비와 아이들 용품 등을 지원해준다. 낯선 한국에서 남편의 가족에게는 받지 못했던 관심과 사랑, 따뜻한 마음을 이곳에서 느끼고 있다.

아빠를 찾는 아이들로 마음이 약해지다

남편과의 관계는 끝났다고 생각하지만, 아이들의 아버지인 것만은 변함이 없다. 남편 또한 양육비를 매달 보내주고 있고, 크리스마스나 생일에 선물을 보내주며, 아버지로서의 역할을 하고 있다. 지난 추석에는 아이들과 함께 남편과 시어머니가 살고 있는 ○○○에 가서 시간을 보내기도 했다. 그럴 때마다 거기에 있겠다고 하는 아이들 때문에 마음이 자꾸만 약해진다.

특히나 아이들은 이주여성자립지원시설에 오고 나서부터 아빠를 부쩍 찾는다. 다음에 또 만날 수 있다고 달래봐도 아빠를 찾는 아이들을 볼 때마다 자립을 결심했던 내 마음이 조금씩 약해진다. 시설 퇴소 이후의 현실적인 문제들도 재결합을 고민하게 만드는 것 중 하나다. 네일아트 관련 직장은 대체로 일이 늦게 끝나기 때문에 아이들을 어떻게 돌봐야 할지 걱정된다. 또 아이들과 함께 살 만한 조그마한 지하 월세방이라도 구해야 하는데 금전적인 부분을 감당할 수 있을지 겁이 난다.

그리고 아빠 없는 아이로 자라야 하는 아이들에 대한 미안함도 한편에 있다. 아빠 없이 자라는 것이 아이들에게 결핍이 되지 않을지, 어디에서 무시는 당하지 않을지. 예전처럼 행동하지 않겠다는 남편의 말과 아이들에게 자상하게 대해주는 모습에서 '재결합한다면 이전과는 다르지 않을까' 하는 기대감이 드는 것도 사실이다. 자립이 가까워올수록 머릿속이 복잡해진다.

힘들어도 엄마니까 마음을 다잡아보다

나에게 자립이란 아이들을 혼자서 키우는 것이다. 혼자서도 엄마 역할을 해내는 것이 자립이라고 생각한다. 나는 사실 자존감이 낮은 사람이었다. 무엇이든 참고 참는 사람이었다. 그런데 아이들이 태어나고 나서부터 조금씩 조금씩 자존감이 생겼다. 왜냐면 나는 엄마였기 때문이다. 아무리 현재 상황이 힘들어도 아이들을 보면 힘이 솟는다. 아이들이 내 곁에 없었다면 남편의 폭력도, 이혼 후의 지금 상황도 견뎌내지 못했을 것이다.

사실 가끔은 아이가 두 명이라는 것이 나를 힘들게 하기도 한다. 퇴소 이후 두 명의 아이를 과연 나 혼자 돌볼 수 있을까. 그럼에도 불구하고 아이들은 나의 가장 큰 힘이다. 그리고 이주여성자립지원시설에서 만난 비슷한 처지의 여성들이 함께한다는 것도 든든하다. 만약 재결합을 하더라도 이전과는 다를 것이라는 확신이 든다. 한국어도 제법 할 줄 알고, 내가 원하는 진로도 정했다. 혼자서 복잡한 서울에서도 병원이나 관공서를 다닐 수 있을 만큼 내 삶에 자신감이 생겼다. 이주여성자립지원시설을 퇴소한 후 내 삶에 어떠한 그림들이 펼쳐질까. 힘든 일, 기쁜 일이 공존할 것이다. 확실한 것이 없기에 때로는 불안이 엄습하기도 하지만, 힘들어도 나는 엄마니까 마음을 다잡아본다.

4.
전사록 요약

〈연구참여자 정보 및 특성〉

출생연도	1990년생	이주연도	2015년
국적(이주 전/현재)	베트남/대한민국	학력	고등학교 중퇴
가족	아들, 딸	직업	직업교육 중

▶   **억울하게 베트남으로 쫓겨날 수 없어 남편의 가정폭력을 신고하다**

　　[조사자: 지금 전 배우자랑은 연락하세요?] 네, 가끔 연락해요. 애기도 만나고. [조사자: 지금 남편분 나이는 몇 살이세요?] 36. [조사자: 남편 학교는요?] 고등학교. [조사자: 졸업이요?] 네. [조사자: 남편은 어떤 일 하세요?] 지금 사장님. 고기집? [조사자: 정육점.] 식당. 먹는 거. ○○인 거 거기에 갈비 양념한 거. [조사자: 아, 그래요. 식당 운영하시는구나. 남편 소득이 얼마나 돼요, 한 달에?] 저 그것도 물어보지 않았고 그전에 지금 더 많이 받았어요, 더 많이. [조사자: 그 처음에 경찰서에 신고를 하셨다고 하셨잖아요. 좀 그날 있었던 일 좀 얘기해주실래요?] 그때 그날 경찰에서 거기 먼저 거기 같

은 문화센터잖아. 그 다문화 가정 센터 가서 또 상담하고 또 만약에 남편이 때리면 나오고 싶으면 신고해야 돼. 그냥 나가면 안 돼요. [조사자: 아, 그렇게 알려줬어요?] 네. 그냥 나가면 우리 그냥 집 도망가요. 신고해야 돼. 왜냐하면 남편이 때린 거니깐 신고해야 돼요. 그때 바로 그 나 싸우잖아요. 멍이 들었는 거, 사진 못 찍고 맨날 남편이 핸드폰 뺐갔어요. [조사자: 핸드폰을 뺏었어요? 왜요?] 뺏었어요. 연락도 다른 사람도 연락 못 하고 그 못 들으는 거잖아요. 또 안 주고 그냥 집 있는 것만 하고 너무 심각하게 너무 심하니깐 좀 나문화가족 가서 상담하고 어떻게 해야 하는지 우리 남편 그때 싸우고 그날 애기 어떤, 이혼하면

"너 베트남 가"

이렇게 하고. 무서워하니깐 어떻게 지금은 상태도 안 좋아하고 만약 자기 다 애기들 다 빼면 우리 베트남 가족들 다 그렇게 생각했어요. 남편이 애기들 다 뺏기. 그렇게 생각하니깐 여기도 핸드폰도 없고 연락도 다른 사람들 못해갖고 그냥 다문화가족 가서 선생님들이랑 상담하고 다음에 연락하고 남편이 이렇게 저렇게 했다 하고 이혼하고 싶어요. 저 어떻게 해야 되는지 남편 그럴 테니깐 때리는 거 신고해야 돼요. 어떻게 해야 하는지 그런, 마음에 좀 속상하고 싸우니깐 저도 집에 나가고 싶어요. 그렇게 그래서 선생님들이 애기, 경찰 신고해야 돼요.

▶ **게으른 것이 아니라 한국의 문화를 모르는 것일 뿐인데**

[조사자: 남편이 폭력을 언제부터 썼어요?] 그때 2013년 있어요. 그때부터 있어요. 하지만 언제인지 기억 안 나요. [조사자: 결혼 초에도 그랬어요?] 네. 초에 했어요. [조사자: 왜 남편이 폭력을 쓴다고 생각하세요?] 자기가 가게 때문이잖아요. 가게, 식당. 식당도, 저랑도 말도 안 통하고 자기 또

애기 있잖아요. 남편이. [조사자: 원래 처음 결혼한 여자한테서 애기를 데리고 키우고 있었어요?] 네. [조사자: 그 애는 결혼할 때 애가 몇 살이었어요?] 그때 4살이요. [조사자: 그럼 애도 같이 살았던 거예요? 결혼하자마자?] 네 네, 맞아요. 하지만 베트남에서 그때 첫 날짜 때 왔잖아요. 첫 날짜에 베트남 가서 저랑 만나서 그랬잖아요. 애기 있지만 저랑 애기랑 안 싸워요. 남편이랑 같이 애기 할머니랑 키워줘요. [조사자: 시어머니가?] 그 통역이 애기가 됐어요. [조사자: 시어머니가 애기 키워준다고 했어요?] 네. 통역. 이렇게 그 애기가 할머니 키워줘요. 한국 오면 남편이랑 같이 살아요. 그렇게, 그러거나 그럴 때도 있고 그때 뭐 괜찮아 하고. [조사자: 베트남에서 결혼 조건이 이제 통역을 해줬을 때는 이 아들은 할머니가 키워줄 거고 결혼하면 아이를 안 키우게 된다고 들었구나. 근데 한국에 오니깐 그게 아니었던 거예요?] 네. [조사자: 그거 때문에 좀 많이 싸우기 시작했어요?] 싸우고 또 자기가 가게 때문에, 식당, 시어머니도 또 식당 있고 남편도 식당 있고 근데 저랑 시어머니 그때 안 같이 살아요. 따로 살아요. 그때 저 아파트 사니깐 그때 아침마다 자기가 식당 가잖아요. 저도 똑같은 식당 가요. 그때 시어머니 식당 가요. 그때 하루 종일 식당에서 저 도와주고 한국말 잘못했을 때만 하는 거 다 도와주고 그때 그 오후에 그 애기가 어린이집 갔다 왔고 그때 거기서 할머니 집에 갈 길 알려주고 밥 먹여 주고 욕조 씻고 재워 자고 그때 남편이 거기 식당 끝나고 와서 저랑 같이 아파트 가요. 계속 오니깐 또 처음부터 한국어도 잘 모르고 몰랐어요. 몰랐으니깐 청소하는 것도 못해요. 쓰레기 있는 거 어떻게 버리거나 어떻게 그렇게 또 안 알려줬고 너 이렇게 지저분 사람이고 게으르고 그렇게 대하고. 그때 자기 처음에 왔는데 그 이혼하고 싶어요. [조사자: 이혼하고 싶다고요?] 네. [조사자: 누가? 선생님이 아니면?] 남편이 저한테. 그렇게 하니깐 저도 한국에 온 지 얼마 안 됐는데 왜 그렇게 갑자기 하고 한국말 잘 못하니깐 그 통역? 와서 얘기하고 저도 한국 왔으니깐 진짜 집에도 오고 많이 울었어요. 자기도 남편밖에 없는데 안 오는 것도 없고 막 이렇게 눈치 보고 이렇게 나한테 판다 그렇게 게으름 하고 이렇게 결혼해하고 그때 다시 통역 얘기하고 그때 괜찮아요. 근데 자기 또 막 친구들 만나니깐 술도 먹고 집에도 안 들어가고. [조사자: 외박도 하고?] 네. 그렇게 막 하고 그때 임신. [조사자: 첫째 임신했어요?] 임신하니깐 또 싸웠어요. 갑자기 시어머니가 둘이 같이 사니깐 빨리 애기 생겨야 돼요. 왜냐하면 그 애기 지 애기 이니니깐 조금 야간 좀 멀리 관계 좀 멀리하고. [조사자: 그래서 애기 낳으면 괜찮아질 거라고.] 네, 그렇게 하고. 또 시아버지 ~~~~~~~~~~~~~~~~~~~~~~~~~~~~~ 유언 발견도? 시아버지 돌아갔어요. 그때 좀 힘들어요. 그때 진짜 애기 와서 저 아파트로 같이 살아요. 아파트 같이 살라고. 너 진짜 왜 안 하고. 애기도 이렇게 저렇게 하고. 싸웠어, 계속 싸웠어. 그때 애기랑 같이 살아 싸우고.

▶ **남편, 시어머니, 시누이 어느 한 명도 가족으로 인정해주지 않다**

자기가 시누 있어요. 시누 있어요. 그때 매 반일 다섯 쪽 내려 가요. 어차피 시누 서울 살았잖아요. [조사자: 시누가 ○○ 살아요?] 저 ○○○ 살았잖아요. 식당 때문에 왔다 왔다 이렇게. 그 시누, 딸 둘이 있어요. 근데 저도 애기도 막내도 태어나니깐 3명이잖아요. 그래서 5명이서 저만 봐요. 근데 보니깐 아침부터 저녁 12시, 1시까지 했는데 아침 안 봤어요. [조사자: 힘들었겠다.] 힘들었어요. 계속 또 참아야 하고 또 자기가 그날 갑자기 전화, 저도 만약에 가게, 식당 때문에 오빠 때문에 그만 나도 하고 싶어요. [조사자: 응? 식당 때문에?] 뭐지? 사람, 이 사람 없으니깐 막 자긴 안 하고 저한테도 얘기 안 하고 일 끝나서 왔어요. 그냥 집 앞에 주차장에 차만 태우고 시어머니하고 시누, 애기 아빠, 다 가게 들어와서 술 먹고 얘기하고 저한테도 미리도 안 얘기하고 근데 저는 쓰레기 버리러 가니깐 그때 저 앞에 세웠어요. 근데 다시 시누한테 전화,

"지금 12시 넘었는데 왜 언니 안 왔어요."

그때 대답도 안 하고 전화도 안 받아요. 그렇게 생각, 전화하고 싶어. 전화 안 받아요. 근데 다시 한 번 전화, 그때 남편 받았어요. 남편 아닌 시누. 그때 직접 시누 전화하는데 시누 안 받아. 그래 다시 애기 아빠한테 전화, 그때 애기 아빠 안 받아. 시누한테 받았어요. 근데

"언니 12시 했는데 왜 언니 안 왔어요? 애기가 언니 딸 자꾸 엄마 보고 싶어요. 자꾸 울어요. 빨리 오세요."

"그래. 일단 올 거야."

그렇게 하고 끝났어요. 그때 와서 저한테도 미안한 마음이 없고 남편도 무시하고 그냥 마음도 없고 후, 약간 내가 그렇게 전화도 미리 안 하고

"그냥 엄마랑 언니랑 좀 술 먹고 얘기하고 있어. 너한테 전화하고 미안한 것도 없고."

그냥 와서 조용히 하고 저한테 둘 마음도 없고 그 자주 나오고 그다음 날도 둘 마음도 없고 시누 마음도 없고 [조사자: 아, 자기네끼리 늦게 들어와놓고.] 네, 그때도 다음 날 학교, 월요일, 일요일 저녁에 시누 서울 가잖아요. 애기도 어린이집 가니깐 그때 시누 서울 가요. 그때 큰아들, 자기 아들, 남편 아들 같이 데려가요. 저한테도 애기 안 하고 그냥 같이 보냈다고 했고. 그때. [조사자: 남편이랑 시누이, 시어머니들끼리만 좀 너무 친하게 지내고 선생님 혼자 좀 소외되는 느낌이 들었어요?] 네, 그렇게 하고. 자기 무

슨 일 하는지 무슨 일이 있는지 저한테 말도 없고. 식당 누구누구 그만 나뒀어요. 어떻게 하는지 한 달 얼마 벌었는지 돈 만 원. [조사자: 식당에서 얼마를 버는지 이런 것도 얘기 안 해주고.] 네.

▶   힘들어도 참았는데 돌아오는 것은 남편의 폭력과 이혼 요구였다

[조사자: 그럼 그 가정폭력은 그날 왜 있었던 거예요?] 갑자기 그날 애기 보내서 와서 나오자마자

"이혼해."

[조사자: 응? 이혼? 갑자기.] 네, 갑자기 말 그렇게 나왔어요. 저 생각

"왜 이혼해? 어차피 하고 싶어? 왜 이혼해?"

그냥

"너 우리 아들 안 챙겨줘요."

그렇게 말하고 애가 몸이 마르고 통통하지 안 하고 막 그렇게 나와요. 저도 그렇게 똑같아요. 5명 애기 보니깐 저도 몸이 날씬한데 밥도 안 먹었는데 힘들어요. 나도 그 다 나도 뚱뚱하지 않은데 빼는 거 먹고 또 아니고 자기 사는 거 와서 나도 같이 나누는데 왜 갑자기 그렇게 말 나오고 그렇게 해요. 그렇게 왜. 그렇게 애기 이유 먼저 하고 그다음에도 저도 그때 막 저한테 때려.

"너 누구 애기 키운다고? 너. 너 이혼한다"

고 했다고. 자기 이혼. 먼저 이혼하라고. [조사자: 아 먼저 이혼하자고.] 네, 했다고 했다고 저도 그렇게 그때는 저한테도

"누구 키울 거야? 아들 키울 거냐? 딸 키울 거냐?"

그렇게

"나도 안 키워. 안 키워."

또

"내가 5살 애기, ○○이 아들 키울 거라고."

"막내야 너 안 키울. 애기 엄마 아빠 없는 거기 보낼 거야."

[조사자: 고아원.]

"고아원 보낼 거야."

그때 저 속상하고 나와서

"네가 딸 애미 하고 싶으니깐 내가 다 하잖아. 왜 갑자기 그렇게 말 나오니? 그렇게 말 나오니 애기한테 상처받아."

그렇게 하고 맞깔나게 여기 와서 저한테 또 때리고, 네. [조사자: 때리고 그럴 때 시어머니가 안 말려줘요?] 그렇게 소리 막 나오니깐 시어머니 와서

"왜왜왜?"

이렇게 하고.

"왜왜?"

이렇게 하고 그렇게 저에게

"남편이 저한테 먼저 때렸어요. 이혼 먼저 했어요."

"그래, 너 누구 애기 키워라. 둘이 너 누구 키울 거야?"

그렇게 하고. 애기 2명.

"너 선택 어떤 애기 키울라고?"

[조사자: 그니깐 시어머니도 이혼하라는 얘기예요?] 네, 그렇게 했어요. 그땐 저도

"안 키울 거야."

"그래. 안 키우면 너 그 애기 거기 보낼 거야."

그런 소리 하고. 그러니깐 저도 그때 서로서로 애기, 시어머니랑 똑같

은 얘기 했어요. 시어머니도 시누이 안 잘해줬고. 잘 못하고 밥도 안 해주
고 그렇게 저렇게 하고 저도

"언니 우리 집에 왔잖아요. 나도 애기 있잖아. 언니도 애기 있잖아."

언니도 알아. 나 또 애기 너무 막내 애기니깐 6개월 정도 애기잖아요.
또 언니 딸 봐주니깐 언니 여기 내려오니깐 나 또 애기해. 언니 또 저한테
얘기했어요.

"어, 아침밥 안 해줘도 돼."

"언니, 그냥 가게로 가도 괜찮아."

그렇게 말했어요. [조사자: 그렇게 해놓고 이제 일을 안 한다고?] 그렇
게 하니깐 그렇게 시어머니가

"너 언니도 안 잘해주고 밥도 잘 안 해주고 이렇게 저렇게 하고."

저도 언니 그렇게 말했으니깐 어떤 날 밥 안 해주고 어떤 날 또 일찍
일어나 밥도 해주고 들어와서 밥 먹으라고 했는데 언니가

"어, 그냥 언니 먹을게"

그렇게 하고.

▶ "나 이혼 싫어요. 애기 있는데 왜 해요. 나도 임신했는데 왜 해요."

[조사자: 이혼을 하기로 결정한 가장 큰 이유가 뭘까요?] 저도 그때 답답
했으니깐 경찰 불러봤어요. 저한테 때리고 저도 잘못 없는데 막 저한테 이
혼하고 이렇게 하고 애기도 손자도 봐주고, 뭐지? 누나 애들도 봐주고. 조
카들도 봐주는데 집도 집안 이렇게 다 했는데 애기도 다 했는데 왜 갑자기
그렇게 말하고. 이유 모르는지. 그거 가장 답답하고. [조사자: 남편은 그러
면 정말 일을 안 해서 이혼을 하자고 그런 거였어요? 이유가 뭐예요? 남편이?]
저도 뭐 그냥 맨날 남편이 애기 싸워요. [조사자: 그 애기 때문에.] 애기 때

문에 또 장난감 사가 와도 똑같은 거 안 사줘도 싸웠어요. 우리 아들 5살 짜리랑 개랑 같이 있는데 하나만 사줘요. [조사자: 그래서 또 싸우고.] 또 싸우고. 누구 사람이 제 사람이 또 싸우고. 참고 했는데 자기 막 이혼 서류 갖고 와요. [조사자: 아, 남편이 먼저.] 네, 먼저 그렇게 했어요. [조사자: 그럼 본인은 혹시 하고 싶지 않았는데?] 하고 싶지 않았고 그전에 했어요. 그 이번에 친족배처 신고, 그전에 이전에 2013년? 애기 그 아들 태어났잖아요. 먼저 서류 갖고 와서 이혼한다고 했어요. 이혼한다고 했어요. 그렇게 해서

"저도 안 돼요. 나도 이혼 안 하고 싶어요. 애기들 때문에."

너무 얘기하고 만약 그때 생각하면 쉼터도 없고 만약 이혼하면 나 베트남 가요. 애기도 못 만나고 만약에 베트남 안 가도 또 없고 어디 살아야 하는지도 가장 먼저 생각하고 안 된다. 그때 참아 참아게 해서 그렇게 내가 둘이 같이 서로 괜찮아. 그때 다시 살았어요. [조사자: 다시 살았어요?] 그때 다시 좋아하니깐 다시 또. [조사자: 아빠가 딸을 좋아해요?] 임신해서 자기도 약간 좀 바람피울까 봐. 좀 왜냐하면 부부 같이 살으니깐 좀 느낌 있어요. 집도 안 들어가고 자기 엄마랑 같이 살으니깐 엄마도 어디 가버렸어요. 자기도 집에도 안 들어왔고. [조사자: 여자가 있는 것 같았어요?] 그러니깐 그 여자 식당 이렇게 하니깐, 우리 자기 식당 저도 처음에 좀 느낌이 이상해 얘기했는데 자기가 아니다고 그 여자 남편도 있고 애기도 있고 나보고 나

"미쳤어?"

그렇게 사람 말해요. 하지만 달라요. 그때 저도 얘기하지만 달라요. 그전에 사람들 있잖아. 그 지금 그 사람 너무 달라요. 막 저한테

"너 그렇게 하면 나 용서하지 않아. 그 의심 생각하는 거 하지 말고."

[조사자: 이제 남편이 여자도 있었던 것 같고 자기는 이혼하기 싫었는데 자기는 남편이 요구해서 한 거였어요?] 때도 이혼하지 않아. 그때 임신만 했을 때 임신 중, 임신 중이니깐 또 와서 그때 시어머니도 안 왔어요. 시어머니도 돌아왔어요. 그때 알아요. 그 남편이랑 그 여자랑 이렇게 관계. 왜냐하면 그 남편 저한테 때렸어요. 와서 자기 알고 엄마 왔으니깐 막 그 여자 집에 옷이 갖고 왔어요. 근데 저도 생각,

"왜 옷이 어디 갖고 왔는지 한번 물어봐달라."

했어요.

"옷이 어디 갔다 왔어요? 누구 빨래 해줬어요?"

자기가 식당 아줌마들 빨래 해줘요. 그렇게 저도

"식당에 아줌마들 많은데 왜 빨래 해줘요?"

누구 집에 이제

"야, 그 식당에 아줌마들 아니야. 그때 아니야."

그 여자 집에 옷이야. 그렇게 하고. 막 때렸어요. 임신 이렇게 하고. [조사자: 둘째 임신하고 있는데 때렸어요? 그땐 신고 안 했어요?] 그때 임신하고 그렇게 하고 조금 참았어요. 머리 땡겼어요. 방에 들어와서 그 자기 아들 봤어요. 봤고 그때 자기 이혼했다고

"이혼해. 지금 너랑은."

"그 여자 때문에 나랑 이혼한 거는 나 이혼 싫어요. 애기 있는데 왜 해요. 나도 임신했는데 왜 해요."

그렇게 하고 막 말해버렸어요. [조사자: 힘들었겠다.] 그때 자기 밖에 나가요. 저만 집에 있어요, 그땐. [조사자: 좀 도와달라고 요청하거나 이럴 때 없었어요?] 네. [조사자: 다문화가족지원센터 상담사한테라도 좀.] 그때 상담 안 하고 그냥 참아, 많이 참았어요. 그때 자기 그렇게 이혼한다고 그렇게

하고 나도 이혼 싫어요. 애기도 있었는데 왜 이혼하고

"나도 지금 임신 중인데 따져오라잖아. 왜 이혼한다고."

▶ 둘째가 태어난 지 6개월 만에 결국 이혼하다

그렇게 했더니 밖에 나갔어요. 집에 와서 씻고 가게 가요. 식당 가요. [조사자: 아이고, 어떡해. 눈물 많이 흘리네. 잠깐만 저기 티슈 있는 것 같아. 아이고.] 식당 가요. 그렇게 저녁에 할머니가 가게 미리 끝났으니깐 할머니 왔어요. 할머니 와서 그렇게 저한테 애기하고 그 애기가

"오늘 아빠가 엄마 때렸어요."

그렇게 할머니한테 애기했어요. 할머니

"왜 때렸어?"

그래서 저도 애기했어요. 그렇게 했어요. 할머니 저 안아주고 그렇게 여자 그 나도 좀 약간 좀 느낌 했다고 시어머니가

"너도 아내잖아. 남편한테 또 싹싹해주고 이렇게 하면 너도 애기 돕는 거도 많아. 너 집 주방에도 깨끗하고 이렇게도 남편하고 그렇게 바람피우지 않는다."

[조사자: 그니깐 시어머니가 자기한테 뭐라 그러는 거구나. 싹싹하게 하고 애기 그렇게 안 해서 남편이 바람피운 거라고.]

"너도 그렇게 오빠, 오빠 하는 거 늦게 와서 전화 오고 오빠하고 왜 집에 안 왔는 거 그렇게 하고"

이제 그런 나도 좀 느낌 있어. 그랬더니 저한테 안아주고. [조사자: 그때 첫째는 몇 살이었어요?] 4살, 아, 3살. [조사자: 그냥 집에 있었는데 애도?] 아니, 지금 저랑 같이 살아요. [조사자: 아니 그때 때리고 그럴 때 집에 있었고 둘째는 임신 중이었고?] 네, 그렇게 했어요. 그랬더니 그때 자기도 그래

시어머니 방에 가요. 저랑 그때 다시 같이 살아요. 아파트 그때 시어머니 돌아갔으니깐 아파트 가서 다시 그때 시어머니 가게 문 닫았어요. 문 닫아. 시아버지가 돌아갔기 때문에 문 닫았어요. 그때 아파트 살았고 다시 시어머니 식당 만들어 하니깐 그때 내가 같이 살아요. 살았고 시어머니 장사 잘 안 되니깐 다시 문 닫았어요. 그때 시어머니 가게 남편이랑 같이 합동, 같이 둘이 도와줬어요. 일했어요. 할머니 와서 할머니가 얘기했어요. 근데 ○이 잘 엄마랑 놀, 애기 아빠랑 같이 얘기했대요. 남편이 너 하나 남편이 얘기했대요. 그게 전화가 와서 그렇게 시어머니 자기 이쪽 방 시어머니랑 무슨 얘기했는지 저도 몰랐어요. 그때 자기 와서 저한테 그날 와서 저녁에 전화 와서 저한테

"머리 또 만졌고 미안해 둘 마음도 없고 그냥 머리만 만졌고."

그때 나가서 방에 잤어요. 시어머니가 얘기, 다음 날 시어머니 저한테 얘기

"만약에 너 집에 남자나, 남편이 그 여자랑 통화하거나 그 여자 문제 전화나, 문자 보냈거나 남편이 그렇게 남편이 뭐라고 혼자 노력해보고 무슨 문제가 있거나 할머니 회사든지 지금 할머니 시어머니한테 전화 한번 내줘."

그렇게 해서 시어머니 그 여자한테 전화 했어요.

"너 ○이 임신도 알지. 지금은 임신도 3명이잖아."

만약에 낳으면 3명이잖아. 또 그 여자한테 전화 얘기했어요. 만약. [조사자: 근데 임신했는데 어떻게 이혼해?] 그렇게 저도 이혼 안 했어요. 근데 시어머니 허락해줬으니깐 괜찮아요. 애기 태어났어. 6개월 정도 그때 이혼했어. [조사자: 어떻게 애기 둘을 다 자기가 키우게 됐어요?] 남편이 그때 좀 약간 그 애기가 아마 없었잖아요. 그 남편 애기, 남편 애기 생각 아

마 없으니깐 불쌍하고 만약 우리 똑같은 불쌍해요. 그 마음이 좀 제가 그렇게 느껴 갖고 그때 싸움이

"애기 나 너 못 키우겠다"

고 했어요. 그렇게 말하지만 하지만 나중에 꼭 데려가야 돼. 우리 마음은. [조사자: 근데 어떻게 혼자 나가서 살기 힘들고 막막했을 텐데.] 그때 또 생각 너무 힘들어. 외국 사람도 한국말도 잘 못하고. [조사자: 근데 어떻게 애들 둘을 다 데리고 나갈 생각을 했어요?] 그때 데려 나갔어요. 그냥, 그냥. 그렇게 우리 애기이니깐 다 데려갔어요, 끝까지.

▶ **남편의 소득이 어느 정도인지 전혀 알지 못하다**

[조사자: 남편이 결혼할 때 좀 생활비나 이런 건 줬어요? 용돈이나?] 자기가. [조사자: 남편이 수입이 얼마예요? 월 소득. 장사해서 버는 돈.] 저 그때 몰라요. 돈 얼마 받았는지 몰라요. [조사자: 말을 안 해줘요?] 말도 안 해줘요. [조사자: 궁금하지 않아요?] 궁금한데 자기 말도. [조사자: 물어보죠.] 물어도 안 하고 그냥 자기 와서 자기 계산하는 것도 집에 저한테도 엄마 주고 술 자꾸 써야 돼. 먹는 것도 써야 돼. [조사자: 써야 된다고요?] 네. 수첩에서. [조사자: 얼마 줬는데요, 한 달에?] 그때 50만 원. [조사자: 한 달에 50만 원씩 줬어요?] 50만 원, 먹는 거 하고. 그 돈 주는 것도 못 사 입고 만약에 문자 와서 자기 와서 다 안 하잖아요. [조사자: 카드를 줬는데 문자는 본인이 받게.] 네. [조사자: 그럼 혹시 그런 것 때문에 싸운 적 있어요? 왜 쓸데없이 돈을 썼냐.] 있어요. 그때 저한테 수첩 썼다고. 수첩 앞에 돈 적는 수첩 좀 쓰라고.

"뭐 뭣을 얼마 탔어?"

이렇게 하는.

"택시 얼마 탔어?"

"뭐 샀어?"

[조사자: 아, 그런 거 다 적으라고. 그거 말고는 더 안 줬어요?] 안 줘요.

▶ 아이들을 위해서 재결합을 고민하다

[조사자: 만약에 그때로 시간을 다시 간다면 어떡할 거예요? 다시 이혼할 거예요? 아니면 그냥 후회되세요?] 저도 뭐지 서로서로 좀 양보하거나 이렇게 하면 다시 살고 싶어요. 왜냐하면 애기가 아빠 좋아해요. [조사자: 둘째는 근데 아빠랑은?] 아빠 몰라요. 모르잖아요. 하지만 만나니깐 자기 아빠 부르고. 저도 왔다 갔다 또 만나요. [조사자: 아빠랑 지금 자주 만나요?] 그때 지금 뭐지, 추석이잖아요. 추석에 명절 때 그냥 거기 내렸어요. 강원도 이주민 놀러 갔어요. [조사자: 아, 애들 데리고?] 네, 또 작년에 또 설날이잖아요. 작년에 똑같은 추석 날, 아니, 지금 크리스마스. 애기 겨울방학 하니깐. [조사자: 방학 때. 그럼 가서 며칠씩 있다 와요?] 2주 정도. 이렇게 놀고. [조사자: 어디서 자요, 잠은 그럼?] 저도 처음에 그렇게 좀 나도

"나 어디 갔다고."

"그냥 집에 자. 왜?"

하고. [조사자: 집에 가 자요?] 네, 그렇게 집에 자고. [조사자: 지금도 한 번씩 내려가서. 그럼 만약에 남편이 "다시 살자." 그러면 살 생각 있는 거예요?] 저도 만약 그렇게 하면 자기도 그전에 나쁜 행동하는 거 후회하고 다시 그렇게 하고

"안 그렇게 할 거야. 앞으로 너 잘해주고"

그렇게 또 생각도. [조사자: 그런 생각도 있어요?] 애기도 위해서니깐. 우리 특히 어린이집에 엄마, 아빠 다 있잖아요. 그날 부모 모르게 산다. 그

러니깐 원장님 저한테 지금 저랑 애기랑 디지털 살았잖아요.

"아빠 없으니깐 ○○이 남자 애기이니깐 꼭 아빠 필요하니깐 아빠 행동, 옷 입는 거 ○○이 다 봐야 그랬다"

하잖아.

"엄마 안 돼. 엄마 여자 애기."

그러하고 사람들 다 ○○○하고. 왜냐하면 사람들 다 외후 있어요. 남편 다 있으니깐 애기 키우잖아요. 저만 그렇게 막 소리 아내가 좀 약간 좀 상처받아. [조사자: 그래서 아빠가 좀 있었으면 좋겠어요?] 그렇게 생각하고 ○○이를 원장님 그렇게 말하고 또 맞았고. [조사자: 이렇게 자주 만나는 것만으로는 좀 부족할 것 같고.] 아니, 저도 자기도 식당 때문에 내가 또 못 만나요. 늦게, 늦게, 늦게까지 하니깐 12시, 1시 정도니깐. 다들 또 전화하지 아니하고. 네, 그전에도 말이 많아요. 내가 속초에서 서울 와요. [조사자: 아, 아빠가 올라오기도 하고.] 네, 고모집 보러 놀러 가기도 하고. 할머니도 하고. 그렇게 하고 내려서 또 잘해주고. 저도 잘해주고. 그렇게 좀 생각 있어요. [조사자: 그럼 지금 이혼한 거 후회하는 거예요?] 저도 짧은 생각 아마 그런 생각하고. 그때 조금 마음이 속상하니깐 조금 짧은 생각하니깐 좀 그런. 그때 자기 그때 내가 썼던 애기 왜, 우리 이혼 때문했는지도 얘기하고. [조사자: 왜 이혼했는지?] 그렇게 같이 얘기했고. 얘기하고

"어디 센터 언제까지?"

이렇게 하고 또 물어보고. [조사자: 다시 재결합할 수도 있겠네요? 아직 잘 모르겠어요?] 네, 잘 모르겠어요. 여기도 우선 내년에 6월 달 정도까지 퇴소가. [조사자: 내년 6월이면 퇴소네요.] 네, 퇴소도 하고 그렇게 하고 그래. 애기 둘이는 키우기도 힘들고 그렇게 할 돈도 없고 어떻게 모르겠어. ○○이 집도 원체 또 비싸고 그렇게 얘기하고. [조사자: 그럼 내년 6월에 여

기서 퇴소하게 되면 좀 애들 키우고 혼자 살 자신이 없는 거예요?] 아니, 있어요. 하지만 자기도 왜냐하면 뭐지? 연락 잘 안 하고 우리 자신감도 많아요. 왜냐하면 자꾸 연락하고 애기 이렇게 보니깐 약간 좀 자신감 좀 낮아도 조금 마음이 약해져요. 그렇게 하고 왜 다른 사람의 애기 아빠가 애기 안 만나니깐 좀 ○○○○○ 혼자 살아도 먹고 이렇게 하고 저 여기니깐 애도 아빠도 여기 오고 또 내가 또 오고 그렇게 하니깐 조금 다시

'저쪽 내려서 살았구나.'

어떻게 하는지 그거 좀 많이 생각나요. [조사자: 아, 생각하고 있구나. 퇴소하면 어떻게 할지.] 퇴소하면 어떻게 강원도 내려서 살거나, 서울에 살건지. 같이 학교도 안 하고 그냥 가까운 집에. 왜냐하면 아들도 나중에 학교 가면 또 통학 많이 들어가고. 가까우면 아빠 많이 도와주잖아요. [조사자: 아, 또 그 아들이 있으니깐.] 그렇게도 상담했어요. 하지만 아직 좀….이혼 때문에 그 애기 때문에, 애기 항상

"내가 너 자식만 사랑해. 우리 자식 안 사랑해."

그런 말 하고. 자꾸 그렇게 해요. [조사자: 근데 본인은 노력은 많이 했…?] 노력했어요. 저도 그 애기가 지금 내렸잖아요. 저한테도 엄마 불러요. 그러니깐 자기 이혼 주머니에 신고하니깐 저한테

"그 ○이 우리 애들 때렸어."

막 이렇게 저렇게 하고 많아요. 그렇게 또 치료도 받고 병원도 가고 엄마 그림도 그려. 애기 ○○잖아요. 상담. 엄마 모습 그리는 거, 자기도 그 애기가 엄마 모습도 그렸어요. [조사자: 아, 자기 그리는구나. 엄마라고.] 네. 그때 엄마

"뭐했어요?"

"그때 엄마 청소했다"

고. 나쁜 사람 안 했는데 왜 그렇게 하고.

▶ 이주여성자립지원시설에서 자립에 대한 자신감을 키우다

[조사자: 여기 디딤터 와서 가장 도움이 되는 건 뭐가 있어요?] 다, 다 도움이. [조사자: 제가 잘 몰라서 뭐가 도움이 돼요?] 거 뭐지, 먹는 거, 생활하는 거, 다 너무 혜택 많이 받아요. [조사자: 먹는 거?] 먹는 거도 꽝 장 보는 것도 다 지금 걱정이잖아요. [조사자: 장 보는 거?] 시장하는 거. [조사자: 경제적인 게 좀 도움이 돼요?] 네. [조사자: 또 여기 와서 좀 또 다른 건 어떤 좀 본인한테 변화가 있어요?] 저도 원래 한국말 잘 못해요. 여기 와서. 조금 약간 알아들어요. 하지만 때딱하면 약간. 여기 와서 또 한국말하고 한국어 많이 배우고 또 토픽시험도 보러 가고. 토픽, 한국어 능력시험도 보러 가고. [조사자: 한국어능력시험도 보고? 그래서 몇 급이에요, 지금?] 3급 합격했고, 학원 보내줘요. [조사자: 학원, 어느 학원이요?] 저 네일아트 쪽. [조사자: 네일아트 재밌어요?] 네, 재밌어요. [조사자: 시험은 언제 봐요, 자격증 시험은?] 저 1월 달 내년. 뭐지…. 필기. [조사자: 언제부터 했어요?] 그때 저도 학원 한 11월 달부터. [조사자: 얼마 안 됐네요. 지난달부터?] 네, 그때 학원에도 또 실기 배우고. [조사자: 그럼 이제 앞으로 네일아트 배워서 뭐할 계획이세요?] 그냥 취미하고 그냥 이거 돈 많이 적게 받았잖아요, 네일아트. [조사자: 돈 적게 받아요?] 네, 만약에 월급 받으면. [조사자: 아, 월급이 적어요?] 그때 또 늦게까지 있잖아요. [조사자: 아, 또 애기들 봐야 되는데.] 누가 애들 봐주는 거 그거 많이 생각하고. [조사자: 아, 그러면 퇴소하면 애기들 봐줄 사람이 없는 거죠?] 없어요. [조사자: 그럼 네일아트 일은 하기 어렵겠네요.] 네, 그러면 내가 좀 생각을, 왜냐하면 그거 베트남에서 이거 너무 좋아했어요. 네일아트 너무 좋아했어요. 하고 싶은 거 못 배우니깐 여

기 와서도 하고 싶은 거 다 보내잖아요. 근데 네일아트 원래 하고 싶은 거 못 하니깐 이쪽 네일아트 배우러. [조사자: 어디 한번 손 좀 봐요.] 안 돼요. 왜냐하면 그냥. [조사자: 크리스마스네 완전, 아이고. 이게 다 의미가 있는 건데요? 크리스마스인데요. 어? 손이 왜 이렇게 차? 추운가 보다.] 네, 너무 차가워요. [조사자: 어떻게, 여기 추워요?] 선생님, 원래 저 항상 손이 차가워요. [조사자: 아이들 여기서 들어와서 키우면서 좀 어떤 도움이 돼요, 애들한테는?] 어, 뭐지. 만약 그때 디딤터하고 밖에 살면 좀 힘들어요. 너무 애기하고 저도 한국말도 잘 모르고. 생활 어떻게 하는지 그것 좀 너무 어려워요. 디딤터 와서 지금 제가 조금 자신감 있어요. [조사자: 어떤 부분에서 자신감이 생겼어요?] 왜냐하면 그전에 남편이랑 같이 살으니깐 갑자기 나가니깐 못하는 것도 많아요. 한국말도 못해, 먼저. 애기 어떻게 키우는지 누가 애기 봐는지 너무 애기니깐 일도 못해하고 그렇게 하는. 지금 조금 크니깐 자기도 서로서로

"오빠!"

하고

"동생!"

하니깐 잘 도와주고 엄마 지금 그렇게 마음 그런 것도 알고, 그냥. 동생도 챙겨주고. 동생한테 많이 챙겨주고. [조사자: 동생도 챙겨주고 엄마 마음도 알고? 애들한테 의지가 되세요? 힘이 돼요, 애들이?] 그렇게 하고 조금 이제 조금 다 조금 크니깐 애기 조금 크니깐. [조사자: 그래도 애기들이 완전 어렸을 때 여기 들어와서 그래도 많은 도움 됐네요.] 네, 애기도 공부하고 엄마도 공부 그 많이 시켜놓고. [조사자: 애기는 여기서 무슨 공부를 해요? 뭐가 애들한테 좋아요?] 트리 트는? 그 뭐지? 운동도 하고 뮤지컬 하는 거. 눈높이는 거. 치료하는 거, 미술하는 거. [조사자: 미술치료. 이런 것도 애들

한테 도움이 되고. 여기 프로그램이 되게 많나 봐요.] 많아요. [조사자: 자기한
테 제일 도움이 된 건 무슨 프로그램이에요?] 저 부모 교육하는 거. 부모 교
육하고 그 컴퓨터 잘 못하잖아요. 이제 자격증도 따고 있는 것도 컴퓨터도
만져도 할 수 있어요. 여기 시험도 보러 가고 또 제빵 하는 거. 요리. 제빵
제과 하고. 뭐지 제봉, 바리스타. [조사자: 그런 거 다 했어요? 바리스타 자격
증 땄어요?] 네, 많이 하고. 원래 애기 아빠랑 같이서 하니깐 그냥 집안에,
집안은 안 와요. 다른 것 못 해요. 이제 여기 왔으니깐 도움을 많이 받고
그 못 했던 거 지금 다 할 수 있어요. 제봉 원래 못 하잖아요. 또 이제 할 수
있어. 자격증반에서 하고 컴퓨터도 시험 보러 가고.

▶　　다문화가족지원센터는 남편의 반대로 다니지 못하다

　　[조사자: 남편이랑 살 때요. 뭐 배우고 싶은 거 이런 거 없었어요?] 저
도 그때 자기도

　　"너 한국말 잘하면 그 하고 싶은 거 도와줄게요. 이렇게 보내줄게요"

　　그래하고 저도 내 아들 좋아하잖아. 그때 자기도 알아요. 그때 저 생
각엔 그 나의, 그 내 아들 재우는거…. [조사자: 다문화가족지원센터에서 한
국어 교육 같은 건 했어요?] 그때 처음에 한국 왔을 때 그때 다녀요. [조사
자: 근데 왜 하다 안 했어요?] 그때 남편이랑 같이 사니깐 좀 관계 약간 싸
움하고 이렇게 거기 다문화가족 우리한테 감시하니깐 다문화가족지원센
터 가서 선생님 또 물어봐요. 남편 어떻게 했는지, 잘해주는지. 어떻게 싸
우고 그렇게 물어보니깐 또 남편이 지금 싸우니깐 자꾸 그렇게 남편이, 선
생님들 남편한테 전화 와서 이렇게 저렇게 하고 자기 장사 사람 되는데 자
기 장사 사람인데 왜 자꾸 전화 와서 이렇게 저렇게 하고 싫어하고 그, 저
한테 거기 가지 말고. [조사자: 다문화가족지원센터에서 이제 집안일 얘기하

니깐 싫어하고 다니지 못하게 한 거예요?]

"거기 사람들이 너한테 도우지 않아."

그렇게 하고. [조사자: 너한테 도움이 안 된다고? 근데 선생님 도움이 안 됐어요?] 그렇게 저도

"맞다. 맞다"

하고 또. [조사자: 어때요? 다문화 센터가 남편한테는 도움이 안 됐는데 선생님한테는 어땠어요?] 저도 괜찮았고 그냥 거기 가서도 공부하고 선생님도 프로그램도 배우고, 좋았어요. 왜냐하면 남편이랑 좀 약간 거기 싫어하니깐 막 이렇게 하고.

▶ 이 남자랑 결혼하면 행복할 것이라 생각하다

[조사자: 지금 아이 둘을 혼자 키우고 있잖아요. 힘들 것 같아요.] 나 너무 힘들어요. 다 커. 괜찮아요. [조사자: 가장 힘들 때는 좀 지난 것 같아요?] 네. [조사자: 아이들이 좀 선생님한테 어떤 의미예요?] 저도 가장 중요 의미. [조사자: 한국 와서 많이 힘들었을 것 같아요. 근데 한국 사람이랑 가장 큰 이유가 뭘까요?] 베트남에서도, 친구들 한국 남자랑 같이 많이 결혼했어요. 잘살고 부모님 베트남 친정, 집에도 잘해주고 엄마 오빠도 오라고 했어요. 근데 나도 그렇게 좀 생각하고 친구 그렇게 잘하는데 우린 베트남에 남자들이 약간 좀 안 좋으니깐. 좋은 사람도 있고 나쁜 사람도 있고. [조사자: 주로 어떤 게 나빠요?] 그냥. 저, 깡패처럼 하고 싸우고 약간 또 베트남에서도 좋은 남자도 없으니깐. 그냥. 그리고 그렇게 얘기도 괜찮아요. 다 친구들도 그러니깐. 한번 가서 어떻게 하는지 거기 소개 사람들 이러니까. 그렇게 들어왔어요. [조사자: 그니깐 한국 남자랑 결혼하면 좀 행복할 거라 생각했어요?] 생각했어요. 행복할 거라 생각했어요. 그때 저랑, 왜냐하면 한국

남자랑 베트남 많이 가잖아요. 그 센터, 그거 뭐지? 그거 소개하는 거. 한국 남자 많이 봤어요. 그때 한 달 넘어 정도? 한국 사람 많이 만나는 남자한테 마음에 안 들었어요. 안 들었고 그때 애기 아빠도 그때 만나서 그때 마음에 들었어요. [조사자: 아, 남편 보고 마음에 들어. 남편 잘생겼구나.] 잘생겼으니깐. 또 키도 크고 젊어 보이니깐 그게 마음에 들었어요. 그 사람들 그렇게

"남편 결혼했어요. 애기도 있어요. 하지만 한국 가면 애기 안 키우고 그렇게 하니깐."

"오, 괜찮아. 오 괜찮아"

하고. 그때 와서 안 했는데. [조사자: 친정에선 뭐라고 그랬어요? 한국 남자랑 결혼한다니깐?] 친정도 엄마아빠도 괜찮다고 했어요. 그때 자기 베트남 가서 인터뷰하는 것도 우리 집에도 가잖아요. 저기 한국 가기 전에 자기도 베트남 가야 돼요. 베트남에서 그거 인터뷰하는 것도 했는데 그때 가서 우리 집에 인사하고 또 뭐지? 이렇게 갈지? 하고. 근데 괜찮고 뭐 했어요.

▶ 베트남에 돌아갈 수 없는 여러 가지 이유가 있다(주위의 시선, 자녀, 일)

[조사자: 근데 지금 이혼한다 그랬을 때 부모님 뭐라 그러세요?] 뭐랄까. 너무. [조사자: 폭력 있고 이런 거 다 알았어요, 친정에서도?] 네. [조사자: 이혼한다고 하니깐 반대했어요? 아님 하라 그러셨어요?] 그때는 뭐 잘 생각하라고. 또

"어떻게는 너 인생이니깐 너 어떻게 하는지도 잘 생각하고."

그렇게 하고 엄마, 아빠도 저 이혼도 하지 말라고 했어요. 조금 참아, 애기 낳으면 애기니깐 그렇게 하고. 원래 저도 부모님도 남매도 다 결혼

했어요. 우리 형제는… 다 결혼했어요. 괜찮으니깐 저만 그렇게 하니깐 조금 아마도. 안 된다고 하고 저도 왜냐하면 그때 그 남자가 막 대하고 이렇게 이혼한다고 하자고. 그렇게 무서워하고 말도 없고 한 달 조금 더 한, 한 달 했는데 말도 없고. [조사자: 한 달 동안 말도 안 해요?] 말도 없고 애기도 안 안아주고. 그때 다른 사람 애기도. 남편이 너 지금 무슨 계약 문제 몰라요. 너 언제 베트남 보내거나. 갑자기 같이 놀러 가거나 너 어디 놀, 그때. [조사자: 아, 그냥 베트남 보낼지도 모른다고.] 네, 보내는지. 중국 보내는지 그거 몰라요. 그렇게 하고. [조사자: 좀 겁났어요?] 원래 겁 많이 겁 났어요. [조사자: 왜요, 베트남 다시 보낼까 봐?] 네, 애기도 못 만날까 봐. 무서웠는데. [조사자: 그럼 만약에 애기 주고 베트남으로 가서 살 생각은 있었어요, 그때?] 없어요. [조사자: 왜요? 본국인데 내가 태어난 곳인데 왜 싫어요?] 저 거기 못 가요. [조사자: 아, 가기 싫어? 못 가요?] 네, 왜냐하면 우리 나라 약간 좀 사람이 눈치 보고 이렇게 많이 안 좋아요. 그 집에도 다 이렇게 어떻게 한국 가서 결혼했는데 다시 베트남 사는 거 그렇게 많아. 우리 부모님도 힘들어. [조사자: 아, 그니깐 '한국에 결혼해서 갔는데 이혼하고 베트남 다시 왔다'라는 게 좀 많이 창피한 거예요?] 네, 창피하고 또 부모님도 마음이 아파하고 그렇게 저도 안 좋아, 싫어요. [조사자: 그럼 만약에 여기서 아이를 안 줬으면 그래도 베트남 갈 생각은 없는 거였어요?] 네, 여기 일한 거 있으니깐. [조사자: 그럼 나중에 성공해서 가는 건 어때요?] 나중에 성공? 저 그냥 놀러 가요. 베트남 놀러 가요. 사는 데 한국 살아요. 그렇게. [조사자: 놀러는 가도 사는 것은 한국에서. 그것 말고 또 다른 이유가 있을까요, 창피한 거 말고? 한국에서 살아야 되는 이유?] 창피도 하고 애기도 없고 만나는 일도 안 되고. 애기 꼭 만나야 돼요. 그때 사람들도 아마도 나가면 애기 둘이 데려 가잖아요. 힘들어. 그냥 나도 그냥 혼자 나가. 안 돼요. 저 그렇게 애기했어요. [조사자: 애들하고 떨어져서 못 사는 거예요?] 네, 그렇게 만약에 애기 여기 낳아도 남편이 애기도 안 보여주면 어떡해.

▶ 이혼은 했지만 남편 및 시댁 식구들과 교류하며 지내다

[조사자: 남편이 지금 양육비는 줘요?] 줘요. [조사자: 한 아이 얼마씩 줘요?] 큰아이 30만 원. 둘째 딸 이렇게 25만 원. [조사자: 그래서 55만원씩 양육비 매달 줘요?] 네. [조사자: 그래도 이혼했어도 아빠 역할을 하네요? 그건 그래도 성실하게 하고 있어요?] 네, 또 장난감 같은 거 옷이 두 번 해주고. 그리고 크리스마스에 고모도 옷 보내주고 두 번 해주고. [조사자: 어쨌든 이혼했지만 그 집 식구들하고도 계속 연락을 하고 아빠랑도 잘 만나네요?] 네, 저도 이혼했지만 그 애기가 아마 없으니깐 조금 그렇게 하고 저도 옷이라도 다시 사줘 보내면 잘해주는고, 해주고. 왜냐하면 남편이랑 안 같이 살았던 때예요. 하지만 애기가 좀 그렇게 하니깐 돈도 없지만 하지만 그냥 마음 그렇게 생각하고.

▶ "할 수 있다." 그러나 아빠를 찾는 아이들로 인해 마음이 약해지다

저도 원래 자신감 좀 낮아요. [조사자: 언제요? 언제까지 낮았어요?] 그때 아가씨일 때 좀 낮아요. 결혼했으니깐 엄마 돼서니깐 좀 자신감이 있어요. 그때 두 아이도 맞게 데리고 나가니깐 또

"할 수 있다"

그렇게 하고. 처음에 좀 안 돼요. 그렇게 항상

"어, 다시 집에 갖고 싶어요. 막 오라"

하고 그러겠으니 이제 좀 눈물도 많이 없고. [조사자: 언제 다시 집에 가고 싶었어요? 쉼터에 있을 때?] 네, 쉼터에 처음에 나가니깐. [조사자: 아,

집 나갔을 때.] 우리 아들 자꾸

"아빠 보고 싶어요"

울고.

"아빠, 보고 싶어요. 아빠 집에 갈래"

그렇게 하고. 그렇게 마음이 막, 많이 흔들리고. [조사자: 지금은 아이들이 아빠한테 가잔 말 안 해요?] 자기도 그냥 뭐지? 추석이잖아요. 추석 갔다 왔으니깐 우리 아들 자꾸

"엄마, 나 디딤터 안 살아요. 아빠랑 같이 살, 아빠 집에 살 거예요"

그렇게 하고. 여기 오면 막 그렇게 소리 나고.

"나 아빠 집에 갈래."

"야, 여기 집에. 여기 집이야. 아빠 그냥 집에 놀러 가."

잠깐 놀러 가요. [조사자: 그럼 또 말 들어요?] 네, 그렇게 그래 다음 날 괜찮아요. 다음 날 괜찮았고. [조사자: 아빠 한 번씩 보고 아빠 집에 가서 산다고.] 네, 그렇게 하고, 막 울어요.

"아빠 그때 여기 와서 ○○ 불러서 만났잖아. 그때 여기 듣고 그때 내놨잖아."

그때 막 울어요.

"아빠."

그때 다시 아빠한테 전화하고 얘기하고 아빠가

"우리 다음에 또 만나자"

그러고 괜찮아. [조사자: 그럼 또 괜찮아지고. 아이고.] 저도 힘들어요.

▶ 비슷한 처지의 이주여성들과 정보를 공유하다

[조사자: 혹시 퇴소한 사람들하고는 같이 연락을 하세요?] 네. [조사자:

여기 같이 살았던 사람들이요? 오, 어디 살아요? 그분들은?] 가까워. [조사자: 가까운 데. 몇 분 정도 되세요?] 5분 정도. [조사자: 아, 5분 정도. 몇 명 정도 연락을 해요?] 그때 언니 두 분 몇 명이요. [조사자: 그분들하고 같이 연락하고 지내는 게 좀 어때요? 도움이 돼요?] 그래, 언니도 나가도 우리 한부모이니깐 우리 많이 도움이 돼요. 나라에 도움이 좀 있어요. 신청하는 것도 많이 있어요. 신청한 거 물리는 것도 뭐지? 그 집 있는 거 신청하고. 양육비 말고 한부모 또. 또 먹는 거. [조사자: 한부모 가족 지원비 받는 거 이런 거 서로 정보 알려줘요?] 네, 정보 알려줘요. [조사자: 이제 여기 퇴소하고 신청하고 이러는 거?] 네네네, 그렇게 많이 알려줘요. [조사자: 주말에 같이 모여서 놀기도 해요?] 네, 있어요. 하지만 요즘에 저 그 네일아트 자격증 따기 힘들어하니깐 밖에 못 나가요.

▶ **남편의 양육비와 네일아트 아르바이트로 퇴소 이후의 삶을 꾸려가고자 하지만…**

[조사자: 연습을 많이 해야 돼요?] 연습 아니, 그냥 필기. 제가 필기 공부하니깐 왜냐하면 어려워요. 우리 그냥처럼 애기 안 있잖아요. 책에다 보니깐 좀 어려워요. 한국 사람도 어려워. [조사자: 필기 시험 봐서 공부해야 되니깐 이제 낱말이나 용어도 어렵고.] 그리고 한국 사람이 좀 한국 사람이 쉽게 이해잖아요. 우리 외국 사람이니깐 좀 어려워요. [조사자: 네일아트는 애들 데리고 일하기 좀 어려운 직업이라 그랬잖아요. 그럼 어떻게 할 계획이세요? 이제 내년에 6월에 퇴소인데.] 저 그냥 생각, 알바 하거나. [조사자: 어떤 알바?] 그 네일아트 알바. 여기 10시까지 못 하잖아. [조사자: 늦게까지 못 하니깐.] 네일아트 여기서, 알바 하는 거 괜찮아. 애기도 같이 봐주고 늦게까지 누가 봐줄수도 없고 애기도 불쌍하고. 그렇게 생각했어요. [조사자:

아르바이트 해서 생활비 될 거 같아요?] 저도 애기 아빠도 양육비 보내주니깐 그냥 그 정도로 하고. 좀 저 애기 2명이니깐 일 못 해요. 알바. [조사자: 근데 컴퓨터 자격증 따고 이런 건 뭘 준비하는 거예요?] 그냥 다음 사람 만약에 회사가거나 통역, 그것도 필요하잖아요. 그러니깐 다 배우는. [조사자: 그니깐 회사나 통역할 일 생각도 있는 거예요?] 네, 그 왜냐하면 여기 기본이니깐. 우리 그냥 배워요. 우리 도움. [조사자: 만약에 네일아트 못하게 되고 회사나 이런 데 취업할 수 있으면 그것도 생각하고 있는 거예요?] 그 사람들도 있어요. [조사자: 아니, 자기는?] 저도 공부 잘 못했으니깐 또 한국말 잘 못하는데 어떻게 회사 들어가요? [조사자: 한국말 이 정도면 의사소통 다 되는데요, 뭘.] 한국말 잘 못해하고 공부도 못하니깐 회사도 공부도 많이 있잖아요. 많이 못하니깐 또 애기 2명이잖아요. 그리고 또 생각 안 해. 그냥 기술, 기술. 기술이 좋아요. 할 수 있는 것 해. 자격증 그냥. 회사 하는 거 갑자기 그만 놔두니깐 모 했는지 그거 조금 그렇게 하고. 먼저 기술 배워. 기술을 더. [조사자: 그럼 지금 목표는 뭐예요?] 목표? 저 지금 자격증 빨리 합격하면 좋겠어요. [조사자: 그럼 취업할 데는 있어요?] 네. [조사자: 여기에서 해줘요?] 여기서, 네, 알아보고 우리 동네에서. 먼저 빨리 합격 좋겠다. 아직 합격하지 않으니깐 많이 걱정하고.

▶ **퇴소 이후 주거와 아이 돌봄의 공백은 걱정이 된다**

[조사자: 친정 식구들하고는 연락 자주 해요?] 네, 연락해요. 지금 디딤터 살아도 알아요. 여기도 도움 주는 것도 많았고 지금 원래 좋아하는 거 못 배우니깐 지금 또 배움 하고 있어요. 원래 좋아하는 거 엄마, 아빠 원래 못 보내주니깐. [조사자: 네일아트 엄마, 아빠가 못 해줬는데.] 이제 내가 여기 다 보내주니깐 열심히 하고 좋아하세요. 그렇게 하고. [조사자: 어떤 지

원을 더 해주면 도움이 될까요?] 저 지금 나가면 뭐지? 집 있는 거 좀 걱정하고. [조사자: 집이 가장 문제네요? 이제 여기서 그 자립지원금 500만 원? 정도 지원이 되나요? 그걸로 부족한 거예요?] 부족해요. 왜냐하면 원래 일도 없고 그냥 바로 여기 들어오니깐 사람들 돈도 없고 우리 나갈 집도 뭐 집 그 뭐지? 월세도 많고. 그렇게 내가 돈을 내요. 도움이 있으면 좋은 집 살 수 있잖아요. 도움 없으면 그냥 지하거나 쪽방, 방에도 조금하고 그런 게 많이. 나가면 또 필요한 거 많아요. 그게 제일 걱정이에요. [조사자: 또 어떤 게 조금 더?] 애들. 내가 갔다 와서 누가 봐주, 딱 시간하고. [조사자: 이제 본인이 늦게 끝나고 이랬을 때. 아이들 봐줄 사람이 없는, 이제 어린이집은 또 일찍 끝나니깐. 그게 가장 걱정스럽구나. 맞다, 그렇다. 그쵸. 혼자 아이들도 보고 혼자 일도 해야 되니깐. 아이들 문제가 가장 걸리겠다.] 애들 그거 봐줄도 없고 그러니깐 일도 못 해. 한 명 괜찮아. 두 명이니깐 더해. 애기 하나 괜찮아요. [조사자: 아, 둘째?] 아니, 둘이니깐.

▶ 이주여성자립지원시설에서의 아이돌봄과 생활비 지원은 큰 도움이 되다

[조사자: 여기 시설에서 좀 다른 선생님들, 직원분들 어떠세요?] 괜찮아요. 다 좋아요. [조사자: 어떤 게?] 선생님도 잘해요. 우리한테 잘해주니깐 너무 감사하고. [조사자: 좀 어떤 부분에서 잘해주세요?] 팀장님, 수녀님들도 다 선생님들도 다요. [조사자: 학원은 매일 나가시는 거예요?] 아뇨. 월, 수, 금. [조사자: 학원비는 여기서 다 지원이 되고요?] 네. [조사자: 그럼 나갔을 때 애기는 누가 봐주세요?] 그때 어린이집. [조사자: 근데 혹시 늦거나 그럼?] 7시, 7시니깐 그리고 만약에 그날 애기 프로그램 있으니깐 선생님들 일찍 데리러 와요. [조사자: 선생님들이 여기서 봐주시는 거예요? 만약에 여

기 안 들어왔으면 그런 게 좀 어렵겠네요.] 네, 맞아요, 힘들어요. 돈도 못 받고, 여기 매달 우리 20만 원 받아 했었잖아요. [조사자: 현금으로 20만 원씩? 그걸로 뭘로 써요? 20만 원을?] 그거 우리 그냥 있는 거 하고 싶은 거. [조사자: 시장이나 먹고 이런 거.] 시장는 것도, 뭐지? 핸드폰 요금하고 그러고 또 사고 싶은 것도 사고. [조사자: 그것도 조금 도움이 돼요?] 그리고 ○○ ○○○ 없어요. 힘들어 나갈 때 돈 없어 힘들어하니깐 일도 못 해갖고 애기 너무 애기니깐.

▶ 이주여성자립지원시설에서 만족스럽게 생활하다

[조사자: 쉼터에 있을 때랑 요기 있을 때랑 달라요?] 쉼터에 그, 그니깐 저 ○○○ 쉼터에 거기도 일 못 하잖아요. 공부도 없어요. 공부도 많이 없어요. 프로그램도 없어 사람이 왔다 갔다 많아요. 방이 좁아. 2명이 같이 살아요. 먹는 것도 달라요. 여기 딱 한 집에 3명 이렇게 4만 원 들어왔잖아요. 거기가 같이 먹어요. 먹는 것도 같이 먹어야 되고. 그냥 먹고 사다가 우리끼리 사다가 먹고 또 좀 안 좋아하고. [조사자: 애들한테도 안 좋았어요, 거기가 더?] 거기 애기도 공부 많이 없어요. 주말에 그냥 봉사 사람들 와서 이렇게 나오고 하고 돈도 없어요. 기저귀도 없어요. 그때 저, 그때 막 내잖아. 그때 어린이집 못 하니깐 그때 한 달에 맞다, 내가 그 돈으로 아들 어린이집 한 달에 5만 원 나가잖아요. 기저귀도 사고 병원도 가고 하니깐. [조사자: 어려웠구나. 근데 여기서는 그런 것들이 다 지원이 돼요?] 다 지원하려고 하니깐. 먹는 것도 챙겨주고 돈 버는 것도 다. [조사자: 그럼 여기 식사는 직접 해서 먹는 거예요?] 네, 해서 먹어요. [조사자: 이렇게 같이 살면서 불편한 거나 이런 건 없어요?] 불편도 있어요. 왜냐하면 같은 방, 하지만 화장실 하나니깐 주방도 하나니깐 같이니깐 좀 그렇게 하고 말도 안 통하니깐

그렇게도 조금 불편하지만 저 괜찮아요. 어차피 방에다 다 자니깐.

▶ **힘들어도 엄마니까 마음이 강해지다**

[조사자: 자립이 뭐예요? 본인이 생각하는?] 자립이? 자립이 뭐예요? [조사자: 아, 이제 혼자 "내가 할 수 있다"라고 얘기했잖아요. 뭘 "혼자 할 수 있다"라고 생각이 드신 거예요?] 저 혼자 할 수 있는 거? 혼자 할 수 있는 거? [조사자: 이제 아까 뭔가 자신감이 생겼다고 했거든요.] 애기 키우는 거. [조사자: 아, 애기 혼자 키우는 거.] 네. [조사자: 애기 혼자 키우는 거에서 어떤 부분이요?] 엄마 역할. [조사자: 오! 그게 왜 생겼어요? 뭐 때문에?] 왜냐하면 엄마이니깐 엄마이니깐 엄마 마음이 강하고 힘 세니깐 애기 키울 수 있어요. 만약에 그때 못해하면 나도 나가잖아요. 그럼 안 된다고 애기 꼭 필요하니깐 그래가지고 애기 있으면 힘들 때 애기 보니깐 힘 있어요. 만약 지금 애기 안 데려와 그냥 혼자 살면 너무 보고 싶어하고 못해요. 혼자도 못해요. 할 줄…. [조사자: 아이가 없었으면 지금 혼자 못 살았을 거다.] 그렇게 느낌 해서 계속 그렇게 있어요. 미웠지만 하지만. [조사자: 근데 아까 둘이어서 너무 힘들다고 그랬잖아요.] 힘들지만 그렇게 미워도 하고 하지만 자꾸 마음이 그렇게. [조사자: 아이들 때문에 힘이 생기는구나.] 네.

▶ **이주여성자립지원시설은 연구참여자에게 친정 같은 곳이다**

[조사자: 만약에 여기 디딤터가 없었다면 어떠실 거예요?] 누가 도와줘도 없고 하니깐 좀 약간 힘들어요. 나갈 때 누가 좀 도와줄 있는 사람 우리도 힘들지 안 하고 다른 사람들 도와주니깐 좀 괜찮아요. 도움이 되는. 혼자 놔두면 누가 도와줄 수도 없고 하니깐 그거 조금 불쌍하고 힘들어요. [조사자: 그럼 여기 디딤터 말고는요, 한국에서 도와줄 데가 하나도 없었던 거

예요?] 거기도 그 쉼터잖아요. 그때 와서도 베트남 언니도 있어요. 그때 이혼은 좀 하니깐. 그때 변호사 저한테 애기 키우고 싶으면 디딤터 가야 돼요. 남편도 저도 한국말도 잘 못해하고 돈도 없고 집도 없고 남편이 다 뺏을 거야, 그렇게 하고. [조사자: 그건 어디서 도와줬어요? 그런 얘기는? 쉼터? 다문화?] 그때 변호사 저한테 디딤터 가라고 디딤터 다 도와주잖아요. 찍는 거 방에도 있고 공부하는 것도 시켜주고 애들한테도. [조사자: 그럼 그 쉼터에서 여기 디딤터를 소개시켜 준 거예요?] 변호사. 그 자꾸 저한테 거기 가지 말라고 했어요. [조사자: 아, 쉼터를? 에? 어디서 가지 말라고?] 이 쉼터를 가지 말라고. [조사자: 왜요?] 힘들다고. 공부하는 것 안 하고. [조사자: 쉼터에서 이 디딤터를 가지 말라고 그랬다고요?] 네, 공부, 제가 저가 공부 너무 힘들어. 애기 너무 애기니깐 스트레스 받고 2년 동안이나 거기 일도 돈도 못 받고. [조사자: 그니깐 쉼터에서 디딤터를 가지 말라고 그랬다고요?] 네. 그렇게 하고. 그때 저도 변호사 얘기,

"거기가 공부도 시켜주고 지금 ○○이 도움 없었잖아요. 남편이 만약에 판사하면 남편이 애기 다 키워요. 근데 못 키워. 그때 자기 이혼, 자기도 애기 키우고 싶어요. 다 뺏길 거야."

그렇게

"너 베트남 가"

라고 해도 저도 무서워요. 지금 돈도 없고 애기 데려가지만 돈, 제 삶도 없고 집도 없고 말도 못했고 어떻게 하는지 너무 걱정이에요. [조사자: 그니깐 애들도 뺏기고 그냥 베트남으로 가게 될까 봐.] 그렇게 하고, 안 된다고 그렇게 하고.

"저도 거기 갈 거예요. 애기 위해서 돈 거 애기 위해서 거기 갈 거예요."

[조사자: 그래서 여길 선택하게 된 거예요?] 네, 선택해서 여기 왔어요. [조사자: 여기 디딤터가 선생님한테 어떤 의미예요? 어떤 곳이에요, 선생님한테?] 집처럼, 친정 집처럼. 어디 가면 다 허락하지만 우리 부모님 똑같은 거예요. 허락도 받고 나가잖아요. 여기도 그렇게 하고 처음에 조금 불편했잖아요. 하지만 계속 그냥 괜찮아요. [조사자: 뭐가 불편했어요, 좀? 허락받고 다니고?] 허락받고 어디 갔다가 딱 시간이에요. 미리 전화하거나 그냥 우리 자는 시간도 불러 내려오고 조만네 프로그램 그거는 처음에 조금 아침에 춥지 않으니깐 조금 고생했어요. 해서 그냥 계속 하니깐 괜찮아요. 후배한테 또 그렇게 얘기하니깐 처음에 좀 힘들어해, 근데 계속 익숙하니깐 괜찮아요. 후배는 얘기해주고 그러네요.

▶ 이주여성자립지원시설에서 요구하는 기본 자격을 맞추는 데
  힘들지만 성취감을 느끼다

  수업도 많아요. 하루 종일 3시간 하고 공부 끝나고 1시간 밥 먹고 오후에 또 다음 수업 들어가고. [조사자: 매일이요?] 네, 매일 그렇게 해요. [조사자: 그렇게 몇 개월 해야 돼요?] 1년 넘었어. [조사자: 지금도 계속 그렇게 하고 있어요?] 예, 지금 저 학원 가니깐 저 그거 안 들어. 끝났어요. [조사자: 1년은 그 프로그램을 다 해야 되고 1년 후부터는 자기가 직업교육 받는 걸 선택해서 하는구나.] 그렇게 조금 공부를, 왜냐하면 다른 사람 공부 3급, 4급? 아까우니깐 나 공부 계속 1급도 안 되잖아. 학원도 못 보내. 3급 합격하면 학원도 갈 수 있어요. 못하면 스트레스 받잖아요. 그때도 스트레스 받아요. 공부 그것 때문에. [조사자: 공부 스트레스 받는구나. 근데 이렇게 뭔가 자기가 시험 봐서 합격하고 노력한 게 되면 성취감도 있지 않아요?] 네, 있어요. 합격하면 아, 거기까지도 합격하면 기분도 좋고 이제 갈 수 있어요.

그렇게 하고 아직 못 합격하니깐

'아, 나 외국어를 못해서도'

그렇게 하고. 막 이렇게 스트레스, 내가 스트레스 받아서 그렇게 하고. 근데 열심히 하니깐 합격해서 되면은 이제 또 저도 후배한테도 얘기했어요.

"조금 열심히 하면 다 할 수 있다"

하고 그렇게

"처음에 다 스트레스 받아. 힘들어."

[조사자: 좀 자극도 될 것 같아요. 아, 나 열심히 해서 나도 저 사람처럼.] 네네, 그렇게 했어요. [조사자: 좀 자기 성장도 되는 것 같아요?] 네. 그냥 여기 사람들도 하고 싶은 것도 못 해잖아요. 3급 못 합격하면 보낼 못 해. 학원을 못 보내줘요. 꼭 3급 해야 돼요. 2급도 안 돼요. 3급 해야 돼. 3급에 상대방 무슨 말 선생님 알아들어야 돼요. 그래야 학원 갈 수 있어요. 2급도 못 해요. 하고 싶은 것도 3급부터 하니깐 그냥도 지치고 나가요. 사람들 3급 못 합격하면 학원도 못 가고 그냥 1년 지나면 하고 나가요. 그러니깐 다른 사람도 하고 싶은 것도 못 해. 여기 기본이니깐, 기본. [조사자: 자격증을 따야지 밖에 나가서 또 다른 교육을 받을 수 있는 거예요? 그건 아니고?] 그게 밖에 여기 2년 끝나면 우리 알아서 나가요. 우리 그냥 나가면 우리 알아서 잘. 딱 2년만. [조사자: 그럼 여기 퇴소한 사람들도 여기 자주 와요? 도움을 계속 받고 있어요? 어때요?] 이제 곧 나가, 우리? 알아서 살아가는 데 도움이 많이 없어요. 2년 동안 여기 많이 받아요. 혜택 많이 받아요, 나갈 때. 우리 그냥 유리해요.

▶ **퇴소 이후가 여전히 걱정스럽지만**

[조사자: 근데 지금 퇴소해서 살고 있는 사람들 가끔 만나요?] 저도 만나요. 만나고 또. [조사자: 같은 베트남 사람들이에요? 아니면?] 베트남 사람. [조사자: 혹시 시설에서 좀 더 지원이 되거나 바뀌었으면 하는 거 있어요?] 아직. 저 안 바꿔도 돼요. [조사자: 지금, 지금 만족하세요?] 만족. 맞아요, 만족. 그 뭐지? 퇴소하면 옷, 베개 좀 너무 부족. [조사자: 아, 약간 자립지원금이 조금 더 있었으면. 약간 자립지원금을 더 주거나 주거를 좀 대안을 마련해주거나.] 맞아, 나가면 좀 많이 힘들어서. 필요한 것도 많고. 지금에 다만족해요. [조사자: 좀 퇴소했을 때가 약간 걱정스럽….] 네, 맞아요. 사람들 다 그렇게 하고. [조사자: 퇴소해서 여기 주변에 사는 사람들 많다고 그러더라고요.] 네. [조사자: 그 사람들 어떻게 살아요? 잘 살고 있어요?] 또 일도 잘 열심히 하고 그렇게. [조사자: 여기에서 직업교육 받았던 일로 이제 하고 있는…?] 일도 잘하고 있어요. 네, 그냥 다른 사람 그냥 있어요. [조사자: 근데 여기에서 중간에 2년 안 채우고 그냥 몇 달 있다 퇴소하는 사람도 있어요?] 이런 애들. 꼭 1년 지나면. 2년 안 해도 돼. 1년 지나면 딱 몇 개월 안 되도. [조사자: 아, 근데 왜 1년만 살고 나가요? 2년 있어도 되는데.] 왜냐하면 그 사람들 우리 3급 합격하면 학원 보내도 오래 걸리잖아요. 그 사람은 합격 못하니깐 그러니깐 빨리 퇴소해요. 프로그램 다 끝나고 또 이제 지진하면 나가야 돼. 3개월 정도. [조사자: 아, 프로그램 다 하면 1년 있다 나가야 돼요?] 아니, 우리 3급 합격하면. 학원 보내할 수 있어요. 그 사람가, 그 사람이 2급만 하다 보니깐 3급 못 합격하잖아요. 학원 못 보내니깐 그냥 기본 프로그램 다 공부 끝내고 이제 취직 가요. 취직 가면 그때 3개월 후에 나가요. 만약 우리 3급 합격하면 이렇게 학원도 가고 오래 걸리잖아요. 그때 딱 2년, 그 사람들 이렇게 1년 넘어서 그렇게 됐어요.

[조사자: 근데 이제 선생님은 내년 2년 딱 채우시는 거죠?] 네, 그 시간 기다리지 안 하고. 아, 벌써 2년 조금 더 하면. [조사자: 여기서 조금 더 살게 해주면 어때요?] 좋아요. [조사자: 그럼 좀 자리 좀 잡고 돈 좀 더 모아서 나갈 수 있을까요?] 네, 맞아요. 누가 딸 애기도 봐주고 그렇게. [조사자: 애기도 조금 크니깐. 그니깐 아이가 자녀가 어린 경우가 가장 문제겠다.] 네, 맞아요, 애기가. 나는 퇴소. 거기가 상대, 베트남 퇴소했어요. [조사자: 아, 누구? ○○?] 아니 ○○ 아니에요. 그 △△. [조사자: 아, 언제 퇴소했어요?] 퇴소는 이번 달? 그때 우리 추석 때, 퇴소했어요, 그때. [조사자: 연락해요?] 연락도, 여기 와요. 애기 여기도 맡겨요. 그 왜냐하면 야근 때문에 누가 봐줄 수도 없고요. [조사자: 그럼 퇴소해서도 여기서 야간에 애기를 봐줘요? 그래서 야간에 누가 봐줘요?] 야간에 그냥 그 언니가 수녀님, 난 어떻게 얘기했는지 저도 잘 모르고 그냥 봐줘요. 우리한테 사무생 자주 아니고 우리, 우리 엄마들한테. 저도 어린이집 보내주고 데리러 주고 다음 엄마 밥 먹여주고 씻고 입고 재워 자고. [조사자: 퇴소한 분들 친하게 지내는 분들이 몇 분 정도 있어요? 연락처 서로 주고받고?] 4명? 5명 정도? 다 베트남 사람.

5장

두 딸을
온전히 품는
그날까지*

연구참여자는 베트남 출신으로 약 한 달 전에 이주여성자립지원시설을 퇴소하고 4살 딸과 함께 살고 있다. 2014년 한국으로 이주했다. 첫 번째 결혼에서 딸을 낳았다. 이혼 후 친정 부모님과 함께 살던 중 한국인 남성과 재혼했다. 둘 다 이혼 경험이 있고, 전혼 자녀도 있었기 때문에 서로 이해하며 잘 살아갈 수 있지 않을까 생각했다. 어느 날 남편은 친정 어머니 초청서류라며 서명을 하라고 했다. 그러나 3개월 뒤 그것이 합의이혼 신청서라는 것이 밝혀졌고, 연구참여자는 임신 초기의 몸으로 갑작스럽게 사기 이혼을 당했다. 주변 이웃들과 다문화가족지원센터의 도움으로 쉼터로 거주지를 옮겼다.

남편에 대한 배신감으로 육체적으로, 정신적으로 힘든 나날을 보냈다. 쉼터의 도움으로 소송을 통해 사기 이혼을 바로잡았다. 이후 위자료와 양육비 소송을 연달아 진행했다. 쉼터에서는 연구참여자의 상태를 고려하여 한 가지 소송만 하자고 만류했으나, 소송을 통해 자신의 떳떳함을 밝히고 싶었다. 연구참여자는 쉼터에서 이주여성자립지원시설로 옮긴 후 본격적으로 자립을 준비했고, 강아지를 좋아하여 애견미용 자격증을 취득했다. 그러나 지난 일들로 건강이 악화되어 매일 일을 하러 나갈 수도 없는 상황이다. 경제적으로 빠듯하긴 하지만 딸과 함께 한국에서 살 수 있다는 것만으로 만족하고 있다. 한 가지 꿈이 있다면, 한국 국적을 취득하고 경제적 자립을 이루면 베트남에 있는 첫째 딸도 한국으로 데리고 오는 것이다. 두 딸을 온전히 품을 수 있는 날을 기다리며 하루하루를 살아가고 있다.

[주제어] 가정해체, 재혼, 베트남, 쉼터, 이주여성자립지원시설, 디딤터, 자립

---

* 인터뷰는 2018년 12월 29일에 진행되었다. 스토리텔링 시점은 인터뷰 일시를 기준으로 한다.

1.
상상하지도 못했던 이혼

남편과 서로 재혼으로 만나다

베트남에서 한 번의 이혼을 경험하고 딸을 키우고 있던 나는 결혼중개업체의 소개로 나와 비슷한 처지의 한국 남성과 재혼했다. 남편에게는 전혼 자녀가 세 명 있었는데 전부인이 맡아서 키우고 있다고 했다. 베트남에 남아 있을 딸이 마음에 걸렸지만 친정 부모님이 계셨기 때문에 조금이나마 마음의 위안이 되었다. 한국 남자라면 자상하고 가정적이지 않을까 하는 기대감이 있었다. 그래서 한국인 남편과 결혼하는 것이 내 인생의 새로운 시작이 되지 않을까 생각했다.

남편은 바다에서 보내는 시간이 많았다. 일주일에 5~6일 정도는 먼 바다로 나가 일을 하고, 집에는 하루 이틀 정도만 머물렀다. 자주 얼굴을 볼 수 있는 사이는 아니었지만 남편은 함께 있을 때는 나를 잘 챙겨주었다. 생활비는 30만 원 정도를 받았다. 남편이 집에서 머무는 시간이 길지 않았기 때문에 음식을 준비하거나 구입할 필요도 거의 없어서 부족한 금액은 아니었다. 좋은 남편을 만나서 한국에서 살아가는 나날이 행복했고,

이 생활이 계속될 것이라 믿었다.

임신 초기의 몸으로 내쫓기다

결혼한 지 1년 정도 되어갈 무렵 남편은 나에게 서류를 하나 내밀었다. 베트남에 계신 친정어머니를 초청하는 서류라고 했다. 자상한 남편의 배려가 너무나 고마웠던 나머지, 아무런 의심 없이 서명했다. 그리고 3개월 뒤 남편은 갑자기 집을 나가라고 통보했다. 법적으로 우리는 이혼한 상태이기 때문에 내가 이 집에서 살 수 없다고 했다. 도무지 무슨 말인지 이해할 수 없어 이웃집 아주머니에게 도움을 청했다. 아주머니의 연락을 받고 온 경찰과 다문화가족지원센터 통역관이 내가 서명했던 서류는 합의이혼 서류라고 했다. 남편은 나를 감쪽같이 속였던 것이다.

나는 당시 임신 7주 정도로 임신 초기에 접어든 상태였다. 임신까지 한 상황에서 이 집을 나가 도대체 내가 어떻게 살아야 할지 너무나도 막막했다. 울면서 제발 이 집에서 살 수 있게 해달라고, 이혼만은 취소하고 싶다고 남편에게 매달렸지만 남편의 반응은 싸늘했다. 이혼했으니까 나와 배 속 아이는 자신과는 상관없는 일이라며 매몰차게 굴었다. 갈 곳이 없어 결국 근처에 사는 남편의 숙모를 찾아갔다. 숙모는 남편의 이런 행동이 이해가 가질 않는다면서 나의 편을 들어주었다.

2.
배신감으로 고통받다

배신감으로 망가져버린 몸과 마음

곧 친정어머니를 한국에서 만날 수 있다는 기대감이 있었고, 남편의 아이까지 임신했기에 더할 나위 없이 만족스러운 나날이었다. 그러나 갑작스러운 남편의 이혼 통보로 인생이 나락으로 떨어진 것 같은 기분이었다. 죽을 것만 같았다. 돌이켜보면, 사실은 이혼서류였던 친정어머니 초청 서류에 서명했던 이후에도 우리는 평범한 부부생활을 하고 있었다. 그리고 남편의 아이를 가졌다. 그런데 이혼이라니, 받아들이는 것이 힘들었다. 남편이 이혼하려고 했던 이유는 도대체 무엇이었을까. 이웃들로부터 내가 돈을 벌면 베트남으로 돌아갈 것이라는 소문이 떠돌고 있었다는 이야기를 들었다. 귀가 얇은 남편은 아마 이런 소문을 들었을 테고, 점점 나를 의심했던 것이다. 나를 속이고 이혼하려고 했었던 것도 이런 이유이지 않았을까. 아직도 나는 사기 이혼의 전말을 알지 못하고 그저 추측만 할 뿐이다.

다문화가족지원센터에서 쉼터를 연결해주어서 당장 살 곳에 대한 부분은 해결할 수 있었다. 그러나 남편에 대한 배신감으로 내 몸과 마음은 만신창이가 되었다. 입덧이 유난히도 심해서 음식을 제대로 먹지도 못했고, 임신중독증 때문에 간 수치가 나빠져 얼굴에 황달이 심하게 왔다. 사실 그 당시에는 내가 임신중독증인지도 몰랐다. 그저 한국에 와서 믿었던 남편에게 배신당한 탓에 모든 것이 절망적이었다. 또한 당시 의사가 나에게 무슨 이야기를 하는지 제대로 알지 못했다. 이러한 모든 상황이 나를 더욱 힘들고 우울하게 만들었다. 남편이 나를 속이고 배신했다는 생각에 밤마다 잠을 자는 것도 힘들었다. 그냥 죽어버리고 싶다는 마음도 있었지만 주위의 많은 사람들이 내 상황에 공감해주고 돌봐주었다. 임신중독증 치료를 위해 병원에 가는 것조차 힘들었는데, 정기적으로 병원에 검사하러 갈 때마다 베트남 친구들이 동행해주었다.

사기 이혼을 바로잡다

근처에 살고 계셨던 남편의 숙모는 나의 이런 상황에 많은 공감을 해주었다. 남편에 대해 '나쁜 사람'이라면서, 나의 편을 들어주었고 내가 쉼터로 갈 수 있도록 많은 도움을 주었다. 근처에 살던 베트남 친구들도 내 상황을 대변해주었고, 산부인과에 가서 검진을 받을 때마다 나와 동행해주었다. 쉼터 담당자도 내가 한국에서 아이를 낳고 한국에서 아이를 키울 수 있도록 해줄 테니 아무런 걱정하지 말라고 다독여주었다. 한국에서 살아가기 위해서는 남편의 사기 이혼을 반드시 바로잡을 필요가 있었다. 한국어에 서툰 나를 대신해서 쉼터와 베트남 친구들은 소송의 모든 과정을 함께해주었다.

이혼 소송 때문에 법원에 가는 것은 쉽지 않은 일이었다. 임신중독증으로 온몸이 부서질 정도로 힘들었다. 내가 죽어서 사라지는 한이 있더라도 남편이 한 짓은 바로잡아야 했다. 그리고 남편도 자신의 잘못을 깨닫길 바랐다. 그러나 남편은 단 한 번도 법원에 모습을 비추지 않았다. 법원에서 출석 요청서를 계속 보냈지만 남편을 법원에서 만나지 못했다. 결국 소송을 통해 남편의 거짓말이 밝혀졌고, 나는 쉼터의 도움으로 조산원에서 딸을 출산했다.

끝내 딸의 유전자 검사까지 요구하다

이혼 소송을 통해 결과를 바로잡을 수 있었지만, 그 과정은 나에게 고통스러웠다. 이후에도 몇 가지 소송이 더 필요했다. 쉼터 담당자는 위자료나 양육비 소송 중 하나만 하는 것이 내가 감당할 수 있는 선일 것이라고 조심스럽게 의견을 전달했다. 하지만 나는 할 수 있는 소송은 무엇이든 다 진행해달라고 요청했다. 그게 내 마음이 편해지는 유일한 방법이었다.

어느 날 남편의 고모로부터 연락이 왔다. 남편은 내가 낳은 딸이 자신의 자녀가 아닌 것 같아 양육비를 줄 수 없다는 황당한 이야기를 전했다. 남편은 나의 외도를 의심했던 것이다. 그래서 남편은 친자확인 소송을 신청했다. 나는 거리낄 것이 전혀 없었기 때문에 소송에 응했고, 유전자 검사 결과를 제출했다. 당연히 남편의 친자녀로 확인되었다. 하지만 남편은 그때도 시간이 없다는 핑계로 한 번도 법원에 나오지 않았다. 소송의 최종 결과에 따라 남편의 친자확인 소송은 패소했고, 자신의 딸의 모습이 궁금했는지 딱 한 번 아이 얼굴을 보러 찾아왔다.

주변 사람들을 통해 남편이 또다시 베트남 여자와 재혼했다는 소식을 접했다. 남편은 세 번째 결혼인 셈이다. 여자가 초혼인 줄 알고 남편이 기뻐서 결혼했는데 알고 보니 그 여성은 재혼이었다고 한다. 심지어 베트남에 두 명이나 자녀가 있다고 하여, 남편이 사기결혼을 당했다면서 이혼을 하겠다고 하더란다. 자업자득이다. 그냥 이혼하지 않고 현실을 받아들이고 잘 살기를 바라는 마음이다.

주변 사람들이 많은 의지가 되다

이혼을 통보받고 쉼터에 오기까지 도대체 시간이 어떻게 흘러갔는지 모르겠다. 그냥 도망가버리고 싶었다. 지금까지 내게 일어난 모든 사실들을 받아들일 자신이 없었기 때문이다. 아무도 모르는 곳으로 가서 살면 이런 배신감도 사라질 것만 같았다. 그나마 나를 버티게 해준 것은 이웃에 살고 있었던 숙모와 베트남 친구들, 쉼터 담당자들의 돌봄이었다.

나는 아무런 잘못을 하지 않았다. 도망가는 순간 정식 체류자격도 박탈되고, 배 속의 아이와 한국 땅에서 불법체류자로 더 힘든 삶을 살게 될 터였다. 힘들지만 참아내고 살다 보면 언젠가는 행복한 순간은 반드시 올 것이라고 나를 위로해주는 사람들 덕분에 배신감에 죽고 싶었던 그 시절을 이겨낼 수 있었다. 베트남 친구들은 입덧과 임신중독증으로 고생하는 나를 위해서 내 입에 맞는 음식을 준비해주었고, 쉼터에서도 아이 출산부터 산후조리까지 모든 과정을 보살펴주었다.

새로운 터전에서 자립을 준비하다

쉼터에서 1년 6개월 정도를 살았고, 딸이 8개월 무렵 되었을 때 이주여성자립지원시설로 거처를 옮겼다. 쉼터에서의 생활에 이미 너무 많은 정이 들어서 그곳을 떠나고 싶지 않았다. 쉼터 담당자는 이주여성자립지원시설에 가서 교육도 받고 아이도 잘 키울 수 있다고 무조건 가야 한다고 나를 설득했다.

시설에 입소하자마자 집중적으로 한국어를 배웠다. 낯선 곳에서 한국어를 공부하는 것은 쉬운 일은 아니었다. 그러나 시설에 비슷한 처지의 이주여성들이 있다는 것이 큰 의지가 되었다. 또한 시설의 담당자들도 내가 혼자서 해낼 수 있도록 용기를 북돋아주었다. 시골에 위치했던 쉼터와는 달리 이주여성자립지원시설이 있는 도시는 복잡했다. 사람이 많은 길을 걸을 때마다, 버스를 탈 때마다 속이 울렁거렸다. 이런 곳에서 과연 내가 살 수 있을까 겁이 났다. 그래서 밖을 나서는 것도 무서워서 혼자서는 외출할 꿈도 꾸지 못했다. 이런 상황이 너무 속상해서 눈물을 흘리기도 했다.

센터 담당자는 나의 이런 두려움을 극복할 수 있도록 많은 도움을 주었다. 함께 지하철을 타고 다니면서 지하철표를 사는 방법, 지하철을 갈아타는 방법 등을 차근차근 알려주었다. 누군가가 나의 힘든 마음을 이해하고 도움을 주니 조금씩 조금씩 용기를 낼 수 있겠다는 생각이 들었다. 그렇게 일상을 연습하던 어느 날, 센터 담당자분이 이제는 혼자서 지하철을 타고 다녀보라고 말했다. 과연 내가 할 수 있을까. 불안한 마음이 있었지만, 그러면서도 내 마음 한편에는 용기가 생겨났다. 할 수 있을 것 같았다. 혼자서 지하철표를 사고, 지하철을 갈아탈 수 있게 되었다. 비록 이것이 누군가에게는 보잘것없는 것이라 할지라도, 내가 이렇게 무언가를 해낼 수 있다는 것이 자립을 할 수 있게 하는 원동력이 되었다.

3.
이루고 싶은 꿈

일과 양육을 병행하기란 쉽지 않아

이주여성자립지원시설에서 2년 3개월을 살았다. 원래는 2년 정도 머물 수 있었는데, 자립에 대한 준비가 미흡했던 탓에 3개월 더 머물렀다. 시설에서는 여러 가지 진로교육을 연계해주는데 나는 강아지를 좋아해서 애견미용으로 결정했다. 그런데 애견미용은 생각보다 쉬운 일이 아니었다. 생각보다 육체적인 노동을 많이 해야 하는 분야로, 임신과 출산으로 약해진 몸 탓에 장시간 일하기 어려웠다. 경제적 자립을 위해서 매일 출근하고 싶었지만, 어쩔 수 없이 목, 금, 토 주 3일만 출근하고 있다. 대신 출근하면 7시간을 일한다. 출근하지 않는 날에는 국적을 취득하기 위해 공부하고 있다.

이제 4살이 된 딸은 어린이집에 아침 9시에 가서 저녁 5시에 온다. 일을 마치고 서둘러 가야 겨우 하원 시간을 맞출 수 있다. 어린이집에서 데리고 나올 때마다 아이와 함께 살 수 있음에 감사하다가도 문득 아이에게 미안해질 때가 있다. 엄마가 일하느라 우리 아이만 늦게까지 덩그러니 남아 있을 것을 생각하면 마음이 아파온다. 토요일에도 출근을 해야 해서 아이를 어린이집에 맡기는데 그럴 때마다 우리 아이만 늘 혼자 있다. 그렇지만 내가 일을 하지 않으면 딸과 함께 한국에서의 자립은 꿈꿀 수 없을 것이라는 것을 너무나도 잘 알고 있다. 일과 양육을 병행하는 것이 너무 벅차지만 아이와 이렇게 살 수만 있다는 것만으로도 충분하다.

함께하는 친구들이 있기에

이주여성자립지원시설을 퇴소하고 나서 아이는 새로운 공간에서 적응하기 어려워했다. 시설은 공동생활이긴 했어도 생활공간이 넓고, 또래의 아이들도 많아서 늘 시끌벅적하게 지냈다. 또 시설에서는 아이들을 위한 여러 가지 교육 프로그램이 있었다. 초등학생 대상 프로그램이 활발하게 운영되었지만, 미취학 아동들도 참여할 수 있는 프로그램들도 몇 가지 있었다. 주로 노래와 율동, 동화책 읽기 등이었는데 외부 강사가 와서 아이들과 노래와 율동을 하기도 하고 책을 함께 읽거나 하며 지루할 틈이 없었다. 자립을 위해 새로 자리 잡은 곳은 시설보다 좁았고, 친구도 없고, 텔레비전도 없었다. 아이는 다시 시설로 돌아가고 싶다며 울었다.

그래서 지금도 주말이면 시설에서 퇴소한 비슷한 처지의 친구들 3~4명과 정기적으로 만나는 시간을 갖는다. 집이 비록 좁기는 하지만 함께 음식도 만들어 먹고 이런저런 이야기를 하고 나면 조금은 마음이 편해지는 듯하다. 이러한 모임을 통해서 자립의 어려움을 극복할 수 있는 힘을 얻는다. 아이들도 서로 반가운지 장난치며 놀기 바쁘다.

자립 후에 꼭 이루고 싶은 꿈

친정어머니는 결국 한국으로 오지 못했다. 내가 임신 8개월 때 돌아가셨기 때문이다. 만삭으로 비행기도 탈 수 없었다. 전남편이 원망스러웠고, 지금 내 처지가 원망스러웠다. 어머니를 초청해준다는 남편의 말에 속아서 아무런 의심 없이 서명했던 그 순간들을 다시 되돌릴 수만 있다면, 어머니가 정말로 한국으로 오셨다면 지금 나와 함께 있을 수 있지 않았을까. 내가 조금만 살펴보았다면 베트남으로 가서 어머니의 마지막 모습을 지킬 수 있지 않았을까. 어머니의 마지막 모습을 지킬 수 없었기에 모든 것이 절망스러웠다. 아직도 어머니의 임종을 보지 못했다는 것이 내 마음을 아리게 하고, 갑작스럽게 이혼을 당했던 그 순간을 떠오르게 한다.

그래도 다행인 것은 아이를 출산하고 4개월 뒤, 다문화가족지원센터에서 비행기표를 지원해주어서 베트남에 다녀왔다. 첫째 딸과 홀로 남은 친정아버지를 보면서 여러 생각들이 머릿속을 스쳐 지나갔다. 한국에서 잘살기 위해서 첫째 딸까지 베트남에 두고 떠났는데, 어머니의 임종도 지키지 못하고 이혼까지 한 내 처지가 처량했다. 어머니를 결국 한국으로 모셔오지는 못했지만, 베트남에 남아 있는 첫째 딸만은 꼭 한국으로 데리고 오고 싶다. 그러기 위해서 국적을 꼭 취득해야 하고 자립을 꼭 이루어야 한다. 내가 생각하는 자립이란 나라의 도움 없이도 아이와 살아가는 것이다. 사랑하는 나의 두 딸을 온전히 내가 품을 수 있는 날이 오길 기다리며 오늘도 하루하루를 살아간다.

4.
전사록 요약

〈연구참여자 정보 및 특성〉

출생연도	1981년생	이주연도	2014년
국적(이주 전/현재)	베트남/베트남	학력	중학교 졸업
가족	큰딸-전전남편 작은딸-전남편	직업	애견미용사

▶   **남편과 서로 재혼으로 만나 2년이 채 못 되어 이혼하다**

[조사자: 지금 나이가 어떻게 돼요?] 37살이요. [조사자: 아, 37살이구요. 네, 학교를 어디까지 공부했어요?] 중졸. [조사자: 중졸? 37인데 왜 이렇게 젊어 보여요?] (웃음) 감사합니다. [조사자: 27 같아요.] (웃음) 감사합니다. [조사자: 지금 일하고 계세요? 아님 직업교육?] 아, 네, 지금 일하고 있어요. [조사자: 어떤 일 하고 계세요?] 애견미용. [조사자: 애견미용? 아~ 네, 지금 한 달에 소득이 얼마나 돼요? 월급?] 월급 75만 원이요. [조사자: 75만 원? 하루에 몇 시간 일하는데?] 7시간. [조사자: 뭐 수습기간 이런 거예요? 급여가 적네요?] 네? [조사자: 월급이 적어요.] 네, 적어요. [조사자: 왜요?] 일주일

에 세 번이니까. 목, 금, 토만 일해요. [조사자: 아, 그래서 아직 수입이 적구나. 음, 그다음에는 종교 있어요?] 네, 수녀님. [조사자: 아, 가톨릭? 네, 여기와서 믿기 시작한 거고요?] 네. [조사자: 지금 아이가 몇 살이에요?] 네 살이요. [조사자: 네 살. 전남편 나이는 몇 살이에요?] 음, 지금 41에요. [조사자: 마흔하나? 41?] 38. [조사자: 38?] 네. [조사자: 아~] 아니 48. [조사자: 아, 48~ 지금 남자아이에요? 여자아이에요?] 저 애기요? 여자요. [조사자: 아, 여자아이고 하나예요?] 네. [조사자: 그다음에 지금 여기에서 퇴소한 날짜가 언제예요?] 저 지난달에 28일이요. [조사자: 11월 28일이네요?] 네. [조사자: 지금 남편이랑 완전히 이혼한 상태인 거죠?] 네. [조사자: 남편이랑 결혼이 초혼이에요? 아님 혹시 둘 중에 누가 재혼이었어요?] 재혼이요. [조사자: 둘 다요?] 네. [조사자: 그러면 아이들은 둘 다 없었어요?] 아니, 있어요. [조사자: 그럼 선생님 아이는 어디에 있어요?] 베트남에 있어요. [조사자: 아, 네, 그 아이들은 누가 키워요?] 아빠. [조사자: 아빠가? 음 몇 살 몇 살이에요?] 음, 11살이요. [조사자: 한 명이었고요?] 네. [조사자: 남자아이? 여자아이?] 딸이요. [조사자: 딸, 아, 여자? 그럼 지금 전남편 아이들은요?] 아니, 네? [조사자: 결혼했던, 한국 남자 있죠? 이 사람 아이들은요?] 애기 세 명 있어요. [조사자: 아, 세 명 있어요? 누가 키웠어요?] 엄마가 키워요. [조사자: 아, 그러면 전남편이랑 둘이 살 때도 다 엄마가 키웠어요? 선생님이 키우지 않았어요?] 네. [조사자: 아~ 네네, 그다음에 결혼을 언제 했어요?] 저요? [조사자: 몇 년도에?] 2012년? [조사자: 2012년에 해서 언제 이혼했어요?] 음, 2014년? [조사자: 아, 2년 살았어요?] 네, 1년 넘어 살았어요.

▶ 이혼 후 소송을 통해 양육비와 위자료를 받다

[조사자: 음, 여기 ○○에 언제 왔어요?] 음, 2013년? 아니, 잠깐만요.

음 2년 넘었어요. [조사자: 아, 2년 살았어요? 여기서?] 2년 3개월. [조사자: 2년 3개월 살았어요? 그러면 2015년이네요?] 네. [조사자: 15년 8월?] 네, 8월, 8월 28일? [조사자: 여기 ○○ 말고 혹시 쉼터 갔었어요?] 네, 쉼터 살았어요. ○○○에서 쉼터 살았어요. [조사자: ○○○요? 그러면 여기 쉼터에서 얼마나 있었어요?] 1년 넘어요. [조사자: 1년 넘게 있었어요?] 1년 조금 6개월. [조사자: 1년 10개월?] 6개월. [조사자: 아, 6개월 정도. 그러면 ○○○ 쉼터에 있다가 이쪽으로 옮긴 거네요?] 네. [조사자: 혹시 남편이 가정폭력이 있었어요?] 아니요, 없었어요. [조사자: 아, 전혀 없었어요? 그러면 가정폭력으로 신고하거나 이런 적은 없겠네요?] 없어요. [조사자: 지금 배우자랑은 연락해요?] 음, 아니요. [조사자: 전혀 안 해요?] 가끔 얘기는. [조사자: 아이랑 아빠랑 만나요?] 아, 한 번 만났어요. [조사자: 아~ 이혼하고 한 번?] 네. [조사자: 언제요?] 작년 6월에 만났어요. [조사자: 네네, 지금 양육비 받고 있어요?] 네. [조사자: 이혼하고 계속 줬어요?] 이혼하고 나서 소송 몇 번 하고 양육비 줘요. [조사자: 네?] 이혼해서 음, 1년 넘어서 안 줬어요. [조사자: 아, 이혼하고 1년 동안 안 줬고?] 네. [조사자: 아, 이혼하고 1년 후부터 양육비 줘요?] 양육비 줘요. [조사자: 한 달에 얼마씩 줘요?] 30만 원씩. [조사자: 아~ 30만 원씩? 이거 달라고 청구한 거예요?] 아니요? [조사자: 양육비 달라고 신청한 거예요?] 네. [조사자: 남편이 1년 동안 안 줬잖아요. 달라고 이제 신청한 거예요?] 아니. 소송해요. [조사자: 아, 소송했구나~ 아, 양육비 달라고 소송했어요?] 네, 위자료도 다시 소송해서 다 받았어요. [조사자: 아, 위자료는 얼마 받았어요?] 2,000만 원 정도.

▶   **영문도 모르고 서명한 합의이혼 신청서로 고통받다**

[조사자: 처음에 쉼터에 왜 가게 됐어요? ○○에 있는 쉼터? 거기 어떻게

가게 되었어요?] 다른 아줌마 주변에 전화 주면은 도와줘요. [조사자: 주변에서 경찰에서? 경찰이 전화해줬어요?] 아니요, 아줌마 주변에서. [조사자: 아줌마 주변에서?] 집 앞에 아줌마 우리 집 앞에 아줌마. [조사자: 아줌마?] 네, 좀 도와줘서 경찰에 전화 줬어요. [조사자: 집 앞에 아줌마가 경찰에 전화해서 도와줬어요?] 네. [조사자: 근데 남편이 때리지 않았는데 왜 신고했어요?] 남편이 저 한국말 잘 모르겠어요. 남편의 엄마 서류 초청하고 엄마 한국 와서

"아, 그랬구나"

해서 서류에 앞에 종이 이렇게 하면

"사인해주세요"

이렇게 남편 생각 아닌 거 알아요. 무슨 말인지 모르겠어요. 이거 종이 이혼 서류예요. 엄마 초청이라고 해서 사인했어요. 그래서 이거 이혼 서류에요. 엄마 초청 서류 아니에요. [조사자: 아~ 남편이 베트남에 있는 엄마 초청 서류라고 위에 내용 다 가리고 사인하라고 해서 초청 서류인 줄 알고 사인했는데 이혼 서류였어요?] 네, 그래서 혼자는 애기 아빠 혼자 알아서 이혼 혼자 해요. 저 잘 모르겠어요. 3개월 후에

"너 이혼했어요. 밖에 나가라"

그래서 저 많이 울었어요. 어떻게 하는지 어디 가는지 모르겠어요. 계속 울었어요. 다른 사람이 봐서

"왜 이렇게 했어요."

"그 남편이 이혼했어요. 저 잘 모르겠어요."

그래서 어디서 하루빨리

"나가라 나가라"

저 3개월 임신했는데 저 어떻게 해요. 남편 말이

"너 알아서 해요."

그래서 많이 울었어요. 밖에서.

▶ 이혼 후 알게 된 임신, 쉼터에서의 출산

[조사자: 임신 중이었는데 남편이 이혼 서류인 줄 모르고 사인했는데.] 사인할 때는 임신 아니었어요. [조사자: 아, 사인할 때는 임신 아니었고?] 네, 그래서 3개월 후에 이혼했어요. 두 달 넘어 임신했어요. [조사자: 아, 이혼해서 집에서 나가라고 해서 나갔는데 그때 임신한 거 알았어요?] 네, 알았어요. 그래서 그다음부터 너 알아서 하래요. [조사자: 어, 너 알아서 하라고? 그러면 쉼터에는 어떻게 가게 됐어요?] 경찰이 도와줬어요. 그 사람의 이렇게 이렇게 했어요. 그 다문화가족이 오세요. 그래서 연결해줘요. 쉼터에 전도전화 쉼터 사장님이 와서 데려갔어요. [조사자: 경찰에 신고했는데 다문화가족쉼터에 연결해주었고, 다문화가족지원센터에서 이제 쉼터 데려다줬구나. 그럼 쉼터에 있을 때 임신한 거 알았어요?] 네, 와서 3개월 됐어요. ○○ 쉼터에서 애기 태어나서도 많이 도와줬어요. [조사자: 아, 그럼 쉼터에서 애기 출산한 거예요? 남편한테 임신했다고 연락 안 했어요?] 음, 연락 안 해요. [조사자: 그때는 연락 안 했어요? 그럼 남편은 애기 임신한 거 알았어요? 몰랐어요?] 알아요. 나가요, 저 임신 혼자 3개월 어떻게 너 알아서 하래요.

▶ 이혼 후 죽고 싶었던 시간, 쉼터의 도움으로 조금씩 회복하다

[조사자: 임신했다고 하니까 너 알아서 하라고? 근데 갑자기 남편이 이혼을?] 모르겠어요. 다른 사람의 말을 귀에 조금 약해요. [조사자: 누가? 남편이?] 네, 다른 사람이 이렇게 하면 아, 따라 해요. 중국의 사람 의하면 ○○

돈 벌어오면 베트남에 살 거 예요, 한국 안 살아요. 그래서 자기 생각 아, 그랬구나. 바로 이혼한 거 같아요. [조사자: 돈 벌면 선생님이 베트남으로 다시 갈 것이다.] 네, 이렇게 생각해요. [조사자: 그렇게 생각해서 그냥 빨리 이혼한 거예요?] 네, 그래서 하지만 이혼하려고 거짓말했어요. 그래서 저는 신고했어요. [조사자: 그때 나가라고 했을 때 마음이 좀 어땠어요?] 죽을 것 같아요. [조사자: 아, 죽을 거같이 힘들었어요?] 죽을 것 같아요. 진짜 생각 못 살아요. 죽을 뻔했어요. 하지만 쉼터 와서 지금 사장님이 많이 도와줬어요. [조사자: 좀 쉼터에 갔을 때.] 진짜 사장님이 진짜 그러니까

"○○ 뭐하고 싶어요?"

"저 뭐 안 하고 싶어요. 그냥 애기 태어나서 애기 키우고 싶어요."

"걱정하지 마, 사장님이 잘 도와줄게요."

이렇게 하면 백프로 된 것 같아요. [조사자: ○○이 원한 거는 애기 낳아서 한국에서 키우고 싶고 베트남 가기 싫다고 얘기하니까 쉼터 센터장님이 내가 하라고 하라는 대로 하면 그렇게 할 수 있다고.] 네, 만약에 다음에 또 위자료 또 소송해서 양육비 소송해서 남편 돈 아직 안 줘요. [조사자: 아, 위자료? 못 받았어요?] 아니, 쉼터에서 ○○○에서 아직 안 받았어요. 저 수녀님하고 팀장님하고 다시 소송해주세요. 여기 와서 다시 한 번 소송해서 받았어요. [조사자: 아, ○○○ 쉼터에서 소송했을 때 위자료 못 받았고, 여기 디딤터 와서 수녀님께 다시 소송을 부탁해서 받았구나~?] 네. [조사자: ○○○ 쉼터에 있을 때 지금 한 1년 6개월 정도 있었네요? 거기서는 어떤 것이 가장 많이 도움이 됐어요?] 저기서 사장님 진짜 많이 도와줬어요. 서류에도 어떻게 하고 싶어요. ○○ 잘못 없어요. 많이 도와줬어요. 또 잘 챙겨줘요. [조사자: 애기도 거기서 출산해서.] 네, 그래서 그냥 어디서, 아, 조산원에서 3주 살았어요. [조사자: 아, 조산원에서~ 애기 출산비 이런 거 어떻게 지원받

았어요?] 음, 저기서 다 도와줬어요. 한 번 애기 날 때 60만 원 받았어요.
[조사자: 60만 원 출산비 지원받았구나?] 네네.

▶ 친정어머니 초청하는 서류가합의이혼 신청서일 줄이야

[조사자: 남편 어떻게 만난 거예요?] 베트남에서 회사에서 소개해줘
요. [조사자: 왜 한국으로 결혼해서 올 생각 했어요?] 한국 사람들 다 처음에
좋은 사람 많을 거 같아요. 그래서 처음에 남편도 잘 챙겨줘요. 저는 다 믿
어요. 계속 싸우면 이렇게 사이좋게 절대 안 돼요. 하지만 남편 잘해줘요.
[조사자: 처음에 잘해줬어요?] 네, 저 마음이

'아, 좋은 사람이구나'

생각했어요. 믿어요. 남편 거짓말이 없어요. 그래서 그냥 잘해줘요.
상관없어요. 엄마 초청하면 기분 더 좋아요. [조사자: 남편이 되게 잘해주
었고 엄마도 초청해주는지 알고.] 생각이 좋은 사람이에요. 나쁜 사람 아니
에요. 그래서 다 안 믿어요. 마음도 그냥 남편도 사인 그냥 사인해줬어요.
[조사자: 사인해달라고 해서 좋은 사람인 줄 알고 해줬는데.] 그래서 사인 두
번 해서 ○○ 엄마 빨리 볼 수 있어요. 첫 번째 사인은 이혼 서류 사인 두
번째 남편 이혼 혼자 할 수 있어요. 그 이혼 서류 법원에서든 ○○ 사인했
어요. 남편 다 알아서 해요. 그래서 저 없어져도 상관없어요. 다시 20번 소
송해도 법원에서 오세요. 남편 한 번도 안 와요. [조사자: 아, 소송 중에 남
편 한 번도 안 왔구나.] 계속 법원에 가요. 남편 한 번도 못 만났어요.

▶ 남편의 딸에 대한 의심으로 유전자 검사까지 하다

[조사자: 작년엔 어떻게 연락이 됐어요?] 그 고모가 남편 생각 자기 딸
아니에요. [조사자: 자기 딸?] 우리 딸 다른 사람 ○○ 바람핀 거 같아요.

[조사자: 지금 딸이 ○○이 바람펴서 난 딸인 줄 알았구나.] 그래서 남편 다시 소송했어요. [조사자: 남편이 다시 소송했구나. 자기 딸 아니라고.] 네, 자기 딸 자기 새끼 아니에요. 그래서 우체국에서 보내왔어요. 그래서 다시 자기 딸 아니에요. 다시 그 고모가 다시. [조사자: 유전자 검사?] 네, 유전자 검사 했어요. 자기 어차피 유전자 검사 안 와요. 왜 소송에 안 와요. [조사자: 소송해놓고 왜 안 오냐고.]

"왜 안 나와요."

"시간 없어요. 안 와요."

"소송에 꼭 와야지 나도 갔어요. 왜 안 와요."

저기 ○○○에서 지금 애기 아빠 검사 늦기 위해 검사 다시 통해 준다. 법원에서 확인했는데 맞아요. [조사자: 법원에서 확인하니까 자기 딸 맞으니까 작년에 보고 싶었구나.] 네, 그래서 한 번 확인했어요. 맞아요. 그래서 한 번 만났어요. [조사자: 어, 한 번 만났구나. 만약에 아빠가 딸 키운다고 하면 어때요?] 안 돼요. [조사자: 안 돼요? 안 줄 거예요?] 저 꼭 키워요. [조사자: 아, ○○이 꼭 키울 거예요?] 네, 처음에 자기 책임이 없으니까. 어떻게 키워요. [조사자: 아, 책임감이 없어요?] 네.

▶ **부부 사이에 갈등조차 없었기에 이혼은 상상도 못 하다**

[조사자: 남편은 무슨 일 해요?] 바다에서 물고기 잡아요. [조사자: 남편이 같이 살 때 그 번 돈 갖다줬어요? 생활비?] 네, 가끔 줘요. [조사자: 얼마나 줬어요?] 20만 원 30만 원. [조사자: 부족하지 않았어요?] 괜찮아요. [조사자: 그건 괜찮았어요?] 네, 애기 아빠 집에 밥 많이 안 먹으니까 계속 바다에 나갔어요. 1일 2일 이 정도만 집에 왔어요. [조사자: 아, 하루 이틀 정도만?] 네. [조사자: 근데 남편이랑 살면서 싸우지 않았어요? 자주?] 네, 싸

움 안 해요. [조사자: 아, 싸우지도 않았는데 그냥 이혼한 거예요?] 네, 만약에 싸우면 사인 안 해줘요. [조사자: 아, 싸우면 사인 안 해줘요?] 네, 싸움안 해서 그냥 잘 살아요. [조사자: 아, 잘 살았구나.] 계속 바다에 있어서 싸울 시간이 없어요. [조사자: 바다로 일하러 나가서 싸울 시간이 없었구나.] 네, 그래서 갑자기 이렇게 하면 진짜….

▶ 힘들었지만, 주변의 사람들 덕분에 많은 의지가 되다

[조사자: 싸우지도 않고 그랬는데 나중에 이혼된 거 알고 너무 힘들었겠다.] 네, 그러니까 하지만 다른 사람도 베트남 친구도 있으니까 잘 도와줘요. 한국 사람도 남편 숙모도 도와줘요. [조사자: 어떻게 도와줬어요?] 경찰에 신고하고 다문화가족에 전화해요. 그래서 다문화가족에 도와줘요. 숙모에게 알려줘요. [조사자: 그때 숙모님도 많이 도와줬어요?] 네 숙모가

"아이고, 애기 아빠 나쁜 사람이야"

라고 해요. [조사자: 그때 베트남 친구들도 있어요? 도와줬어요?] 네, 많이 도와줬어요. 만약에 저 한국말 잘 모르겠어요. 그래서 베트남 친구 없었으면 저 정말 죽을 것 같아요. [조사자: 베트남 친구들이 통역을 도와줬어요?] 네, 통역도 도와줘요. 또 병원 가서 검사하고 다문화가족 상담도 받고 연결해줘요. [조사자: 아, 그런 거 많이 연결해줬구나. 그럼 베트남 친구는 어떻게 만났어요?] 집이 가까워요. [조사자: 아, ○○○ 살 때] 네, ○○○요. [조사자: 아, ○○○~ 그 베트남 친구가 가까이 살고 있었고 친구가 소송하고 병원 가서 검사받고 이런 걸 다 많이 도와줬구나.] 네, 많이 도와줘요. 그다음에 쉼터 와서 사장님이 도와줘요. [조사자: 아, 많이 도와줬구나. 지금도 연락해요?] 네, 가끔.

▶ 처음에는 낯설고 힘들었지만 이제는 새로운 터전이 좋아지다

[조사자: ○○○에서 갑자기 ○○ 올 때 좀 힘들지 않았어요? 힘들고?] 처음에 저 안 오고 싶었어요. 그래서 여기 쉼터 사장님이 여기서 공부도 하고 애기도 키우고 좋은 자리예요. 여기 안 오면 나중에 후회해요. 그래서 진짜 옛날에

"저 안 가고 싶어요."

사장님이 안 돼요. 꼭 가래요. 안 가면 안 돼요. 많이 화나도 칭찬하고 옛날에 안 가면 후회할 거 같아요. [조사자: 그 ○○○에 쉼터 사장님이 여기서는 교육도 많이 하고, 아이도 키우니까 꼭 가라, 처음에 많이 가기 싫다고 했더니 많이 혼났다고요?] 네. [조사자: 그랬구나. 근데 만약에 여기 안 왔으면 어떻게 될 것 같아요?] ○○○에서 잘 못 살았을 것 같아요. [조사자: 여기 ○○ 와서 가장 좋은 건 뭐예요?] 여기서 공부도 많고요. 저 한국말을 진짜 못해요. 공부한 지 1년 됐어요. 저 한국말 조금 알아요. [조사자: 아, 여기 와서 교육하고 공부하는 게 좋았고, 한국말 거의 몰랐는데 한국말도 많이 하게 됐다?] 여기 선생님도 많이 도와줬어요. [조사자: 어디? 여기 1층 선생님? 어떻게 도와줬어요?] 네, 한국말도 많이 대화하고 우리도 못하면 선생님 가끔 도와줘요. 한국어 선생님도 좋았어요. [조사자: 또 뭐가 도움이 됐어요?] 또 나중에 3급 따면 좋아하는 직업에도 한국에 좋아요. [조사자: 아 한국어 3급 따면 좋아하는…. 직업교육 받은 교육 있어요?] 컴퓨터도 배워요, 빵도 배워요, 요리도 배워요, 여러 가지 애견미용도 배웠어요. 강아지 좋아하니까 직업으로 골랐어요. [조사자: 여기 시설에 조금 더 바라는 게 있을까요?] 이 정도면 충분해요. [조사자: 여기 이주여성자립지원시설이 ○○한테 어떤 의미가 있을까요?] 처음에 조금 낯설었어요. 익숙하면 괜찮아요. [조사자: 아, 처음에 좀 낯설었어요?] 네, 처음에 빨리 다시 ○○○ 가면

좋겠어요. 하지만 시간 지나면 ○○○ 안 가고 싶어요. 여기서 살고 싶어요. [조사자: 근데 뭐가 가장 좋아요? 저 여기 잘 몰라서. 여기 좀 알려주세요. 뭐가 가장 좋아서 ○○○ 가고 싶지 않았어요?] 직업교육도 받고 일자리도 많고 또 교통이 편해요. 병원도 모두 다 가까우니까 편해요. ○○○에서는 조금 멀어요. ○○○는 불편해요. 처음에 조금 안 좋아요. 근데 살다 보면 여기 좋아요. [조사자: 처음에 조금 뭐가 안 좋았어요?] 처음에 와서 출국카드로 차 타니까 몸도 조금 약하니까 계속 멀미해요. 그래서 안 좋아요. [조사자: 차를 타고 이동해야하는데 멀미하고 복잡하고?] 네, 복잡해요. 사람 많은 거 싫어해요. 하지만 재미있어요. [조사자: 이제 여기 안 복잡해요? 혼자 잘 갈아탈 수 있어요?] 네. [조사자: 어떻게 알았어요?] 팀장님이 몇 번 가서 가르쳐줬어요. [조사자: 같이 직접 나가서 가르쳐줘요?] 아니요, 학원도 팀장님이 같이 가니까 팀장님이 알려줘요. [조사자: 아, 팀장님이 같이 가는구나, 알려주면서. 그럼 나중에는 혼자 가요?] 네, ○○ 지금 갈아타는 거를 알아요. 처음에는 못 가요. 하지만 이제 지하철도 탈 수 있어요. [조사자: 아, 지하철도 탈 수 있고 처음에는 하나도 못 탔는데.] 네, 어디 가서도 무서워요. 혼자 안 가요. 혼자 저 못 가요. 안 타고 싶어요, 저 길 잘 몰라요. 그래서 몇 번 울었어요. 집에 빨리 가고 싶어요. 하지만 길 잘 모르겠어요. 그래서 몇 번 속상해서 울었어요. 지금은 다른 곳도 알아요. 그래서 편해요. 한국 사람도 어떻게 가는지 물어봐서 알려줬어요.

▶ **늦게까지 어린이집에 남아 있어야 하는 아이에 대한 미안함**

[조사자: 애기랑 여기서 지내는 거 어때요? 애기 지금 몇 개월이라고 했죠?] 4살. [조사자: 아, 4살~ 몇 개월이에요? 생일이 언제예요?] 10월…, 33개월. [조사자: 아, 33개월~ 애기랑 여기서 지내는 것은 좀 어때요?] 시간이

9시부터 5시까지. 그 시간에 딱 맞아요. [조사자: 아, 9시부터 5시까지는 애기가 어린이집에 있을 시간이에요?] 네, 그래서 엄마도 9시부터 5시까지 공부해요. [조사자: 아이 어린이집 보내고 그 시간에 공부해요?] 네, 지금 조금 늦게 퇴근하니까 조금 애기 불쌍할 수 있어요. [조사자: 여기 ○○에 있을 때는 엄마 교육받는 동안 애기가 어린이집에 있어서 괜찮았구나. 근데 지금 퇴소했을 때는 어떻게 해요? 엄마 일 끝나고 오면 아이는?] 조금 늦게 퇴근하니까. [조사자: 아이는 어디 있어요?] 어린이집에 있어요. [조사자: 아, 그럼 어린이집에서 조금 더 맡겨놓은 거예요?] 네, 그래서 다른 친구들도 다 퇴근했어요. 아이만 어린이집에서 불쌍해요. [조사자: 아, 그게 마음이 아프구나. 혼자 집에서 기다리는 게 여기에다가 맡기면 안 돼요? 가까운데?] 조금 저 토요일은 3시 30분에 끝나고 ○○ 선생님이 태우러 와줘요. [조사자: 아, 토요일은 ○○에서 아이를 선생님이 데려와줘서 그래서 봐주는 거구나.] 친구들한테 놀아요. [조사자: 다른 엄마네 집 가서 놀아요?] 네, 토요일 날 자주 도와주러. [조사자: 아기는 어린이집에 몇 개월부터 다녔어요?] 8개월? [조사자: 8개월부터? 그전까지는 교육 어떻게 받았어요? 어린이집 보내기 전에] 어린이집 보내기 전에? [조사자: 엄마 교육시간 동안 애기는 어떻게 했어요?] ○○○에서 일주일에 두 번 애기랑 같이 한국어 공부해요. 거기서 우리 아기 9개월 됐어요. [조사자: 애기가 9개월 때 여기 ○○에 왔구나. 그래서 바로 엄마 교육 시작할 수 있었구나.] 그래서 9개월에 보내고 엄마 다시 시작할 수 있는 거 같아요.

▶ 이주여성자립지원시설 퇴소 후에도 비슷한 처지의 이주여성들과 교류하다

[조사자: 여기 살면서 불편하거나 힘든 건 없었어요?] 조금 불편해요, 하

지만 재미있어요. [조사자: 어떤 것들이 불편했어요?] 사는 거 방에 따로따로 사는 거 괜찮아요. 부엌을 같이 사용해요. 그래서 조금 불편할 수 있어요. [조사자: 그때 같이 지낸 사람하고 아직 연락해요?] 네? [조사자: 같이 살았던] 네, 자주 연락해요. [조사자: 아, 계속 연락해요?] 네, 저는 상관없어요. 다른 사람들도 불편할 수 있어요. [조사자: 부엌을 같이 사용하는 것이 조금 불편할 수 있구나.] 네, 맞아요. 만약에 바빠서 식사 못 하면 다음 사람 요리해야 하니까 불편할 수 있어요. [조사자: 아, 요리해야 하는데 다른 사람이 바빠서 설거지 안 하면? 그럴 때 어떻게 해요? 싸우기도 해요?] 아니에요. 우리 짝꿍은 잘해줘요. 다른 방에 조금 불편 있어요. [조사자: 아, 다른 방에서는 조금 불편해하기도 하고. 여기에 있으면서 친하게 지내는 사람들이 누구예요? 지금도 연락하고. 혹시 같은 베트남 친구들이에요? 다른 나라 친구들이에요?] 네, 다른 사람 있어요. 베트남 친구도 있어요. 항상 주말에 모임에 우리 집에서 밥 같이 먹어요. [조사자: 몇 명이요?] 3~4명이에요. [조사자: 매주 모여요?] 네. [조사자: 모여서 뭐해요?] 베트남 음식 만들어요.

▶ **이주여성자립지원시설에서 살던 시절이 그립다**

[조사자: 또 아이들끼리 서로 같이 놀구요?] 네, 하지만 어른 괜찮아요. 집이 작으니까 복잡해요. 여기서도 밖에 나가면 조금 편해요. 잠깐 밖에 못 나가요. 그래서 애기들 방에 놀라고 하면 불편해요. [조사자: 오히려 집이 작아서 불편하고 여기가 더 좋아요?] 처음에 우리 이야기에 이사 간데 많이 울었어요. [조사자: 왜요?] 애기가 여기서 더 살고 싶어요. 집에 안 가고 싶어요. [조사자: 집이 작아서? 아님 친구들 없어서?] 친구도 없어요. 티비도 없어요. 그래서 심심하고. 계속 전화해서 ○○ 살고 싶어요. 저 울었어요. [조사자: 여기 살 때요. 혹시 경제적인 것도 좀 도움이 됐어요?] 또 밥도.

오빠 둘이서 29만 원 주고 다른 아직 계속 5만 원 주고 교육해서 20만 원 받았어요. [조사자: 교육비도 받고 마트에서 장 볼 수 있도록 지원을 해주고.] 그래서 좋아요. [조사자: 애기는 여기 있으면서 애기 프로그램 어땠어요?] 우리 애기 너무 좋아졌어요. 계속 공부하고 싶어요. [조사자: 어떤 프로그램 좋아해요?] 하지만 선생님 와서 그냥 노래 부르라고 또 출석하고 또 이런 거 다 애기도 재미있어요. 애기가 놀았어요. [조사자: 애기는 하루에 프로그램 얼마나 해?] 프로그램… 여덟 살 아홉 살 프로그램을 알아요. 우리 애기 작으니까 일주일 한두 번 프로그램 있어요. [조사자: 애기가 어리니까 일주일에 한두 번 프로그램도 있고, 여덟 살 아홉 살 초등학생들은 프로그램이 많아요?] 네, 많아요. [조사자: 초등학생은 어떤 프로그램 해요?] 책 읽어줘요. 선생님 와서 책 읽어줘요. 또 가르쳐줘요. 또 여러 가지 피아노도 프로그램 있어요.

▶ 자립했지만, 복지 혜택 없이는 살기 어려운 생활

[조사자: 충분히 자립 준비를 하고 나간 거예요? 어때요?] 여기서 나갔는데요, 하지만 조금 심심해요. [조사자: 나가서 안 좋은 게 심심해요?] 네, 여기서 공동생활 조금 불편하지만 재미있어요. 지금 밖에서는 편하지만 심심해요. [조사자: 아, 그렇구나. 방은 어떻게 얻었어요? 나갈 때?] 방은 수녀님도 도와줬어요. 수녀님이 먼저 방을 보고 저 한 번 보고 오케이 하면. [조사자: 아, 수녀님이 방 구하는 데 도와주시고, 돈은 준비가 됐었어요?] 네. [조사자: 어떻게 모았어요?] 여기서도 500만 원 줘요. [조사자: 아, 자립지원금?] 네, 위자료도 받았어요. 저 돈 조금 있어요. 그래서 집에 있어요. [조사자: 지금 월세예요? 전세예요? 뭐예요? 살고 있는 집?] 저 3,000만 원 한 번에 하면 한 달에 15만 원에. [조사자: 아, 한 달에 15만 원씩 그럼 지금 월

급이 70만 원? 75만 원? 그럼 월세 15만 원 내야 되겠네요? 그리고 어린이집에 들어가는 돈 또 있어요? 한 달에 얼마나 들어가요?] 저 처음 아직 한 달 안됐으니까 아직 모르겠어요. [조사자: 70만 원 가지고 어때요? 밖에서 살기] 조금 작아요. 신청하면 나라도 조금 도와준대요. [조사자: 아, 어떤 것을 신청할 수 있어요?] 저 처음에 월급을 많이 안 받으면. [조사자: 맞아요. 아이 양육비 지원받을 수 있을 텐데. 신청했어요?] 아니, 30만 원 양육비 받았어요. [조사자: 아니, 남편한테 받는 거 말고, 나라에서] 나라에서? 아니에요. 우리 월급이 적어요. 무슨 신청이에요? [조사자: 뭐가 신청했어요? 뭐가 돼요?] 저 깜박했어요. [조사자: 기초생활수급비?] 아, 수급자! 신청했는데 애기 아빠 사인 안 해줘요. [조사자: 애기 아빠가 사인해줘요?] 아니, 센터에서 사인 받아오라했는데 하지만 사인 못 받으니까 그래서 안 될 거 같아요. [조사자: 무슨 사인이요? 아빠한테? 이혼한 거죠?] 무슨 사인, 잠시만요. [조사자: 그런 말들이 좀 어렵죠?] 네, 그냥 사인 센터에서 무슨 종이 사인 해줘요. 남편 받아오라고 어려워요. 그래서 못 받았어요. 한부모 해서 신청했어요. [조사자: 아, 한부모 지원받을 수 있는 거? 거기서 뭔가 많이 도움이 됐으면 좋겠네요.] 다음 달에 돈 나와요.

▶   이혼, 임신과 출산으로 나빠진 건강

[조사자: 그럼 앞으로 어떻게 아이를 키울 생각이세요?] 저 돈 많이 벌면 애기 잘 키울 수 있어요. [조사자: 뭐해서 돈 많이 벌고 싶어요?] 열심히 일해서. [조사자: 지금 애견미용 하는 거 계속 하실 생각 있으세요?] 네, 저 처음이니까 그래서 많이 일하면 오래오래 못 해요. [조사자: 왜요?] 그 강아지 애견미용 처음에 많이 일하면 나중에 몸 아파요. 힘들어요. [조사자: 힘이 많이 들어요?] 네, 진짜 힘들어요. 처음에 생각할 때 힘 별로 안 들어요. 하

지만 처음에 이렇게 생각해요. 하지만 진짜 힘들어요. [조사자: 그럼 이 일 오래 못 하면 어떡해요?] 복잡해요. 몸이 조금 아프니까. [조사자: 혹시 몸이 어디 아픈 데 있어요?] 저 지금 안 아파요. 하지만 약해요. [조사자: 아, 몸이 병이 있는 건 아닌데 몸이 약해요?] 간이 안 좋아요. [조사자: 치료는 받고 있어요?] 네, 치료 다 했어요. 이제 검사하면 괜찮아요. [조사자: 예전에 어디가 간이 안 좋았어요?] 다 노란색으로 나와요. 밥도 싫어요. 먹는 것도 싫어요. [조사자: 간이 안 좋아서 얼굴에 황달이 왔구나?] 네, 그래서 뭐 먹기도 싫어요. 밥 냄새 나면 밖으로 나가요. [조사자: 많이 힘들었겠다.] 네, 조금 한국 와서 적응 못 했어요. 먹는 것도 싫어요. 시장 가서 다른 친구들은 다 먹고 싶어요. 하지만 전 시장에서 맛있게 냄새나요. 하지만 저 빨리 도망가요. [조사자: 베트남에서는 간이 괜찮았어요?] 네. [조사자: 근데 한국 와서 그런 거예요?] 네, 모르겠어요. 갑자기 왔으면 괜찮아요. [조사자: 아, 한국 와서 갑자기?] 네. [조사자: 치료는 다 끝난 거예요? 괜찮대요?] 네, 치료 다 끝났고 임신해요. 안 하면은 애기도 안 좋아요. [조사자: 응?] 만약에 간이 안 좋은데 임신하면 안 좋아요. [조사자: 아, 치료 다 하고 임신한 거구나. 다행이다, 다 나아서.] 네, 지난달에도 검사했어요.

▶ 나를 속인 남편에 대한 원망

[조사자: 남편이 양육비를 줘서 다행이네요.] 네, 맞아요. 누구 선생님도 "○○ 다행이네"

이랬어요. 다른 친구는 양육비도 못 받고 위자료도 없어요. 위자료는 주위에 소송하면 아직 못 받아요. [조사자: 그렇죠 못 받고 있더라고요.] 못 받은 사람 많아요. [조사자: 처음에 이혼했을 때 ○○이 원하지 않았잖아요.] 네, 저 이혼 안 하고 싶어요. [조사자: 근데 만약에 지금 와서 생각은 어때요?] 처음에 위자료 못 받아서 속상 많이 했어요. 계속 생각나요. 남편이 나빠요. 그래서 팀장님 ○○ 소송해요. 두 개 삼사일 후에 위자료 하나 양육비 하나를 하나만 선택하고 소송해요. 두 개 생각 못 할 것 같아요. [조사자: 아, 두 개 중 하나만 소송하라고.]

"아니에요. 두 개 소송해주세요."

많이 생각했어요. 소송하면 마음 조금 변해요. 저 돈 위자료 받고 양육비 받고 저 상관없어요. 하지만 두 개 소송해주세요. 둘 다 소송해야 저 마음 조금 편해요. 저는 잘못 없어요. 왜 이렇게 소송해주세요. 두 개 다 소송했어요. [조사자: 만약에 남편이 재결합하자고 하면 어때요?] 재결합? [조사자: 다시 살자고 하면 남편이] 남편 결혼했어요. 금방 이혼하고 바로 베트남에서 결혼했어요. [조사자: 이혼하자마자 베트남 여자랑?] 네. [조사자: 그럼 그쪽에 베트남 여자랑 아직 애기 있어요?] 아직 없어요. 저번에 만났어요. 그 여자 처음에 결혼하면 그 여자 아가씨야. 그 젊은 아가씨야. 다른 사람이 알려줘. 그 사람이 결혼했어요. 애기 2명 있어요. 그래서 아빠가 깜짝 놀랐어요. 그 사람이 거짓말 많이 했어요. [조사자: 누가 그 남자가?] 그 여자가. 지금 와이프. 거짓말 많이 했어요. 또 이혼하고 싶어요. [조사자: 아, 또 이혼할 거 같아요?] 네, 그래서 이혼하지 마, 그냥 살아. 너도 몇 번 결혼했어요. 직접 말하면 괜찮아요. 왜 거짓말해요. 옛날에 그 여자가 거짓말 많이 했어요. 똑같아요. [조사자: 아, 그 여자가 애기가 둘이 있어요? 근데 아가씨라고 속이고 결혼했구나.] 네, 거짓말했어요. 지금 애기 아빠 속상하고 있어요. [조사자: 너도 거짓말했으니까 그냥 살라고?] 네, 옛날에 거짓말했어요. 다른 사람 거짓말 다 똑같아요. 괜찮아, 그냥 살아. [조사자: 지금 생각하면 이혼한 거에 대해 어떻게 생각해요?] 애기 아빠 처음에는 나도 이혼하고 싶어요. 애기 같이 살고 싶은데 같이 못 살아요. 그냥 그 여자랑 살아. 이혼하지 마. 그 여자도 힘들어요. 그러니 이혼하지 마. [조사자: ○○은 그러면 전남편이랑 이혼한 거 잘했다고 생각해요?] 저 하지만 잘했어도 아니에요. 그동안에 살은 남편도 잘해줬어요. 그래서 만약에 이혼하면 저도 잘 살고 이혼 안 해도 저 상관없어요. 이제 생각 없어요. 이혼해도 안 해도 괜찮아요. [조사자: 이혼했어도 지금 잘 살고 있으니 괜찮다?] 네, 괜찮아요. 그냥 이렇게 해요. 그냥 지금 와서 뭐해. 그냥 이해, 잊어, 그냥. 이혼하지 마. 그 여자도 힘들어. 나도 알아요, 옛날에 그랬으니까. 너 다른 사람 옛날에 거짓말 많이 했어요. 다 똑같아요. 그냥 살아요. 이혼하면 그 여자도 힘들어요. [조사자: 아, 그냥 남편이 살았으면 좋겠다는 거예요?] 네, 딸은 만나도 상관없어요.

▶ **일과 양육을 병행하기란 쉽지 않아**

[조사자: 혼자 아이를 키우면서 잘 살 수 있으세요? 마음이 어때요?] 조금 힘들어요. [조사자: 아직 힘들 것 같아요?] 돈 많이 벌어지면 하지만 애기도 조금 불쌍해요. 늦게 오고 늦게 가니까. 그래서 애기 불쌍해요. 만약에 일 많이 안 하면 돈 많이 없어요. 돈도 생활도 조금 부족해요. 그래서 힘들어. 하나만 선택해요. 만약에 일 많이 하면 애기 힘들어. 나도 힘들어. 일 없으면 돈 없어. 그래서 하나만 선택해요. [조사자: 그럼 좀 뭐가 어떻게 지원해주면 도움이 될까요?] 만약에 프로그램을 저녁에 다른 사람이 프로그램을 해주면 좋을 것 같아요. [조사자: 그럼 애기를 조금 더 어린이집에서 다른 프로그램을 해줬음 좋겠어요?] 아니, 집에 와서. 집에 와서도 해줬으면 좋겠어요. 어린이집에서 계속 늦게 봐주면 선생님도 힘들어요. [조사자: 그 육아도우미 신청하는 거 있는데 그건 안 되나요?] 음, 모르겠어요. 아직 신청 안 했어요. [조사자: 아마 동사무소에 엄마가 일을 해야 하고 아이가 혼자

있는 경우에 집에 와서 도와주는 서비스가 있어요.] 아, 그래요? [조사자: 동사무소 가서 그것도 한번 생각해보세요. 누가 아이를 좀 와서 돌봐주면 편하게 일할 수 있을 거 같아요?] 네, 맞아요. 그래서 이렇게 하면 좋겠어요. 계속 늦게 와서 선생님도 힘들어요. [조사자: 좀 미안하구나, 선생님한테?] 네네, 만약에 토요일도 맡겨요. 늦게 와서 토요일도 맡겨요. [조사자: 그럼 토요일에는 다른 집 아이들은 없어요? 맡기는 애기들?] 없어요. [조사자: 그럼 ○○ 애기 때문에 선생님이 나와있구나.] 그러니까요. 그래서 조금 다른 애기 3명 4명 있으면 괜찮아요. 딸 혼자 있으니까 조금. 또 ○○이도 다른 애기들도 있었으면 좋겠대요. [조사자: 애기도 혼자 있으니까 심심하고. 토요일날 여기 ○○에 와서 있으면 안 돼요?] 안 돼요. [조사자: 좀 다른 친한 엄마들한테 맡기면 안 돼요?] 만약에 주말이어서 다른 친구들도 외출해요. 놀아요. 무슨 일해요. 친구들도 만나러 가요. 계속 우리 애기 때문에 못 가서도 안 돼요. [조사자: 아, 다른 애기들도 놀러 나가는데 여기에다가 맡기기도 미안하구나. ○○ 말대로 누가 집에 와서 저녁시간에 봐줬음 좋겠다?] 네, 다행이에요. 저 퇴근하기 전까지 다른 엄마가 봐줘요.

▶ 아이가 건강하다는 것만으로 충분하다

[조사자: 여기 ○○에서 살면서 가장 본인 스스로 변화된 것은 무엇일까요?] 변화? [조사자: 내가 바뀐 거. 여기에서 2년 동안 살면서 가장 많이 본인이 생각하기에 변한 거.] 저 2년 동안에 저 편해요. 충분해요. 괜찮아요. [조사자: 본인이 어떻게 변한 거 같으세요?] 없어요. 충분해요. 그 정도 충분해요. [조사자: 여기서 더 살면 어때요?] 좋아요 하지만 안 돼요. 저 보통 2년이에요. 하지만 더 교육 때문에 2년 3개월 살았어요. 저만 안 돼요. 애견미용 2년 두 번 시험이니까 자격증도 못 따고 나가니까 나가서 어떻게 사냐

고 그래서 위에서 수녀님이 위에 사람에 2년 3개월 더 연결해줘요. [조사자: 아, 그때 자격증 못 따서 3개월 더 연장해줬구나.] 그래서 다행이었어요. [조사자: 애기 데리고 혼자 일하기는 힘들고. 그게 가장 어렵겠다.] 그러니까요. 여기 있는 게 다행이네요. ○○○에서 안 하면 밖으로 나가요. 어떻게 사는지 모르겠어요. [조사자: 만약에 ○○○에 있었으면 어떻게 살았을지 모르겠다?] 네네, 그래서 애기 건강하면 괜찮아요. 아프면 엄마 일도 못해요. 사장님이 ○○에게 계속 설명해줘요. 그래서 여기 왔어요.

▶ **결국 초청하지 못한 친정어머니와 한국으로 꼭 초청하고픈 첫째 딸**

[조사자: 지금 친정하고 계속 연락해요? 베트남?] 네. [조사자: 엄마 그때 초청하고 싶었다 했잖아요? 초청이 안 된 거예요?] 지금도요, 저 임신하기… (울음) 8개월 때 돌아가셨어요. [조사자: 그때 쉼터에 있을 때 돌아가신 거네요? 베트남 갔다 왔어요?] 아니요. 임신 8개월이어서 비행기도 못 타요. 하지만 다문화가족에서 표 사줘서 갔다 왔어요. [조사자: 언제 갔다 왔어요?] 4개월 됐어요. [조사자: 아, 갔다 온 지 4개월 됐어요?] 네, 아니, 애기 4개월 때 갔다 왔어요. [조사자: 지금 친정에 누구 있어요?] 아빠, 남동생. 우리 딸도 있어요. [조사자: 갔을 때 딸 만났어요?] 네. [조사자: 엄마 많이 보고 싶어 하겠다. 애기 한국으로 데리고 올 생각 있어요?] 네, 하지만 국적에 취득하면 데려올 수 있어요. [조사자: 아, 한국 국적 취득하면 데려올 생각이에요?] 네, 그래서 지금 한국 국적 배우고 싶어요. [조사자: 아이고, 연락은 자주 해요?] 네. [조사자: 아이고, 마음이 아프겠다. 쉼터에 있고 임신하고 많이 힘들었을 텐데. 이제 애기 데리고 베트남 가서 살 생각은 전혀 없고요?] 네, 전혀 없어요. [조사자: 내가 태어나서 산 곳인데.] 하지만 안 돼요. [조사자? 왜요?] 꼭 한국 살고 싶어요.

▶ **경제적으로 어렵지만 좋은 엄마가 되기 위해 노력하다**

[조사자: 자립했다고 생각하세요? ○○ 상황이…] 아니에요. 자립했지만 월급도 조금 벌고 나라도 도와주니까 아직 자립 못 했어요. 만약에 돈 많이 벌면 누구도 안 도와줘도 돼. 자립해요. 한부모도 신청했으니까 나라도 도와주니까 자립 못 했어요. [조사자: 아, 아직 못 한 거 같아요? 그러면 경제적인 거 소득만 어느 정도 되면, 마음으로는 아이를 혼자 충분히 키울 수 있을 거 같아요?] 네, 150만 원 정도 되면. 다른 친구들도 그 정도 되면 잘 살 수 있어요. [조사자: 그렇구나. 아까 혹시 아빠가 친자녀라는 것을 알았잖아요. 아이를 데려간다고 하니까 절대 안 된다고 했어요. 아이가 ○○한테 어떤 존재예요?] 저 애기 없으면 못 살아요. [조사자: 근데 아기 때문에 힘들지 않아요?] 아니에요, 힘들지만 재미있어요. 애기 없으면 삶이 재미가 없어요. [조사자: 아이한테 어떤 엄마가 되고 싶어요?] 항상 생각해주는 좋은 엄마로 되고 싶어요. [조사자: 어떤 게 좋은 엄마예요? 저도 좀 가르쳐주세요.] 저 성격이 급해요. 다른 성격 좀 급하니까. 지금 교육받고도 여러 가지도 배웠으니까 성격도 급하면 좋은 생각이 없어요. 저 급하지만 친구가 더 급해요. 옛날에 친구가 급해요. 급하면 다시 생각하면 안 좋아요. [조사자: 아, 그래서 성격 급해서 아이 많이 야단쳐요?] 네, 그래서 참아, 참아요. 저 친구 보기엔 저 성격 급해 안 좋으니까. 점점 마음이 안 급해. 교육도 많이 받고. [조사자: 여기서 부모교육 받았어요? 그게 아이 키우는 데 도움 많이 돼요?] 네, 다 알려줘요.

▶ **이혼 후 힘들어도 위로해주는 친구들 덕분에 힘을 내다**

[조사자: 굉장히 힘들었을 거 같아요. 갑자기 이혼하고 갈 데도 없고.] 옛날에 도망 육지 사람 친구 저저 생가 도망갈까? [조사자: 어디를? ○○○에

서 살 때?] 다시 생각하면은 나도 잘못 없어요. 왜 도망가요. 도망가면 또 안 돼요. 비자도 없어요. 등록증 연장도 안 돼요. 도망가도 안 돼요. [조사자: 언제 도망가고 싶었어요?] 이혼했을 때. 옛날에 이렇게 생각해요. 왜냐면 다시 생각하면은 나도 잘못 없어요. 도망가면 안 돼요. 참아, 참아참아. 다른 사람 한국 사람 도와주면 다시 생각하면 다행이에요. 시간이 잠도 밤에도 안 자고. [조사자: 많이 힘드니까….] 맞아요. 잠도 못 자요. 밥도 싫어요. 임신해서 싫어요. 밥도 그래서 다른 친구들도 위로해줘요. [조사자: 친구들이 그때 많이 도와줬구나.] 네, 많이 위로해주고 그 친구가 언니 걱정하지 마. 우리 개미 아니에요. 사람이에요. 언제 죽나 몰라요. 우리 사람 기다리면서 결과도 달라요. 다시 생각하면 진짜 죽을 거 같아요. 그래 맞아.

▶ 이혼 후 생긴 불면증으로 잠 못 이루는 나날들

[조사자: 정말 힘들었구나.] 맞아요, 옛날에 진짜 어떻게 왔는지 모르겠어요. 잠도 안 자고 그때부터 저 불면증인 거 같아요. [조사자: 그쳐, 마음이 힘드니까 잠 못 자죠.] 지금까지 못 자요. 조금 자요. [조사자: 지금도?] 지금까지 그때부터. 아파보인다고 말해요, 다른 사람이. 저 어디 안 아파요. 아, 그 생각, 아, 저도 몸이 안 좋나 생각해요. 다른 사람이 계속 아파보인다고 또 걱정해요. 항상 많이 걱정해요. [조사자: 주변에서 많이 걱정해주구나.] 생각을 먼저 걱정하면 필요 없어요. 계속 걱정해요. 잠도 못 자고. [조사자: 좀 더 하고 싶은 이야기나 해주고 싶은 이야기 있어요?] 저 만약에 애기 누구 봐주면 점심에 일하면 좋겠어요. [조사자: 애기 좀 누가 봐줄 수 있게? 그렇겠다, 가장….] 네, 하지만 일하면 일 많이 하면 몸도 다 아파요. 강아지도 말 잘 들으면 괜찮아요. 말 안 들으면 스트레스 받아요. 힘이 없어지고 못 할 거 같아요. [조사자: 아이고, 힘들구나. 그럼 애기가 오늘은 4시

에 끝나요?] 아니요, 5시. [조사자: 그러면 집 앞에 내려줘요?] 아니요, 제가 태우러 가요. [조사자: 아, 데리러? 그럼 애기랑 아빠랑 계속 만나도 괜찮아요?] 네, 가끔 연락되면 지금 애기 말할 수 있어요. 말할 수 있어요. 저 상관없어요.

6장

한국과
인도네시아를 잇는
초국적 삶*

연구참여자는 인도네시아 출신으로 현재 공장 일과 식당 운영을 병행하며, 친정어머니, 11살 아들과 함께 살고 있다. 2002년 한국으로 이주했다. 어린 시절 남부러울 것이 살았던 그녀는 위로 오빠 둘이 있는 막내딸로 많은 사랑을 받고 자랐다. 대학을 졸업하고 경리로 일하다가 돈을 벌고 싶다는 마음에 한국으로 왔다. 한국에서 공장 근로자로 일하는 것에 친정어머니가 반대했다. 하지만 그녀의 고집을 꺾을 수는 없었다. 그때 같은 공장에서 일하던 남편을 만났고, 1년의 연애 끝에 양가의 반대를 극복하고 결혼했다. 결혼을 반대했던 시어머니는 결혼 후에는 그녀를 자상하게 잘 챙겨주었다. 그러나 남편은 잦은 폭음으로 회사를 무단결근하고 집안의 물건을 부수는 등 폭력적으로 변해버렸다.

손자를 돌봐주기 위해 친정어머니와 함께 살았는데, 당시에도 남편의 폭음과 폭력적인 모습은 나아질 기미가 없었다. 결국 연구참여자는 남편과 이혼했다. 이후 친정어머니의 음식 솜씨를 살려서 인도네시아 식당을 개업했다. 낮에 공장일을 하고 밤에는 배달을 한다. 바쁘고 피곤하지만 식당이 인도네시아 노동자들에게 마음의 위안이 된다는 것이 만족스럽다. 향후 식당의 커뮤니티를 확장해서 여러 사업을 해보고 싶다. 그녀는 오늘도 내일도 한국과 인도네시아를 잇는 초국적 삶을 살아가고 있다.

[주제어] 인도네시아, 이혼, 식당, 사업, 초국적 삶

---

* 인터뷰는 2018년 12월 21일에 진행되었다. 스토리텔링 시점은 인터뷰 일시를 기준으로 한다.

1.
외국인 근로자에서 결혼이민자로

한국에서 돈을 벌기로 결심하다

나는 모국인 인도네시아에서 경제적으로 모자람 없이 자랐다. 위로 오빠가 둘이고 나는 막내로 우리 삼남매는 모두 대학교를 졸업했고, 부모님께서는 그 정도의 학비 지원은 가능한 정도의 경제적 여유가 있으셨다. 막내딸인 나는 가족들로부터 항상 사랑을 받으며 자랐다. 대학에서는 경제학을 전공하고, 회사 경리로 2년 정도 일하다가 한국이 어떤 나라인지 궁금해졌다. 한국에 살고 있는 친구의 한국에서 일하면 많은 돈을 벌 수 있다는 말에 관광비자로 한국에 들어갔다. 한국에 들어와서 보니, 한국과 인도네시아의 급여는 배 이상 차이 났다. 이거 괜찮겠다는 생각이 들어서 출국하지 않고 한국에 남아야겠다고 결심했다.

관광비자가 만료되어, 1년 정도는 불법체류자 신분으로 살았다. 인도네시아에서 사무직으로만 일하다 공장에서 일을 하다 보니 여러 가지 힘든 부분이 있었다. 그렇지만 돈을 벌어야 한다는 생각으로 견뎌냈다. 한국에서 한 달 일해서 버는 돈은 인도네시아에서는 두 달 반을 일하는 돈과 맞먹었기 때문에 힘들어도 버틸 수밖에 없었다. 인도네시아에 계신 어머니께서는 부족할 것도 없는 내가 공장에서 일하는 것을 반대했다. 하지만 나는 내가 하려고 하는 것은 꼭 해야만 직성이 풀리는 성격이었다. 무슨 수를 써서라도 내가 세운 목적을 달성해야 하는 성미였기에, 어머니도 내 고집을 꺾을 수는 없었다.

양가의 반대를 극복하고 한국인과 결혼하다

국적은 인도네시아지만 중국계라서 생김새가 한국 사회에서 그리 튀는 외모는 아니었다. 일반적인 동남아시아 노동자들과는 다르게 피부색도 하얀 편이어서, 비자가 없는 신분이었지만 나를 의심하는 시선은 느끼지 못했다. 또한 갑작스럽게 단속을 당하진 않을까 하는 두려움도 크지 않았다. 다만 아무런 준비도 없이 한국에 왔기 때문에 한국어를 전혀 할 줄 몰랐다. 일하면서 한국인 동료 아주머니들을 통해서 간단한 의사소통을 배워나갔고, 일에 관한 중요한 내용은 영어를 하는 외국인 동료가 중간에서 통역해주는 식으로 의사소통을 했다.

2003년 법무부에서 불법체류자를 양성화하는 정책*이 시행되었고, 지금의 E-9 비자와 유사한 D-3비자를 받았다. 그리고 당시 다니던 회사에서 나보다 9살이 많은 전남편을 만났다. 1년 정도 연애를 했고 결혼 이야기가 나왔다. 사실 그렇게 열렬하게 사랑했던 것은 아니지만 만나다 보니 자연스럽게 결혼을 결심하게 된 경우였다. 이런 사람과 한국에서 사는 것도 괜찮겠다는 마음도 있었다. 그러나 처음에 양가에서는 심하게 반대

---

* 2003년 법무부는 외국인 근로자의 고용허가제 실시(2004. 8. 시행)를 앞두고, 2003년 3월 31일 기준 거주기간 3년 미만의 불법체류자를 대상으로 '불법체류 확인 등록'을 유도하고, 합법적인 체류 자격을 부여했다(출처: 대한민국 정책 브리핑, https://www.korea.kr/news/policyNewsView.do?newsId=30025507, 검색일: 2021. 10. 15.).

했다. 특히 친정 부모님은 하나밖에 없는 딸이 먼 한국에서 고생하는 것은 아닌지 염려했다. 9살이나 나이 차이가 날 뿐만 아니라, 국적만 한국인일 뿐 사실 생활수준의 차이가 컸기 때문이다. 그러나 결국 허락을 받았고 인도네시아에서 인도네시아 방식으로 결혼식을 치렀다.

인도네시아의 결혼식은 한국과는 다르게 하루 종일 진행된다. 모든 가족들과 지인들이 함께 모여 덕담을 나누고 음식을 나누어 먹는다. 인도네시아 방식은 나에게 하나의 자부심이기도 했다. 한국에서는 따로 결혼식을 올리지 않고, 가족들끼리 식사를 하는 것으로 대신했다.

2.
무책임한 남편과 이혼을 결심하다

만족과 실망이 교차했던 결혼생활

처음 결혼을 반대했던 시어머니는 결혼 후 나를 많이 아껴주셨다. 내가 한국음식이나 문화에 대해 잘 몰라도 하나씩 차근차근 알려주셨다. 임신 당시 입덧으로 인해 고생했을 때에도 시어머니는 고향 음식을 잘 챙겨 먹으라고 늘 용돈을 쥐어주시는 분이었다. 그런데 아이가 태어나는 것을 보지 못하고 지병으로 돌아가신 것이 아직까지도 안타깝다. 남아선호사상이 강한 한국에서 아들 손주를 낳았는데 살아계셨다면 얼마나 기뻐하셨을지 눈에 선하다.

남편은 술을 많이 마시는 사람이었다. 이슬람교를 주로 믿는 인도네시아*에서는 술을 많이 마시는 문화가 없기 때문에 놀라기는 했지만 개인

---

* 인도네시아의 종교는 이슬람교 87%, 개신교 7%, 천주교 3%, 힌두교 2%, 불교 1%로 이슬람교 신자가 절대적으로 많은 수를 차지한다(출처: 외교부 홈페이지, https://www.mofa.go.kr/www/ nation/m_3458/view.do?seq=28, 검색일: 2021. 11. 11). 금주를 원칙으로 하는 이슬람교가 많은 수를 차지하는 탓에 인도네시아는 한국과 달리 술을 많이 마시는 문화가 거의 없는 편이다. 연구참여자는 자신이 믿는 천주교뿐만 아니라, 인도네시아의 전체적인 모습과 한국의 음주문화의 차이에 대해 이야기하고 있다.

의 취향이겠거니 여겼다. 하지만 아이가 태어나고 나서부터 혹시나 아이가 아빠의 무절제한 모습에 영향을 받지는 않을까 걱정되었다. 또 남편은 회사에서 관리자로 중요한 일을 하고 있음에도, 다음 날 출근하지 못할 정도로 새벽까지 술을 마시고 들어오기 일쑤였다.

나는 출산 후에도 일하기 위해서 친정어머니를 한국으로 초청하여 육아에 도움을 받고 있었다. 회사를 무단결근한 남편은 집에 남아서 친정어머니와 아이를 괴롭혔다. 심지어 내가 일하는 회사 앞에까지 와서 돈을 달라는 둥 행패를 부리는 바람에 회사를 자주 옮겨 다녔다. 내 생활은 엉망이었다.

결국 이혼 소송을 진행하다

결국 그런 생활을 견딜 수 없었던 나는 남편과 크게 다투었고, 집을 나와 쉼터로 옮겼다. 남편은 자신의 생활을 반성하고 다시는 그런 일이 없을 것이라 다짐했다. 그 말을 믿고 다시 집으로 돌아갔지만, 두 달 만에 또다시 술을 먹고 행패를 부렸다. 결국 경찰에 신고하고 집을 나올 수밖에 없었다. 나오자마자 이혼 의사를 밝혔지만 남편은 이혼을 거부했다. 1년여의 이혼 소송 끝에 남편과 이혼했다.

이혼 후 남편은 아이와 정기적으로 만났지만 아이는 아버지와의 만남을 달가워하지 않았다. 아버지의 폭력적인 모습을 기억하고 있었기 때문이다. 그래도 꼬박꼬박 만남을 가지기는 했다. 만나기로 한 날에 남편이 술을 마시고 나오거나, 약속을 어기는 일이 종종 발생했다. 아이는 가뜩이나 아버지와의 만남이 편하지 않은데 이런 일까지 생기니 실망이 더 큰 듯 보였다.

그러다 2015년 3월에 남편이 사망했다. 심장이 원래부터 좋지 않았는데 술 때문에 더 악화되고 만 것이다. 나와 함께 살 때는 내가 관리를 해주었는데, 이혼 후 아무도 신경 써주는 사람이 없다 보니 안 좋아진 것이다. 아버지가 죽었다는 소식을 아이에게 전하기가 어려워 멀리 가서 이제 만나지 못할 것이라고만 이야기해주었다. 아이는 아버지를 만나지 못하는 것에 대해 서운한 내색을 보이지 않았다.

이혼 후 찾은 새로운 기회

출산을 앞두고 남편은 친정어머니를 초청하는 것이 어떻겠냐고 제안했었다. 아무래도 낯선 곳에서 아이를 혼자서 돌보긴 어려울 것 같아 친정어머니를 한국으로 모셔오는 것이 좋겠다는 생각이 들었다. 친정어머니는 1년 정도 한국에 계시다가 다시 인도네시아로 돌아가고, 또 한국으로 들어오는 식으로 생활했다. 아이가 아직 어렸기 때문에 어린이집에 보내지는 못하고, 어머니가 한국에 계실 때 아이를 전담으로 돌봐주셨다. 그럼 나는 낮에는 일하고 저녁에는 다문화가족지원센터에서 한국어를 배웠다. 어머니가 인도네시아로 돌아가면 일을 잠시 쉬고 아이를 돌보는 식으로 생활했다.

남편과 이혼 후 어머니는 한국에 더 오래 계셨다. 아무래도 남편이 없기 때문에 어머니의 도움이 더 절실했기 때문이다. 또한 사랑받고 자란 귀한 막내딸 곁을 지켜주고 싶은 마음도 있으셨던 것 같다. 아이가 어린이집에 다니면서 남는 시간이 많아진 어머니는 근처에 사는 인도네시아 근로자들에게 인도네시아 음식을 조금씩 만들어주셨다. 생각보다 반응이 좋았고, 새로운 기회라는 생각이 들었다. 이혼 후 받은 위자료를 가지고 2013년에 인도네시아 식당을 개업했다.

3.
한국과 인도네시아를 잇는 초국적 삶

한국에 있지만 인도네시아와 연결되어 있는 삶

나의 모든 생활은 아이를 중심으로 구성되어 있다. 집도 아이 학교 근처에 구했고, 식당도 학교 가까이에 문을 열었다. 회사와 식당 일 때문에 주로 아이가 혼자 하교해야 하는데, 학교가 멀면 이래저래 위험할 것이라 생각했기 때문이다. 또 한 동네에서 오랫동안 사는 것도 아이가 안정감을 느낄 수 있도록 하기 위함이었다. 아이는 어릴 적 친구들과 지금까지도 함께 성당이나 학원을 다니고 있다. 여름이나 겨울에는 수영장이나 스키장에 가자고 하고 우리 집에서 어울릴 때도 많이 있다. 아들의 친구 부모와도 오랫동안 교류하면서 지내오고 있다. 여러 모로 신경을 써오고 있는 덕분에 다문화 아이라고 차별받는 일은 거의 없는 것 같다.

아들은 방학이면 한 달 정도 친정어머니와 인도네시아에 다녀온다. 인도네시아에서 사촌들과 함께 어울리면서 자연스럽게 인도네시아어를 익힐 수 있도록 하기 위함이다. 친정어머니는 아들이 인도네시아어를 잊지 않도록 하기 위해 한국에서도 일부러 인도네시아어로 이야기하신다.

덕분에 아들은 식당에 인도네시아 손님들이 오면 인도네시아어로 대화를 곧잘 나눌 수 있는 정도의 실력이 되었다. 언어를 사용한다는 것은 분명 아들에게 큰 힘이 될 것이라 생각한다. 특히 엄마 나라의 말은 아들의 더할 나위 없는 자산이다.*

인도네시아 노동자들의 중심 커뮤니티

음식 솜씨가 좋은 어머니 덕분에 저녁이면 인근 인도네시아 노동자들의 주문이 밀려들어 온다. 또한 동향 사람들과도 많이 만날 수 있으니 식당을 운영하는 것은 너무나 즐거운 일인 것만은 분명하다. 하지만 처음 식당 개업을 준비할 때는 막막한 기분이 들었다. 식당을 개업할 때 여러 가지 준비 서류들이 있었다. 그 과정은 생각보다 복잡했지만, 인터넷을 뒤져가며 하나씩 준비했다. 식재료들을 어디서 구입해야 하는지도 아무런 정보가 없어 많이 헤매기도 했다. 한국인의 도움 없이 이 과정을 스스로 하면서 내 자신이 뿌듯하기도 했지만 다른 외국인들은 이럴 때 큰 난관에 부딪힐 것 같다. 식당에서 만나는 인도네시아 사람들에게 음식만 파는 것이 아니라 나의 이런 경험도 함께 전달하고 있다. 또한 바쁜 노동자들을 위해서 비행기 티켓을 대신 구매해주기도 한다. 또한 아이를 키우는 사람들과는 육아, 병원 이용, 식재료 구입과 같은 다양한 정보를 서로 공유한다.

나는 퇴근을 하면 바로 식당으로 가서 음식 배달을 돕고 있다. 저녁

---

* 인도네시아의 화교는 일상적으로 인도네시아어를 사용한다. 본래 대다수 화교가 중국어를 사용했으나, 수카르노 초대 대통령(1945-1967)은 이들의 영향력을 제한하려는 정책을 펼치기 시작했고, 이후 대통령직을 승계한 수하르토 대통령(1967-1998)에 의해 본격화되었다. 각 민족의 문화를 이해하고 허용하는 말레이시아와는 달리 인도네시아에서는 모든 국민을 "똑같은 인도네시아인"으로 동화시키려는 정책을 펼쳐, 중국식 이름을 인도네시아식으로 개명하게 했고, 학교 또는 일상생활에서 중국어의 사용을 엄금했다(출처: 위키백과, https://ko.wikipedia)

6시부터 9시 사이에 특히 배달 주문이 많이 들어온다. 피곤할 때도 있지만 내가 조금이나마 동향 사람들의 위안을 해줄 수 있다는 것이 만족스럽다. 점점 커뮤니티가 커지면서 식당은 인도네시아 사람들의 중심 커뮤니티가 되어가고 있다. 이를 좀 더 확장해서 인도네시아 식자재를 판매하거나, 반대로 인도네시아에 한국 식자재를 판매하는 일 등을 구상하고 있다. 궁극적으로는 한국과 인도네시아를 오가며 여행사를 하는 것이 가장 큰 소망이다. 마음을 먹었으니 이제 하면 된다. 지금까지 그래왔고, 앞으로도 그럴 것이다.

4.
전사록 요약

〈연구참여자 정보 및 특성〉

출생연도	1978년생	이주연도	2002년
국적(이주 전/현재)	인도네시아/대한민국	학력	대졸
가족	친정 어머니, 아들	직업	생산직, 자영업

▶ **부족하지 않았던 인도네시아에서의 삶**

[조사자: 인도네시아도 보통 대학을 다 가나요?] 대부분이요, 대부분이. 만약 교육비가 좀 안 되면은 대학교까지는 못 가고. 그런데 대부분 요즘에는 대학교까지 나와요. [조사자: 오빠분들도 대학 나오셨어요?] 네, 다 졸업했어요. [조사자: 선생님은 막내딸이라서 사랑 많이 받으셨을 것 같아요.] 그렇지 않아요. (웃음) [조사자: 오빠 둘에 막내딸이면 부모님이 많이 사랑해주셨을 것 같아요.] 그래서 우리 엄마는 지금 같이 살고 있어요. (웃음)

▶ 자녀를 돌봐주기 위해 한국으로 들어오신 어머니

[조사자: 어머님은 한국어가 조금…?] 예. 조금조금씩, 할 수 있어요. [조사자: 한국어를 배우고 오신 거예요?] 아니에요, 여기 와서. 그러다가 엄마가 애기 돌봐주니까, 우리 아들이랑 같이 이야기하다 보니까, 그렇게 배웠어요. [조사자: 선생님이 남편분하고 헤어지신 다음에 엄마가 오신 거예요?] 아니에요. 그전에도 있었어요. 2년 정도? 2년 정도 같이 살다가. [조사자: 남편분이 반대하거나 그러시진 않았나 봐요.] 그때… 애기 태어나려고 그래서, 그전 남편은 엄마 부르라고. 여기서 부모님… 어차피, 보통 한국 엄마들은 친정엄마가 옆에 있으면 좀 편하잖아요. 애기 낳을 때. 그래서 불러가지고 같이 살았어요. [조사자: 그렇죠. 애기 낳고 키우는 게 혼자는 얼마나 힘들어요. 그럼 아들이 3~4살 때 어머니가 오신 거예요?] 태어날 때부터, 1년 있다가, 갔어요. 갔다가 1년 이후로 또다시 왔어요. 한국에. [조사자: 계속 왔다 갔다 하시다가, 완전히 오신 게 7년 정도 되신 거군요. 어머니가 고향을 그리워하신다거나 그러지 않으세요?] 어차피 1년에 한 번씩 가요, 인도네시아.

▶ 한국에 있지만 인도네시아와 연결되어 있는 삶

[조사자: 인도네시아 왔다 갔다 하세요?] 네네네. 만약에 방학 동안, 학교 방학하면 우리 아들하고 같이 갔어요. 갔다 왔어요. [조사자: 아, 같이. 그럼 가시면 얼마나 머무세요?] 제일 늦게도, 한 달 전에, 방학 끝나기 전에 다시 한국에 와요. [조사자: 그럼 방학 기간 동안, 한 달 남짓한 기간 동안 인도네시아에 머무시고. 그럼 오빠 집에 머무시는 거예요?] 네, 오빠 집에 하고, 우리 아들도 가면 인니어, 인도네시아어 배울려구. [조사자: 그럼 지금 인도네시아어 잘해요?] 네, 가능합니다. (웃음) [조사자: 그럼 선생님과는 어떤 언

어 써요?] 저랑은 한국어 쓰는데, 저, 중간중간 이야기할 때 인도네시아어 붙고 그러는데 잘 이해하고, 답변도 인도네시아어 답변하고, 애 마음이에요. (웃음) 좀 그렇게 하면 한국어 답변하고. 그런데 우리 엄마랑 하면, 엄마가 일부러 시키는 거예요. 인도네시아어. 잘 기억하라고. [조사자: 아무래도 한국에서는 인도네시아어 사용 관계가 엄마랑 외할머니밖에 없으니까 기억하라고.] 그리고 식당에서도 어쩌다 손님 오면 인도네시아 근로자 하니까. 아는 분들은, 우리 아들 아니까 어쩌다 같이 이야기하고, 일하는 사람도 같이 이야기하고, 그렇게. [조사자: 그럼 시금 운영하시는 인도네시아 식당에는 인도네시아 근로자 많이 오세요?] 네. [조사자: 아, 그래서 선생님이 인도네시아 커뮤니티 중심이라고 하시는구나.] 네. (웃음)

▶ 관광비자에서 노동비자로

[조사자: 대학에서는 경제학 전공하시고, 인도네시아에서 경리를 2년 정도 하셨다고 하셨고. 보너스를 받아서 한국에 여행 오셨다가 정착하셨다고 했는데, 그전에 다른 나라도 가보셨잖아요. 싱가폴, 방콕, 홍콩도 가보셨다고 했는데, 이런 나라가 아니라 한국에 정착한 이유가 있을까요?] 한국에서는 다른 친구도 있었고. 그때는 뭐… 한국에 전환하면, 인도네시아어 7천 원, 7배예요. 그래서 한국에 한 번 해보라고 했어요. 그래서 한번 해본 거예요. 해보다가, 괜찮다고 생각해서 계속한 것이에요. 그래서 출국도 안 하고 계속 여기 있었어요. [조사자: 그럼 관광비자로 오셔서 비자변경 안 하고 계속 계셨던 거예요?] 그때도 1년 정도 있었어요. [조사자: 불편하진 않았어요?] 그때 2002년에는 단속도 많이 없었어요. 그러다가 2003년에 그… 법무부, 법이 그렇게 나와요. 언제부터 언제까지 입국한 사람들 비자 신청 가능하다, 일자리 있으면 사장님 허락받고 사인받으면 연수생 비자 받을 수 있다

고. [조사자: 산업연수생?] 네, 그때는 D-3? 비자. 지금은 E-9 비자로 변경했어요. [조사자: 아, 명칭이 바뀐 거예요?] 만약 연수생 오면 E-9 비자 받아요. 전에는 D-3. [조사자: 그럼 이때 비자를 신청하신 거네요. 전보다 안정적이셨겠어요.] 제가 피부가 하얀 편이라, 어디 가도 이야기 안 하면 모르잖아요. 그래서 별로 걱정하지 않아요. (웃음) [조사자: 그럼 이 기간에는 한 군데에서 근무하신 거예요?] 아니요, 세 군데까지. 마지막 회사는 그때 비자 발급받았어요. [조사자: 그럼 그 마지막 회사에서 좀 오래 일하셨나 봐요.] 네. [조사자: 그럼 거기서 남편분도 만나시고?] 네. [조사자: 회사 동료로 남편분 만나시고, 남편분이랑 나이 차이는 어떻게 돼요?] 9살 차이예요.

▶ **마음먹고 한국에서 돈을 벌기로 결심하다**

[조사자: 혹시 일하는 기간에 힘드신 건 없었어요?] 처음에는 힘들죠. 원래는 인도네시아에서는 사무실에 앉아서 컴퓨터 하고 그랬는데, 여기 공장 들어가서 노가다처럼 일해야 하잖아요. 그래서 좀… 근데 견뎌야 하잖아요. 돈 벌어야 하니까. [조사자: 가정형편이 어렵거나 그러신 건 아닌 것 같은데, 돈을 많이 벌겠다 이런 동기가 있으셨나 봐요.] 그렇죠, 네. 마음먹고. (웃음) [조사자: 가족들이 반대는 없었어요?] 엄마는 반대했는데, 저는 그냥 한국에 와서 관광으로 휴가받고 관광으로 왔었는데, 우리 인도네시아에 있는 사장님도 계속 연락이 와요. 우리 엄마한테, 왜 안 나오냐고, 일해야 하는데 왜 안 나오냐고. 그래서 엄마가 다시 인도네시아는 언제 오는지 아직 모르고, 다른 사람 한번 찾아보세요, 그렇게 이야기했어요, 엄마가. [조사자: 처음부터 계획하고 오신 건 아니었기 때문에.] 네. [조사자: 와서 보니까. 그럼 여기서 머물러야겠다라고 마음을 먹게 된 계기가 뭘까요?] 왜냐하면, 여기서 돈 벌어… 그 당시에 월급 한 달에 최저임금이 60? 60만 원인

가 그런데 7배 하면 4백 얼마잖아요. 420. 근데 인도네시아에 420이면 제가 일하는 거 두 달 반 정도 해야 돼요. [조사자: 여기 친구분을 통해 듣게 되신 거구나. 그리고 친구분이 여기서 일하는 걸 제안하시고.] 네, 그렇죠. [조사자: 근데 처음에 일 힘드셔서 돌아갈까 하는 마음도 드셨을 거 같은데요?] 그런 생각도 있었는데, 그런데 좋게좋게 생각해요. 여기서 한 달 하면 저기서 두 달 반 정도 벌 수 있으니까 참아야 해요.

▶ 방글라데시 동료의 도움으로 영어로 의사소통하다

[조사자: 그래서 참기로 하셨구나. 일 힘든 거 말고는 다른 힘든 부분은 없었어요?] 네, 언어도 처음에는 어렵지만, 회사에서는 다른 그때 방글라데시 직원이 있어요. 그래서 사장님 말 모르면 영어로 통역해주고 그랬으니까. 그래서 뭐 언어까지는. [조사자: 영어는 자유자재로 사용하시나 봐요.] 네, 왜냐하면 대학 다닐 때는 영어 해야 해요. [조사자: 대학에서 이미 하셨고. 그럼 방글라데시 직원은 영어를 더 잘하고, 그래서 선생님이 중간에서 통역을 해주고. 그럼 선생님도 한국어를 좀 하셨어요?] 그때는 한국어 잘 몰라 가지고, 일하면서 한국 아줌마들이 같이 일하면 말 많이 하잖아요? 그때 조금조금씩 배워요. [조사자: 동료들에게 많이 배우셨구나. 그럼 사장님은 영어로 말하셨어요?] 아니요, 저기 한국어. [조사자: 그럼 한국어로 듣고 영어로 번역해서 방글라데시 직원에게 알려주신 거예요?] 아니요. 방글라데시 직원이 오래 다녀서 한국어 잘해요. 그래서 제가 몰라하니까, 방글라데시 직원이 영어로 저한테 설명해줬어요. [조사자: 아, 방글라데시 직원이 중간에서 통역을 하면서 도와주신 거였구나. 남자분이셨어요?] 네, 그때 방글라데시 직원이 세 명 있었고, 인도네시아인이 세 명 있었어요.

▶ 공장에서 만난 남편, 가족의 반대를 이겨내고 결혼하다

[조사자: 남편분하고는 어떻게 연애하게 됐어요?] 그때는 제가 한국어 많이 알고 있으니까, 그냥… 예… [조사자: 누가 먼저 좋다고 하셨어요?] 남편이. (웃음) [조사자: 한국어 소통이 되고, 남편분이 먼저 좋아해서, 밥도 먹자 이렇게?] 그렇죠. 일 끝나면 잔업 없으면 밖에서 같이 먹자, 이렇게. [조사자: 데이트 기간은 어느 정도?] 1년 정도. [조사자: 결혼 결심은 어떤 계기가 있었어요?] 어차피 서로 좋아했으니까. 여기까지는, 결혼 생각까지는 없었지만, 엄마한테 허락받고. 엄마는 반대했어요. 그런데 제가 좋아하니까 엄마는 뭐 할 수 없어. 하라고 했었는데, 2005년에 인도네시아 같이 들어갔어요. 우리 엄마 만나 뵙고, 그전에도 엄마가 한국 와서 남편 보고. 관광으로, 관광 패키지로 왔다가 잠깐 여기 같이 있고, 1주일 정도 같이 생활했어요. 그 이후로는 저하고 남편이랑 인도네시아 들어가서 결혼식 올리고 그랬어요. [조사자: 그럼 한국에서는 따로 결혼식 안 하셨어요?] 한국에서는 그냥 친척, 부모님, 남편, 부모님 형제, 친척들 모여서 했어요. [조사자: 인도네시아에서는 인도네시아식으로 하셨어요?] 네. [조사자: 인도네시아식은 어때요?] 좋죠. (웃음) [조사자: 한국식이랑 많이 달라요?] 한국에서는 30분 하고 뷔페로 가잖아요? 인도네시아에서는 아예 웨딩홀 하나 빌려서 2시간 정도 진행하는 거예요. 처음부터 끝까지, 입장하고, 손님들 인사하고, 같이 식사하고 그래요. [조사자: 한국보다 시간이 더 많고, 하객들이랑 인사하고 이야기하고 이런 시간이 많네요. 그럼 인도네시아에서 엄마는 많이 아쉬워하셨을 것 같아요.] 그렇죠. 아빠 쪽에도 반대가 많이 있었어요. 그런데 뭐… 좋아하니까 할 수 없었죠. (웃음) [조사자: 어떻게 보면, 사랑의 힘으로 국경을 넘으셨네요. 친척분들도 반대를 좀 하셨나 봐요.] 그렇죠. 그때 아빠도 안 계시고, 멀리까지 가면 딸 한 명밖에 없으니까, 한국까지 안 가

도 될 것 같은데 왜 그쪽까지 시집가냐고 반대했어요. [조사자: 남편 가족 분들은 결혼 반대 없었어요?] 처음엔 그래요, 시어머니도. 뭐, 말 때문에도, 언어 때문에도 안 통할 수 있으니까, 그렇게 좀 그랬는데, 근데 뭐. 여러 가지 남편이 설명하고 뭐하고 그렇게 하니까, 허락해주셨어요. [조사자: 부모님 설득에 시간이나 노력이 필요했나 봐요.] 네, 양쪽 다요.

▶ 연구참여자를 아껴주었던 시어머니

[조사자: 결혼생활은 어떠세요?] 결혼생활은 괜찮았어요. 몰라가지고, 김치 담그고 그런 건 몰랐지만, 우리 시어머니가 잘 가르쳐주셨고. [조사자: 시어머니랑 같이 사셨어요?] 아니에요. 어쩌다가 주말에 같이 밥 먹고, 시어머니 집에 놀러 가고, 아니면 시어머니가 주말에 우리 집에서 자고 그래요. [조사자: 아주 멀리 사신 건 아닌가 봐요.] 아니에요, 가까워요. [조사자: 교류도 자주 하셨구요?] 네. [조사자: 손자도 엄청 예뻐하셨겠어요.] 그렇죠. 그런데 제가 임신했을 때는 우리 어머니가 너무 좋아가지고, 음식 먹고 싶은 거 있으면 이야기하라고. 근데 여기엔 없었잖아요. 그래서 그냥 용돈 주고, 사먹으라고. 그렇게. (웃음) [조사자: 한국 음식이 입에 잘 안 맞고 그러니까 배려를 해주신 거네요.] 네. 그런데 아까운 거는, 제가 아직… 우리 아들 태어나기 전에 우리 어머님 아파가지고 돌아가셨어요. 아들 못 보고. [조사자: 마음고생 많으셨겠어요. 손자 보셨으면 좋아하셨을 텐데.] 그렇죠. 또 아들 하니까 좋아하잖아요? [조사자: 한국분들 아들 좋아하시죠.] 네, 맞아요. (웃음) [조사자: 시어머니랑 관계가 가까우셨네요.] 네. 처음엔 반대했는데, 근데, 살다 보니까 또… 해주고 그래요. [조사자: 육아는 친정엄마가 많이 힘이 되어주셨겠어요.] 그렇죠. 엄마 1년까지만 같이 있다가 가면은, 제가 애기 혼자 키우고 키우는 동안에 ○ 선생님 만났어요, 그때.

▶ 일과 육아를 병행하며, 다문화가족지원센터에서 한국어를 배우다

[조사자: 애기 키우면서 한국어를 배우신 거네요? 다문화센터에서?] 네, 맞아요. [조사자: 그전에는 회사 동료들에게 배우신 거고.] 왜냐하면 엄마가 없으니까 제가 일 못하잖아요. 그래서 집에 있는 동안에 애기는 어린이집 보내고 제가 다문화… 집 앞에 있어요, 그때는. [조사자: 가까웠네요.] 네, 그것도 3개월 배우다가 ○ 선생님이 다른 일도 소개해주고 그래요. [조사자: 그래서 일 다시 시작하신 거예요?] 다시 엄마 불러서. (웃음) [조사자: 그러면 금방 애 낳고 얼마 안 쉬셨네요?] 네. 애 낳고 3개월 쉬고, 회사, 공장일 하구요. 그리고 몇 개월 이후로, 6개월? 7개월? 엄마가 인도네시아 들어가니까 제가 다시 애 보구. 아니면 1년 정도 애 보다가 다시 일…. [조사자: 그러면 어린이집 보낼 수 있는 게…] 1년 정도… [조사자: 돌 정도 된 다음에 어린이집 보내고 한국어 배우러 가신 거예요?] 네네. 우리 아들 생일이 3월 2일이에요. 그래서 그때 딱 돌 시작하는 거, 입학하는 거예요. [조사자: 시기가 딱 맞았네요.] 네네.

▶ 아빠의 폭력과 음주에 실망한 아들

[조사자: 아들이 지금…] 열한 살. [조사자: 초등학교 4학년?] 네. [조사자: 선생님이 남편분하고 헤어진 건 아들이 4살 정도 때?] 맞아요. [조사자: 아들은 아주 어릴 때라 기억이 별로 없겠네요?] 그래도 많이 기억했어요. 왜냐하면 아빠가 그 당시 어떻게 하는지, 뭐하는지 다 보고 있어요. 그래서 그 이후로는, 원래는 일주일마다, 한 달마다 만나는 시간 있었잖아요? 안 보고 싶어요. [조사자: 이혼 후에도 원래는 정기적으로 만나는 그게 있는데, 아들이 안 만나고 싶어 하는구나.] 네네. 2011년부터 2015년까지 동안은 안 만나도 2015년 3월 달에 사망했어요. [조사자: 남편분이.] 네, 아파가지고.

[조사자: 지병이 있으셨어요?] 네, 그때 심장이⋯ 심장이 원래 안좋았는데, 술 너무 마셔가지고. 제가 말리다가 말리다가 제가 있는 동안에도 같이 병원 다니고 약먹고 잘 챙겼는데, 이혼한 이후론 제가 뭐 어떻게 사는진 잘 몰랐지만, 제 생각에는 뭐, 제가 없는 동안도 계속 그 마셨는지도⋯ 그래요. [조사자: 남편분이 술 문제가 좀 있으셨어요?] 네. 좀 중독⋯증, 어떻게⋯ 같아요. 처음엔 아니지만 나중에는 매일매일 그렇게. 매일매일 마시면 좀, 마시면 또⋯ 한 잔 하는 건 상관없어요. 근데 한번 마시면은 좀 많이 먹는 편이에요. [조사자: 아들은 아버지가 술에 취한 모습을 많이 기억하나 봐요.] 네, 많이 무서워해가지고. [조사자: 그래서 피하는 건가 봐요.] 처음에는 만나는 약속 있어요. 딱 당일날 만나는 거는 연락이 왔어요. 술 싹, 먹는 상태 하니까. 이제 만날 수 없어요. 올 수도 없으니까, 그렇게. 그래서 아들이 실망했잖아요. 원래 아빠 만나려는 날에는 좀 어떻게 기분이⋯ 그랬는데, 못 만나니까, 또. [조사자: 실망했구나.] 실망하구 그 이후로는, 안 만나고 싶어 해요. [조사자: 많이 슬펐겠어요.] 지금도 물어보면, 왜냐하면 아빠가 안 계시니까. 이야기는 못 하고 있어요. 그냥 멀리 있으니까.

"만나고 싶어?"

물어봤는데, 안 만나고 싶다고.

"멀리 있으니까 왜 만나요?"

그렇게 이야기했어요. [조사자: 아들은 아직 몰라요?] 아직 몰라요.

▶ **가장의 역할은 뒤로한 채 술만 마시는 남편**

[조사자: 선생님은 아무래도 종교도 천주교이시고 하다 보니 술 그렇게 먹는 게 힘드셨겠어요.] 인도네시아 문화가 술 마시는 그런 거 없어요. 어쩌다 가족끼리 추석이나 설, 그렇게처럼 같이 모임하고 같이 밥 먹고 맥주

만 한잔 하는데, 여기 한국문화는 슬퍼도 술 먹고 좋아도 술 먹고 그렇잖아요? 그런 문화가 좀… 네, 없으니까. 그런데 그거까지는 봐줄 수 있는데, 너무 많이 마시면 좀 그래요. 아들한테도 보여주기도 안 좋고. 마시다가, 밖에 마시다가 친구들이랑 마시다가 집에 들어오면 뭐. 자는 거는 상관없어요, 저는. 근데 새벽까지 안 자고 뭐하고 그렇게 하면은 좀 힘들어요. 그래서 제가 또 그다음 날 일 못 가고. 남편분도 일도 못 가고, 그러다가. 그렇게 하면 계속, 생활이 안 되잖아요? 일하면서 언제 저기 결근해서 하면은 좋아하는 사람이 어디 있어요. 사장님들은 뭐… 어차피. [조사자: 그렇죠. 생활비 마련이나 그런 부분이.] 그렇죠. [조사자: 그게 어려울 정도로 그러셔서 힘드셨겠어요.] 술 안 마시면 열심히 해요, 일은. 월급도 많이 받아요, 우리 남편은. 왜냐하면 차장까지, 공장장까지 직책 있으니까. [조사자: 아, 관리자, 높은 관리자셨구나.] 근데 아무리 높아도 계속 결근하면 안 되잖아요. 한번 결근하면 우리 남편은 이틀 동안, 삼 일 동안 일 안 가요. 그래서 삼 일 동안 일 안 가면 집에서 엄마가 애기 봐주잖아요? 계속 술 취해서 애들 괴롭히고, 저한테 전화하고 빨리 집에 오라고. 일하는 사람 왜 오라고 해요. 그걸 누가 좋아해요. 그래도 일하다가 계속 그렇게 하다가 그만뒀어요, 중간에. 몇 번 그만뒀어요, 제가. [조사자: 계속 옮기셨구나. 남편분 케어하느라.] 그렇죠, 네. 일 안 가면 제가 또 일하다가, 또 저기 회사 앞에까지 와서 빨리 나오라고 그렇게 하면… 분위기가 안 좋아지잖아요. 그렇게 하면 다른 사람도.

▶ **폭력까지 행사한 남편, 결국 이혼 소송을 진행하다**

[조사자: 고민 많으셨겠어요.] 그렇죠. 참다가 참다가. 이제… 안 되는 거예요. 저도 그때 싸웠다가 그렇게 하다가 엄마, 아들, 저까지 여성의 센

터 나왔어요. 경찰서 가서 불렀다가, 경찰 쪽에 생활 가족이 한 달 동안. [조사자: 거기서 머무셨구나.] 네네. 거기서 살았는데, 그러다가 남편이 다시 언제 약속하고 뭐하고 그렇게 안 그럴게, 그렇게 이야기했는데, 딱 두 달 만에. 그래서 제가 아예 맘먹고 나왔어요. [조사자: 엄마랑 아이랑 같이 나갈게, 하신 거예요?] 그때 뭐 나갔다가 한 달 동안 밖에 살았다가, 센터에 살았다가 다시 집에 들어왔어요. 두 달… 했다가 술 먹은 상태에서 다시 욕하고 뭐하고 그렇게 아예 집안 다 던져버리고 그래요. 경찰관이 왔었는데, 그래서 제가 경찰 오는 시간에 제가 이야기하고 제가 이제 나옵니다, 제가 혼자 나오면 가출 돼버리잖아요. 그래서 경찰 있는 상태에서. 그래서 그때부터 집에 아예 안 들어갔어요. [조사자: 그다음에 바로 이혼 절차를….] 네, 그것도 이혼 안 해주고 그래서 변호사 가지고. [조사자: 변호사는 무료 변론 해주는 분들 있잖아요?] 그때 네, 인천 외국인력 지원센터에서 봉사하는 변호사님 있었는데, 그래도 비용이 나왔잖아요. 제가 일하면서 그 비용 저기 해놓고. 일단은 제가 살아야 되잖아요. 내가 나가야지 내가 일할 수 있어요. 내가 안 나가면 돈도 못 벌어요. 그렇게. [조사자: 오래 걸리셨겠어요.] 1년이요. 그래서 2011년에 나갔다가 2012년에 그때 법원에서 저기 결과가 나와가지고….

▶ **약속을 지키지 않는 남편에 대한 아들의 실망**

[조사자: 그다음부터는 남편분이 아들 만나는 약속 있을 때만 만나셨구요.] 네네. 그때 한번, 한번 하다가. 그것도 납치했어요. [조사자: 아들을요?] 네, 왜냐하면 이야기하다가 저기 만날라고 하는데, 그냥 데리고 가버렸어요. [조사자: 아들을요?] 네, 그래서 경찰까지 신고했어요. 그때도 이혼 절차 진행하고 있으니까. 그런데 법원에서는, 가정법원에서는 일단 만

나, 하라고 그랬잖아요. 내가 안 주면 저도 잘못돼 있었잖아요. 그래서 만나주고 하는데, 아예 그냥 납치로 데리고 갔어요. [조사자: 그래서 어떻게 하셨어요?] 그래서 내가 여기저기 신고하니까, 변호사님까지 다 신고하니까 나중에 연락이 와요. 연락이 오는데, 어디서 저기 다시 데려다준다고 그랬어요, 저녁에. 아예 아침부터 저녁까지 데리고 갔어요. [조사자: 놀라셨겠어요.] 그렇죠. 불안불안해가지고. [조사자: 아이는 괜찮았어요?] 그 이후로는 아예 그냥 그것도 보다가. 아빠가 또 약속도 안 지키고 그러니까. 실망이 너무 커요.

▶   친정어머니의 음식 솜씨를 살려 인도네시아 식당을 개업하다

　　[조사자: 계속 일하시다가 사업 시작하신 건…?] 2013년. [조사자: 그럼 5년 정도 된 거네요. 사업 시작 결심은 뭐였나요?] 제가 그때 일하면서 엄마가 애기 키웠었잖아요. 근데 애기는 어린이집 보내니까 시간이 너무, 할 일이 없어가지고 엄마가. 그냥 뭐 인도네시아 음식 만들어서 주변의 인도네시아 근로자에게, 아는 사람이 많아가지고. 어느 날은 이거 만들었네. 국시, 먹고 싶으면 사라고 그랬어요, 엄마가. 그래서 조금조금씩 주문이 들어왔는데요. 그 이후로 제가 엄마한테, 엄마 만약에 진짜 그렇게 저기… 저기… 마음먹고 하면은 제가 그냥… 식당 열어서 하면은 좀 안전하고. 집에서 하면은 집이 또 좁아가지고 요리하기도, 연기도 나오고 그렇잖아요. 좀 아닐 것 같더라구요. 그런데 엄마가 한번 해보자 그래서. 그때부터. [조사자: 엄마가 솜씨가 좋으신가 보다.] 네, 엄마가 요리 잘해요. 그래서 그 식당 차리고 엄마는 요리 도와주고 제가 또 아침에 6시까지는 출근해야 하잖아요? 출근한 이후로 제가 다시 식당 들어가서 일 도와주고. [조사자: 투잡을 하시는 거네요?] 네. [조사자: 그럼 하루에 일을 몇 시간이나 하시는 거

예요?] 10시까지 그거 하니까. 그리고 비행기표도 팔고 뭐하고 그렇게 해요. 왜냐하면 혼자 돈 벌어야 하잖아요? 누가 주문하고, 보통 온라인 쇼핑은 주문 못 하잖아요. 그래서 주문해주는 사람들이 뭐 만 원이나 이만 원이나 수고비 주고 그렇게 했으니까. [조사자: 그런 일도 또 하시는구나.] 네, 그리고 만약에 커뮤니티도 좀 커요. 주부 커뮤니티나 뭐 여러 가지 다 있어요. 왜냐하면 식당 있으니까, 인도네시아 근로자들도 뭐 필요하면 뭐 도움이 필요하면 식당 와서 잘되고. 이것 좀 같이 도와주세요. 내가 할 수 있으면 내가 다 도와주는 서예요. [조사자: 인도네시아 커뮤니티 모임 장소나 회포 풀거나 이런 장소도 되고 연결고리도 되고 그러는 거군요.] 네네.

▶ **인도네시아 노동자들의 소울푸드를 제공하는 식당**

[조사자: 식당 개업 자금은 어떻게 마련했어요?] 그때 내가 그… 이제, 이혼한 이후로 돈 벌어서, 돈 모아서 게다가 또 이혼 저기 결정 나오니까 조금 위자료…? 조금 받았어요. 그거 합쳐서 하니까. [조사자: 식당 운영할 자금이 됐구나. 근데 일하시면서 생활하셨잖아요. 저금까지 하셨어요?] 이자로 조금. 돈도 받았으니까 적금하고 이자 붙었잖아요? 그러다가 애들 월급 받고, 그리고 조그만 적금하고. 그렇게. [조사자: 어머니가 큰 힘이 되셨겠네요.] 맞아요. [조사자: 어머니는 즐거워하세요?] 네, 좋아요. 요리도 많이 할 수 있고, 그러다가 사람 와서도 좋아하고 그래요. [조사자: 식당 운영이 5년 정도 지났는데 힘든 건 없으세요?] 처음엔 그래요. 뭐 장보러 가야 하고 일도 해야 하고. 그때는 매달 저기 업체가 몰라가지고 일 끝나가면 제가 배달해요. 배달 다 해주고. 왜냐하면 근로자들이 평일에 안 나오잖아요. 그래서 전화하면은 주문하는데 그래서 남동공단 쪽에는 제가 다 배달해주고 [조사자: 어머니가 한 음식 선생님이 다음 날 먹게 배달해주고 그렇게

요?] 아니, 그다음 날 아니고 만약에 야식을… [조사자: 고향 아닌 타지니까 고향 음식이 큰 힘이겠어요.] 네, 그렇죠, 네네. 또 퇴근하면 9시잖아요. 9시, 8시, 9시. 그때 뭐 연락 많이 오고. 아니면 7시 정도 잔업 없는 사람들이 6시 끝나니까 그때 텔레비전 보고 뭐 그렇게 전화 와서 주문하고 그래요. 그래서 6시 일 마쳤다가 식당 들어가서 인제부터 시작 매일 하는 거예요, 10시까지. 계속 대기하고 있어요. [조사자: 배달은 어떻게 하셨어요?] 처음에 남편하고 살았을 때 운전 배우고 싶었는데, 못 해요. 안 된대요. 그런데 이제는 할 수 없이 배워야 하잖아요. [조사자: 그래서 운전면허 따서 직접 배달하신 거구나.] 네.

▶ 아들의 교육에 늘 함께하려고 노력하다

[조사자: 그래서 지금 식당 규모를 키우셔서 베트남 쌀국수 체인을 시작하셨고… 지금 선생님이 되게 바쁘게 살고 계신데, 지금 고민거리는 뭐에요?] 어떻게 사업 잘되고, 그렇게 하고 또 아들 교육도 잘 시키고 그런 거. 나중에 학교 가면 비용이 많이 들잖아요. 지금부터 조금조금씩 모으고 그래요. [조사자: 아들은 공부를 좋아하는 편이에요?] 네, 근데 많이는 아직… 저기, 아니지만, 뭐 지금까지 시험 보고 그러면 직접, 아들이 모르는 거는 저한테 물어봐요. 그런데 자기 혼자 할 수 있는 거는 자기 혼자 해요. 숙제도 그렇고. 그래서 내가 같이 하면은 아니 엄마는 내가 혼자 할 수 있으니까 내가 모르면 엄마한테 물어볼게요, 그래요. [조사자: 의젓하네요.] 괜찮아요. 시험 보고 그렇게 하니까. 그리고 구몬 저기 일주일에 한 번이잖아요. 선생님도 숙제 4개 정도 주고. 자기가 직접 숙제하고. 아무튼 숙제나 뭐나 학교에서 저기 나오는 거 시키는 거 직접 하다가 못 하면 저한테 이야기하고 제가 같이 하고 그리고 뭐 준비물 있으면 저랑 같이 준비하고 그래요.

▶ **다문화 아이라고 차별받지 않고 친구들과 잘 지내는 아들**

[조사자: 혹시 아들은 지금까지 한국에서 생활하면서 친구들, 선생님들과 관계 때문에 힘들어하진 않았어요?] 네, 그런 거는 뭐… 저기… 그리고 제가 우리 아들한테 한번 물어봤어요. 어쩌다 물어봤는데, 엄마가 외국인 하니까 다른 친구가 너 왕따 시키냐, 뭐 그렇게 물어봤는데, 그런 거 없어요. 그리고 친구들도 우리 집에 자주 놀러와요. [조사자: 사이가 좋은가 보네요.] 네, 그렇게. [조사자: 성당도 열심히 가서 성당 친구들도 많겠어요.] 네. [조사자: 신앙이 있는 친구들이니까 다른 아이들보다 더 사이좋게 지내겠어요.] 네, 태권도도 계속 다니니까 그쪽에 친구들도 많고 그래요. [조사자: 아, 태권도. 그럼 활동적인걸 좋아하나 봐요?] 어릴 때부터 계속 다니고 있어요. 지금까지 또 저기서 스키캠프도 있고 여름엔 워터파크도 가고 주말엔 어쩌다가 주말 운동도 있어요. 친구랑 같이 아니면 우리 집에서 같이 놀고 그래요. [조사자: 오래된 친구들이 많겠어요.] 그렇죠. 근처에 계속 살다보니까, 어릴 때부터 지금까지 같이 다니는 친구들이 있어요.

▶ **아들의 교육을 위해 사업, 직장 모든 것을 맞추다**

[조사자: 선생님은 이쪽 지역에 계속 사셨나 봐요.] 네, 옮겨도 가까이서 옮겼어요. 원래 저기 동부 아파트 그쪽이었는데, 식당 하고 하니까 이쪽 가까이에 옮겼어요. 여기 바로 맞은편이에요. 그래서 아들도 학교 걸어서 갈 수 있어요. [조사자: 일하시는데 이런 게 다 근처에.] 네, 그렇게 만들었어요. 제가 없는 동안에, 왜냐면 아침엔 제가 아들 학교까지 데려다줄 수 있는데, 제가 회사 다닐 때는 데려다줄 수가 없어요. 그래서 혼자 걸어가야 돼요. 아침에 그리고 끝나면 걸어와야 하는데, 엄마도 그래요. 만약에 제가 없으면 저랑 같이 저기 없으니까. 퇴근하면 저기 건너가면 되고. 어쩌

다 제가 출장, 인도네시아 출장, 작년엔 자주 갔어요. 그래서 그것 때문에 집이 가까워야 돼요. 식당도 가까워야 하고, 학교도 가까워야 해요.

▶ 호기심이 많은 탓에 힘들어도 무엇이든 해보다

[조사자: 출장은 무슨 일로 가세요?] 통역 때문에. 한국회사가 인도네시아 쪽에서 미팅 있으면 제가 같이 동행하고. [조사자: 회사에서 의뢰하는 거예요?] 네. [조사자: 이런 일은 어떻게 연결이 돼요?] 인터넷에서 하다보니까 이렇게 나왔네요? (웃음) 연결에 연결에 이렇게 돼요. 친구들, 아니면 SNS 광고 보다가 그렇게. [조사자: 회사광고? 아니면 따로 광고하신 거예요?] 회사. [조사자: 매칭해주는 회사 통해서 하시는 거구나. 왕성하게 사회활동 하시는데 힘들지 않으세요?] 힘든데, 경험 돼요. 이것도 한번 해보고 싶고, 저것도 어떻게 한번 해보고 싶고. [조사자: 호기심이 많으신가 봐요.] 네. (웃음) 저도 학교 다닐 때 그랬어요. 고등학교 다닐 때 졸업하면 대학교 다녀야 하고, 욕심이 나요. 대학 다니는 동안 알바도 했어요. 알바하는 동안 저기 인제 졸업, 3년 다니다가 그때부터는 알바 가는 시간을 맞출 수 있으니까 알바 하고 졸업하자마자 바로 회사 들어가고 일하고 그래요. 그리고… 하고 싶은 거는 딱 생각하면은 제가 할 수 있다 마음먹으면 제가, 이제 하는 거예요. (웃음) [조사자: 이게 선생님의 성격이랑 잘 맞는 말 같아요. 하고 싶으면 할 수 있다.] 맞아요. 다른 사람도 다 하는데 내가 왜 못 하냐 이렇게 생각하는 거예요.

▶ 관공서 이용이 어려운 외국인들에 대한 지원이 필요해

[조사자: 선생님이 한국에서 살고 계신데, 한국에서 이런 게 바뀌었으면 좋겠다 혹은 이런 게 하고 싶다 이런 게 있을까요?] 보통 한국에서는 일을 하

면은 어떤 한국인은 외국인이 하니까 같이 일하는 건 안 될 거 같다. 느낌이 와요, 어쩌다가. 근데 저는 지금까지는 그런 거는 없지만 다른 분들은 그런 걸 느낌이 많이 와요. 어차피 외국인 하니까 못할 수 있고 이런 것도 있고. 저는 이때까지 그런 거 없어요. 왜냐하면 다 한국인하고 같이 지내고 이것저것도 같이 일할 수 있으니까 어려운 건 없는데, 다른 분들이 친구분들이 어려운 거 많이 있어요. 저는 사업도 하고 사업자등록증도 혼자 신청했어요. 근데 네이버에서 알아보고 그랬는데, 보통 다른 외국인들은 그런 거는 아직 몰라요. 그래서 누구한테 부탁하고 뭐하고 그렇게 하니까. [조사자: 그런 거를 좀 도와줄 수 있는 제도가 있으면 좋겠다?] 네네. [조사자: 한국에서 하고 싶으신 일은요?] 여행사죠. (웃음) [조사자: 인도네시아인을 한국에 오게 하는 여행사?] 네네. [조사자: 한국인을 인도네시아에 데려가는 여행도 생각하세요?] 네네, 여행사하고. 아니면 무역 쪽에. 요즘에 한국 제품이 인도네시아 쪽에 인기가 많아요. 그래서 어떻게 이렇게 할 수 있으면… 좋아요. [조사자: 아, 새로운 사업을 구상하고 계시는구나.] 요즘에는 그냥 제가 그냥 가니까 이렇게 출장 가니까 인도네시아 친구들이 필요하면 저한테 주문하세요 하면 제가 사다가 가져다주는 거예요. 그렇게 하는데, 제가 여기서 식당 하니까 갈 때 내가 필요한 양념, 필요한 물건 내가 사가지고 식당에서 할 양념 직접 하니까. 여기서 사면은 [조사자: 맛이 다르니까…] 네, 없을 때도 있고. 그리고 가격도 비싸고 그래요. 그래서 아예 왕복으로. 보따리 장사처럼 그렇게. (웃음) [조사자: 자주 오가니까 가능하시구나.] 네. [조사자: 어떤 게 인기가 많아요?] 화장품. 그리고 저기… 과자 같은 거. [조사자: 과자요?] 그 무슨… 허니버터? 아몬드도 그렇고. 아니면 식품, 고추장이나 떡볶이? [조사자: 고추장이요? 의외네요.] (웃음) 그래서 지금 내가 아는 회사 사장님이 요즘 한국에 경기가 안 좋아가지고 혹시 인도네시아

쪽에 사업할 만한 아이템 있으면 좀 이야기하라 했어요. 그래서

"아니, 그냥 한국 식당 차려 보세요."

그랬는데

"진짜요?"

그러더라구요. [조사자: 한국 음식도 인기가 있나 봐요.] 네, 저쪽에도 그래요. 맛은 없어요. 맛없어요. 한국 식당은 인도네시아에 만가? 먼가? 뭐 있는데 맛은 별로예요. 근데 인도네시아분들은 많이 왔다 갔어요. 저기 먹고 그래요. 없으니까. [조사자: 지금 인도네시아에 있는 식당이 맛이 없는 데도 인기가 있으니까.] 그렇죠. [조사자: 좋은 말씀 감사합니다. 제가 선생님 덕분에 좋은 정보 많이 얻었어요.] (웃음) 네네.

7장

국적은 한국,
민족은 우즈베키스탄*

연구참여자는 우즈베키스탄 출신으로 고려인 어머니와 우즈베키스탄인 아버지 사이에서 1976년에 태어났다. 어린 시절 세계지도를 보며 어머니의 나라를 동경해온 연구참여자는 우즈베키스탄에서 은행원 일을 그만두고 2000년도 공장 근로자로 한국에 입국했다. 3년간 한국에서 일하면서 경험한 한국은 너무나 따뜻했고, 가정을 일구고 자식을 키우고 싶은 나라였다. 우즈베키스탄으로 돌아와 정착하기 위해 번 돈으로 아파트 4채를 샀지만, 다시 한국으로 돌아가고 싶은 마음에 결혼정보회사를 통해 2003년에 12살 연상의 남편과 결혼했다. 남편은 전혼 자녀인 아들을 키우고 있었지만 그는 아들 하나를 얻었다는 마음으로 결혼을 결심했다.

한국에서 결혼하면 예전부터 동경해온 것처럼 따뜻하고 정이 넘치는 행복한 삶이 될 것이라 기대했다. 하지만 현실은 달랐다. 남편에게 그녀는 그저 '돈을 주고 사온 사람' 그 이상도 이하도 아니었다. 자존심이 강한 성격이었지만 딸이 있었기에 어려운 생활을 견뎌냈다. 그러나 남편은 딸에게 좋은 아버지가 될 수 없는 사람이라는 판단이 들었고, 1년 동안 합의이혼을 철저하게 준비했고 이혼과 동시에 국적을 취득했다. 이혼 이후 주어진 일이 무엇이든지 간에 인정받기 위해 노력했다. 열심히 일하면서 현재의 남편을 만나 재혼했고, 두 아들을 출산했다. 아이들에게는 돈보다도 좋은 방향성을 제시해주는 부모가 되고자 한다. 외국인 출신 어머니이지만, 한국인이자 우즈베키스탄 민족으로서 자부심을 모두 갖고 있는 아이들로 키워내고 싶다.

[주제어] 우즈베키스탄, 결혼이주여성, 가정해체, 사업, 재혼

---

* 인터뷰는 2019년 9월 5일에 진행되었다. 스토리텔링 시점은 인터뷰 일시를 기준으로 한다.

1.
따뜻함이 가득했던 엄마 민족의 나라

엄마 민족의 그 나라에 언젠가 가보고 싶다는 꿈을 키우다

우즈베키스탄이 소비에트 연합국*에 소속되어 있던 1980년대, 현재 우즈베키스탄의 수도 타슈켄트** 남서쪽에 있는 시르다리야(Syrdarya)***라는 지역에서 어린 시절을 보냈다. 시르다리야는 천연자원과 광물이 풍부한 지역으로 당시 많은 사람들이 그 지역으로 유입되었다. 부모님께서는 도시에서 만난 후 자신들의 고향이 아니었던 시르다리야에 정착하여 가정을 꾸리셨다. 부모님의 혼인 형태는 그 지역에서는 흔한 모습이 아니었다. 아버지는 우즈베키스탄 민족이었으나, 어머니는 이씨 성을 가진 고려

---

* 1924년 우즈베크 소비에트 사회주의 공화국은 소비에트 연합(소련)에 가입했으나, 1991년 8월 31일에 독립을 선언하고 현재의 국명인 우즈베키스탄으로 개칭했으며, 1991년 12월 독립국가연합(CIS)에 가입했다. 1992년 대통령 중심의 민주공화제를 채택했다(https://ko.wikipedia.org/wiki).

** 우즈베키스탄의 수도로 중앙아시아 최대의 공업도시다. 타슈켄트주(州)의 주민 40%가 우즈베크인, 30%가 러시아인, 그 밖에 카자흐인 · 타타르인 · 티지크인이며 한국인도 3%를 차지한다.

*** 우즈베키스탄 수도 타슈켄트 남서쪽에 위치한 도시로 천연자원 및 광물이 풍부하다(https://www.gov.uz/en/organizations/contacts/114, 검색일: 2021.09.08.).

인 민족이었다. 그리고 농사를 주로 하는 그 지역의 분위기와는 달리, 나의 부모님은 책을 좋아했고, 교사와 공무원으로 재직하셨다. 동네에서 아버지의 이름을 이야기하면 다들 알 정도로 인망이 높으셨다. 이러한 흔치 않은 혼인 형태와 남부러울 것 없는 가정환경 때문에 질투의 대상이 되어 따돌림을 겪기도 했다.

초등학교 1학년 때 아버지가 세계지도를 가지고 오셨다. 세계지도를 보면서 도대체 엄마 민족의 그 나라는 어디에 있는 것인지 찾아보았다. '고려'라고 쓰인 곳에 연필로 동그랗게 표시를 해두고 언젠가는 꼭 그 나라에 가보겠다는 꿈을 키웠다. 방과 후 친구들과 집에 돌아갈 때면 결혼하면 어디에서 살고 싶은지 이야기를 나누곤 했다. 나는 그럴 때마다 산도 있고 강도 있는 곳으로 시집가고 싶다고 말버릇처럼 이야기했었다. 내가 한국으로 시집왔을 때 전남편이 살던 곳은 ○○에서 배를 타고 들어가는 섬이었다. 그곳에는 산도 보이고 강도 있었다. 꿈이 이루어지고 있다고 생각하니 신기했다.

일하러 왔었던 한국은 너무나 따뜻한 곳이었다

학창 시절은 대체로 평범하게 보냈다. 당시 초등학교와 중학교*를 졸업하고 전문직업학교에서 회계 관리를 배웠다. 부모님께서 권유하신 것이라기보다는 내가 수학을 좋아했기 때문에 스스로 이 직업을 선택했다. 여자 직업으로도 나쁘지 않다고 생각해서 은행원으로 2년 정도 일했다. 그러나 엄마 나라에 가고 싶은 마음은 여전히 가슴 한편에 남아 있었다.

---

* 소련의 교육 체계는 3단계로 구분되었다. 초등학교는 '시작' 단계로 불렸고, 3~4개의 과목을 교육했다. 중학교는 '불완전한 중등교육'으로 불렸고 7~8개의 과목으로 운영되었다. 중학교까지는 사실상 의무교육이었으며, 이 단계를 모두 마치는 데는 10~11년이 걸렸다(https://ko.wikipedia.org/wiki).

한국에서 생활해보고 싶은 마음에 은행원을 그만두고 2000년에 외국인 근로자 비자로 한국에 입국했다. 공장에서 일하는 유일한 젊은 여성이었던 나를 이상하게 바라보지는 않을까 내심 걱정하기도 했다. 그러나 편견이나 차별을 갖고 대하는 사람은 없었다. 오히려 함께 일하는 한국인 동료들과도 스스럼없이 대화하며, 친밀한 관계를 유지했다. 동료의 결혼식이나 돌잔치에도 참여할 만큼 일반적인 한국인들과 다를 바 없는 생활을 했다.

그렇게 한국에서 3년을 일하고 2003년에 다시 타슈켄트로 돌아와서 우즈베키스탄에 정착할 마음으로 아파트 4채를 샀다. 그런데 한국으로 다시 돌아가고 싶은 마음은 점점 커져갔다. 엄마 민족의 나라 한국은 편견과 차별 없이 외국인을 대하는 따뜻하고 정이 넘치는 나라였다. 한국에서 가족을 만들고 아이를 키워야겠다는 결론을 내린 후 즉시 결혼정보회사를 통해 12살 연상의 남편을 만났다. 첫인상은 나이보다 젊어 보였고, 착한 사람인 것 같았다. 남편은 재혼으로 전혼 자녀가 있다는 이야기를 들었다. 하지만 당시 내 나이는 우즈베키스탄에서는 결혼하기엔 꽤 늦은 나이로 인식되었기에, 그 정도는 감수해야 할 부분이라고 생각했다. 그렇게 나는 한국인과 결혼했다.

2.
'나'로 인정받지 못한 결혼생활

내가 인정받지 못하는 상황에서도 딸 때문에 참아내다

따뜻했던 한국으로 돌아가서 가정을 일구고 싶다는 마음에 선택했던 국제결혼이었지만 상상했던 것과는 너무나 달랐다. 남편은 나에 대해 대학교 졸업도 못하고, 못사는 나라에서 온 여성, 결혼정보회사에서 돈 주고 사온 사람에 불과하다고 생각했다. 그렇기 때문에 나라는 사람은 시키면 시키는 대로 일해야 하는 사람이라고 너무 당연한 듯 취급받았다. 자존심이 강한 성격이라 나를 무시하는 상황이 몹시 힘들었지만 그 당시에는 아이를 가졌었기 때문에 그런 것은 참을 수 있었다.

나는 어디서든 인정받을 자격이 있다고 여기며 살아왔었다. 농사짓는 것은 어려운 일이 아니었다. 나를 더 힘들게 한 것은 나에 대한 따뜻한 마음과 인정이 존재하지 않는 환경이었다. 그러나 딸에게 온전한 가정을 주고 싶다는 마음이 내가 인정받지 못하는 이런 절망적인 상황도 견디게 했다. 나에게 좋은 아버지가 계셨던 것처럼, 딸에게도 좋은 아버지가 필요했다. 하지만 남편에게는 이미 전혼 자녀인 아들이 있었기 때문에 외국인 아내에게서 태어난 딸은 안중에도 없었다. 나에게 한국은 풍요로운 꿈같은 나라였고, 화목한 가정을 일구며 살고 싶은 나라였다. 한국인과의 결혼을 선택한 것도 그 때문이었다. 그러나 남편이 딸에게 좋은 아빠가 될 수 없다는 결론에 이르자, 결혼을 유지할 이유가 사라졌다.

얼굴에 가면을 쓰고 철저하게 이혼을 준비하다

1년 동안 합의이혼을 철저하게 준비했다. 다른 사람들에게 도움받지 않고 그냥 내가 살면서 터득했던 지식을 바탕으로, 아르바이트로 돈을 벌면서 하나씩 준비해나갔다. 세상에 안 되는 일은 없다고 생각하며 살아왔다. 누군가는 이런 나를 보고 아무 생각 없는 여자라고 여겼을 수도 있다. 하지만 안 되면 되게 하는 것, 그것이 내가 살면서 배워온 것이었다. 모든 것이 다 준비되었을 때 남편에게 합의이혼 신청서와 국적신청 동의서를 건넸다. 남편은 본인이 결혼생활 동안 저지른 행동들이 담긴 자료들을 보고 이혼에 동의하지 않을 수 없었을 것이다. 그러나 딸을 줄 수 없다는 남편의 말에 나는 정말이지 목숨을 버릴 각오까지 했다. 나의 국적신청에 대해서도 남편은 선뜻 응하려 하지 않았다. 하지만 세상에 안 되는 것은 없는 법이다.

합의이혼은 내가 준비한 방향대로 흘러갔다. 국적신청 동의를 받았고, 자녀 양육권을 내가 가질 수 있었다. 대한민국 국적이 있어야 당신 딸을 완벽하게, 안전하게 키울 수 있다고 남편을 설득했다. 합의이혼을 하면서 국적신청이나 자녀 양육 등에 대해서 확실하게 해두기 위해 각서를 쓰고, 전세 하나를 얻을 수 있는 정도의 위자료도 받았다. 남편은 이후에 국적신청 동의를 취소하겠다는 의사를 밝혔지만, 나는 모든 것이 준비되어 있었다.

어떤 일이라도 인정받기 위해 노력하다

한국 속담에 '이 없으면 잇몸으로 산다'는 말이 있듯이 러시아에도 비슷한 속담*이 있다. 1년의 이혼 준비과정이 정말로 끔찍했지만 그 시간 동안 나 자신에게 배울 수 있었다. 난 이제 누군가의 배우자는 아니지만 누군가의 엄마였다. 그것은 인생에 어떤 일이 있어도 변하지 않는 사실이었다. 이혼 후 딸을 키우기 시작하면서 다문화가족지원센터에 가서 도움을 받을 수 있는 것은 무엇이 있는지 찾아다녔다. 그리고 쉼터에서 한 달 동안 살면서, 주변 사람들로부터 많은 도움을 받았다. 직장을 구하거나 집을 구할 때도, 아이를 잠깐 맡겨야 할 때도 나에게 도움을 준 사람들이 없었다면 해낼 수 없었을 것이다.

평일에는 딸을 어린이집에 보내고 식당에서 일했고, 주말에는 부잣집에서 청소나 빨래를 할 때 딸을 데리고 가서 앉혀두고 일했다. 요즘에야 가사도우미 서비스가 일반적인 것이 되었지만 그 당시만 해도 이런 게 흔치 않아서 나를 부르는 모든 사람들이 부자로 느껴졌다. 하지만 청소 일을 하는 내 자신이 서럽거나 초라하게 느껴지지는 않았다. 그저 어떤 일이든 내가 한 일에 대해서는 인정을 받아야 한다고 생각했다. 그래야만 다른 일도 해낼 수 있을 것이라는 믿음이 내 마음 안에 있었다.

바쁘고 정신없는 나날이었지만 시간을 쪼개가며 나의 재능을 살릴 수 있는 러시아-한국어 통역 아르바이트도 병행했다. 열심히 하다 보니 능력을 인정받는 계기가 생겨 2010년 안정된 직장에 들어가게 되었다. ○○에 위치한 건축자재 회사였다. 그 회사의 사장님과 사모님은 나의 열정과 가능성을 알아봐주신 분들로, 러시아 수출에 대한 모든 일을 나에게 맡

---

*   러시아에도 한국과 똑같은 속담이 존재한다. коли нет зубов, жую дёснами (이가 없으면 잇몸으로 산다).

기셨다. 사실 그 회사는 수출을 한 번도 진행해본 적이 없었기에 준비할 업무들이 무척 많았음에도 나를 믿어주는 사모님 덕분에 수출 업무를 잘 해나갈 수 있었다. 2011년에는 예전에 러시아-한국어 통역 아르바이트를 하며 만난 우즈베키스탄 남성과 재혼했다.

본격적으로 러시아 수출을 담당하면서 매달 러시아에서 열린 박람회에 참석했다. 재혼 후 둘째를 임신한 상황에서도 비행기를 타고 러시아에 갈 정도로 책임감을 가지고 일했다. 육체적으로 힘든 부분이 있었지만, 나의 능력을 인정해주는 사람들이 있다는 것만으로 위안이 되었기 때문이다. 내가 최선을 다하는 만큼, 온전히 '나'로서 인정받을 수 있었다.

3.
'맨 앞에 서 있는 사람'으로서의 책임감

열심히 일한 만큼 돌아온다는 생각으로 사업을 시작하다

결혼 후에도 건축자재 회사에 계속 다니다가 러시아 경제 상황이 나빠지면서 모든 수출길이 막혔고, 2013년 가을에 회사를 그만두었다. 이후 2014년 셋째를 출산하면서 전업주부로 살고 있었는데, ○○○에 살고 있는 셋째 여동생이 ○○○에 일자리가 많다고 하여 온 가족이 ○○○으로 이사를 왔다.

2004년 이혼 후 건축자재 회사에서 일하기 전까지 식당에서 주로 일했었다. 식당에서 일하면서 나는 항상 인정받기 위해 노력했고, 실제로도 인정받았다. 식당에서 열심히 일했던 기억을 되살려 식당 개업을 본격적으로 준비했다. 개업 자금을 마련하기 위해 우즈베키스탄에 있는 아파트 3채를 팔았다. 그리고 식당을 운영하기 위해서는 어떤 마음가짐과 규칙이 필요한지, 나를 어떻게 다듬어나가야 하는지 공부했다. 보다 전문적인 지식을 얻기 위해 서울에 있는 창업아카데미에 5백만 원을 주고 등록했다. 창업아카데미는 많은 돈을 받는 만큼 전문적인 지식을 알려주었다. 식당을 열기에 좋은 위치가 어디인지, 메뉴로는 어떤 것이 좋은지 등을 추천해주고 식당을 개업하면 몇 개월 동안 관리까지 해주었다. 너무나 많은 것을 식당 개업에 투자했기에 이 사업은 너무나 중요했고 꼭 성공해야 한다고 생각했다.

그런데 막상 사업을 해보니, 직원의 역할과 사장의 역할은 달랐다. 특히 사람을 관리하는 부분에서 어려움이 있었다. 사람을 잘못 뽑아 곤란해지거나 초보 직원들의 서툰 일처리로 인해 우왕좌왕하기 일쑤였다. 예를 들어, 혼자서 할 수 있는 일이라 생각했던 것들도 둘셋이 겨우 붙어서 일을 처리하는 모습을 보면서 답답한 마음이 들었다. 하지만 직원들의 그런 모습을 하나하나 봐줄 수가 없었다. 나는 직원들에게 급여를 줘야 한다는 책임감 때문에 식당 매출에만 신경을 써야 했기 때문이다. 직원들의 애로사항은 무엇인지, 그들의 개인적인 삶은 어떠한지 관심을 갖고 세심하게 지도해주는 것의 중요함을 잘 몰랐던 것이다. 직원 관리에 대한 중요성을 뒤늦게 인지하고 관련 책으로부터 도움을 받아보고자 했지만, 현실과는 동떨어진 이야기들 같아 큰 도움이 되지 않았다. 다행히 건축자재 회사 사모님의 조언 덕분에 실전에서 직원 관리를 어떻게 해야 하는지 배울 수 있었다. 사모님은 직원 한 명 한 명을 내 가족으로 만들어야 한다고 말했다. 직원들을 가족처럼 대하다 보면 식당 일은 저절로 해결될 것이라며 다독여주었다.

돈보다 지식을 주고, 좋은 방향을 제시하는 부모가 되고자 한다

아이들은 자신들이 한국 사람이라고 생각하며 살고 있다. 그러나 이민자의 자녀라는 사실은 변하지 않고, 그에 대한 차별적 시선도 존재할 것이다. 그렇기 때문에 더 열심히 살아야 한다. 아이들에게 그것을 알려주기 위해서 나의 생활 속에서 하나하나 그것을 실천하며 보여주고자 한다.

딸은 늘 백 점을 받는 똑똑한 아이다. 겉모습은 한국인 같지만, 엄마가 외국인이라는 이유로 초등학교 4학년 때까지 따돌림을 당했다. 쉬는 시간에도 같이 놀 친구가 없었다. 초등학교 5학년이 되어서야 드디어 친구를 사귀게 되었다. 재혼 후 태어난 아들들은 외국인 같은 생김새를 가지고 태어났다. 부모가 모두 외국인이라는 편견과 차별에 맞서기 위해서는 한국어를 더욱 완벽하게 할 수 있어야 한다고 생각했다. 그래서 아이들 모두 한국의 보통 아이들이 다니는 어린이집과 유치원에 다니며, 한국어에 최대한 많이 노출될 수 있는 환경을 만들어주었다. 그러나 이러한 노력에도, 둘째 아들의 담임교사는 아들의 지능에 문제가 있는 것처럼 이야기했다. 외국인 부모의 노력이나 환경이 보통의 사람들보다 불리하다는 것은 전혀 고려하지 않는 듯한 담임교사의 태도가 실망스러웠다. 이런 교사에게 아들이 계속 배우면 이민자의 자녀로 자부심을 갖기는커녕, 자신의 처지를 비관할지도 모른다는 생각이 들었다. 그래서 다른 학교로 전학을 시켰고, 공부방이나 태권도에 같이 다니는 한국인 친구들과 어울리며 같이 학교에 다닐 수 있는 환경을 마련해주었다. 또한 일주일에 두 번씩 한국 할머니를 집으로 모셔서 여러 가지 활동을 하면서 가정 안에서 한국어를 익힐 수 있게 하고 있다. 막내아들은 누가 가르쳐주지도 않았는데 한자 6급 시험을 준비하고 있다.

아이들이 나중에 부모 나라로 가고 싶어할 것을 대비해서 40년 경력의 고려인 돌보미를 고용했다. 현재 3년 정도 함께 살면서 아이들에게 러시아어를 가르치고 있다. 아이들이 지금은 한국 국적을 가지고 있지만 언젠가는 엄마가 태어난 나라에 가고 싶어할 수도 있다. 마치 나처럼 말이다. 작년에 잠깐 우즈베키스탄에 다녀왔는데 아이들은 사람들이 한국어가 아닌 다른 언어로 말하는 것을 보며 신기해했다. 또한 내가 나의 모국어가 아닌 한국어로 아이들과 대화하듯이 아이들도 엄마 나라의 언어를 알아야 한다. 우리가 하는 말 속에 어떠한 힘이 있는지, 한국어와 러시아어를 배우면서 아이들이 깨달아나갔으면 좋겠다.

국적은 한국이고 민족은 우즈베키스탄이에요

예전에 다문화가족지원센터에서 한국어를 배울 때 선생님이 했던 말이 기억난다. 미국은 이민자들이 세운 나라이고, 이민자들이 미국을 강한 나라로 만들었다. 우리도 열심히 살면서 한국을 더 강한 나라로 만들어야 한다는 그 말은 깊은 공감을 일으켰다. 나는 한국에 머물다 가는 사람이 아니라, 평생을 살아갈 사람이다. 한국은 내 아이가 자라고 내가 일하는 삶의 장소다. 나는 그런 한국을 지켜야 한다고 생각한다. 이민자들이 점점 늘어나고 그들이 자녀를 낳고, 그 자녀들이 또 자녀를 낳을 때가 되면 한국은 지금과는 분명 달라질 것이다. 그런데 지금 그들이 낳고 기르는 자녀들이 학교에서 차별을 받는다. 그럼 차별하는 그 아이들이 나쁜 것인데, 한국 학교에서는 그런 아이들과 그런 아이들의 부모들을 탓하지 않는다. 오히려 피부색이 다른 아이들을 탓하는 한국의 현실을 바로잡을 필요가 있다.

그래서 난 한국에서 열심히 살면서 아이들에게 한국에 대한 자부심을 길러주고 싶다. 한국에서 태어났기 때문이다. 또한 동시에 아이들은 우즈베키스탄 민족이라는 것을 알려준다. 간혹 병원에서 어느 나라 사람이냐고 물을 때면, 국적을 묻는 것인지 민족을 묻는 것인지 반문한다. 그러나 이것은 어찌 보면 당연한 일이라 생각한다. 한국이 다문화사회로 진입한 역사가 길지 않기 때문이다. 나는 '맨 앞에 서 있는' 사람으로서 한국이 이민자들과 함께 잘 살아갈 수 있는 나라가 되길 희망한다. 지금은 비록 편견과 차별의 시선이 있지만, 10년 후 나의 아이들이 대학교를 갈 것이고, 20년 후에 내 아이들이 가정을 만들 것이다. 그러면 100년이라는 시간이 훌쩍 갈 것이다. 그러면 그때 내가 했던 행동과 삶의 방식이 하나의 씨앗이 되어 한국 사회를 변화시키는 데 일조할 수 있지 않을까. 나의 아이들이 설령 그 과정에서 마음의 상처를 받을지라도 한국에 대한 자부심을 가지길 희망한다. 그리고 우즈베키스탄 민족이라는 것 또한 잊지 말아야 한다.

4.
전사록 요약

〈연구참여자 정보 및 특성〉

출생연도	1976년생	이주연도	2000년
국적(이주 전/현재)	우즈베키스탄/한국	학력	전문대 졸
가족	남편(재혼), 딸, 아들 2명	직업	식당운영

우즈베키스탄 시골에서, 첫 번째로 걸어가는 장녀로 살아가다

저는 우즈베키스탄 시골에. 시골은 시르다리야 여기에서 한국도 처럼 ○○ 그거는 시르다리야도, 미르자추르(Mirzaabad district)* 마을. 이제 엄마, 아빠 계시고 그 밑에 딸 세 명, 남동생 한 명, 우리 오남매예요. 저는 큰딸. 딸 네 명, 아들 하나. 바로 밑에 동생이 지금 한국 남자랑 결혼해서 용인에 살고 있어요, 둘째. 셋째 여기 ○○○에 살고 있고요. 넷째도 지금 ○○○ 에 살고 있어요. 결혼하고 살고 있어요. [조사자: 둘째만 한국분하고 결혼하셨고요. 다른 분들은 그냥 같은 나라분들하고 결혼하셨고요. 그다음에 막내가

---

* 시르다리야에 속해 있는 소도시 중 하나다(https://www.gov.uz/en/organizations/contacts/114).

아들인 거예요? 막내아들이요?] 막내아들은 지금 이제 우즈베키스탄에 부모들을 모시고 살고 있어요. [조사자: 우즈벡도 아들이 부모를 모시는 그런 문화인가요?] 네, 그런 문화 있어요. [조사자: 한국에 오시기 전에는 시골 마을에서 농사를 지으셨어요?] 농사를 지으면서. 그리고 저는 은행 은행회계요. [조사자: 회계 하셨어요?] 회계사. [조사자: 학교는 어떻게 다니셨어요? 초등학교.] 국민학교 11년, 졸업하고 나서 우리 마을에 있는 전문학교 있어요, 전문직업학교. 이제 거기서 회계. 회계 관리. 은행에서 제가 거의 이 년 동안 일했어요. [조사자: 선생님은 가정에서 큰딸이면 어떤 거 같아요. 선생님은 다른 동생 여동생들에 비해서 성격이 어떠신 거 같아요?] 책임감이 높죠. 큰딸이라서 책임감이 높고 동생들을 대하는 책임감도 있고 걸어가는 길에 첫 번째로 걸어가기 때문에 그 책임감.

▶ **엄마 민족의 그 나라는 어디 있을까**

제 엄마는 유치원 선생님이에요. 저희 아버지는 대학교 두 개 졸업했어요. 첫 번째 직업은 선생님이었고 두 번째 직업은, 저희 아버지 퇴직 나이 될 때까지 공무원이었어요, 농업산업 공무원. 엄마가 항상 우리를 집에서 돌봐주고 있었어요. 일 안 다녔어요. 아버지는 항상 일 다니고요. 저희 아버지는 처음에 선생님으로 일하다가 그다음에 교육청으로 올라갔다가 그다음에 시청으로 올라가면서 구청에 올라가면서 그렇게 해서 다른 직업을 두 번째 대학교 졸업하고 나서 그다음에 이제 지금은 농업은 구청에 부서가 있어요. 농업 관리하는 대표자로 오랫동안 일했어요. 그래서 우리 마을에는 아버지 이름 부르면 그 시대에 그러면 저희 집에 누군지 알아요. 마을이라면 다들이 누군가의 딸 이렇게 하잖아요. 그러면 이제 저는 누군가의 딸 얘기하면 아, 누군지 안다고 해요. [조사자: 되게 공부를 좋아하시나 봐요. 부모님이 아버님이.] 물론 두 분 다 선생님이라서 집에서 학생 책들이 많이 있었어요. 어렸을 때 기억이 났는데 제가 초등 1학년 때쯤 아버지가 세계지도를 가지고 왔더라고요. 그때 세계지도에 꼬리 벽에다가 붙이는 거였는데 아마 그 당시 저는 76년생이라서 이제 8살이라면 거의 83년인가 그때쯤 그때도 우즈베키스탄에 엄마 고려인, 아버지 우즈벡 사람이 약간 빠른 종교 가진 사람들이 결혼해서 어떻게 살고 있는지 그리고 저는 아주 가끔마다 저 엄마 고려인이라서 따돌림받은 적이 있었어요. [조사자: 아, 어머님은 고려인이세요?] 네, 저희 엄마 고려인이에요. 저는 엄마 성 따서 이씨예요. 저희 엄마 이씨예요, 네. 아버지는 우즈베키스탄 사람이고, 사람이 아니라 민족. 엄마는 민족 고려인 민족. 아버지는 우즈베키스탄 민족이에요. 그리고 세계지도 보면서 도대체 엄마 민족의 그 나라가 어디에 있는지. 고려라 써 있는 거 표시를 제가 연필로 동그랗게 했어요. 언제 크면 꼭 그 나라 가본다고, 한번 가서 본다고 그게 있었어. 그 세계지도 우리가 그때 우리가 다른 집 살다가 거기서 다른 집으로 이사 갈 때 그게 없어졌지만 근데 그 당시에 그게 기억이 나요. 나는 왜 한국에 인생에 한국에 왔었지 혹시 어딘가에 언젠가 제가 원하는 거 있었나 했었고 그리고 우리가 학교 수업이 끝나고 나서 집으로 이제 여자들이랑 친구들이랑 집으로 가는 길에 우리 약간 그렇게 게임 같은 거 했어요.

"너는 시집가면 어디 살고 싶니?"

그러면 이제 친구들이 길에다 여자니까 얘기했어요.

"나는 넓은 집에 나는 뭐."

제가 그랬어요.

"산도 있고 강도 있는데 시집간다"

고 그랬더니 ○○이었어요. [조사자: 아, 처음에 결혼한 곳이요?] 네,

그리고 그때 저희 딸 아빠가 섬에 살았어요. 삼촌도. 그러니까 거기까지 들어가려면 배 타고 들어가야 돼요. 그리고 산도 보이고 강도 있고 배 타고 들어갔는 그게 참 신기했어요. 꿈이라는 거는 어떻게 이루어질 수 있는지.

▶ **새로 생긴 시골에서 어린 시절을 보내다**

[조사자: 왜 이렇게 따돌림을 당하신 거예요? 어머님 때문에?] 아니요, 그것도 있지만 이제 엄마의 민족은 고려인이라서 그렇게 자주 볼 수 있는 그런 결혼 아니었어요. [조사자: 외모적으로 많이 다르신가요?] 네, 다르기 때문에, 하지만 우리가 살았던 그 시골은 새로운 시골, 약간 우리가 지금 한국에 신도시 그러잖아요. 아버지는 다른 도에서 도시에 왔다가 공부하면서 엄마도 다른 데서 왔다가 도시에 와서 공부하면서 만났다가 결혼하고 나서 아버지 고향, 엄마 고향 아니라 그 새로 생긴 시골에. 70년도에 새로 생긴 시골에 선생님들이 많이 오고 의사들이 많이 오고 시골을 신도시처럼. [조사자: 발전시키느라고.] 네, 맞아요. 그때 혜택을 많이 받은. 그 미르자추르라는 그 마을이 그런 마을이었어요. [조사자: 부모님도 그러면 선생님도 밭도 있고 그랬어요?] 농사일은 부모님이 직업이 다 있었고 우리 조금 더 큰 다음에 집 앞에도 넓은 마당 있고. 농사일은 시골에 살았기 때문에 거기서는 목화 심었잖아요, 목화. 목화 이제 봄에 심었다가 모든 학교 학생들이 목화밭으로 나와요. 그거 의무예요. 지금은 모르지만. 그 당시에 그랬었어요. [조사자: 목화를 따고 이런 거 하나요? 심고?] 그거는 가을이고. 그러니까 봄에는 비가 많이 오면 땅이 이렇게 굳어져요. 그러면 목화가 잘 안 나와요. [조사자: 그러면 이렇게 갈아주는구나! 다시.] 네, 그거 이제 봄에 5월 달이고 그리고 이제 가을에는 9월 말일쯤 아니면 9월 둘째 주부

터 이제 아이들이 본격적으로 점심밥 준비하고 이제 학교에서 버스 있어요. 버스 타고 목화밭에 가서 목화 이제 하얀 솜을 이렇게 그리고 이제 뭐 저녁까지 그게 한두 달 동안 어떻게 보면 아예 겨울까지도 갈 수 있어요. [조사자: 체험 같은 건가요? 아니면 의무로 다 하는 건가요?] 의무로, 당시 의무였어요. 지금은 잘 모르지만. [조사자: 또 어떤 농작물들이 유명해요? 그 마을은, 뭐가 맛있어요?] 과일. 뭐 다른 거는 그냥 시골이니까 시골이 그림이 나오잖아요. 봄이 어떤 일, 여름이 어떤 일, 가을이 어떤 일들이 그 일들을 겪으면서 그렇게 살았어요. [조사자: 날씨가 많이 추워요? 겨울에는? 한국보다?] 겨울은 한국이 춥지만 학교에 못 가는 정도 아니죠. 그런데 거기서 우즈베키스탄에 있을 때 한 사오학년 때 너무 추워서 학교가 한 2~3일 동안 문 닫고 있었어요. 그런 적이 있었어요. 그렇게 많이 춥다고 막 학교 안 가는 그런 정도 아니에요. 그래도 학교 다녔어요.

▶   정확한 것을 좋아하여 회계사라는 직업을 선택하다

[조사자: 회계인을 왜 선택하신 거예요? 직업학교에서 이거를? 이거 워낙 숫자 이런 거를 좋아하세요?] 네, 저는 수학을 좋아해요, 수학을. 정확한 거, 그리고 뭔가를 시스템 같은 거. 기계보다 약간 정확하게, 수학 정확하게 이런 거. 그래서 그냥 회계 제일 괜찮다, 여자 직업으로서. 그래서 그랬어요. [조사자: 부모님이 이거를 하라고 하신 거예요? 아니면 선생님이 스스로 그냥 그거를 하고 싶다 하신 거예요?] 저가 스스로.

▶   일하러 다녀왔던 한국이 너무나 그리워지다

그분도 우즈베키스탄에서 왔어요. 제가 공장 다른 공장 옮길 때 거기서 만났던 분이었고 삼촌, 언니 이미 아이들이 있고 이미 남편이 교통사고

로 돌아가셨다가 딸 둘 놔두고 한국에 와서 일하면서 참 좋은 분이었어요. 이렇게 보면 참 좋은 점 많이 알려줬어요. 어른 생활에 대해서 많이 알려줬어요. 2003년도에 우즈베키스탄에 들어갔다가 제가 아파트 4개를 샀어요. 아파트 4개 사서 그다음에 너무나 한국이 그리웠어요. 왜냐하면 생활하면서 제가 일하면서 한국 언니들과 대화 나누고 누군가의 결혼식, 누군가의 돌잔치도 참석했어요. 너무나 좋았어요. [조사자: 외국에서 왔다고 힘들게 하거나 그런 분들은 없었어요?] 그게 아니라 다들이 너무 궁금해했어요. 제가 젊은 나이일 때 여기 나라에 와서 뭐 때문에 이 나라에 왔는지 아무튼 궁금한 게 많이 있었고 잘해주신 분들이 너무 많았어요. 그리고 정말 이 생활을 하면서 너무 오랫동안 여기 살고 싶은 마음이 생긴 거예요. 저는 이 나라에서 아이를 낳고 가족을 만들고 아이를 낳고 이 나라에서 아이를 키우고 싶은 곳이었어요. 아주 깊은 뜻이었어요. 그리고 나서 국제결혼 통해서 여기 들어오고.

▶ **한국행을 위해 국제결혼을 했으나 상상과는 너무 다르다**

[조사자: 국제결혼은 어떻게 하신 거예요? 어떻게 알고 하셨어요?] 타슈켄트에 있는 친구 통해서 알게 되고. [조사자: 한국에 결혼한 사람 본 적 있어요?] 봤어요, 그 당시 2003년도에 한국 시집가는 거는 너무 인기였어요. 외국에 외국으로 결혼하는 게. [조사자: 어떤 신분상승이구나.] 네, 그런 거 있었어요. [조사자: 어때요? 처음 옛날 그분 만났을 때 어떤 느낌이었어요?] 어려웠어요. 생각보다 상상한 것보다 완전 시골이었고. [조사자: 어디서 만났어요? 우즈벡에서 만났어요?] 우즈벡에 결혼정보, 결혼정보회사에서. [조사자: 두 분이 딱 만나신 거예요? 아니면 여러분이 같이 만나신 거예요?] 그건 기억이 안 나지만 결혼정보 통해서 만나게 되고 알게 되고. [조사자:

나이는 어떻게 되세요, 그분은?] 나이 저보다 12년 더 많았어요. [조사자: 12살 연상이셨구나. 나이가 막 들어 보였어요? 아니면 괜찮았어요?] 아니요, 나이 많아 보이지 않았어요. [조사자: 그분은 어떤 분이셨어요? 착했어요?] 착했어요. 처음 봤을 때 착한 사람이다. 재혼 남자였어요. 아들이 하나 있었어요. [조사자: 재혼인지 알았어요? 몰랐어요?] 알았어요. 알고 있었어요. 알고도, 왜냐하면 저도 그 당시 그런 남자랑 결혼하는 거는 어떻게 생각했지. 저는 그때 벌써 26, 27 나이였고 제 친구들은 벌써 아이들이 학교에 간 나이였어요. [조사자: 어떤 마음이었어요?] 인생에 그런 남자를 만났다가 결혼하는 게 아들 하나 얻은 거다, 그런 마음이 있었고 그렇게 결혼해서 한국에 들어왔다가 한국에 살기 시작하면서 어려움에다가 실패에다가 제가 생각하는 거보다 상상했던 것보다 너무 달랐어요. 저를 그러니까 그 사람이 저를 받아들인 거는 대학교 졸업 못 하는 못사는 나라에서 왔다, 결혼정보에서 돈 주고 왔다는 그런 모든 안 좋은 이미지를 가진 여자 저였어요.

"너는 시키는 대로 해야 한다"

아니면

"왔으니까 일을 해야 된다"

이런 분으로. 근데 제가 자존심 높은 강한 성격을 가진 사람이지만 어떻게 그거를 다 괜찮았어요.

▶ 아이 때문에 참았고, 아이를 지키기 위해 이혼을 결심하다

왜냐하면 아이를 가졌기 때문에 아이를 낳고 나서 참았어요. 참고 참고 어려운 생활 속에서 살았어요. 아주 어려운 생활. [조사자: 어떤 부분이 가장 어려웠어요? 무시당하는 것도 일하는 거는 괜찮으셨어요?] 일하는 거

는 저는 일을 너무 잘했어요. 거기 시골에 섬에 토마토, 오이 하우스 유명한 섬이에요. 거기 그것만 심어요. 그래서 일은 힘들지 않았고 일에 대한 보람, 따뜻한 마음, 따뜻한 인정 그게 없었어요. 저는 또 살았던 환경, 키웠던 교육 그게 아니다, 나는 어디를 가도 저는 인정받아야 될 사람이다, 인정받을 자격이 있다. 그런 자부심 그런 자존감 가졌기 때문에 딸 때문에 참았지요. 1년 2년 결국에는 2007년도부터 본격적으로 합의이혼을 준비하고 있었어요. [조사자: 어떤 부분에서 내가 정말 이 남자랑 도저히 못 살겠다.] 딸 위해. 왜냐하면 저는 딸한테 좋은 아빠를 줘야 돼요, 반드시. 이미 아들이 있었기 때문에 한국에 딸은 아무것도 아니에요. 그리고 외국인 엄마한테 태어났기 때문에 얘는 뭘 알아요. 근데 저는 한국 일을 완전 잘사는 나라라고 꿈 나라인데 그리고 이 아빠가 제 딸한테 아빠가 될 수 없다라는 결정을 하고 나서 저는 어떻게 합의이혼 했는지 제가 거의 1년 동안 준비하고 있었어요. 모든 증거 모았어요, 끔찍하게. [조사자: 그런 거는 어떻게 아셨어요? 그런 증거가 있어야만 합의이혼이 가능하다는 거 어떻게 아셨어요?] 가지고 있는 지식. 돈을 모아놓고 알바하면서 고민했어요. [조사자: 계획을 하셨구나.] 그러면요. 제 딸 안 준다고 할 때 목숨을 바쳤어요. 딸 안준다고 할 때 그리고 제가 국적을 신청할 때도 남편이 전화해서 국적신청 취소해달라고 그런 일도 있었는데. [조사자: 국적은 언제 신청하셨어요, 그러면?] 2007년도에. [조사자: 이혼준비를 하시면서 합의이혼 하는 도중에 하신 거예요?] 네, 왜냐하면. [조사자: 근데 그게 돼요? 안되지 않아요? 원래는 이혼하면? 어렵지 않아요? 국적이?] 제가 생각하는 거는 세상에서 안 되는 일이 없다고 생각해요. 아무 생각이 없는 여자의 말로 생각할 수도 있지만 저는 그렇게 알고 있어요. 왜냐하면 방법을 찾아야 돼요. 방법을 만들어야 돼요. 그래서 그 1년 동안 준비했어요, 꼼꼼하게. 그리고 모든 게 준비가 되어있는 상태에서 남편한테 보여주고 얘기했어요.

"사인해, 사인하라고. 그래야 당신 딸 잘 키울 수 있다고. 당신 눈앞에 이 한국에 그래야 국적이 필요해서, 그래야지 나 여기서 딸을 완벽하게 키울 수 있고 그리고 앞으로 안전한 생활하기 위해 저는 국적을 가져야 되고."

합의이혼 할 때쯤 각서 썼어요. 그거에 대한 위자료도 받았어요. 전세방 하나짜리 전세 얻을 수 있게.

▶ **청소, 집 청소, 빨래… 어떤 일이든 인정받고자 노력하다**

1365인가 그 센터 가정불화 상담 사무소 있어요. ○○에 그때 그 센터가 어느 나라에서도 그런 센터가 있어요. 엄마가정 아이를 지키는. 그래서 알아보고 알아보고 그렇게 알게 되고, 그 절차가 1년 동안 준비하면서 결국에 합의이혼하고 제가 딸 키우게 됐어요. 우리가 눈으로 봤을 때 할 수 없다 어렵다 하면 근데, 하다 보면 길이 보여요. 속담 똑같이 러시아 말 한국말 속담이 있어요. 눈이 무서워도 손이 한다, 눈이 무서워도 손으로 하면 한다 그거예요. 그래서 1년 동안 준비과정 그게 얼마나 끔찍해요. 얼굴이 마스크를 쓰고 있어요. 지금도 생각해보면 저는 자기 자신한테 배웠어요.

"너 그런 것도 할 수 있었구나, 있었어."

"이보다 더 할 수 있어. 왜? 내 자식 때문에. 난 엄마잖아."

첫 번째, 난 누군가의 와이프 아니야. 난 누군가의 엄마. 그게 인생에 어떤 일이 있어도 나는 첫 번째, 전 엄마예요, 엄마예요. 그리고 합의이혼하고 나서 제가 딸 키우기 시작하면서 여러 가지 보육센터 같은 데 있잖아요. 다문화가족 엄마가 갈 곳 없고 그리고 쉼터가 있어요, 쉼터. 쉼터 살았어요. 한 달 동안. 그리고 서로서로 말을 하면서 선생님 좀 도와주실 수 있어요. 저는 지금 여기 살고 있지만 저는 조금 딸한테 더 좋은 방법이 있으면 만들고 싶었는데 할 수도 있고 이렇게도 있고 혹시나 그리고 사람들이 주변 사람들이 너무나 고마운 사람들이 제 옆에 있었기 때문에 직장 알아보고 직장도 며칠 쉬고 저는 집을 알아보고 월세로 그렇게 하면서 살면서 뭔가를 자꾸 나는 큰 힘 없이 움직여야 되고 끊임없이 일해야 되고. [조사자: 애기는 어떻게 하셨어요, 일할 때?] 일할 때는 어린이집 아이가 다녔고 주말에는 토요일 일요일 부잣집에 가서 청소를 했어요. 딸 데리고 가서 거기서 잠깐 앉으면 저는 부잣집에서 청소, 집 청소, 빨래 이런 거 하면 그때 당시에 2만 원, 4만 원 벌었어요. [조사자: 애기가 그때 몇 살이었어요?] 그때 딸이 한 다섯 살? 네 살 다섯 살? 이었고 어린이집 다니고 있었어요. 그래서 너무나 고마운 분들이 있어서 항상 무언가를 도와주는 마음이 있었기 때문에 저는 나름대로 열심히 했지요. 어떤 일이라도 저는 일에 대한 인정받아야 된다고 생각했어요. 청소라면 청소, 뭐라면 뭐, 이런 거 그렇게 하고 나서 저는 2010년도에 ○○에 큰 회사 들어가기 시작했어요. [조사자: 어떤 회사요?] 잠깐 알바를 하면서 한국어도 좀 알고 그다음에 그런 거 있잖아요. 누군가가 뭐가 맞지 않으면 인연이 오래 안 가요. 무언가를 같이 합치는 게 뭐가 있어야 그래서 저는 항상 알바 하면서 저랑 만났던 사람들이랑

"너는 앞으로 크게 될 거다"

"넌 벌써 지금 완전 달라, 지금까지 만났던"

그러는 거 아니다 그런 말 믿음을 줬어요. 그래서 우연히 회사에 들어가게 됐어요. 건축자재 수출하는 회사에. 그 회사에서 그때까지 한번도 수출 안 하던 회사에 처음으로 해보자라는 회사에 들어갔다가 건축자재

러시아 수출하면서 제가 그 회사에 들어가면서 제가 들어가기 전에 수출 안 했어요, 아예. 근데 제가 들어가게 되면서 그 회사 건축자재 파는 회사인데 사장님도 사모님도 제가 너무나 인생에 누군가가 만나야 발전이 된다, 누군가가 만나야 눈이 뜬다, 그런 거잖아요. 제가 그분들한테 배웠어요, 정말. 사장이라서. 제가 사모님한테 너무 많은 것 얻어서 그래서 ○○○에 가게 되면 제가 항상 들렀다가 사모님 감사합니다.

▶ 러시아-한국어 통역을 하며 현재의 남편을 만나다

[조사자: 지금 남편분은 어디에서 만나셨어요?] 알바. 속초에 우연히 중고자동차 수출하는 박람회 있었어요. 저는 러시아 한국어 통역하는 분이라서 알바 하면서 그때 잠깐 만났다가 이렇게 알게 되고 서로 전화하고 막 이렇게 하다가 결국에 11년도에 3월 달에 우리가 결혼했어요. [조사자: 2011년에 다시 결혼하셨고 지금 남편분은 왔다 갔다 하시는 거예요? 한국에 쭉 계세요?] 한국에 같이 사업하고 있어요. [조사자: ○○○은 어떻게 오셨어요?] ○○에 그 회사는 계속 다녔다가 제가 아이 낳고 나서도 집에서 했어요, 일을. 컴퓨터로 일을 하고 있었기 때문에 전화 받고 이미. [조사자: 둘째? 셋째?] 네, 둘째 셋째. 근데 그때 러시아에 갑자기 경제가 어려워지면서 수출이 모든 게 끊겼어요. 환율이 러시아로 루브르 환율이 안 맞아서 달러환율이. 그게 2013년 가을이었어요, 10월. 그때 제가 그만뒀어요. 그때 2013년 가을이 거의 9월 10월 갑자기 러시아 환율이 올랐어요. 그때 가격이 안 맞아서 모든 일이 끊겼고. 그만두고 나서 셋째 낳고 나서 14년도에 셋째 낳고 나서 계속 집에 있다가 저희 셋째 동생이 여기 ○○○에 수출 자동차 수출하면서

"언니, 언니도 여기 와. 여기는 일자리 많다"

그래서 여기로 이사 오게 됐어요. [조사자: 동생분들은 선생님 때문에 한국에 오시게 된 거예요?] 저희 셋째 동생이 국제결혼 하고 나서 이혼했어요. 둘째 동생이 살고 있어요. 지금 아이 두 명. 넷째는 일하고 있어요.

▶ **좋은 멘토들과 함께하다**

사업은 지금 식당 운영하고 있어요. [조사자: 남편분이랑 같이 하시는 거예요?] 네. [조사자: 어떤 음식 많이 하시나요?] 우즈베키스탄 러시아 음식을. [조사자: 식당은 직접 이렇게 그동안 번 돈을 가지고 이렇게 차리신 거예요?] 네. [조사자: 어렵지 않아요? 식당.] 타슈켄트에 있는 아파트 3개를 팔았어요. 지금 아파트 1개만 남기고. [조사자: 그걸 팔고 이거를 사셨구나.] 네, 여기 이제 와서 투자하고 사업하고 그 당시에 2013년도에 회사 그만 둔 다음에 얼굴에 주름 생기고 많이 살어서 늙고 누군가 밑에 일하기 좀 그렇고 이미 아이들이 있어서 아이들이 있었기 때문에 교육비가 월급생으로 일하기에는 많이 부족하고 그리고 뭔가를 자기 거 해야 된다. 그리고 제가 3년 동안 회사 다닐 때는 사모님이랑 항상 다녔어요. 러시아 박람회 모스크바 박람회 1년에 12번씩 다녔어요. 1년에 12번 비행기 탔어요. 3년 동안. 둘째 임신했을 때 임신 거의 6개월 때 비행기 타고 러시아 갔었어요. 사모님이

"너는 안 가면 우리 일이 안 된다"

고 계약 하나라도 해야 한다고 가자고 해서 배가 이렇게 나와서 갔었거든요. 그만큼 회사에서 [조사자: 그러면 몇 시간 걸려요?] 1시간인가 1시간 반? 하바로스크 여기 연해주 사할린 가기 전에. [조사자: 근데 왜 음식점이었어요? 내 사업을 하나 하고 싶으셨어요?] 네, 그 또한 제가 배웠던 거랑 제 식당에서 10년 이상 여러 식당에서 알바 했잖아요. 제가 직원이라

서 모든 게 다 연결이 돼요. 가는 길이 결국에는 뭔가를 끝이 보일거야, 열심히 배워서 무언가를 눈으로 배우고 기억하는 거나 아니면 결국에는 그래서 식당에 10년 동안 식당에서 10년 동안 제가 직원으로서 일했고, 어디서 누구랑 일했을 때도 상관없이 제가 항상 인정받았어요. 인정받고 싶었어요. 인정받아야 된다고 했어요. 왜냐하면 저는 이 모든 사람들이 저를 꼭 기억해야 되고 저를 좋아해야 되고 생각했어요. 왜냐하면 저는 교회 다녔어요. 그리고 권사님이 그랬어요.

"좋은 감정 남겨, 좋은 기억 남겨. 그래야 사람들이 언제나 어디선가 너를 이렇게 생각하면 너를 인정할 거야."

목사님도 권사님들이 항상 도움 줬어요. 그리고 또 한국에 들어와서 만났던 분 중에 2005년도에 한국이 처음에 다문화센터라는 곳이 생겼어요. 2005년도에 그때 ○○에 홀트아동복지부설에 다문화가족지원센터가 생겼고 거기 한국어 우리한테 한국어 가르친 선생님이 그랬어요. 이거 꼭 오늘 했던 말 넣어줬으면 싶어요. 그리고 제가 꼭 전달하고 싶은 거는 그런 말을 했어요. 우리한테 수업을 하면서

"미국은 누가 만들었느냐. 이민자들이. 거기 왔던 이민자들이 미국을 강한 나라로 만들은 거야. 너희들도 한국에 와서 열심히 살면서 이 나라를 더 강하게 만들어야 된다. 생활 속에서 아이를 키우면서 직장 다니면서 사람 사는 대로 대화하면서 이 나라를 강하게 만들어야 된다"

그 말이 너무 제 마음에 든 거예요. 맞다, 저도 그렇게 싶다 했어요. 그리고 저 그리고 그런 생각을 그런 정신 가지면서 지금까지 살아왔어요. 정말 열심히 정말 올바른, 정말 저는 한국에 이민으로 왔는데 잠깐 오는 게 아니라 벌써 이미지가 달라요. 벌써 쓰고 있는 자리가 달라요. [조사자: 잠깐 왔다 가는 사람들과는 다르지요.] 네네, 그런 거예요. 제 아이들이 키우

고 있는 곳이다. 자라고 있는 장소다. 이런 거잖아요. 그러면 지켜야 된다. 그런 생각으로 그런 정신으로 살아왔고 살면서 항상 그런 감정, 생각, 올바른 태도 그렇게 살아왔고 그리고 그 사업해야 된다는 것은 제가 준비되어 있다고 결정할 때 그러니까 그게 17년 걸렸어요, 17년.

▶ **멘토를 통해 직원관리 노하우를 얻다**

아주 많은 경험들이. [조사자: 그 많은 경험들이 다 거름이 되는 거죠.] 네, 마지막 그 3년 회사에 다니는 사무실에서 바로 옆에 사모님 일하는 3년 동안 사모님이 어떻게 40명 관리하는지 공장 어떻게 운영하고 있는지. 왜냐하면 사장님은 따로 있었고 공장 세 군데 있었고 우리 공장은 사모님이 있었어요. 그리고 제가 그 사모님이랑 박람회 다 다녔어요. 러시아나. [조사자: 사모님이 대단하신 분이었네요.] 네, 저는 아주 존경하는 사람이에요. 항상 무언가를 알려주고 무언가를 또 제가 모르는 게 있으면 알려주면서

"너는 그게 필요할 거야."

그리고 얼마 전에 작년인가 작년에 휴가일 때 우리가 ○○에 갔어요. 그때 잠깐 사무실 들렀다가 인사도 하고 우리 이제 너무나 힘들어 얘기 이제 했더니 지금 작년에 가게 세 군데 있었어요. 직원관리 너무 힘들다고 그랬더니 딱 그 한마디로

"내 가족으로 만들어. 모든 직원 한 명 한 명 내 가족으로 만들어. 그래야 내 가족으로 만들면 그 사람들 반드시 갚을 거야. 돌아올 거야. 그때 너가 그래서 직원들이 아프면 같이 병원 갔다 오고 또, 술이 필요하면 같이 하고."

그렇게 해서 직원들이 고마운 마음을 일하면서 저한테 돌려줘요. 일

하면서 열심히 그래서 그리고 학교 올해 아들 학교 보냈기 때문에 교육에 대해 아들에 대해 조금 더 신경 더 많이 써야 된다고 제가 다른 가게들 처분하고 딱 한 군데만 운영하고 있어요, 남편이랑.

▶ **열심히 한 보람은 분명히 있다**

[조사자: 그러면 지금은 몇 년 됐어요? 가게 운영한 지 한 2년, 3년?] 4년. [조사자: 4년 됐어요? 어렵지는 않으세요?] 어려웠어요. 배워야 되는 게 너무 많고 공부해야 되는 것도 많고 그냥 직원이라서 10년 동안 일한 거 다르고 사장이라서 일하는 거도 사람 관리 제일 어렵더라고요, 사람 관리. [조사자: 그런 거 있지 않아요? 정말 이렇게 열심히 하다 보면 나만 열심히 하는 거 같고, 근데 그만큼의 인정은 못 받고 그런 거는 없으세요? 너무 열심히 하다 보면 그런 딜레마에 빠지거든요.] 아니에요, 그런 거 없어요. 열심히 하면서 그 보람이 분명히 있을 거다, 뭐가 안 될 때도 뭔가를 놓쳤다, 뭔가를 못 봤다, 그렇게 생각해요. 왜냐하면 모든 거는 예방. 그리고 미리 무언가를 미리 해야 되는 거 그러면 제가 공부해요. 여러 가지 유명한 사람들의 뭔가를 사업하면서 그 사람들이 어떤 정신, 어떤 규칙, 자기한테 세웠는지 그러면 공부하면서 저도 음식사업에 대해서도 공부했어요. 나름대로 어떤 공부, 서울에 있는 창업아카데미 들으러 가고 거의 5백만 원 돈으로 주고. 거기 사람들이 와서 먼저 상가를 보고 상가 몇 군데 많았던 게 있었는데 그중에 어떤 게 자리가 좋은지. 제가 볼 눈이 없잖아요. 전문가를 돈 주고 불러야 돼요. [조사자: 계획적으로 하셨구나. 선생님은 역시 계획.] 모든 일 계획적으로. 그 사람들이 와서 자기 받은 보수만큼 맞는 전문적인 지식을 저한테 알려주고 가게 어디가 좋은지, 뭐가 좋은지, 메뉴가 뭐가 좋은지, 어떤 사람들이 오는지, 한 몇 개월 동안 관리까지 해주는 거예요. 그러

면 제가 실패 없이, 왜냐하면 이 사업이 너무나 중요한 사업이라 실패하면
안 되고 너무나 많은 것을 바쳤으니까, 그리고 정말 성공해야 된다는 그런
생각이 있었기 때문에 전문가들이 도와줘야 되니까 그래서 그렇게 했고.
[조사자: 도움이 많이 됐어요?] 그렇죠, 그때 그 당시에 같이 배웠던 선생님
한테 좋은 감정 남겼기 때문에 필요할 때 부담 없이 전화를 하고 물어볼
수도 있고 뭐 식자재 아니면 뭐 이런 거. 그러면 선생님이 학생이 아니라
좀 도와줘야 될 분이에요, 성공할 사람이다 알려줘요, 여러 가지로. 아, 지
금은 한국이 경제가 지금 많이 어렵지만 이런이런 부분을 좀 주의해야 한
다, 아니면 이런이런 부분을 좀 미리 알아야 된다, 이런 거. 그때까지만 한
1년 동안 하고 그다음에는 실패 속에서 제가 배웠던 거 다시 실패 안 하고
정말 내 일에 대한 완벽한 것을 자꾸 만들려고 해요, 노력을. [조사자: 어떤
실패 경험이 있으신가요?] 실패는 정말 사람 관리죠. 사람을 잘못 뽑았다가
아니면 일을 한 사람 할 수 있는데 두 명 일하겠다고 약간 러시아 시스템
달라요, 식당에서. 한국에서는 1+1 그게 직원이에요. 사는 거 아니라 직원
이에요. 직원에 한 일 + 또 한 일 할 수 있어요. 모든 쪽으로 약간 사업이
라는 거는 항상 따뜻한 마음 보여줄 수 없어요, 이기적인. 왜냐하면 저는
앞에 있고 저의 뒤에 직원들이 있어요. 5명 뭐 6명. 그러면 저는 직원들에
대한 책임감이 있어요. 매일매일 일이 있어야 되고 한 달에 한 번 월급 줘
야 되고, 그러면 항상 제가 모르는 거 공부해야 된다고 그러면 공부해요.
여러 가지 과정에 대한 메뉴라든가 뭐 약간 사람 대화라든가 서비스라든
가 여러 가지. 그러면 계속계속 공부를 완벽하게 해요. 새로운 직원을 뽑
을 때도 반복. 저도 이제 그 당시에 ○○에 일할 때 사모님이 저한테 직원
을 뽑을 때 어떤 질문했는지 어떤 거 꼭 알아야 되는지 그런 거까지 저는
계속 듣는 거예요. [조사자: 다 배우시는구나.] 그 결과예요. 그 결과는 정말

아, 이대로도 좋다, 이대로도 괜찮다, 이 수익에도 괜찮다, 나는 이것도 만족한다, 그런 게 아니라 뭔가를 계속 공부해야 되고, 뭔가를 계속 발전시켜야 되고, 저는 또 약간 까다로운 성격이 있는데 끝까지 알아야 돼요. 그 밑에 뭐 있어요. 아무것도 없으면 뭐가 있으면. [조사자: 끝까지 해.] 맞아요.

▶ **모범을 보이며 좋은 방향을 제시하는 부모가 되고자 한다**

저희 아이들은 러시아어 몰라요. 우즈벡어도 몰라요. 자기들이 한국 사람이라고 생각하고 딸이랑 차별 없이 우리 둘째, 셋째도 한국어로만 얘기해요. 집에서도 제가 다른 거 부족하지만 그래도 한국어로 어떻게 했을 때는 감정, 전달하고 있어요. 많이 부족하지만 그게 그만큼 외국인으로 왔기 때문에 뭔가를 이 나라를 바라보면서 뭔가를 자존감. 아이들도 한국 국기 보면 우리나라다, 그러면 그거 들은 사람들이 아무래도 너는 외국인인데 그렇게 해도 아, 이 목소리 좀 봐, 너 뭐 알아. 그러면 우리 아이들이 지금 6살 아이들이 한자 6급 공부하고 있어요, 한자 6급. [조사자: 6살인데? 언제 이렇게 많이 했어요?] 봐요. 그러면 이 나이 때 구구단도 다 배웠고. 왜냐하면 이 나라는 공부를 잘해야 돼요. 그러니까 너희들이 한국에 왔으면 정말 열심히 살아야 되는 거는 제가 생활 속에서 하나하나 다 그 안에서 그 뜻이 숨어 있어요. [조사자: 아이들이 보고 부모들의 모습이 나중에 커서도 선생님이 아버지 모습을 기억하는 것처럼 엄마가 참 그때 열심히 살았다, 그런 것들이 나중에 살아갈 때.] 참고 아니에요. 참는 게 없어요. 참는 게 왜 참아요? [조사자: 아니아니, 참는 게 아니라 참고라는 말 안 했는데.] 참는 거보다 뭔가를 항상 발전 위로 넓은 데로 좋은 데로 방향을. [조사자: 참고가 아니라 참 잘살았구나, 이렇게 애들이 눈에 보는 만큼 자기도 나중에 살아갈 때 거울이 되니까. 그러시구나. 선생님 말씀 들으니까 제가 막 힘이 나네요.]

▶ 잘 산다는 것은 돈만이 아니라 지식을 가지는 것이라 생각해

3명 다 ○○에서 태어났고 병원에서요. 첫째 딸 제가 꼭 알려줘야 되는 거는 시간이 부족해서 첫째 딸은 초등 4학년까지 왕따였어요. 그게 제 마음 아프게 했어요. 왜냐하면 너무나 공부를 잘해서 맨날 백 점 받았기 때문에

"백점 받은 아이들 자리에서 일어나세요"

할 때 애는 일어나기 싫었어요. 그리고 쉬는 시간에 모든 아이들 놀이터에 가면 운동장에 가면 애랑 같이 안 놀았어요. [조사자: 너무 잘났어. 이런 건가?] 아니요, 그거보다 뭐가 부족하다, 뭐가 우리랑 똑같지 않다라는 거는. 너무나 공부 잘했어요. 90점 받은 적이 없었거든요. [조사자: 4학년까지요?] 네, 4학년까지. 그리고 5학년 올라갈 때 친구랑 이제 만나게 됐어요. 그 친구의 여동생이 장애인 아이. 장애인 동생이 있었기 때문에 언니가 우리 딸이랑 같이 같은 반에 공부도 잘하고 그리고 다른 친구들 어울리지도 않고 그런 친구랑 만나게 됐어요. 너무나 좋아했어요.

"엄마, 나 이제야 친구 생겼어."

5학년 때. [조사자: 어떻게 다독였어요? 그동안 애가 계속 친구가 없어서 엄마한테 와서 말을 하잖아요. 애들이 안 놀아줘. 애들이 뭐 이런 거 말을 하면 어떻게 뭐라고 하셨어요?] 그때 얘기도 한 적이 있고 그냥 참고 살았던 적이 더 많았어요. [조사자: 단순히 공부 때문에 그런 거라고 생각하세요?] 아니요, 아이들이 엄마가 외국인이라고 알고 있었어요. 그리고. [조사자: 근데 딱 보면 티 나요, 안 나요?] 티 안 나요. [조사자: 아들들도 티 안 나요?] 아들은 좀 달라요. 티 나요. 저희 아들은 지금 초등 1학년 아들은 한국 국적 가졌기 때문에 그렇게 태어났기 때문에 한국어를 완벽하게 알아야 된다고 우리 초등학교 보냈더니 1학기에 선생님이 자꾸

"얘는 부족하다, 행동 문제다."

애기지만 한국 국적도 가지고 한국에 태어났고 한국 어린이집 다녔고 한국 유치원도 다녔고 근데 왜 한국어 조금밖에 모른다고. 왜냐하면 가정환경에서 우리는 한국어 많이 부족하잖아요. 근데 아이가 또 성격상 많이 대화하는 아이 아니라서 그래서 제가 2학기에 아이를 초등학교 이쪽으로 옮겼어요. 여기는 다니는 공부방, 태권도 어울리는 아이들이 학교 다니니까 조금 더 편하게 다니고 있어요. 지금 그리고 저희 셋째 아들은 자기 또래 친구들보다 너무 똑똑하다고 말하면 좀 그렇고 지금 한자 6급 준비하고 있어요. 8급, 7급 시험 땄어요. 그러니까 외국인 부모들 밑에 자라서 어떻게 하는지에 대해 관심 있고 그림을 하나하나 다 그려서 그 밑에 뜻도 쓰고 교육도 하고 참 신기하죠. [조사자: 누가 가르쳤어요, 한자는?] 얘 스스로. [조사자: 책 같은 거 학습지 사줬어요?] 네, 공부방 다녀요. 저희 아이들이 딱 책 잡을 수 있으면 책 줘요. 그리고 저희 집에서도 재산은 다 책이에요. 온 집 다 책이에요. 저는 똑똑한 아이들이 잘 사는 아이들이 돈만 가지는 게 아니라 지식 생각해요. 지식 그리고 말 그게 힘이에요.

▶ 고려인 돌보미 할머니를 통해 엄마 나라의 언어를 배우다

학교 선생님들 필요할 때 만나고 집으로 선생님들이 많이 와요. 아이들이 매일매일 공부방 다니고 있지만 일주일에 두 번 우리 집으로 한국 할머니가 와요. 한국 할머니가 책 읽어주고 여러 가지 율동도 하고 만들기도 하고 모두 한국말로 해요. 그리고 여러 가지 학습 같은 거 있잖아요. 학습 뭐 자연, 자연에 대해 학습, 과학에 대한 학습 이런 거 해요. 그러니까 아이들 여기에 대해 제가 신경 많이 써요. [조사자: 요즘 막 이중언어에 대해 뜨더라고요. 그거에 대해서는 어떻게 생각하세요?] 그거 필요하다고 생각해요.

왜냐하면 저는 아이들을 대신 선택할 수 없어요. 아이들이 한국 선택할 건지, 한국국적을 받았지만 아니면 언젠가 나는 엄마 태어난 나라에서 가고 싶다, 살고 싶다 그거는 선택권이지. [조사자: 선택하면 가르치실 거예요?] 네, 근데 아이들이 작년에 잠깐 여름에 갔다 왔어요, 우즈베키스탄. 2주일 동안 갔다 왔는데 그때 신기한 거, 자기들이 신기한 거도 발견하고, 거기 다른 나라 사람들도 살고 있고 언어도 완전 다르다고, 그리고 조금 우즈벡 말 숫자 1부터 100까지 배웠어요. [조사자: 어머님은 지금 시간이 없으시죠, 아이들을 언어를 가르치시기에는?] 그런 것도 있지만 저희 집에서 지금 돌보미 살고 있어요. 제가 직장 다녔기 때문에 이 사업을 많은 시간을 빼요. 그래서 집에서 돌보미 있어요. 같은 나라 고려인 할머니가 거의 40년 경력 선생님이에요. 초등학교 선생님이고 우리 지금 집에서 지금 우리 3년 해요. 같이 살면서 저희 엄마처럼 아이들한테 할머니처럼 같이 러시아어. 올해 러시아어로 아이들이 그 나이 됐어요. 다른 언어를 배울 수 있는 나이가 됐고, 그리고 이제 올해 러시아어. [조사자: 사실 지금 이중언어를 시작하면 가장 좋은 나이라고 해요. 6살 좀 더 빨리 시작했어도 좋고 그렇대요. 이론적으로는 그렇고 언어를 두 가지를 배우면 그만큼 걔는 유연성이 발달하면서 머리가 지금 엄청 좋잖아요.] 맞아요, 저도 자기, 그러니까 엄마 언어를 알아야 대화를 할 수 있어요. 우리 사는 거는 기계처럼 움직이지만 우리는 소리 내요. 말을 해요. 그래서 그 말 속에서 어떻게 힘이 있는지 저는 아이들이 끼리 서로 이렇게 남자들 이제 아이들이 남자니까 서로 끼리 싸우면 제가 "때리지 마"

그래요. 그러면 말로 때려요.

"엄마, 그거 어떻게 해? 말로 때리면 엄청 아파. 상처가 깊어. 어떡해?"

그러면 제가 알려줘요. 그러면 상대방이 말로 하면 막 울 수도 있고 막 아예 다른 방으로 갈 수도 있고 슬퍼할 수도 있고. 그랬더니 아이들이 말에 대한 힘이 어떤 거였는지 방법을 알려줘요.

▶ **이주민들도 한국의 구성원으로 존중받아야 해**

저도 아주 많은 도움이 되는 이 인터뷰 정말 많은 분들이 알아야 되는 거 있어요. 저는 한국에 와서 한 번도 나는 뭔가 부족하다, 나는 뭔가 좀 못사는 나라에서 왔다, 아니면 나는 여기 잠깐 와서 무조건 고생하면서 일해야 된다 한 적이 없었어요. 어떤 상황에서도 어떤 공간에서도 항상 저는 사람이야, 인권 있어, 사람이라서 인권, 아이라서 가지고 있는 인권, 그리고는 자존심 생각해요. 그리고 그보다 중요한 거는 지금 한국이 이민자들이 다문화가족들이 많이 있고 외국인들이 와서 자기 부모들 모시고 자기 자식들 데리고 와서 한국 학교를 보내고 살고 있잖아요. 그게 1년 2년 안 걸려요. 보통 오래 걸려요. 10년 걸려요. 20년 걸려요. 그러면 지금 학교 다니는 아이들이 결국에는 20년 후에 자기 뿌리를 여기로 내리고 그러면 3대 될 거예요. 근데 그 사람들이 한국에 대한 가지고 있는 자부심 아니면 지식 아니면 감정 중요하죠. 그래서 하고 싶은 말은 물론 나라에서 국가에서 다문화가족이라는 거에 대해서는 아주 많이 생각하고 관심 많이 가지고 있어요. 왜냐하면 그만큼 중요한 역할을 하고 있잖아요. 우리가 이 사회에서 한국 정말 나라를 강한 나라로 만들고 싶은 마음 가지는구나. 아니면 내 아이가 당했는데, 어린이집 다닐 때 학교 다닐 때 내 아이가 당했기 때문에 나는 여기서 열심히 안 산다고. 나는 뭔가를 바쳐야 된다고 생각 안 한다고. 그런 부모들도 분명히 있을 거예요. 특히 다문화가족 다닐 때 우즈베키스탄 모임이 있어요. 나라 모임이 있어요. 대표라서 4년 동안 봉사활동 많이 했어요, ○○에. 그런데 보니까 상처받은 엄마들이 많이 있고 상처받은 아이들도 많이 있어요. 하지만 아마 여기 각 나라 뭐 우즈벡, 베트남, 태국 각 나라 여기 와 있는 것도 있지만 엄마들이 가지고 있는 그 문화 있지만 그래도 하나예요. 중요한 거는 내 아이가 안전해야 저도 좋은 감정을 낼 수 있잖아요. 어디를 가도 만약에 제 아이가 어디엔가에 어디선가에 어떻게 해서 다쳤는데 제가 슬픈 안 좋은 감정을 누군가한테 알려줄 수 없어요. 항상 뭔가를 안 좋은 감정으로 살고 있을 거예요. 주변 사람들한테 약간 실패, 약간 불안함, 그래서 정말 나라에서 그런 지식을 그런 상식 많이 알려줘요. 다문화가족들도 이 사회에서 있는 어떤 사회에서 어떤 부분, 하지만 조금이지만 중요한 부분. 뭐 한 20년 10년 20년 후에 그 뿌리가 어떻게 어떤 방향으로 움직일지 아주 중요해요. 저 그래서 제가 항상 그래요. 미국은 이민자 나라예요, 이민자. 거기 학교에서는 피부 색깔 상관없이 아이가 나는 너랑 앉기 싫어, 말 못 해요. 그 말 하면 부모들을 불러요. 와요. 우리 상담해요. 당신 아이가 왜 그런 말을 해요. 근데 한국에는 그게 없어요. 한국이 이게 없어요. 너무나 민주인이잖아요. 그러니까 여기는 다문화가 생겼는 지 한 10년밖에 안 됐어요. 아직까지 다문화라는 아직 의식이 많이 발전 안 됐기 때문에 너무나 다문화가족 아이들한테 그런 너무나 큰 상처를 주고 있어요. 그리고 여기 또 제가 직접 겪었던 일 중에 지금 한국에 교육에 대해 많이 높은 나라이잖아요. 국제학교들이 있어요. 보통 캐나다 아니면 미국 학교들이 아이가 학교에 가면 첫 번째 날 학교에서 책자 보내요. 그 책자 안에 아이가 하면 되는 거, 하면 안 되는 거, 안 되는 거 할 때 어떻게 벌 받아요. 그리고 딱 보면 모든 게 부모들이 책임 있어요. 부모들이 아주 학교에서 교육시킬 수도 있어요. 그게 저 이제 캐나다에 아는 분들 살고 있는데 제가 가끔 전화해요. 거기는 뭐 어때요? 저도 여기 이민자니까 거긴 어때요? 물어보면 절대 학교에서 그러니까 아주 조금은 아이들이 머릿속에서 피부색깔 없이 뭔가를 없이 얘는 안경 쓰고 있는지 아니면 뚱뚱한지 그거 때문에 말할 수도 없는 거예요. 그 생각 방식이 아주 올바른 방식이라고 생각해요. 그래야 모든 게. [조사자: 한국 사회에도 그런 게 있었으면 좋겠다.] 그거 있었으면만 아니라 필요해요. 왜냐하면 나중에 이 나라가 어떻게 되는지. 그리고 그거부터 그거를 우리가 저도 아이를 한국학교 보냈잖아요. 하지만 다른 아이들 자기한테 뭔가를 할 수 있는지 뭐가 없는지 만약에 하면 그거에 대해 누가 책임지는지 선생님한테 전화하면 선생님이 아, 그거는 그 아이 부모한테 함부로 전화하면 안 돼요. 왜냐하면 전화 갔어요. 그 부모가 그 자식에 대해 책임져야 돼요. 그 아이가 왜 그런 말을 해요. 왜 그런 생각을 가지고 있어요. 근데 미국은 그래요. 미국은 절대 그런 일이 없도록 벌써 학교 1학년부터 그전에도 유치원 때도 아이들이 하면 안 되는 거 이미 다른 아이들에서 뭐 피부나 다른 거에 대해서는 함부로 하면 안 되는 거도 있어요. 그래서 앞으로도 한국에 열심히 살면서 아이들한테 한국에 대한 자부심, 한국에 태어났기 때문에 너는 민족은 우즈벡 민족이지만 너는 한국국적을 가졌기 때문에 한국 사람이다. 그래서 우리 병원 가면

"어느 나라예요?"

이렇게 물어보잖아요. 저는 그러면 물어봐요.

"국적이에요 아니면 민족이에요?"

그러면 얘기해요.

"국적은 한국국적이고 민족은 우즈베키스탄 민족이에요."

아, 그렇게 봐요. 기본적으로 기본 지식. [조사자: 계속 한민족만 살다가 지금 얼마 안 됐고 미국도 사실 그렇게 되기까지 엄청난 그런 과정들이 있었

잖아요. 우리도 지금 그 과정 속에 있는 거 같아요. 그래서 정말 자꾸 목소리를 내야 될 거 같아요.] 미국은 보면 102년, 그러면 한국이 지금 이미 17년 살았어요. 10년 후의 저희 아이들이 학교 졸업하고 대학교 갈 거예요. 20년 후에 제 아이들이 가정을 만들어요. 그러면 3대라면 그게 100년이에요. 그러면 그때 제 아이들이 저한테 받은 생각 방식 자기 아이들한테도 줄 거예요. 어떤 상황에서도 너 어떻게 다쳐도 어떤 구박받아도 어떤 상처 받아도 너는 한국에 대한 자부심 가져야 되고. 근데 민족은 우즈벡 민족이지만.

▶ **회사 다닐 때 배운 봉사와 나눔을 실천하다**

[조사자: 한국에서 뭐 어떤 활동 같은 거 그것도 사실 되게 궁금했는데 단체에서 봉사활동 했다고 하셨잖아요.] 네, 그때 많이 했죠. 지금 이제 바쁘지만 그래도 조금씩 활동 활동 중에 봉사 아니라 나눔. 우리 가게에서 여러 가지 재료 들어오면 비누라든가 우리가 식용유 받고 있잖아요. 그러면 그 썼던 식용유 돌려주면 비누를 줘요. 봉투에 3개 짜리. 제가 그 비누를 모아서 교회에 보내요. 여기 ○○교회 있잖아요. 봉사 나눔 그거를 제가 회사 다닐 때 배웠어요. 나눔이라는 거는. [조사자: 선생님한테 어떤 의미예요? 나눌 때 어떤.] 아주 많은 넓은 하늘, 마음을 좀 넓은 하늘. 나도 이렇게 나눔 할 수 있다, 그리고 꼭 해야 된다. 내 위치 그만큼 그 위치니까, 그 위치에. [조사자: 남과 나눌 수 있다는 점. 받기만 하는 게 아니라.] 네, 그 위치에 그럼요. 그리고 제가 회사 다닐 때 우리 사장님이 가끔마다 어린이 재단으로 지불했어요. 그거 제가 봤어요. 그게 마음에 들어 나도 언젠가 되면 뭔가를 해야 된다, 그런 거. [조사자: 봉사활동은 어떤 활동들을 하셨어요?] 봉사활동은 그렇게 많지는 않지만 가게 내에서 이루어져요. 예를 들어 여러 가지 명절 있잖아요. 어르신들을 모시고 무료로 식사하는 거 봉사

활동. 그리고 작년에 11월 달에 러시아 장애인 아이들 13명 모아서 가게 문 닫고 그 아이들을 위해 파티, 서울에서 파티 여러 가지 하는 뭐 풍선 방울 이렇게 하는 불러서 아이들한테 선물 나누어주는, 그러니까 제 공간에만 이루어줄 수 있는 거는 나는 그거 꼭 해야 돼. 나는 할 수 있잖아. 그렇게 그러니까 하면 되는 거는 해요. 사실은 그 공간 속에서 그 식당 운영하면서 많은 사람들한테 도움을 주고 싶어요. 왜냐하면 엄마로서 아이를 키우는 입장이라면 정말 엄청 큰 역할을 하고 있잖아요. 엄마로서 밥 주는 사람이 아니라 돈 벌어서 학원 보내야 되는 게 아니라 그거보다 더 중요한 거 있어요. 그래서 다른 엄마들도 좀 깊게 내 아이 앞 어딘데 20년 후에 저는 한국에 17년이에요. 우즈베키스탄에서 24년, 한국에 17년 거의 반 살았던 인생의 한국이야. 그러면 한국이 자부심 그리고 아이들이 미래 그거 좀 멀리멀리 봤었으면 싶어요. 이 나라에서 그냥 국적을 받은 게 아니라 나름대로 뭔가를 좀 베풀어 그냥 열심히 사는 거도 좋은 일이지만 뭔가를 좀 중요한 역할을 하는 게 저는 목표예요. 정말 아이들을 훌륭하게 키워서 정말 저희 막내 한자를 너무 잘 관심 있어서 제가 한의사 되면 얼마나 좋아. 근데 저희 아이들이 뭐라 그랬는지.

"엄마, 나 한의사 바늘 찌르는 거 무서워. 대신 좋은 약 만들어줄게."

저도 이제 나름대로 이 사회에서 좋은 일을 하면 된다고 했잖아요. 저희도 큰아들은 만들기 좋아해요. 로보트, 건축 그래서 나중에 좋은 집들을 만든다고 건축가 관심 있어요.

3부

리좀사회적
관점으로
보기

8장. 공존사회로 접속하기
9장. 타자와 더불어 만드는 숲

8장

공존사회로
접속하기*

* 김영순 · 최수안 · 김명희 · 권요셉(2022). 「이혼한 결혼이주여성의 재영토화 과정에 관한 내러티브 생애사 연구」. 『문화와 융합』 44(6), 657-682.

1.
재영토화를 위한 종합 방법

    인간이 살아가는 모든 사회는 기본적으로 공존사회다. 공존사회에서 타자에 대한 이해 없이 살아가는 것은 가능하지 않다. 특히 '이해하지 않아도 되는 대상'으로 여겨지는 소수자들의 문화는 무시되는 현상이 쉽게 발견된다. 그런 경우, 이해하지 않아도 되는 대상은 주체성이 결여되며 공동체적으로 죽은 상태가 된다. 공동체적으로 죽은 상태가 되는 '이해하지 않아도 되는 대상'은 결과적으로 공동체에 상처를 입히며 자신의 존재를 드러내는 결과를 초래한다. 공존사회는 이해하지 않아도 되는 대상으로 간주되는 소수자들의 주체성도 보장하는 소통의 장을 구성하지 않으면 상처 입은 공동체가 된다.

    들뢰즈와 가타리는 타자들을 다수와 소수로 구분한다. 다수는 평가의 기준이 되며, 권력과 지배를 갖는 데 반해, 소수는 다수의 기준 밖에서 잠재적인 역량을 갖고 생성과 변화 중인 창조적인 존재로 설명했다(탁양현, 2018: 158). 본 연구에서는 '소수자란 누구인가?'라는 고정된 정체성에 대한 물음보다 '소수자 주체성은 어떻게 형성되는가?'에 대한 주체에 관심을 둔다. 여성들이 노동을 위해 이주하는 것은 이주를 빈곤과 기타 걱정거리들을 극복할 전략으로 보기 때문이다. 그녀들의 행위성은 빈곤으로부터 가족을 지킬 필요성에 기인한다. 다시 말해 여성들은 일하러 나가도록 강요당하고, 다른 한편으로 현존할 것을, 가족들을 돌보기 위해 어떻게든 물리적으로 존재할 것을 강요받는다(허라금, 2011: 201). 특히 가난한 나라의 여성들에게는 보다 잘사는 나라의 하층계급의 남성이 계층이동과 낭만적 사랑을 실현할 수 있는 상대로 여겨진다(Jones & Shen, 2008: 20). 여기서 중요한 섬은 여성들의 결혼이수와 노동이주의 욕망이 중첩된다는 것이다(김민정 외, 2006; Piper & Roces, 2003). 이주여성의 결혼동기에도 노동이주와 다름없이 가난을 벗어나고 싶은 욕구, 직업을 갖추고 싶은 욕망, 학업을 지속하고 싶은 기대 등에 기인한 행위성이 나타난다(허라금, 2011: 246). 여기서 중요한 것은 여성의 행위성이다. 그러므로 이주여성의 가장 큰 변화는 무엇보다 여성 자기 자신의 변화이며, 이주여성은 주체성을 확립하기 위해서 실존적 삶의 양태를 스스로 구축하고 이를 변형하는 끊임없는 훈련을 지속해야 하는 것으로 볼 수 있다(김분선, 2018: 26).

결혼이주여성들은 영토를 옮긴 동물들과 동일한 상황에 처한다. 동물들이 원래 있던 영토에서 탈영토화하면 새로운 대지를 재영토화해야 한다. 익숙했던 이전의 모든 영토는 영토를 옮긴 동물들에게 더 이상 어떤 영토성도 지니지 않는다. 영토성은 내 것, 즉 내가 가진 거리 안에서의 확인 가능한 질서를 의미하며, 자아경계를 확인할 수 있고, 인식 가능한 질서로 배치되어 있다(Deleuze & Guattari, 1980, 김재인 역, 2001: 607-617). 영토성이 없는 땅을 대지라고 한다. 영토를 옮긴 동물들은 새로운 대지를 만나면 안정성 확보를 위해 인식 가능한 질서로 배치하며 재영토화해야 한다. 재영토화는 인간 사회에도 발생한다. 단일 문화권 안에서도 주체의 운동성에 따라 발생 가능하지만 문화가 이동하는 결혼이주여성들에게는 반드시 발생한다. 이러한 주체의 운동성은 하나의 존재에서 다른 존재로 '되는' 변화다.

이렇듯 끊임없이 탈영토화하고 변이하는 삶이 진정한 '되기'의 개념이라 볼 수 있다(임인숙·윤조원, 2007: 226). 이 되기의 개념은 '하나의 존재로서 고정되어 있지 않으면서 지속적으로 서로가 영향을 주고받으며 상호작용하는 것'이다. 이렇듯 탈영토화와 재영토화 과정에서 형성된 주체를 유목적 주체라고 부르는데, 유목적 주체란 자신이 살던 익숙한 공간을 떠나 낯선 타지로 이동하는 과정을 통해 새로운 나를 만들어나가려고 노력하고 기꺼이 뛰어넘고자 하는 횡단적 주체라고 볼 수 있다. 유목적 주체는 익숙한 것과 새로운 것 사이에서 새로운 정체성을 형성해야 할 주체이며, 혼돈과 갈등 속에 자기를 위치시키는 것이다(변경원·최승은, 2015: 48).

탈영토화는 필연적으로 재영토화를 불러온다. 그런 의미에서 탈영토화와 재영토화는 서로의 이면이다(Deleuze & Guattari, 1977, 김재인 역, 1997: 525). 탈영토화를 위해서는 먼저 이전 영토에서의 배치물에서 이탈하고 새로운 배치물을 구축하며 다른 판으로 이동하는 현상이 나타나는데, 영토나 배치물을 완전히 떠나지 않고 상호 배치물로 이행할 수도 있다(Deleuze & Guattari, 1980, 김재인 역, 2001: 618-621). 결혼이주여성들이 원가족을 떠났다고 해서 원가족의 질서를 완전히 버리지 않고 한국의 현 가족과 상호 질서를 구축하여 재영토화할 수 있다는 의미다. 이렇듯 재영토화를 위해 실행되는 배치는 무엇을 욕망하느냐에 따라 달라진다(Deleuze & Guattari, 1977, 김재인 역, 1997: 28-29). 그러므로 욕망을 분석하면 배치를 알 수 있고, 배치를 분석하면 욕망을 알 수 있다.

이렇듯 상호 배치물로 이행하며 재영토화하기 위해서 재영토화하는 주체는 세 가지 종합의 방법을 사용한다. 종합은 분석의 반대 방향으로 가는 운동성이다. 분석이 탈영토화를 위해 필요하다면 종합은 재영토화를 위해 필요하다. 분석은 이미 종합된 것을 하나하나 나눠서 순수한 상태로 만드는 작업이며, 종합은 동류적인 것부터 이질적인 것까지도 연결시켜 새로운 하나를 생산하는 작업이다.

첫 번째 종합은 등위적 접속(connection)으로 더하는 방식을 취한다. 접속을 통한 종합은 유사성의 만남이며 그 자체로 변형 없이 축소하는 방식의 종합을 발생시키고, 단순하게 연결하여 구성하는 것처럼 보인다(Deleuze, 1969, 이정우 역, 1999: 225). 접속은 만남을 통해 생성되며 만남 자체가 생산물이자 생산하기가 접붙이기 때문에 생산의 종합이라고 한다(Deleuze & Guattari, 1977, 김재인 역, 1997: 30).

두 번째 종합은 이질적인 것들을 등록하는 방식을 취하는 이접(disjunction)이다. 이접은 한번 종합이 되면 이전의 모습으로 환원될 수 없는 특징을 취하며(Deleuze, 1969, 이정우 역, 1999: 229), 전혀 새로운 것을 등록하는 종합이기 때문에 고착화를 극복하고 새로운 진실을 표현한다(Keith. W. Faulkner, 2006, 한정헌 역, 2008: 120-121). 이접에는 양자택일을 요구하는 배타적 이접과 이질적인 것을 포함하는 포함적 이접이 있다(이찬웅, 2011: 51).

세 번째 종합은 공존과 조정을 통해 공명을 일으키는 통접(conjunction)이다(Deleuze, 1969, 이정우 역, 1999: 225). 통접이 접속과 다른 점은 종합되는 두 지층이 비유사성에서 출발한다는 것이며, 이접과 다른 점은 둘 중 하나를 선택하거나 하나가 다른 하나를 포함하는 것이 아니라 공명을 통해 새로운 것을 창조한다는 것이다(Keith W. Faulkner, 2006, 한정헌 역, 2008: 116). 그래서 접속이 '그리고'이고, 이접이 '이것 혹은 저것'이라면 통접은 '그리하여'에 해당한다. 출발은 이접처럼 이질적이고 결과는 접속처럼 생산적이다. 통접은 비유사성의 공명을 통한 생산적 종합으로 정의할 수 있으며, 이는 소비를 발생시킨다. 등록은 생산을, 생산은 소비를 유발한다. 모든 생산은 이미 소비이며, 생산의 소비는 '쾌감'을 가져온다.

이 세 종합은 의식이 될 수도 있고 의식되지 않을 수도 있다. 의식된 종합을 능동적 종합이라고 한다면 무의식적 종합을 수동적 종합이라고 한다. 능동적 종합과 수동적 종합의 구분과 정리는 후설에 의한 것이지만 (Husserl, 1968, 이종훈 역, 2018: 47), 들뢰즈가 자신의 차이의 철학을 중심으로 수동적 종합을 다시 정의 내렸다. 후설은 의지를 중심으로 능동적 종합과 수동적 종합을 정의했다. 즉, 주체가 의지적으로 수용하는 종합을 능동적 종합이라고 하며, 타자와 환경에 의해 수용되는 종합을 수동적 종합이라고 했다(Husserl, 1968, 이종훈 역, 2018: 129-147). 그러나 들뢰즈는 의식을 중심으로 능동적 종합과 수동적 종합을 정의했다. 즉, 의식할 수 있는 종합은 능동적 종합이고 무의식적 종합은 수동적 종합이다(Deleuze & Guattari, 1977, 김재인 역, 1997: 60-63). 그것이 의식적이든 무의식적이든 종합은 욕망적 생산이며 욕망 기계, 생산하는 기계의 흐름이다(Deleuze & Guattari, 1977, 김재인 역, 1997: 28, 61). 그렇기 때문에 종합을 분석하기 위해서는 욕망을 탐색할 수밖에 없다.

5명의 이혼한 결혼이주여성을 분석하기 위한 틀은 다음 〈표 4〉와 같다.

〈표 4〉 분석틀

구분	연구참여자의 욕망	접속 혹은 충돌하는 욕망	종합
접속	연구참여자가 개인적으로 갖고 있는 문화적 배경 혹은 욕망은 무엇인가?	연구참여자의 욕망 혹은 문화와 비슷한 한국 문화 및 상황은 무엇인가?	해당 공통점을 한국에 적응하는 데 있어서 어떻게 활용했나?
이접		연구참여자의 욕망 혹은 문화와 다른 한국의 문화 혹은 상황은 무엇인가?	해당 차이점과 그로 인해 발생한 욕망이 어떻게 포기되거나 선택되었나?
통접			출신국가의 문화와 한국 문화의 차이점을 융합하여 새롭게 생산한 것은 무엇인가?

후설은 모든 종합이 능동적 종합과 수동적 종합으로 구분된다고 보았다(Husserl, 1968, 이종훈 역, 2018: 129-138). 들뢰즈와 가타리도 능동적 종합과 수동적 종합을 모두 받아들였지만 수동적 종합에 더욱 집중하여 설명했다. 그래서 주로 수동적 종합의 방법으로 접속과 이접, 통접을 설명했다. 그러나 능동적 종합을 부정한 것이 아니라 오히려 능동적 종합은 당연히 의식되기 때문에 자세한 설명을 하지 않은 것으로 보인다. 본 연구에서는 접속과 이접, 통접을 능동적 종합과 수동적 종합 모두에 적용했다. 능동적 종합과 수동적 종합의 개념은 후설의 의지적 기준과 들뢰즈와 가타리의 의식적 기준을 모두 적용했다.

들뢰즈와 가타리는 접속의 방법이 가장 이상적인 종합의 방법이라고 보았다(Deleuze & Guattari, 1980, 김재인 역, 2001: 95-139). 동등하며 유사한 것들의 접속은 긍정적인 생산을 낳기 마련이다. 그러나 갈등과 문제는 유사한 종합인 접속보다 비유사성에서 만나는 이접과 통접에서 나타나기 마련이다.

2.
이혼한 이주여성의 재영토화 과정

본 연구는 결혼이주여성들의 이혼율이 결혼이주남성들보다 높고, 결혼 지속기간이 낮은 이유를 분석하고자 5명의 결혼이주여성의 이혼 과정을 들뢰즈와 가타리의 무의식적 종합의 이론을 분석틀로 심도 있게 탐색했으며, 재영토화 과정에 나타난 한국 남성들의 배타적 욕망을 확인할 수 있었다. 또한 심도 있게 알기 어려운 이혼의 과정을 분석하여 결혼이주여성들의 재영토화의 어려움을 확인할 수 있었다.

5명의 연구참여자들의 한국에서의 재영토화 과정은 다음과 같다.

〈표 5〉 연구참여자 A의 종합

구분		연구참여자의 욕망	접속 혹은 충돌하는 욕망	종합
접속	결혼 전	– 캄보디아 가정과 다른 행복한 결혼 생활을 기대함	– 가정을 꾸리고 싶어하는 남편을 만남	– 결혼해서 한동안 기대했던 행복한 가정을 꾸림
	결혼 후	– 남편 없이 살아가야 하는 상황에서 통·번역 일을 하고 싶어함	– '이주여성자립지원시설'의 도움으로 검정고시를 거쳐 통·번역 공부를 함	– 통·번역 일을 하고 있음

구분	연구참여자의 욕망	접속 혹은 충돌하는 욕망	종합
이접	- 아내로서 인정받고 싶음	- 남편은 '가정부처럼 일을 시키려고 한국에 데려왔다'고 하며 폭력을 행사함	- 남편의 이혼 청구로 이혼하게 됨
통접	- 아들이 아빠와 잘 지내게 하고 싶음	- 아빠가 아들을 보고 싶어 하지 않음	- 시어머니가 아들을 보고 싶어해서 만나게 하고 있으며, 아들은 남자들보다 누나들을 더 잘 따름

연구참여자 A는 캄보디아 가정과는 다른 행복한 결혼생활에 대한 욕망이 있었다. 한국인과 결혼하여 행복하게 잘 살고 있는 사촌 언니를 보면서 그의 욕망은 확신이 되었다. 그의 이러한 욕망은 가정을 꾸리고 싶어하는 한국인 남성과 접속되어, 한국으로 이주하게 되었다. 결혼 초기에는 너무나 행복했다.

그러나 남편은 연구참여자가 출산하고 나서부터 태도가 바뀌었다. 연구참여자 A는 결혼 기간 동안 아내로서 인정받고 싶은 욕망을 지니고 있었다. 그에게 아내라는 의미는 가정부처럼 일만 하는 아내가 아니라, 캄보디아의 가부장적인 관계에서 벗어난, 수평적이고 서로를 진심으로 위하는 아내로서의 욕망이었다. 아내로서 인정받고 싶은 욕망을 실현하기 위해서 집안일을 열심히 하고, 일을 도왔다. 이러한 노력에도 불구하고 어느날 남편은 가정부처럼 일을 시키려고 데리고 왔는데 제대로 하지 않는다며 폭력을 행사했다. 결국 남편의 이혼 청구로 인해 두 사람의 욕망은 이접되면서 이혼으로 종합되었다.

이혼 후 연구참여자 A의 욕망은 결혼 전 행복한 결혼생활을 욕망했던 것과 다른 차원으로 변화한다. 그는 남편 없이 살아가야 하는 상황을 마주하게 되고, 이러한 욕망은 이주여성자립지원시설과 접속되면서, 그곳을 통해 검정고시를 거쳐 통·번역 공부를 하게 되고, 현재 통·번역 일을 하게 되는 것으로 종합되었다.

이혼으로 그의 행복한 결혼생활에 대한 욕망은 남편 없이 살아가는 여성에 대한 욕망으로 변화했지만, 아들만은 아버지와 좋은 관계를 유지할 수 있도록 하고 싶었다. 그러나 남편은 아들을 만나고 싶어하지 않았고, 시어머니가 손주를 만나고 싶어하여 만날 수 있도록 시간을 만들어주고 있다. 아들이 아버지와의 만남의 부재로 어머니와 주로 관계를 맺다 보니, 동성과의 관계보다 누나들과의 관계를 더 편하게 느끼는 것 같아 속상한 마음이 든다.

〈표 6〉 연구참여자 B의 종합

구분	연구참여자의 욕망	접속 혹은 충돌하는 욕망	종합
접속	- 남편 없이 살아가야 하는 상황에서 경제적 자립을 원함	- 이주여성자립지원시설을 만남	- 네일아트를 배우며 자립을 준비하고 있음
이접	- 행복한 가정을 꾸리고 싶음	- 남편은 외도하고 폭력을 행사함	- 남편의 이혼 청구로 이혼하게 됨
통접	- 베트남 남성과 다른 한국 남성들의 자상함을 기대함	- 결혼업체를 통해 한국인 남편을 만남	- 결혼하여 삶의 희망인 아이들을 얻음

연구참여자 B는 모국인 베트남 남성들과는 달리 한국인 남성들은 가정적이고 자상할 것이라는 기대가 있었다. 결혼 적령기가 되면서, 결혼에 대한 생각이 강해질 때즈음 결혼중개업체의 욕망과 접속하며, 한국인 남성들을 소개받았다. 한 달이 넘도록 소개를 받았지만 결혼에 대한 결심을 쉽게 할 수 없었다. 그렇게 고민하던 순간 남편을 만났다. 이전에 한 번 결혼한 경험이 있고, 아이도 있었지만 큰 고민거리는 아니었다. 시어머니가

전혼 자녀를 양육할 것이라고 했기 때문이다. 자상해 보이는 남편과 한국에서 행복한 결혼생활을 꿈꿨다.

낯선 한국이었지만 자신이 할 수 있는 선에서 집을 정리하고 남편을 도왔다. 하지만 게으른 사람으로 취급받기 일쑤였다. 심지어 남편은 외도를 저지르고 가정폭력을 행사하며, 연구참여자의 행복한 결혼생활에 대한 욕망과 충돌했다. 그럼에도 불구하고 연구참여자 B는 이혼만은 막고 싶었다. 자신이 노력하면 남편의 외도와 폭력은 좋아질 줄 알았지만, 갑작스럽게 남편은 이혼을 요구했다. 연구참여자의 욕망과 남편의 욕망은 이혼으로 귀결되었으며, 이접으로서 종합되었다고 할 수 있다. 불행으로 끝나버린 결혼생활이었지만 삶의 희망인 아이들을 얻는 것으로 연구참여자 B의 욕망과 결혼중개업체의 욕망은 통접으로서 종합되었다.

연구참여자는 이혼 후 남편 없이 살아가야 하는 상황에서 경제적 자립이라는 욕망을 갖게 된다. 그의 이러한 욕망은 이주여성자립지원시설을 만나면서 접속했다. 친정과도 같은 이주여성자립지원시설은 연구참여자가 한국어 공부와 직업교육을 받을 수 있도록 지원해주었다. 다양한 직업교육 중 베트남에서부터 배우고 싶었던 네일아트를 선택했다. 남편과 남편의 가족에게는 받지 못했던 관심과 사랑, 따뜻함을 이주여성자립지원시설에서 경험하면서 자립으로 나아가고 있다.

구분	연구참여자의 욕망	접속 혹은 충돌하는 욕망	종합
접속	– 사기 이혼에 대한 억울함을 밝히길 원함	– 다문화가족지원센터의 도움을 받음	– 사기 이혼임을 밝히고 양육비와 위자료를 받음
이접	– 행복한 가정을 꾸리고 친정어머니와 딸을 한국으로 부르고 싶음	– 남편은 어부로 집에 거의 들어오지 않음. 30만 원의 생활비로 어렵게 살림을 꾸림	– 남편이 친정어머니 초청 서류라고 해서 사인한 서류가 이혼서류였음
통접	– 베트남의 딸과 한국에서 얻은 딸을 모두 키우고 싶음	– 남편으로부터 이혼당함	– 한국에서 얻은 딸을 키우며 베트남의 딸을 부르기 위해 준비하고 있음

　　연구참여자 C는 베트남에서 한 번의 이혼을 경험하고 딸을 키우던 와중에 결혼중개업체의 소개로 자신과 비슷한 처지의 한국 남성과 재혼했다. 행복한 가정을 꾸리고 싶었던 한국으로 이주하여, 언젠가는 친정어머니와 딸을 한국으로 부르고 싶은 욕망이 있었다. 그의 남편은 바닷일을 하는 어부로 집에 거의 들어오지 않았다. 자주 보지는 못했지만 남편은 늘 자상하게 자신을 챙겨주었고, 남편의 아이도 임신하게 되었다. 어느날 남편은 친정어머니 초청 서류라면서 사인을 하라고 했다. 연구참여자는 기쁜 마음에 사인을 했지만, 알고 보니 그것은 이혼 서류였다. 어부로 집을 자주 비웠던 남편은 이웃들을 통해 자신이 도망갈 것이라는 이상한 이야기를 듣고 이혼 서류를 내민 것이다. 그의 욕망은 이러한 욕망과 이접되면서 사기 이혼으로 종합되었다.

　　임신 초기의 몸으로 내쫓기면서, 배신감으로 몸과 마음이 망가져버렸다. 죽고 싶은 상황 속에서도 주변의 도움으로 버틸 수 있었다. 사기 이혼에 대한 억울함을 밝혀야겠다는 연구참여자의 욕망은 다문화가족지원센터와 접속하면서, 소송을 진행하게 되었다. 사기 이혼임이 법적으로 인정되면서 남편에게 양육비와 위자료를 받게 되었다. 그러나 남편은 연구참여자가 부정할 것이라는 욕망과 기대를 저버리지 못하고, 끝내 딸의 유전자 검사까지 요구했다.

자신과 비슷한 처지의 한국 남성과의 재혼을 통해 베트남의 딸과 한국에서의 행복한 삶을 실현하고 싶었지만, 남편으로부터 이혼을 당하면서 연구참여자의 욕망은 좌절되는 듯 했다. 그러나 이주여성자립지원시설에서 한국어 공부와 진로교육을 병행하면서 그 욕망을 다시 실현하고자 한다. 사실 일과 양육을 병행하는 것이 때로는 버겁지만, 언젠가는 두 딸을 함께 한국에서 키울 수 있을 것이라 믿으며, 자립의 삶을 생성하고 있다.

<표 8> 연구참여자 D의 종합

구분		연구참여자의 욕망	접속 혹은 충돌하는 욕망	종합
접속	이혼 전	- 어린 시절부터 경제적으로 안정적인 생활을 누렸고 더 큰돈을 벌기 위해 한국에 정착하기로 결정함	- 돈을 벌기 위해 같은 공장에서 일하는 남편을 만남	- 함께 공장에서 일을 하는 남편과 결혼함
	이혼 후	- 자녀들을 한국인으로 키우고 싶음 - 한국에 있는 인도네시아인들을 돕고 싶음	- 어린 시절부터 함께 자란 한국인 친구들이 있음 - 친정어머니의 인도네시아 요리 솜씨로 식당을 개업하고, 장사가 잘됨	- 다문화 가정 아이라고 차별을 받지 않음 - 식당이 한국과 인도네시아를 잇는 역할을 함
이접		- 한국에서 단란한 가정을 꾸리고자 함. 아이를 돌보기 위해 친정어머니를 모시고 옴	- 남편은 술주정과 폭력이 잦았고, 돈을 벌어주기보다 오히려 연구참여자 B의 직장에 찾아와 돈을 요구함	- 아이와 친정어머니의 안전을 위해 경찰에 신고하고 이혼을 결정함

인도네시아에서 부유한 어린 시절을 보내고, 대학에서 경제학을 전공한 연구참여자 D는 한국에서 많은 돈을 벌 수 있다는 친구의 이야기를 듣고 한국행을 결심했다. 같은 공장에서 일하던 남편을 만나 결혼했다. 열렬하게 사랑하는 사이는 아니었지만, 이런 사람과 한국에서 같이 사는 것도 괜찮겠다는 생각이 들었다. 연구참여자와 그의 남편의 욕망은 결혼이라는 결과로 종합되었다.

　　한국에서 단란한 가정을 꾸리고 싶었지만, 남편의 음주는 가정생활에서 걸림돌이 되었다. 남편의 음주를 이해해보려고 했지만, 술 때문에 회사에도 출근하지 못하는 모습은 실망감을 안겨주었다. 경제 활동도 하지 않고 술만 마시는 남편이었지만, 가정을 지키기 위해 일과 양육을 병행해야만 했다. 이를 위해 친정어머니의 도움을 받고자 한국으로 모시고 왔다. 연구참여자의 이러한 노력에도 불구하고 남편은 그의 직장에 찾아서 행패를 부리고, 돈을 요구했다. 연구참여자는 아이와 친정어머니의 안전을 위해 남편을 경찰에 신고했고, 이혼을 결정했다. 연구참여자와 남편의 욕망은 이접으로서 종합되었다.

　　이혼 후 친정어머니와 함께 인도네시아 식당을 개업했다. 일을 하는 동시에 아이를 키워야만 했기에 식당과 학교의 동선이 최대한 가까울 수 있도록 이사했다. 또한 아이가 다문화가정 자녀로 차별받지 않기를 바랐는데, 다행히도 어린 시절부터 함께 자라온 한국인 친구들 덕분에 다문화 아이라고 차별받는 일은 거의 없다. 연구참여자는 인도네시아 식당을 운영하면서, 한국에 있는 인도네시아 사람들을 돕고 싶다는 욕망이 생성되었다. 친정어머니의 요리 솜씨가 좋은 탓에 장사도 잘되는 편이었고, 점차 식당은 인도네시아 사람들의 사랑방 같은 곳이 되었다. 연구참여자의 이혼 후 욕망은 복합적인 환경과의 접속을 통해, 한국과 인도네시아를 잇는 초국적 삶으로 종합되고 있다.

<표 9> 연구참여자 E의 종합

구분	연구참여자의 욕망	접속 혹은 충돌하는 욕망	종합
접속	- 일한 것에 대한 대가를 받음: 부유하고 부러움을 사는 가정에서 자라서, 은행원으로 일하며 안정된 생활을 누림	- 열심히 일하면 인정하고 대가를 지불함	- 출신국과 한국에서 열심히 일해서 그 대가를 받고, 출신국으로 돌아가서 아파트 4채를 샀음
이접	- 출신국에 대한 자부심도 있었고, 어머니의 나라인 한국에 대한 그리움도 있었음. 한국에서 정착을 결정하고 국제결혼을 함	- 남편은 결혼이주여성을 자국민으로 보지 않고 돈을 주고 데리고 왔다는 인식이 있음. 그 결과 무시하고 노동력을 요구함	- 한국인이 되기 위해 온 연구참여자 A를 돈을 주고 사온 외국인으로 취급하는 남편의 욕망을 버리고 자신의 욕망을 실현하기 위해 이혼을 결정함
통접	- 자기 자녀를 한국인이자 우즈베키스탄인으로 키우고자 함	- 연구참여자 A의 자녀들을 한국인이 아닌 외국인으로 취급하며 차별함	- 자녀들이 한국인으로서 살도록 한국인 유치원과 학교를 보내면서, 동시에 러시아어도 가르침. 다문화국가가 될 한국의 미래를 준비하기 위해 양 국가의 정체성을 모두 갖게 함

우즈베키스탄에서 부유한 환경에서 자라온 연구참여자 E는 은행원으로 일하면서 평탄한 삶을 살아왔다. 그러나 늘 마음 한편에 고려인인 엄마 민족의 나라, 한국에 대한 그리움이 자리 잡고 있었다. 모국에서의 안정된 삶을 잠시 접어두고 한국에 노동자로 들어와 공장에서 일을 했다. 가족들은 연구참여자의 결정을 만류했지만, 연구참여자는 열심히 일하면 그에 대해 정당한 대가를 받는다는 것을 매우 잘 알고 있었다. 그렇기 때문에 공장에서 일하는 것은 일하는 방식만 바꾼 것일 뿐, 당연한 것만 지

켜진다면 문제될 것은 없다고 생각했다. 그의 이러한 복합적인 욕망과 한국 공장의 욕망은 접속되어, 연구참여자가 우즈베키스탄에서 집 4채를 살 만큼의 큰 돈을 벌 수 있도록 해주었다.

우즈베키스탄으로 돌아온 연구참여자는 다시 엄마 민족의 나라 한국으로 가고 싶었다. 편견 없이 자신을 지켜봐주던 사람들, 자신을 늘 챙겨주었던 공장 동료들을 통해 모든 한국 사람들은 그러할 것이라 생각했다. 한국에서 정착하고 싶은 욕망 속에서 정착을 결정하고 국제결혼을 했다. 그러나 한국에서는 결혼이주여성을 같은 국민으로 바라보기보다는 돈을 주고 데리고 왔다는 인식이 존재함을 마주했다. 남편에게 있어 연구참여자는 가족이라기보다는 일꾼이어야만 했다. 연구참여자와의 욕망과 충돌하는 과정 속에서 그는 자신의 욕망을 철저히 숨기고 남편과 한국 사회가 요구하는 욕망을 충실히 따르며 이혼을 준비했다. 모든 준비가 끝난 후 남편과 이혼하면서, 두 사람의 욕망은 이접으로서 종합되었다.

이혼 후 연구참여자는 자녀들을 한국인이자 동시에 우즈베키스탄인으로 키우고자 한다. 그러나 한국 사회는 자녀들을 외국인으로 취급하며 차별하는 일이 종종 발생한다. 그럼에도 불구하고 연구참여자는 자신과 자녀들이 평생을 살아갈 한국을 지키기 위해서 자신의 욕망을 타협하지 않는다. 따라서 그는 자녀들이 한국인으로서 살도록 한국인 유치원과 학교를 보내면서도 러시아어도 가르치며, 그의 욕망은 통접으로서 종합되었다. 미국이 문화적 다양성을 배경으로 잘사는 나라가 될 수 있었듯이, 자신의 욕망을 실천하는 과정은 분명 한국의 미래를 위한 것이라 확신한다.

9장

타자와 더불어 만드는 숲

1.
차이에 대한 수용

들뢰즈는 '차이와 반복'과 '천 개의 고원'을 통해 동일성의 철학에서 차이의 철학으로의 이행을 주장한다. 동일성의 철학은 정상성, 보편성 혹은 실증성을 우월한 것으로 간주하고 우월한 것을 중심으로 열등한 것을 분별하는 방식의 철학이다. 동일성의 철학은 실증적으로 우월한 것의 '절대적으로 동일한 개념 아래서' 다른 것들이 재생산될 뿐이라고 간주한다 (Deleuze, 김상환 역, 2004: 65). 동일성의 철학은 나무형 철학으로 불리며 뿌리와 기둥을 중심으로 뻗어나온 잔가지들은 뿌리와 차이를 지니지만 '뿌리로부터 나왔으며 뿌리 없이 살아갈 수 없다'는 의미에서 사실상 뿌리로부터 주체적일 수는 없다. 즉 잔가지는 뿌리와 기둥에서 정체성을 확인하기 때문에 독립적이지 않다.

차이의 철학은 모든 것에는 차이가 있으며 차이 자체로 존재적 의미가 부여된다고 보는 철학이다. 동일성의 개념은 작은 차이의 단위들을 묶음으로 만들어내는 망상일 뿐이며, 동일성 내에도 사실상 차이들이 존재한다. 동일성이라고 간주되는 망상 안에서, 각 차이들은 적대시되거나 타자화되지 않고 '동일하다'고 인정된다. 그러나 동일집단이 차이라고 결정하기로 간주한 '어떤 선(line)'으로 말미암아 사실상 동일집단 내의 차이보다도 미세한 차이를 지닌 어떤 타자는 적으로 간주되기도 한다. 이런 의미에서 동일성은 사실상 망상이며 실체가 아니다(Deleuze, 김상환 역, 2004: 333-349). 차이의 철학은 사실상 동일성은 존재하지 않으며 모든 것에 차이가 있다는 것을 인정함으로 모든 차이에 대한 주체성을 인정하고 각자가 스스로에 정체성을 두고자 하는 철학이다. 이것은 나무형과 달리 리좀형을 추구한다. 리좀은 땅속 줄기식물을 의미하는 말로, 뿌리와 뿌리가 줄기로 서로 연결되어 서열적이지 않고 상호의존적이면서 주체적이고 독립적인 성격을 띤다. 리좀 식물은 사실상 뿌리와 줄기의 구분이 어렵고, 자유롭고 유동적으로 서로 접속하며, 중심이 없이 각자가 중심이 되어 번지고 얽히며 새로 생성된다.

동일성의 철학 안에서 다문화사회를 수용하면 정주민과 이주민 사이의 우열을 구분 짓고 이주민을 열등한 대상으로 간주하게 된다. 그리고 열등한 대상으로서의 이주민들이 우등한 정주민에 적응해야 하는 것을 정상성으로 이해한다. 그러나 차이의 철학 안에서 다문화사회를 수용하면 이주민과 정주민을 서열과 우열이 아니라 차이가 있는 주체로 수용하고 상호의존적으로 피차간에 변동과 수정을 해야 하는 관계로 이해한다.

다문화사회는 리좀사회다. 모든 것에 차이가 있다는 것을 인정함으로 모든 차이에 대한 주체성을 상호 수용하고 유동적으로 서로 접속하며 서로 얽히고 새로 생성되는 사회다. 다문화사회로 진입하면서 한국사회는 다문화사회 이전의 문화를 동일하게 유지할 수 없다. 다문화가정에서 태어나 자란 아이들은 두 나라의 언어와 문화에 모두 노출되고 한국인 부모의 가정에서 자란 아이들과 차이가 있는 새로운 문화를 형성한다. 그리고 한국인 부모의 가정에서 자란 아이들은 다문화가정에서 자란 아이들과 상호 교통하며 이전 세대의 문화에서 생각하기 힘든 새로운 사유와 새로운 문화를 창출한다. 이러한 흐름은 이제 바꿀 수 있는 것이 아니다. 이주민들을 향하여 "우리가 정주민이니 너희들만 변해"라고 말하는 것은 가능하지 않은 것을 요구하는 것이다. 아무리 변하기 위해 노력한다 할지라도 피부, 습관, 언어체계로 인해 형성된 사고의 과정, 음식에 대한 선호, 듣고 자란 이야기와 그 이야기로 인해 형성된 사유의 틀이 하루 이틀 만에 변할 수는 없다. 청소의 방법과 요리의 방법이 다른 데서 오는 이주여성들의 무지는 '무지'가 아니라 '차이'다. 그 차이를 극복하는 데는 그 차이를 만들었던 시간만큼이나 오래 걸린다. 이주민 홀로 이 차이를 극복하도록 요구하는 것보다 함께 한 걸음씩 다가가서 이 차이를 연결하거나 극복하는 것이 상호 간에 더 수월하고 빠르며 안정적이다. 이러한 인식은 이주민들이 한국에 들어오기 시작한 이후 흐른 시간 동안 정주민으로서의 한국인들에게 스며들었고 이러한 인식을 갖게 된 회사들은 이제 이주민들의 문화를 억압하지 않고 수용하고 융화하고 있으며 정책들도 이주민들을 주체로 이해하고 주체적 문화의 장을 보장하는 방향으로 전환하고 있다. 이것이 이주민들이 한국의 문화를 더 잘 이해하고 빠르게 적응하게 만들기 때문이다. 다문화사회에서 나무형 사회를 주장하는 것은 이주민들에게 폭력적일 뿐 아니라 정주민들에게도 유익하지 않다. 다문화사회에서 나무형 사회를 구조화하면 상호 융화하는 데 더 오랜 시간이 걸리거나 융화가 불가능하다.

사회는 이주민들의 차이를 수용하고 리좀사회로 변화하고 있는 추세지만 가정은 여전히 나무형으로 남아 있는 경우가 많다. 제도와 규정은 문자와 시스템을 바꾸면 되지만 사람은 문자를 바꾼다고 변하는 것이 아니기 때문이다. 그동안의 다문화사회의 쟁점은 정치적이거나 정책적인 것, 경제적인 것에 치중되어 있었지만 이제는 가정적인 것과 정서적인 것들을 향해 눈을 돌려야 한다. 그래서 다문화가정 내에서도 리좀사회가 실현되어야 다문화가정 안에 있는 구성원 모두가 가정의 안전함과 안락함을 누릴 수 있다.

다문화사회는 공존사회다. 공존은 동일한 존재의 동거가 아니라 차이가 있는 존재들의 동거다. 그렇기 때문에 공존사회의 기초는 차이일 수밖에 없다. 차이가 있는 존재가 더불어 함께하는 사회가 공존사회다. 그리고 그 공존사회는 지속가능성이 있어야 가능하다. '나무형 사회가 더 지속 가능한가? 아니면 리좀사회가 더 지속 가능한가?'에 대한 대답이 공존사회를 위해 선택하기 위해 필요하다. 나무형 사회를 공존사회의 기초 체계로 선택하면 이주민은 그저 종속된 존재로 이해될 수밖에 없다. 그러한 이해가 있기 때문에 결혼이주여성의 여권을 빼앗고, 언어를 배우지 못하게 하고, 노동력을 착취하고, 폭력을 행사하고도 죄책감을 느끼지 못하고, 거짓말로 이혼서류에 서명하게 만드는 일이 발생한다. 사업체들에서조차도 이주노동자들을 종속된 존재가 아닌 주체적 존재로 인정하는 사회에서 하물며 가정을 이루기 위해 이주한 결혼이주여성을 나무형 사회 구조 안에서 이해하려 한다면 그 가정은 화평할 수가 없다. 리좀사회가 나무형 사회보다 공존을 위해 유리한 것은 의심의 여지가 없다.

다문화사회는 타자지향성을 지닌다. 레비나스는 주체성을 타자, 타자를 받아들임, 타자를 대신하는 삶으로 정의했다. 레비나스는 환대 개념을 제시하면서 환대란 타자를 내 집으로 초대해 환대함으로써 구체적 윤리성이 시작된다고 보았다. 레비나스의 입장에서 나무형 사회를 보자면 윤리성이 결여된 사회다. 타자란 나와 같은 존재, 동족 집단을 의미하는 것이 아니다. 타자란 나와 다른 존재다. 타자란 차이가 나는 존재다. 이런 타자를 향해서도 환대하고, 타자를 지향하는 사회가 윤리적 사회이며 공존 가능한 사회라고 보는데 하물며 자기 가정 안으로 들어온 결혼이주여성에 대해서라면 이 타자지향성이 관계의 기초가 되어야 한다는 것에 의심의 여지가 없다.

2.
생성으로서의 타자-되기*

생활세계는 우리에게 주어진 삶의 환경과 테두리 안에서 생성되는 강력한 동일성을 바탕으로 하는 '당연시되는 세계(The world taken for granted)'다 (Berger, 1971: 1-5). 그러나 다문화 생활세계는 당연시되는 세계에 역동성을 부여하고, 다원성과 다양성을 바탕으로 여러 문화가 공존하고 혼성적인 자아를 형성하도록 유도한다(김영순 외, 2019: 62-70). 따라서 다문화 생활세계에서의 낯선 타자의 출현은 자연스러운 삶의 태도에 변화를 야기하며, 기존의 질서에 대한 자기 기만적 태도의 각성을 요구한다.

한국 사회는 세계적 차원의 '이주의 여성화' 현상 속에서 2000년대 중반 이후 결혼이주여성이 증가했고, 이들을 대상으로 하는 사회통합의 필요성이 대두되었다. 사회통합은 궁극적으로 다양한 구성원의 간의 관계 맺음을 통해 서로를 이해함으로써, 공존의 가능성을 찾아가는 과정이라 할 수 있다(김영순 외, 2019: 154-163). 그러나 여성가족부를 중심으로 실시된

---

* 김영순 · 최수안(2022). 「'생성'으로서의 자조모임에 참여한 결혼이주여성의 경험에 관한 연구」, 『아시아여성연구』 61(1), 127-174.

결혼이주여성 대상 사회통합 정책은 일방적인 동화정책의 수준에 머물러 있다(김은재, 2016; 김이선, 2010; 김현미, 2008).

유목적 주체로서 결혼이주여성은 주체와 주체와의 끊임없는 상호연결을 통해 주체성을 구성해나간다. 또한 자신이 지닌 욕망을 토대로 자신의 모습을 끊임없이 변화시키며 새로운 연결을 생성하고, 유목적 주체들이 마주침을 통해 생활세계 속에 혼합된다(Braidotti, 1994: 21-68). 즉 다문화 생활세계에서 유목적 주체인 결혼이주여성의 출현은 단절된 공간에서 이루어지는 것이 아니라 '지금-여기'에서 경계를 넘나들며 구성되는 것이다. 경계를 넘나들며 생성된다는 것은 이질적인 것을 향해서, 즉 자신과는 다른 모든 차이를 향해서 개방적 자세를 취함으로써 외부와의 결연으로 나아가는 것이다(Deleuze & Guattari, 1968). 여기서 의미하는 결연은 동질성, 익숙한 것을 기반으로 하는 것이 아니라 외부와의 만남과 접속에서 차이를 긍정하고, 상생적인 관계를 추구하는 것을 의미한다(이진경, 2018b: 709-731).

인간은 '세계 개방적 존재'로 항상 자기 자신에게 갇혀 있기보다는 그곳으로부터 벗어나 초월하려고 하는, '중심을 이탈하는' 그런 존재다(김광기, 2001: 389). 다시 말해 인간은 지금의 나를 규정하고 있는 울타리 바깥의 삶을 욕망한다. 그렇기 때문에 내가 나로서 존재하고 있는 '배치'를 바꾸고자 하는 욕망은 인간을 파괴하는 것이 아니라 오히려 인간의 삶을 지탱해주는 근원이라 할 수 있다(이정우, 2008: 165-166). 들뢰즈와 가타리(Deleuze & Guattari, 1983)는 "욕망과 사회만 있을 뿐 그 다른 것은 없다(there is only desire and the social, and nothing else)"라고 하면서, 존재가 지니고 있는 욕망으로 사회의 역동을 설명했다. 다시 말해 욕망을 가진 인간은 사회 안에서 자신이 현재 존재하고 있는 모습을 끊임없이 변화시키면서 자기 존재의 근원을 찾아간다는 것이다. 따라서 욕망은 사회적인 것이며, 존재를 재확인하는 지속적인 시도다(O'Shea, 2002: 925-940). 또한 욕망은 특정 현실화에 대한 조건을 생성하고 새로운 연결을 생성한다는 점에서 반드시 생산적이고 긍정적이라 볼 수 있다(Bignall, 2008: 127-147).

이러한 관점에서 본다면 초국적 이주를 감행하는 결혼이주여성들은 자신의 욕망을 생성하고, 새로운 연결을 도모하며 배치를 변화시키는 사회적인 존재라는 것을 유추할 수 있다. 전 지구적 차원에서 자본주의 확산은 이주의 여성화 현상을 증폭시켰다. 새로운 질서 속에서 한국은 국제결혼이라는 새로운 결혼제도를 통해 가부장적 성별 분업을 유지하고, 사회 재생산 및 돌봄 노동의 문제를 해결하고자 했다(김은재, 2016; 황정미, 2009). 또한 한국 사회에서 결혼이주여성은 '국민의 배우자'이자 '국민의 어머니'로만 간주되며, 전통적인 여성과 전통적인 어머니로만 형상화되고(최연숙, 2021), 이주국의 가족 규범을 비롯한 사회규범은 결혼이주여성들을 수동적이고 의존적인 타자로 본질화한다(김순남, 2014; 김이선, 2010). 이러한 인식이 지배하는 것이 당연시되는 사회에서 결혼이주여성들이 지닌 차이와 생성의 힘은 무시된 채, 오로지 결핍으로만 다루어진다(이진경, 2018b: 23-210). 즉 이들이 지닌 욕망은 당연시되는 세계에 편입하고자 결핍을 채우기 위한 반사작용으로만 여겨질 뿐이다. 그러나 들뢰즈와 가타리의 관점에서 본다면 결혼이주여성들의 욕망은 무언가를 채워나가는 행위가 아니라 생산하는 힘이다.

결혼이주여성을 차별적 시선으로 바라보는 것은 이들이 자신들의 욕망을 생성하며, 삶을 재배치시키고자 하는 유목적 주체라는 사실을 간과하고 있기 때문이다. 결혼이주여성의 관점에서 국제결혼을 통한 이주는 본국 가족에 대한 생계 부양이나, 중산층의 삶을 누리고자 하는 등의 근대적 욕망을 적극적으로 실천하는 행위라고 할 수 있다(황정미, 2009; King &

Christou, 2011). 즉 결혼이주여성은 세계 개방적 존재로서 중심을 이탈하여 자신의 삶을 재배치함으로써 욕망을 실천하고, 자신의 존재를 재확인하고자 하는 '모험가'(황정미, 2009: 22)이자 유목적 주체다. 유목적 주체는 하나의 주체가 다른 주체, 또는 주체들을 만나 주체성의 변이를 이루면서 새로운 주체성을 구성해나가는 주체로, 주체성을 구성하는 과정은 반복적으로 이루어진다(지명훈, 2021: 353-355). 이러한 반복적인 과정은 존재의 방식을 창조해나가는 생성의 과정이며, 결연(alliance)으로 나아가는 과정이라 할 수 있다(Deleuze & Guattari, 1968).

결혼이주여성들은 자신들의 정체성을 획일적으로 정의 내리고자 하는 배치에서 벗어나 생성의 선을 그리면서 결연의 공간으로 나아간다. 이 공간은 리좀적 상호연결을 바탕으로 모든 방향으로의 변이가 가능한 존재들이 저마다의 되기를 생성할 수 있는 가능성의 공간이다(김은주, 2014: 98-101). 리좀이란 확고한 뿌리나 근거를 갖고 있는 체계, 그러한 체계라고 믿고 있었던 사고에서 벗어나 존재의 생성, 변이와 창조에 대한 관점을 제공한다(이진경, 2018a: 67-120). 따라서 리좀적 상호연결을 바탕으로 한다는 것은 결혼이주여성을 정의하는 한국 사회의 틀에 매몰되지 않고, 공간의 경계를 넘나드는 유목적 주체들의 마주침이 연결되고 혼합되는 과정인 것이다.

3.
리좀사회를 위한 탈코드화와 재코드화

나무형 사회이든 리좀사회이든, 모든 사회와 문화는 코드화되어 있다. ① 사랑하면 결혼한다. ② 결혼하면 아이를 낳는다. ③ 아이를 낳으면 성인이 될 때까지 부모가 경제적·정서적·사회적인 책임을 진다. ④ 아이가 성인이 되면 경제적으로 독립하고 결혼하며 사회적으로 독립한다. 이것이 일반적인 현대 한국 사회의 부모와 자녀 사이의 코드다.

그러나 조선시대의 부모와 자녀 사이의 코드는 이와 같지 않았다. 조선시대의 부모와 자녀 사이의 코드는 다음과 같았다. ① 부모가 배우자를 정해주면 결혼한다. ② 결혼하면 아이를 낳는다. ③ 아이를 낳으면 성인이 될 때까지 부모가 경제적·정서적·사회적인 책임을 진다. ④ 아이가 성인이 되면 배우자를 정해주고 아내는 남편의 집으로 들어온다.

이러한 문화코드가 실행되는 상황에서는 코드 중 어느 하나만 빠져도 문제가 발생한다고 여긴다. 이를테면, 조선시대에서 양반집 딸이 부모가 정해주지 않은 남자와 결혼하기로 결정한다고 가정해보자. 첫 코드부터 어긋난다. 그러면 부모와 딸 사이에 관계가 깨지거나 최소한 균열이 생긴다. 혹은 부모가 정해준 배우자와 결혼했다 할지라도 아이를 낳지 않기로 결심했다고 가정해보자. 조선시대에 여자가 아이를 낳지 않기로 결심하는 것은 칠거지악 중에서도 두 번째에 해당하는 큰 죄를 짓는 것이다.

그런데 이러한 조선시대의 가정문화코드가 어떻게 현대적인 가정문화코드로 변했을까? 문화코드가 변하기 위해서는 원래 존재하던 문화코드로부터 탈코드화하는 과정이 필요하다. 즉, 부모가 정해준 배우자와 결혼하는 코드에서 이탈하는 작업이 먼저 있어야 부모가 정해주지 않고 자기가 사랑하는 사람과 결혼하는 재코드화가 가능하다. 탈코드화를 위해서는 진통이 필요하다. 부모가 정해준 배우자와의 결혼으로부터 도망가는 일들이 발생한다. 그리고 이러한 사건들은 영화나 소설을 통해 대중에 전달 혹은 향유되고 이를 모방하는 사건들이 발생한다. 그리고 탈코드화가 보편화된다. 그리고 탈코드화된 자리에 '사랑하는 사람과 결혼한다'는 사건이 발생하며 재코드화가 일어난다. 재코드화는 탈코드화와 동시에 발생할 수도 있지만 혼란의 시기를 갖고 발생할 수도 있다. 이러한 과정에 의해 결혼이라는 단어에 함축된 코드들에 변화가 일어나고, 결혼이라는 단어는 가정의 만남에서 사랑하는 당사자들의 만남으로 의미변화가 일어난다. 탈코드화와 재코드화에는 이렇듯 단어 의미의 변화가 일어나거나 새로운 단어가 탄생하는 결과를 초래한다. 즉, 기호의 변화 혹은 새로운 기호의 탄생을 초래한다.

결혼이주여성이라는 단어가 발생한 것부터 이미 과거와 다른 재코드화가 일어난 증거다. 결혼이라는 문화에 과거에 없던 코드기호 하나가 나타났다. 새로운 코드기호가 나타났다는 것은 그 이전에 탈코드화가 있었다는 의미다. 결혼이주여성이라는 새로운 코드기호를 탄생시킨 탈코드화의 자리에는 '결혼할 수 없는 한국 남성'이 있었다. '한국 남성이 한국 여성과 결혼'하던 이전 코드가 붕괴되고 '결혼할 수 없는 한국 남성'이라는 자리에 '결혼이주여성'이라는 새로운 코드기호가 들어왔다. 새로운 코드기호가 들어왔기 때문에 이 코드기호에 어떤 의미부여를 하는가에 따라서 재코드화는 다르게 진행된다. 이 재코드화 과정에 따라서 한국의 사회와 문화가 달라진다. 현재는 재코드화가 진행 중에 있다. 결혼이주여성에게 이전에 결혼의 대상에게 부여했던, 아내, 배우자, 연인, 아이 엄마의 의미를 부여하는 것과 연구참여자들의 고백처럼 '일꾼'의 의미를 부여하는 것은 완전히 다른 한국 문화를 만들어낼 것이다. 무엇보다도 이러한 재코드화가 일어나는 현장이 '아이들이 가장 깊은 영향을 받고 자라는 가정'이기 때문에 이 재코드화가 더욱 중요하다.

이러한 재코드화는 한국 전체 사회와 문화뿐 아니라 가정 내의 미시적인 지점에서도 일어난다. 탈코드화와 재코드화의 개념은 결혼이라는 단어를 통해 통상적으로 일어나던 일이다. 남녀가 만나서 새로운 가정을 이루기 위해서는 부부가 될 당사자들이 이전에 갖고 있던 코드로부터 탈코드화하고 새 가정에서 새롭게 재코드화해야 한다. 그렇지 않으면 가정은 깨지고 만다. 처녀 그리고 총각이라는 코드기호가 아내, 남편이라는 코드기호로, 연인이라는 코드기호가 부부라는 코드기호로 변환된다. 아침식사 한끼를 하는 데도 코드가 변환된다. 「① 혼자서 우유를 꺼내서 ② 전자렌지에 돌리고 ③ 우유를 마시고 ④ 양치질」하던 코드에서 「① 함께 재료를 다듬고 ② 국을 끓이고 ③ 밥을 짓고 ④ 숟가락과 젓가락을 놓고 ⑤ 마주보고 밥을 먹고 ⑥ 설거지를 하고 ⑦ 양치질」을 하는 코드로 변환된다. 이처럼 결혼은 모든 코드를 변환시켜야 하며 이 코드 변환은 상호 간의 논의 및 변환 과정이 필요하다.

탈코드화와 재코드화가 발생할 수밖에 없는 결혼이라는 상황에 결혼이주여성이라는 새로운 코드기호가 들어오기까지 한다면 어느 한쪽의 희생이나 헌신, 양보로는 평화를 유지할 수가 없다. 탈코드화와 재코드화를 위한 상호 간의 주체적 인정과 배려와 고려가 필요하다. 결혼이주여성이 들어온 가정은 모든 삶에 있어서 재코드화되어야 공존할 수 있고, 그렇게 구성된 다문화 가정을 품고 있는 사회도 재코드화되어야 공존사회가 가능해진다.

본 연구에 참여했던 결혼이주여성들의 경우, 어떤 경우에는 한국의 가정이, 혹 어떤 경우에는 결혼이주여성이 재코드화를 거부한 결과다. 재코드화의 거부로 나타난 이혼이라는 결과는 무릇 다문화가정에서만 발생하지 않는다. 그러나 서론에서 밝혔듯이 다문화가정에서 더 많이 발생한다. 이것은 특정 개인이나 특정 가정의 문제일 수도 있지만 사회적 문제라는 논지도 무시할 수 없다. 다문화가정지원법 기본계획이 수립되었던 2015년 이전 다문화가정의 결혼생활 유지 기간 4.7년이, 다문화가정지원법 기본계획 수립 5년 뒤인 2020년 8.7년으로 늘어난 것을 보면 사회적 코드의 변화가 한 가정의 이혼 문제에 긍정적인 영향을 줄 수 있다는 것을 부정할 수 없다. 그러나 이러한 법적·제도적 지원이 결혼이주여성과 한국 남성 및 가정의 의식과 문화에까지 변화를 주기는 쉽지 않다. 이제 사회적 재코드화는 다문화가정지원법을 통해 지원할 수 있는 법적·제도적 장치뿐 아니라 세계시민교육, 공존의 인문학 강좌, 결혼이주여성과 다문화가정의 자조모임 확대와 지원, 다문화가정을 위한 심리·정서 지원 등 상호 간의 의식적·문화적 재코드화를 위해서도 지원해야 할 시점이다.

맺음말:
리좀사회의 연결

    구성원 한 명 한 명이 모여 공동체가 되고, 각 구성원의 움직임들이 공동체의 코드가 된다. 그러므로 구성원이 바뀌면 코드는 자연스럽게 바뀐다. 구성원은 변했는데 코드를 유지하려고 하면 코드가 어긋나거나 구성원이 이탈한다. 코드가 어긋나면 공동체는 혼란을 겪고 구성원이 이탈하면 이미 구성된 구성원의 빈자리는 다시 새로운 코드를 만들어낸다. 일단 구성원이 한번 들어오면 정착하든 이탈하든 재코드화는 필연적이다.

    재코드화는 연결이다. 연결 없이 재코드화는 가능하지 않다. 재코드화는 새로운 것 혹은 다른 것의 등장으로 발생하기 때문에 새로운 것 혹은 다른 것과의 연결이 전제다. 리좀사회의 연결은 크게 세 가지 종류로 생각해볼 수 있다. 접속, 이접, 통접이 그것이다. 접속은 비슷하거나 다른 것이 변형 없이 있는 그대로 연결되는 것이며, 이접은 서로 다른 것의 만남으로 둘 중 하나가 포기되는 방식으로 흡수 혹은 통합되는 연결이고, 통접은 서로 다른 것의 만남으로 전혀 새로운 것이 탄생하는 연결이다. 결혼은 기본적으로 통접의 성격을 갖는다. 다른 두 사람이 만나서 가정이라는 새로운 성격의 공동체를 이루기 때문이다.

들뢰즈는 『안티 오이디푸스』에서는 서로 다른 것이 연결될 수 있다는 의미에서 이접과 통접을 가치 있게 평가했으나, 『천 개의 고원』에서는 접속을 가장 가치 있게 평가했다. 연결의 방법에 있어서 누구나 원하는 것은 접속일 것이다. 서로 변형 없이 있는 그대로의 코드를 유지하면서도 연결되기 때문이다. 가정을 접속의 방식으로 연결하기 위해 재산을 따로 유지하고 상호 개인 생활을 침해하지 않기로 하는 가정 문화가 등장하기도 한다. 그러나 자녀가 생기면서 이러한 방식의 가정은 접속의 방식을 유지하기 어려워진다. 접속의 방식으로의 시도는 있으나 가정은 통접의 성격이 일반적이다.

가정이 통접의 성격을 갖는다는 것은 상호의존적이면서도 상호 간의 변화를 각오해야 한다는 의미다. 이 책의 연구참여자들은 결과적으로는 이접의 방식으로 가정이 정리되었다. 결혼이주여성들은 접속의 연결을 주장할 수 있는 입장이 아니다. 본래적 자기 영토를 떠나왔고 통접이 불가피한 상황이기 때문이다. 정주민이었던 남편의 가정에서 상호 간의 변화를 위한 희생과 양보를 각오하지 않는다면 통접은 불가능하다.

개인의 의식은 종합의 과정을 갖는다. 외부의 정보들은 불규칙적이고 잡다하게 펼쳐져 있고 그 정보들이 개인의 의식으로 들어오며 규칙이 부여되고 질서가 생기며 상관없던 정보들이 하나의 개념으로 종합된다. 이렇듯 불규칙적이고 잡다한 정보들을 종합하는 데 익숙한 인간의 의식은 모든 생활과 사회, 문화도 종합하는 형식을 취한다. 이 종합은 능동적이기도 하지만 대체로 수동적이다. 불규칙적이고 잡다하던 정보들이 하나의 개념으로 종합되듯이 사람들은 상호 간의 의식에 종합된다. 그렇게 종합되기 전까지는 모두가 타자다. 타자는 어떠한 형태로 누군가의 의식에 종합되며 어떤 개념으로 의식된다. 전혀 다른 동네에 살던 타자인 한 여인을 지인으로부터 소개받고 연인이라는 개념적 의미를 부여하고 내 삶의 일부인 연인으로 종합한다. 이러한 과정의 종합이 가능한 이유는 어린 시절부터 아빠 옆의 엄마를 보았고, 영화와 드라마, 소설로부터 한 낯선 여인이 어떻게 한 남자의 삶으로 종합되는지를 보았기 때문이다. 타자의 삶을 자기에로 종합하는 과정은 의식의 종합의 과정과 다름없다. 이러한 형식화되고 습관화된 종합의 과정이 코드화다.

스마트폰이라는 낯선 사물이 처음 등장했을 때는 모두 신기해하면서도 당황했다. 그러나 이제 이 사회에 없어서는 안 될 사물이 되었다. 낯선 사물이 코드화에 따라 자기의식 속의 개념으로 자리 잡듯이 타자는 낯선 것으로 다가와서 자기의식 속의 어떤 개념으로 자리 잡는다. 이것이 연결이다. 이 연결은 타자를 가족으로 받아들이고, 가족은 또 다른 가족과 연결되며 그렇게 연결된 가족들은 사회를 구성하고, 그 사회적 연결은 문화를 만들어낸다. 이 문화 안에는 각각 자기가 타자를 연결하는 과정이 코드로 들어가 있다. 각 개인은 자기가 능동적ㆍ주체적으로 이 코드를 구성한다고 생각하지만, 이 코드는 문화에 녹아 있는 코드이며 이 코드에 익숙한 각 개인은 문화가 원하는 대로 수동적으로 종합할 뿐이다. 수동적 종합은 각 개인이 종합하는 과정을 용이하고 편리하게 만든다. 익숙하고 안정적인 삶을 누리게 한다. 그러나 이 코드에 익숙하지 않은 개인은 수동적으로 그 코드를 따라 종합할 수가 없다. 그 사람은 그 익숙한 코드화 속에서 타자가 된다. 모두가 익숙하게 수동적으로 종합하고 있을 때 그 코드에 익숙하지 않은 타자는 혼자 우뚝 멈춰선다. 그러면 코드는 멈춰선 타자를 인식하고 대처한다. 소멸시키거나 흡수하거나 코드 자체가 변화를 일으키며 재코드화한다.

타자는 낯선 존재이며, 공존사회는 낯선 존재와 더불어 살아가는 사회다. 결혼이주여성의 과거의 삶에서 한국사회는 배제되어 있었고, 과거 한국사회에서 결혼이주여성은 배제되어 있었다. 이제 그 낯선 존재가 한국 사회라는 숲으로 흘러들어와 심겨졌다. 서로에게 타자였던 한국사회와 결혼이주여성은 상호 지향하지 않고는 공존할 수가 없다. 리좀사회는 단 하나의 개인을 위해서 모두가 재코드화하는 사회다. 그것이 손해일 것처럼 보일 수 있으나 그 개인이 '내가 될 수도 있다'는 것을 감안하면 리좀사회는 모두에게 유익이다. 그래서 리좀사회는 신뢰를 기반으로 하고 유동적이며 개인과 사회를 분리시키지 않는다. 리좀사회에서는 타자가 자기가 되고 개인이 곧 사회가 된다. 리좀사회는 타자가 더불어 함께 사는 공존사회다. 한국은 다시 돌이키기 어려운 공존사회로의 걸음을 이미 내디뎠다. 공존사회를 지향하며 적극적으로 재코드화하지 않으면 혼란에 직면하는 것은 자연스러운 현상이다. 타자와 더불어 함께하는 숲을 만드는 일은 사회 구성원 모두를 위한 움직임이 될 것이다.

참고문헌

강영안(1999). 「20세기 유럽철학: 휴머니즘과 반휴머니즘 사이」. 『철학과 현실』 40, 45-59.

고미숙(2019). 「이혼한 베트남이주여성의 결혼경험 및 부부관계에 관한 연구」. 『한국콘텐츠학회』 19(11), 401-414.

구현정 · 전영옥(2017). 『의사소통의 기법』. 서울: 박이정.

김강남(2016). 「한부모 결혼이주여성의 자립경험에 관한 현상학적 접근」. 『다문화와 평화』 10(3), 54-84.

김광기(2001). 「당연시되는 세계와 자기기만」. 『현상학과 현대철학』 18, 388-416.

김기화(2021). 「한부모 이주여성의 가족해체와 자립 과정에 관한 연구: 자립지원시설에서의 경험을 중심으로」. 『IDI도시연구』 20, 305-351.

김달관(2019). 「브라질의 인종민주주의: 다문화성에서 상호문화성으로」. 『국제지역연구』 23(3), 91-122.

김민정 · 유명기 · 이혜경 · 정기선(2006). 「국제결혼 이주여성의 딜레마와 선택: 베트남과 필리핀 아내의 사례를 중심으로」. 『한국문화인류학』 39(1), 159-176.

김분선(2018). 「여성 윤리 주체의 자기 체현 기술: 자기 배려주체와 성담론을 중심으로」. 『한국여성철학』 29, 1-32.

김선숙 · 왕경수(2021). 「결혼이주여성들의 이혼 후 자립에 대한 사례연구」. 『상담심리교육복지』 8(4), 103-118

김선주(2014). 「카릴 처질의 최상의 여자들에 나타난 사회주의 페미니즘」. 『인문학논총』 35, 313-343.

김수아 · 김세은(2017). 「포스트페미니즘 시대의 광고와 여성 재현」. 『한국광고홍보학보』 19(2), 135-172.

김순남(2014). 「이주여성들의 결혼, 이혼의 과정을 통해서 본 삶의 불확실성과 생애지도의 재구성」.

『한국여성학』 30(4), 189-231.

김순연(2013). 「다문화가족의 문화적, 경제적, 관계적요인 그리고 사회적지지가 결혼만족도와
    이혼의사에 미치는 영향에 관한 연구」. 국민대학교 박사학위논문.

김연숙(2000). 「레비나스 타자윤리에서 대면적 관계윤리에 관한 연구」. 『동서철학연구』 19(1), 125-
    141.

김영순 외(2018). 『질적연구의 즐거움』. 서울: 창지사.

_____(2020). 『다문화사회와 리터러시 이해』. 하남: 박이정.

_____(2021). 『시민을 위한 사회 · 문화 리터러시』. 하남: 박이정.

김영순 · 임지혜 · 정경희 · 박봉수(2014). 「결혼이주여성의 초국적 유대관계에 나타난 정체성 협상의
    커뮤니케이션」. 『커뮤니케이션 이론』 10(3), 36-96.

김영순 · 조영철 · 김정희 · 정지현 · 박봉수(2019). 『다문화 생활세계와 사회통합 연구』. 경기:
    북코리아.

김영순 · 최수안(2022). 「'생성'으로서의 자조모임에 참여한 결혼이주여성의 경험에 관한 연구」.
    『아시아여성연구』 61(1), 127-174.

김영순 · 최수안 · 김명희 · 권요셉(2022). 「이혼한 결혼이주여성의 재영토화 과정에 관한 내러티브
    생애사 연구」. 『문화와 융합』 44(6), 657-682.

김영순 · 최승은 · 황해영 · 정경희 · 김기화(2019). 『결혼이주여성의 주체적 삶에 관한 생애담 연구』.
    성남: 북코리아.

김영진(2016). 「상호 이해를 위한 공감적 대화: 그 의미와 조건」. 『현상학과 현대철학』 68, 113-
    139.

김오남(2006). 「이주여성의 부부갈등 결정요인 연구」. 가톨릭대학교 박사학위논문.

김완균(2005). 「문화의 개념과 이해에 관한 연구」. 『독어교육』 33(33), 385-407.

김은영(2022). 「실존적 예술론을 통한 회화 표현 연구」. 홍익대학교 박사학위논문.

김은재 (2016). 「결혼이주여성들의 삶과 글로벌 돌봄노동 맥락 - 정신장애인 배우자들의 사례를
    중심으로 -」. 중앙대학교 박사학위논문.

김은주(2014). 「들뢰즈와 가타리의 되기 개념과 여성주의적 의미」. 『한국여성철학』 21, 95-119.

_____(2016). 「시각 기술의 권력과 신체없는 기관으로서의 신체 이미지」. 『한국여성철학』 25,
    137-163.

김이선(2010). 「자녀교육 문제에 대한 여성결혼이민자의 대응 양성과 실천적 함의」. 『한국이민학』
    1(20), 37-66.

김이선 · 마경희 · 선보영 · 이소영 · 최호림(2010). 「다문화가족의 해체 문제와 정책과제」. 서울:
    한국여성정책연구원.

김정순(2012).「결혼이주여성의 이혼의사결정에 영향을 미치는 요인」. 대구대학교 박사학위논문.

김지선(2021).「EFT(감정자유기법)를 활용한 한국민속춤프로그램 참여경험에 대한 질적사례연구」. 한양대학교 박사학위논문.

김태량(2018).「결혼이주여성의 이혼 경험에 관한 질적 사례연구」.『한국케어매니지먼트연구』(30), 5-38.

김현경(2017).「신자유주의 시대의 포스트페미니즘 가족서사: 드라마 〈응답하라〉 시리즈를 중심으로」.『미디어, 젠더 & 문화』32(1), 5-40.

김현미(2006).「국제결혼의 전지구적 젠더 정치학: 한국 남성과 베트남 여성의 사례를 중심으로」.『경제와 사회』70, 1-18.

_____(2008).「이주자와 다문화주의」.『현대사회와 문화』26, 57-79.

_____(2012).「결혼이주여성들의 귀환결정과 귀환경험」.『젠더와 문화』5(2), 113-145.

_____(2014).「유보된 삶: 몽골 결혼이주여성의 귀한 이후의 삶」.『이화젠더법학』6(2), 25-43.

김혜순(2014).「결혼이민여성의 이혼과 '다문화정책'」.『한국사회학』48(1), 299-344.

김희순(2019).「생애사를 통해 본 베트남 결혼이주여성의 이혼 연구」. 숭실대학교 박사학위논문.

김희주(2018).「한부모 결혼이민자여성의 사회적 배제 경험에 대한 질적연구」.『가족과 문화』30(2), 129-170.

나장함(2008).「질적 메타분석에 대한 고찰: 교육과정 연구에서의 적용 가능성 탐색」.『교육과정연구』26(4), 229-252.

노성숙(2005).「신화를 통해 본 여성 주체의 형성:『바리공주』텍스트분석을 중심으로」.『한국여성학』21(2), 5-37.

_____(2018).「여성주체가 겪는 고통과 치유: 철학상담의 입장에서 본 엘렌 베스트와 시몬 베유의 사례를 중심으로」.『한국여성철학』29, 87-131.

다누리콜센터(2015).「2015 다누리콜센터 사업결과보고서」. 2016-다누리콜센터-001.

_____(2017).「2017 다누리콜센터 사업결과보고서」. 2018-KIHF-06.

문경연(2011).「국민의 배우자를 벗어난 여성들: 한족 결혼 이주 여성들의 결혼과 이혼 사례를 중심으로」.『한국문화인류학』44(2), 71-112.

문성훈(2015).「다시 보부아르로: 실존주의적 페미니즘의 논쟁적 재평가」.『가톨릭철학』25(0), 185-213.

민기연 · 이영선(2020).「결혼이주여성의 가정해체 경험」.『다문화사회연구』13(2), 143-174.

박경태 · 설동훈 · 이상철(1999).「국제 노동력 이동과 사회적 연결망: 경기도 마석의 필리핀인 노동자 집단을 중심으로」.『한국사회학』33, 819-849.

박미정(2015).「이혼으로 한부모 가장이 된 결혼이주여성의 생애사 연구: 행위의 주체에서 권리의 주체로 거듭나기」. 『한국가족복지학』 20(2), 273-294.

박미정 · 엄명용(2015). 「결혼이주여성 이혼경험 연구」. 『한국사회복지학』 67(2), 33-60.

박송이 · 강혜린 · 문영민(2020). 「베트남 한부모 이주여성에 대한 사회복지제도 및 서비스에 대한 탐색적 연구」. 『복지와 문화다양성 연구』 2(2), 59-86.

박신규 · 이성희(2015). 「다문화가족의 영유아 양육환경과 발달상태에 관한연구: 전라북도 다문화 영유아교육지원방안을 위한」. 『열린유아교육연구』 20(1), 159-187.

박인철(2005). 「타자성과 친숙성: 레비나스와 후설의 타자이론 비교」. 『현상학과 현대철학』 24, 1-32.

박정하(2015). 「결혼이주여성의 문화적응스트레스가 이혼의도에 미치는 영향: 가족관계스트레스 및 심리적안녕감의 매개효과를 중심으로」. 백석대학교 박사학위논문.

변경원 · 최승은(2015). 「이야기를 통해 타자와 교류하는 주체: Taylor의 인정 이론을 넘어 Ricoeur의 이야기 정체성을 통한 결혼이주여성의 정체성 형성 가능성」. 『교육문화연구』 21(4), 37-59.

브라이도티, 로지(2004). 『유목적 주체』. 박미선 역. 서울: 여이연.

서울사회과학연구소(1997), 『탈주의 공간을 위하여』. 파주: 푸른숲

석광현(2013). 「이혼 기타 혼인관계사건의 국제재판관할에 관한 입법론」. 『국제사법연구』 19(2), 101-145.

석현호(2000). 「국제이주이론: 기존이론의 평가와 행위체계론적 접근의 제안」. 『한국인구학회』 23(2), 5-37.

설동훈(1999). 『외국인노동자와 한국사회』. 서울대학교 출판부.

설동훈 · 이계승(2011). 「여성 결혼이민자 부부의 결혼 만족도와 이혼 의향에 영향을 미치는 요인 분석」. 『지역사회학』 13(1), 117-147.

소영현(2017). 「징후로서의 여성/혐오와 디아스포라 젠더의 기하학: 이주의 여성화, 이주노동의 가정주부화」. 『대중서사연구』 23(2), 85-117.

숙명여자대학교 아시아여성연구원(2021). 『다시 쓰는 여성학』. 서울: 한국문화사.

시몬 드 보부아르(1993). 『제2의 성』 상하. 조홍식 역. 서울: 을유문화사.

안윤지(2016). 「결혼이주여성의 이혼에 관한 탐색적 연구」. 동아대학교 박사학위논문.

어경준(2021). 「한부모 모자가정 결혼이주여성의 자녀양육 경험에 관한 연구」. 인하대학교 박사학위논문.

여성가족부(2021). 「2021년 가족사업안내(Ⅰ)」. 서울: 여성가족부.

연효숙(2006), 「들뢰즈와 가탈리의 유목주의와 욕망론 그리고 여성적 주체」. 『한국여성철학』 6, 77-102.

오혜정(2017). 「한부모 이주여성의 삶에 관한 현상학적 연구: 자녀양육 경험을 중심으로」. 『한국가족복지학』 57, 36-67.

유수연(2012). 「다문화가정 어린이의 다중언어 습득환경과 사회적 요인」. 『독어교육』 54, 31-52.

유영소(2013). 「키에르케고어의 세 가지 실존 유형 속에 나타난 에로스적인 것 연구」. 홍익대학교 박사학위논문.

윤동화(2013). 「결혼이주여성의 가족 해체 경험에 관한 질적 연구」. 『한국사회복지질적연구』 7(2), 37-58.

윤향희(2014). 「결혼이주여성에 대한 다문화교육의 방향과 내용: 이혼의 원인 분석을 기초로 하여」. 『윤리연구』 99(1), 91-121.

이나미(2017). 「독립신문의 자유주의 페미니즘: 울스턴크래프트의 이론과 비교를 중심으로」. 『한국동양정치사상연구』 16(2), 151-182.

이동수 · 정화열(2012). 「횡단성의 정치: 소통정치의 조건」. 『한국정치연구』 21(3), 297-320.

이병준 · 한현우(2016). 「상호문화역량의 개념 및 구성요소에 관한 연구」. 『문화예술교육연구』 11(6), 1-24.

이상화(2005). 「리더십과 권력에 대한 여성주의적 재개념화」. 『여성학논집』 22(1), 3-22.

이영설 · 이원식(2021). 「결혼이주여성의 문화간 감수성이 이혼 의사에 미치는 영향: 부부의사소통의 매개효과」. 『NGO연구』 16(1), 199-235.

이영진(2016). 「다문화가족의 해체의 특성에 기초한 정책적 지원 방향」. 동국대학교 박사학위논문.

이용일(2009). 「다문화시대 고전으로서 짐멜의 이방인 새로 읽기: 새로운 역사적 이민연구의 단초」. 『독일연구』 18, 179-209.

이정우(2008). 『천하나의 고원』. 파주: 돌베개.

이진경(2018a). 『노마디즘 I』. 서울: 휴머니스트.

이진경(2018b). 『노마디즘 II』. 서울: 휴머니스트.

이진석(2018). 「해체 다문화가족의 안정적 정착을 위한 정책방안에 관한 연구」. 『인문사회21』 9(3), 771-784.

이진영(2016). 「多文化家族 解體의 特性에 基礎한 政策的 支援 方向」. 동국대학교 박사학위논문.

이찬웅(2011). 「들뢰즈의 기호와 정서」. 『기호학 연구』 29, 361-383.

이창규(2013). 「혼인이주여성의 이혼에 대한 법적 고찰」. 『경희법학』 48(3), 157-188.

이춘양(2021). 「한부모이주여성 삶의 경험에 관한 생애사적 내러티브 연구」. 인하대학교 박사학위논문.

이해경(2014). 「결혼이주여성의 이혼 후 삶의 경험」. 전북대학교 박사학위논문.

_____(2015). 「결혼이주여성의 이혼 후 삶의 경험에 관한 연구」. 『한국가족복지학』 47, 29-54.

이현주(2013).「한부모 이주여성의 자녀양육과 삶에 대한 연구」.『여성학연구』23(1), 171-214.

이화도(2011).「상호문화성에 근거한 다문화교육의 이해」.『비교교육연구』21(5), 171-193.

임인숙 · 윤조원(2007).「사회변동과 여성주체의 도전: 성 불평등을 야기하는 사회구조적 조건들에 대한 비판」. 서울: 굿인포메이션.

임춘희(2014).「한부모 이주여성의 이혼 후 적응과 새로운 파트너십 형성에 대한 연구」.『한국생활과학회지』23(6), 1049-1069.

장명선(2015).「다문화한부모가족의 사회통합을 위한 지원 방안 연구」.『공공사회연구』5(4), 72-106.

장문정(2012).「왜 페미니스트가 신을 말하는가: 페미니스트들의 키에르케고어되기와 케에르케고어의 여성되기」.『대동철학』59, 245-266.

전형권(2008).「국제이주에 대한 이론적 재검토: 디아스포라 현상의 통합모형 접근」.『한국동북아논총』13(4), 259-284.

정영근(2007).「사이의 세기와 상호문화교육」.『교육의 이론과 실천』12(1), 257-272.

정예리(2011).「해체가족 여성결혼이민자와 그 자녀의 삶」. 중앙대학교 박사학위논문.

조영철(2018).「글로컬 다문화 사회 형성을 위한 상호문화교육의 방향」.『문화콘텐츠연구』(13), 175-201.

조용길(2015).「상호문화성 Interkulturalität 배양을 위한 토론교육방안」.『독어교육』62(62), 81-102.

조윤희(2020).「사회적 지지가 이혼을 한 결혼이주여성의 우울과 불안에 미치는 영향」.『인문사회21』11(2), 1371-1384.

주미연(2010).「국제결혼 이주여성의 이혼의사 결정요인 분석」. 호남대학교 박사학위논문.

지명훈(2021).「들뢰즈의 되기와 생성적 주체의 철학」.『인문학연구』123, 351-375.

진위렌(2014).「결혼이주여성의 문화변용 스트레스와 이혼 위기에 관한 연구: 부부갈등의 매개효과와 사회적 지지의 조절효과를 중심으로」. 조선대학교 박사학위논문.

최미경(2014).「베트남 해체가족 이주여성의 홀로서기 과정에 관한 경험연구」.『한국가족복지학』45, 199-227.

최병두 · 김연희 · 이희영 · 이민경(2017).「번역과 동맹: 초국적 이주의 행위자-네트워크와 사회공간적 전환」. 서울: 푸른길

최수안 · 김영순(2021).「한부모 이주여성의 자립경험에 관한 질적 메타분석」.『여성학연구』31(1), 7-40.

최승은(2015).「상호문화교육의 관점에서 본 초등교사의 음악교육 경험에 관한 연구」. 인하대학교 박사학위논문.

최연숙(2021).「결혼이주여성의 모성경험: 주디스 버틀러의 윤리적 주체를 중심으로」.『오늘의

　　문예비평』123, 94-107.

최치원(2013). 「간문화적 성찰과 시민교육 그리고 정체성 문제 고찰」. 『인문과학연구』36, 375-407.

최현덕(2009). 「경계와 상호문화성: 상호문화 철학의 기본 과제」, 『코기토』66(66), 301-329.

최호림(2015). 「한국 다문화사회의 진전과 동아시아의 이주: 현황과 쟁점」. 『동북아문화연구』1(42), 35-55.

최희(2018). 「북한이주여성의 한국사회 문화적응에 나타난 정체성 협상에 관한 연구」. 인하대학교 박사학위논문.

탁양현(2018). 『들뢰즈 철학』. e퍼플.

통계청(2017). 「2016 다문화 인구 동태 통계」. 사회통계국 인구동향과.

_____(2021). 「2020 다문화 인구 동태 통계」. 사회통계국 인구동향과.

표재명(1995). 『키에르케고어 연구』. 성남: 지성의샘.

하수권(2007). 「이문화 관점에서 바라본 독일기업문화」. 『독일언어문학』35, 93-117.

허라금(2011). 「페미니즘과 가족」. 2011년 새한철학회 학술대회 발표논문집 (pp. 73-86).

현남숙 · 김영진(2015). 「다문화 사회에서 상호문화적 대화의 가능성」. 『시대와 철학』26(3), 151-177.

홍성효 · 하현주 · 김종수(2012). 「결혼이주여성의 사회경제적 이혼결정요인」, 『한국인구학』35(3), 169-189.

황정미(2009). 「이주의 여성화 현상과 한국 내 결혼이주에 대한 이론적 고찰」. 『페미니즘 연구』9(2), 1-37.

황해영 · 김영순 · 이춘양(2018). 「가정폭력을 경험한 결혼이주여성의 이혼에 관한 내러티브 탐구」. 『학습자중심교과교육연구』18(23), 909-927.

Anderson, Kristin J. (2015). *Modern misogyny: Anti-feminism in a post-feminist era.* New York, NY: Oxford Univ. Press.

Braidotti, R. (1994). *Nomadic subjects: Embodiment and sexual difference in contemporary feminist theory.* New York: Columbia University Press.

Berger, John & Mohr, Jean (2014). *Une autre façon de raconter.* French Edition.

Berger, Peter L. (1971). "Sociology and Freedom." *The American Sociologist*, 6(1), 1-5.

Berry, John W. (1997). "Immigration, acculturation, and adaptation." *Applied Psychology: An International Review*, 46(1), 5-34.

Bignall, Simone (2008). "Deleuze and Foucault on Desire and Power. Angelaki." *Journal of Theoretical Humanities*, 13(1), 127-147.

Bogardus, Emory S. (1949). "Cultural pluralism and acculturation." *Sociology and Social Research*, 34(2), 125-129.

Bourdieu, Pierre (1986). "The forms of capital." In Richardson, J., *Handbook of Theory and Research for the Sociology of Education*. Westport, CT: Greenwood, 241 – 258.

Buber, Martin (1962). *A Land of Two Peoples*. Paul Mendes-Flohr.

_____(1964). *Bildung und Weltanschaunng. Reden über Erziehung* (8 Auflage). Heidelberg: Verlag Lambert Schneider, 41-51.

_____(1974). *Ich und Du* (8 Auflage). Heidelberg: Verlag Lambert Schneider.

Castles, Stephen & Haas, Hein de & Miller, Mark J. (2014). *The Age of Migration: International Population Movements in the Modern World*. Guilford Publications.

Chiswick, Barry R. (2000). "Are Immigrants Favorably Self-Selected?" An Economic Analysis, IZA Discussion Papers 131, *Institute of Labor Economics (IZA)*.

Coleman, Priscilla K. (1984). *Intimate relationships, marriage and family*. New York: The Bobbs-Merrill.

Deleuze, Gilles & Guattari, Félix (1968). *Mille plateaux: Capitalisme et schizophrenie 2*. 김재인 역(2001).『천 개의 고원』. 서울: 새물결.

_____(1968). *Différence et répétition*. 김상환 역(2004).『차이와 반복』. 민음사.

_____(1969). *Logique du sens*. 이정우 역(1999).『의미의 논리』. 한길사.

_____(1977). *Anti-Oedipus*. 김재인 역(1997).『안티오이디푸스』. 서울: 민음사.

_____(1983). *Anti-Oedipus: Capitalism and Schizophrenia*. Minneapolis, MN: University of Minnesota Press.

Devereux, George & Loeb, Edwin M. (1943). "Antagonistic acculturation." *American Sociological Review*, 8(2), 133-147.

Dohrenwend, Bruce P., & Smith, Robert J. (1962). "Southwestern Journal of Anthropology." The University of Chicago Press, 18(1).

Domar, Alice D., & Dreher, Hennry (2001). Self-Nurture: Learning to Care for Yourself As Effectively As You Care for Everyone Else. U.K.: Penguin Books. 노진선 역(2002). 『자기보살핌』. 서울: 한문화.

Eaton, Joseph W. (1952). "Controlled Acculturation: A Survival Technique of the Hutterites." *American Sociological Review*, 17(3), 331 – 340.

Faulkner, Keith W. (2006). *Deleuze and the Three Syntheses of Time*, Peter Lang. 한정헌 역(2008).『들뢰즈와 시간의 세 가지 종합』. 그린비.

Freeman, Michael (2011). *Human Rights*. Key Concepts Series. Cambridge: Polity Press.

Freire, Paulo (1998). *Pedagogy of the Heart*. Continuum International Publishing Group. 교육문화연구회 역(2003). 『망고나무 그늘 아래서』. 아침이슬.

Graves, Theodore D. (1967). "Psychological acculturation in a tri-ethnic community." *Southwestern Journal of Anthropology*, 23(4), 337-350.

Herskovits, Melville J. (1937). "AFRICAN GODS AND CATHOLIC SAINTS IN NEW WORLD NEGRO BELIEF." *American Anthropologist*, 39(4), 635-643.

Holzbrecher, Alfred (2004). *Interkulturelle Pädagogik*. Berlin: Cornelsen.

Honneth, Axel (1996). *The struggle for recognition: The moral grammar of social conflicts*. Cambridge, MA: MIT press.

Husserl, Edmund (1968). *Passive Synthesis*. 이종훈 역(2018). 『수동적 종합』. 파주: 한길사.

Illich, Ivan (1982). Gender. SAGE.

ILO (2018). "World Employment Social Outlook." International Labour Office. Geneva.

Jaggar, Alison M., & Rothenberg, Paula S. (1993). *Feminist Frameworks: Alternative Theoretical Accounts of the Relations between Women and Men* (3rd ed.). New York: McGraw-Hill.

Jaggar, Alison M., & Young, Iris Marion (1998). *A Companion to feminist philosophy*. Oxford: Blackwell. 한국여성철학회 역(2005). 『여성주의 철학 1』. 파주: 서광사.

John, Gillin & Raimy, Victor (1940). "Acculturation and Personality." *American Sociological Review*, 5, 371-380.

Jones, Gavin & Shenb, Hsiu-hua (2008). "International marriage in East and Southeast Asia: trends and research emphases." *Citizenship Studies*, 12(1), 9-25.

Karney, Benjamin R., & Bradbury, Thomas N. (1995). "The longitudinal course of maritalquality and stability: A review of theory, method, and research." *Psychological Bulletin*, 118(1), 3-34.

Kierkegaard, Søren (1967-1978). *Sören Kierkegaard's Journals and Papers*, I-VII, ed. & tr. Howard V. Hong & Edna H. Hong. Indiana University Press.

King, Russell & Christou, Anastasia (2011). "Of counter-diaspora and reverse transnationalism: Return mobilities to and from the ancestral homeland." *Mobilities*, 6(4), 451-466.

Kreckel, Reinhard (1999). "Social Integration, National Identity and German Unification." J. T. Marcus (ed.). *Surviving the Twentieth Century: Social Philosophy from the Frankfurt School to the Columbia Faculty Seminars*. New Brunswick: Transaction Publishers.

Kurekova, Lucia (2011). "Theories of migration: conceptual review and empirical testing in the con-text of the EU East-West flows." Paper prepared for Interdisciplinary conference on Migra-tion, Economic Change, Social Challenge (April 6-9, 2011, University College London).

Levinas, Emmanuel (1979). *Totality and Infinity: An Essay on Exteriority*. Berlin: Springer Science & Business Media.

Linton, Edwin (1940). *Trematodes from fishes mainly from the Woods Hole region, Massachusetts*. Proceedings of the United States National Museum, 88, 1-172. U.S.A., Washington: Smithsonian Institution Press [etc.]

Massey, Douglas S. & España, Felipe García (1987). "The Social Process of International Migration." *Science* 237(4816), 733-738.

Massey, Douglas S., Arango, Joaquin, Hugo, Graeme, Kouaouci, Ali, Pellegrino, Adela, & Taylor, Edward (1993). "Theories of international migration: A review and appraisal." *Population and Development Review*, 431-466.

O'Reilly, Karen (2012). "Ethnographic returning, qualitative longitudinal research and the reflexive analysis of social practice." *Sociological Review*, 60(3), 518-536.

Petras, James (1981). "Dependency and World System Theory: A Critique and New Directions." Latin American Perspectives. *Dependency and Marxism*, 8(3/4), 148-155.

Piore, Michael Joseph (1979). *Birds of Passage: Migrant Labour in Industrial Societies*. Cambridge: Cambridge University Press.

Piper, Nicola & Roces, Mina (2003). *Wife or Worker? Asian Women and Migration*. Rowman & Littlefield.

Portes, Alejandro & Walton, John (1981). *Labor, Class, and the International System*. Cambridge: Academic Press.

Putnam, R. (1993). *Making Democracy Work: Civic Traditions in Modern Italy*. Princeton University.

Ricoeur, Paul (2006). *On Translation*. Routledge.

Samers, Michael (2013). *Migration*. Routledge.

Sassen, Saskia (1988). *The Mobility of Labor and Capital: A Study in International Investment and Labor Flow*. Cambridge: Cambridge University Press.

_____(1991). The Global City: New York, London, Tokyo, Saskia Sassen, Princeton-New Jersey: Princeton University Press.

_____(2002). "Locating cities on global circuits." Environment and Urbanization, 14(1),

13-30.

Spiro, Melford E. (1955) *Kibbutz: Venture in Utopia*. Cambridge: Harvard University Press.

Teske, Jr, Raymond H. C., & Nelson, Bardin H. (1974). "Acculturation and Assimilation: A Clarification." *Americam Ethnolopment*, 65, 79-93.

Thurnwald, Richard (1932). "The psychology of acculturation." *American Anthropologist*, 34, 557 - 569.

Triebel, Hans (1999). "Sharp Sobolev Embeddings and Related Hardy Inequalities: The Sub-Critical Case." *Mathematische Nachrichten*, 208(1), 167-178.

Vasta, E., & Castles, S. (1992). Italian Migrant Women and the Second Generation. Australia's Italians, Sydney: Allen and Unwin, 140-168.

찾아보기

ㄱ

가정해체 38, 39, 52

감정이입 102, 107

개인적인 욕망 99

결연 359

경직된 선 81

계급사회 68

계급투쟁 104

고유문화 110

공동마음 101

공동세계 97, 98

공동존재 95, 96, 97, 98

공동존재적 98

공동체 103

공동체성 102

공동체적 103

공동체적 습성 103

공동체적 자아 100

공존 354

공존사회 7, 8, 95, 333, 354, 363, 367, 368

공존의 삶 98

관계 맺기 89, 106, 113, 115

관계적 관점 31

국가적인 욕망 99

국민의 배우자 8, 35, 36, 358

국민의 어머니 8, 35, 36, 358

근대 계종주의 67

근대 여성주의 69

근대적 기호체제 84

급진주의 페미니즘 67, 68, 69

긍정의 윤리학 90

기계 18, 77, 81

기관 없는 신체 6

기호와 우연한 마주침 78

ㄴ

나무형 사회 353, 354, 360

나무형 철학 351

내부적 이방인 48

노동시장분절론 28

노동이주 25, 26

노마드 70, 85, 86, 87

노마디즘(유목주의) 5, 7, 78, 79

노마디즘(유목주의)과 리좀사회 77

누적인과론 28, 29

능동적 종합 337, 338

ㄷ

다문화가정 352

다문화가족 94

다문화가족지원법 38, 60

다문화사회 15, 88, 95, 98, 105, 108, 109,
　　　114, 352, 353, 354

다문화주의 정책 105

다원적 · 민주적 사유 방식 109

당연시되는 세계 356

데카르트적인 주체 70

독신 기계 80, 83

동일성의 철학 351

동질성 102

동화주의 29

되기 9, 79, 84, 335

들뢰즈의 배움 78

등위적 접속 336

ㄹ

리좀 352, 359

리좀 개념 79

리좀사회 7, 16, 20, 78, 352, 353, 360,
　　　365, 368

리좀적 상호연결 359

리좀학 80

ㅁ

마르크스주의–사회주의 페미니즘 67, 69

마르크스주의적 접근방법 68

마르크스주의 페미니즘 68

목적격 나 104

문화 간 상호작용 113

문화규범 68

문화 다양성 106

문화심리학 66

문화 운반자 35

문화적 다양성 111, 113

문화적응 29, 30, 31

문화코드 360, 361

민주시민 106

ㅂ

반–기억 84

반복 78

발생론적 관점 26, 27

배출–흡인 이론 27

배치 334, 335

배타적 욕망 339

배타적 이접 336

변이 84

보부아르 76, 89, 94

보편적 기계주의 18

본래적 자기 97, 366

분열분석 81

비남근 이성주의적 79

비인칭적 · 집합적 주체성을 생성 82

비주류문화 105

ㅅ

사랑의 결합성 102

사유 방식 79

사이 잇기 교육과 상호문화교육 108

사진신부 34

사회적 소수자 91

사회적인 욕망 99

사회적 자본론 28

사회주의 페미니즘 68

사회통합 105

사회통합모델 112

상호결합 113

상호문화 108, 109, 114

상호문화교육 109

상호문화성 107, 109, 110, 111, 112, 113, 114

상호문화소통 107, 108, 114, 115

상호문화역량 114, 115, 116

상호문화 의사소통능력 115

상호문화적 이해 107

상호성 110

상호융합 113

상호의존성 91

상호인정 104

상호조정 15, 16, 19

상호주관적 정체성 104

상호주관적 존재 107

상호주체 106

상호주체성 20, 83, 100, 101, 104, 106

상호주체성의 추구 101

상호주체적 103

생산하는 기계 337

생성 84, 356, 359

생존의 여성화 33

생활세계 15, 17, 356

세계 개방적 존재 357

세계체제 이론 28

소수문화 105

소수자 91, 92, 108, 333

소수자 주체성 333

수동적 종합 337, 338, 367

수목체계 80

수목형 사유 79, 80

습성 102

신경제학파 27

신고전학파 27

실존철학 72, 74

ㅇ

안티 오이디푸스 366

여성-되기 7, 77, 83, 84

여성-되기 유목적 주체 94

여성역사의 변증법 84

여성의 주체성 65, 66, 67, 70, 71, 75, 76,
　　　77, 82, 83, 89

여성적 주체 84

여성주의 72, 84, 85, 90

여성주의 운동 83

여성주의적 사유 79

여성주의 철학 72

여성참정권 운동 67

여성철학 72

역동적 과정 110

역사유물론적 68

연결 365, 367

영속화론적 관점 26, 28

영토 18

영토성 334

욕망 77, 81, 339, 357

욕망의 기계 18, 80

유목적 주체 5, 60, 80, 83, 84, 357, 359

유목주의 80

유목주의적 79

유목주의적 사유 79

유목주의적 존재론 80

유연한 선 81

이념에의 탐험 78

이성주의 67

이접 8, 336, 338, 340, 344, 346

이주 25

이주여성의 정체성 88

이주여성의 주체성 5, 86, 88, 90, 91

이주의 시대 26

이주의 여성화 33, 36, 356

이중노동시장 이론 28

이행 6, 335

인간론 80

인류학 66

인본주의적 82

인식론 77

인식론적 79

인정 104

인정투쟁 104

ㅈ

자기 이입 101

자기 이입의 실행 101

자유주의 정치학 67

자유주의 페미니즘 67, 69

재영토화 19, 333, 334, 339

재코드화 360, 361, 362, 368

적응론적 관점 26, 29

접속 7, 336, 338, 339, 344, 346

정신분석학 93

제2의 성 72, 75

제7의 인간 25, 34

존재론 77, 78, 80

존재자 96, 97, 98

존재자-현존재-존재 96

종합 7, 333, 339, 366

주격 나 104

주체 15, 18

주체성 18, 65, 66

중간문화 110

중간존재 73

지금-여기 357

지속가능한 발전 98

지속가능한 발전 교육 98, 99

지속가능한 사회 98

ㅊ

차이 6, 17, 78, 82, 351, 353

차이에 대한 인식 83

차이와 반복 78, 351

차이의 철학 17, 351, 352

참된 공동체 104

창조적인 생성 6

천 개의 고원 83, 351, 366

초국적 이주 358

치환 107

ㅋ

코드 19, 360, 367

코드화 18, 19, 360, 367

ㅌ

타 문화 107, 110, 115

타자 66, 70, 75, 76, 89, 90, 91, 95, 96,
　　97, 98, 99, 100, 101, 102, 104,
　　105, 106, 107, 108, 110, 111, 333,
　　354, 367, 368

타자 경험의 습성화 103

타자-되기 8, 356

타자성 76, 94, 95, 98

타자 이론 102

타자지향성 354

타자화 89, 91

탈구조주의 90

탈성별화 71

탈식민지적 관점 112

탈영토화 6, 19, 79, 84, 334, 335

탈주 81

탈주의 선 81, 83

탈주 이론 81

탈중심적 리좀 79

탈코드화 19, 360, 361, 362

통접 8, 336, 338, 340, 346, 366

ㅍ

페미나 67

페미니즘 67, 69, 74, 77, 90

포스트모더니즘 65, 70

포스트모던 주체성 70

포스트모던 주체성 개념 71

포스트 페미니즘 69, 70, 72

포함적 이접 336

프락시스 88

ㅎ

하버마스 104

하이데거 96, 97

한부모가족지원법 38, 60

행위자-네트워크 32

행위자 중심 시각 31

현존재 97, 98

홀로서기 61

환대 90, 106, 354

횡단성 83, 84

횡단의 정치 113, 114

횡단적 주체 80

흐름 337

저자소개

김영순 kimysoon@inha.ac.kr

중앙대학교를 졸업하고 독일 베를린자유대학교에서 문화변동에 관한 연구로 철학박사학위를 취득했다. 현재 인하대학교 사회교육과 교수 겸 대학원 다문화교육학과장, 인문융합치료학전공주임으로 재직 중이며, 인하대학교 부설 다문화융합연구소 소장, 다문화멘토링사업단장, BK21FOUR 글로컬다문화교육연구단장직을 수행하고 있다. 또한, 학문 후속세대를 위해 전국의 대학원생을 대상으로 질적 연구방법론 캠프를 열고 있다. 주요 저서로는 『베트남문화의 오디세이』, 『다문화 사회와 공존의 인문학』, 『다문화 현상의 인문학적 탐구』, 『이주여성의 상호문화 소통과 정체성 협상』, 『다양성 경영과 상호문화 경험』 등이 있다.

권요셉 josehg@inha.ac.kr

인하대학교에서 인문융합치료 전공으로 문학 박사학위를 받았다. 현재 인하대학교 다문화융합연구소 연구교수와 인문융합치료 전공 초빙교수로 정신분석과 문학치료를 강의하고 있다. 박사학위 논문으로 『노인 우울증자의 분석가담화 기반 생애회상치료 참여경험에 관한 질적 사례연구』가 있으며, 주요 저서로는 『호모 내러티쿠스: 인문융합치료의 이해』, 『라캉을 둘러싼 인문학』, 『나는 왜 불안한 사랑을 하는가』 등이 있다. 또한, 『Narrative inquiry on the Subjectivity Change Process of Lifelong Learners in Psychoanalysis』, 『교류분석 상담이론과 문학치료학의 상호보완 가능성』, 『노인 우울증 환자의 생애회상기반 상담에 관한 탐색적 연구』 등의 논문을 발표했다.

최수안 hsu.choi@gmail.com

인하대학교 다문화교육 전공으로 교육학 박사학위를 받았다. 현재 인하대학교 다문화융합연구소 연구원으로, 지역사회의 결혼이주여성의 공동체와 배움에 대해 연구하고 있다. 박사학위 논문으로 『Learning as Becoming: Experience of Female Marriage Migrants in Self-Help Groups』이 있으며, 저서로는 『A Qualitative Case Study on the Self-Reliance Education Process of the Divorced Migrant Women in South Korea』 등이 있다. 또한 『한부모 이주여성의 자립경험에 관한 질적 메타분석』, 『'생성'으로서의 자조모임에 참여한 결혼이주여성의 경험에 관한 연구』, 『좋은 자조모임에 대한 결혼이주여성의 인식 유형 탐색 – Q 방법론의 적용–』. 등의 연구를 발표했다.

김명희 inha.mhk@gmail.com

인하대학교 인문융합치료 전공으로 석사학위를 취득하였고, 현재 인하대학교 다문화교육학과에 재학 중이다. 또한 사회적기업가로서 지역사회의 다양한 배경의 청년, 소외된 이웃을 위한 책방인 ㈜허니자앤드를 운영하고 있다. 석사학위 논문으로 『문학치료 참여 경험이 있는 대학생의 자아정체감 변화에 관한 질적 메타분석』이 있으며, 『문학치료 참여 대학생의 정체성에 관한 질적 메타분석: 공감 경험을 중심으로』, 『다문화교육 교양수업에 참여한 간호대학생의 상호문화감수성에 관한 혼합연구』 등의 연구를 발표했다.

황해영 haying04@hanmail.net

인하대학교에서 다문화교육 전공으로 교육학 박사학위를 받았다. 현재 인하대학교 다문화융합연구소 연구교수와 한국연구재단 지원 사업인 초국적 이주시대 가족센터 구성원의 상호문화 실천에 관한 통합적 연구에 관한 사무국장을 겸임하고 있다. 박사학위 논문으로는『중국동포 결혼이주여성의 생애경험 탐구: 인정투쟁의 내러티브를 중심으로』가 있으며, 공동 번역서로는『중국 민족지 1,2,3』이 있다. 또한『재한 중국동포 단체 리더의 인정투쟁의 의미』,『중국결혼이주여성들의 한국에서 양성 평등 경험에 대한 사례 연구』,『다문화가정 부모를 위한 부모교육 프로그램의 동향 연구』,『중·고등학교 자녀를 양육하는 결혼이주여성의 양육스트레스와 대처방안에 대한 연구』등의 논문을 발표했다.

김기화 k-hwaa@hanmail.net

인하대학교에서 아동복지학 전공으로 생활과학 박사학위를 받았다. 현재 인하대학교 아동심리학과 초빙교수로 재직하고 있으며, 사회복지학 관련 연구와 강의를 하고 있다. 박사학위 논문으로는『부자가족의 적응과정에 관한 연구: 부자가족복지시설에서의 경험을 중심으로』가 있으며, 주요 저서로는『질적연구의 즐거움』,『결혼이주여성의 주체적 삶에 관한 생애담 연구』등이 있다. 또한,『결혼이주여성의 공동체 활동 경험 연구: 상호문화실천과 임파워먼트를 중심으로』,『한부모 이주여성의 가족해체와 자립 과정에 대한 연구: 자립지원시설에서의 경험을 중심으로』,『결혼이주여성의 생활영역별 사회복지 경험에 관한 사례연구』등의 논문을 발표했다.

김정희 lovebird0110@hanmail.net

건국대학교에서 문학치료 전공으로 문학 박사학위를 받았다. 현재 건국대학교 서사와문학치료연구소에서 연구교수로 활동하고 있다. 박사학위 논문으로는『남녀관계의 위기와 지속에 대한 서사지도 구축과 문학치료 활용 연구』가 있으며, 주요 저서로『사할린 한인 한국어 교육자의 생애 이야기』,『(서사능력 신장을 위한) 문학치료 공감모형』,『중국계 이주민의 다문화 생활세계 연구』,『다문화 생활세계와 사회통합 연구』,『동남아시아계 이주민의 생활세계 생애담 연구』등이 있다.

이춘양 lcy070926@naver.com

인하대학교에서 다문화교육 전공으로 교육학 박사학위를 받았다. 현재 인하대학교 다문화융합연구소 초빙연구원으로, 지역사회의 다양한 이주민들을 위한 실천적인 역량을 기르는 데 집중하고 있다. 박사학위 논문으로는『한부모이주여성 삶의 성장 경험에 관한 생애사적 내러티브 연구』가 있으며, 주요 저서로『이민자를 위한 한국사 속 다문화 여행』이 있다. 또한『중국계 결혼이주여성의 자녀 모어 교육에 관한 연구』,『가정해체를 경험한 이주여성의 자녀 언어 학습 경험에 관한 사례 연구』,『여가로서의 결혼이주여성 문화예술 활동 경험 탐색: 'H' 중국 전통무용팀을 중심으로』등의 연구를 발표했다.